21 世纪高等学校信息管理与信息系统专业规划教材

信息化管理理论与实践
（修订本）

主编 娄策群　桂学文　赵云合

编委 娄策群　桂学文　赵云合
　　　　肖　毅　杨小溪　王　方
　　　　蔡　青

U0360488

清华大学出版社
北京交通大学出版社
·北京·

内 容 简 介

　　本书总结了信息化管理实践经验，借鉴信息化管理的研究成果，将信息化管理理论与实践有机地结合，从全新的角度对相关内容进行研究，探讨了信息化的内容与推进规律、信息化管理的内容与作用、信息化战略规划、信息化组织实施、信息化工程监理、信息化应用调控、信息化管理创新、信息化绩效评价、信息化管理体制等方面的内容。

　　本书对于信息化理论及管理方法的发展创新具有一定的指导意义，可作为信息管理与信息系统、电子商务、电子政务、企业管理等专业的本科生教材和相关专业硕士生的教学参考书，也可供信息化主管领导和信息化建设与应用人员参考。

图书在版编目(CIP)数据

信息化管理理论与实践/娄策群，桂学文，赵云合主编. —北京：清华大学出版社；北京交通大学出版社，2010.11（2021.1 重印）

　　ISBN 978-7-81123-869-3

　　Ⅰ. ① 信… Ⅱ. ① 娄… ② 桂… ③ 赵… Ⅲ. ① 管理信息系统-教材 Ⅳ.① C931.6

中国版本图书馆 CIP 数据核字（2009）第 201813 号

责任编辑：郭东青

出版发行：清 华 大 学 出 版 社　　邮编：100084　　电话：010-62776969
　　　　　　北京交通大学出版社　　邮编：100044　　电话：010-51686414

印 刷 者：北京时代华都印刷有限公司

经　　销：全国新华书店

开　　本：185×260　　印张：17.25　　字数：427 千字

版　　次：2010 年 11 月第 1 版　　2021 年 1 月第 2 次修订　　2021 年 1 月第 5 次印刷

书　　号：ISBN 978-7-81123-869-3/C·76

印　　数：7001～9500 册　　定价：49.00 元

前　　言

随着现代信息技术的迅速发展，信息化浪潮已席卷全球。信息化正在改变着社会的经济增长方式、社会结构、文化传统和军事外交实力，也改变了人们的工作、学习和生活方式。从国家和地区的角度来看，信息化水平是衡量一个国家和地区现代化程度的重要标志，关系到国家的前途和命运；从企业、政府机关等社会组织的角度来看，现代信息技术的利用、创新和信息资源的开发应用已经成为其生存发展的关键；从个人角度来看，掌握信息化应用技术是提高个人竞争力、拓展视野的绝佳途径。因此信息化管理在当今社会具有极为重要的作用，信息化管理理论与方法是每个人都应该了解甚至掌握的基本知识、基本理论和基本技能。

信息化管理是对信息化建设与应用全过程的规划、组织、监督、调控、评价和创新，包括信息化建设管理和信息化应用管理两大领域。信息化建设管理就是对信息化建设过程进行管理，即对是否进行信息化建设、信息化建设达到什么目标、如何高效地进行信息化建设等方面，实施规划、组织、监督和调控。信息化应用管理包括对信息化应用过程的管理和应用信息化建设成果进行管理，以保证信息化建设成果得到广泛、有效和安全的应用。信息化建设管理与信息化应用管理相辅相成，缺一不可。信息化建设管理是信息化应用管理的基础和前提，信息化应用管理是信息化建设管理的延续和深化。科学合理的信息化管理可以优化信息化建设的投入结构，减少投资浪费；可以强化信息资源的协调共享，消除"信息孤岛"；可以缩短信息化建设周期，提高建设质量；可以充分有效地应用信息化建设成果，保证信息系统的正常运行；可以促进业务流程重组，推动管理理念和组织结构创新。因此，为了提高信息化建设水平与应用效率，必须加强信息化管理。

信息化管理涉及面广，既有宏观层面的（如国家信息化管理），也有中观层面的（如区域信息化管理、领域信息化管理），还有微观层面的（如企业信息化管理、政府机关信息化管理、社区信息化管理等），然而，目前我国有关信息化管理方面的教材大多数都是从企业角度出发来编写的，缺乏其他视角的论述。这就带来了一些问题，一方面国家和地区在进行信息化管理时，缺乏相应的研究成果作为理论依据；另一方面，也为信息化相关专业的教学带来了一定难度。为满足信息化管理实践和人才培养的需要，我们编写了《信息化管理理论与实践》一书。

本书紧扣时代特征，认真总结信息化管理实践经验，充分借鉴信息化管理的研究成果，将信息建设管理和信息化应用管理有机地结合起来，从信息化管理的职能入手，按信息化与信息管理概述、信息化战略规划、信息化组织实施、信息化工程监理、信息化应用调控、信息化管理创新、信息化绩效评价、信息化管理体制来安排章节，体系新颖，结构严谨。在内容方面，尽量吸收最新的研究成果，并力争使教材有强烈的时代感。

本书由娄策群负责拟定大纲和最终统稿，桂学文、赵云合参与了大纲的拟定和部分章节的统稿工作。各章节的分工如下：第 1 章由娄策群编写，第 2 章由桂学文、蔡青编写，第 3

章由肖毅、娄策群编写，第 4 章由杨小溪、娄策群编写，第 5 章由肖毅编写，第 6 章由赵云合、杨小溪编写，第 7 章由赵云合、王方编写，第 8 章由娄策群编写。本书在编写过程中，参考了许多同行的学术研究成果，借鉴和引用了一些文献资料，在此谨向这些文献的编著者表示真诚的感谢。

本书可作为信息管理与信息系统、电子商务、电子政务、企业管理等专业的本科生教材和相关专业硕士生的教学参考书，也可供信息化主管领导和信息化建设与应用人员参考。

编者

2010 年 11 月

目　录

第1章

信息化与信息化管理概述

　　信息的传递和交流是人类生存的基本需求，改变和改进人类信息处理、传递和交流的方式也是人类为之孜孜不倦努力的方向之一。人类历史上曾经有过四次比较重要的、与信息和信息处理技术相关的技术革命，包括语言的产生，文字的创造，造纸和印刷术的发明，以及电报、电话和电视的发明。以数字计算技术和微处理技术为代表的现代信息技术的发明拉开了当代信息革命的序幕，并对人类社会产生了巨大影响。信息化是当今世界经济和社会发展的大趋势，是推动经济发展和社会变革的重要力量。大力推进国民经济和社会信息化，是促进生产力跨越式发展、增强综合国力和国际竞争力、维护国家安全的关键环节，也是推进区域经济发展，提高社会组织的管理决策能力和经营服务水平的战略措施。提高信息化建设和应用水平，必须加强信息化管理。本章在阐述信息化的概念与内容，社会信息化的推进规律和社会组织信息化发展模式的基础上，界定信息化管理的概念，分析信息化管理的内容和作用。

1.1　信息化的含义与相关知识

1.1.1　信息化的含义

1. 有关信息化的多种观点

　　1967 年，日本政府的一个科学、技术、经济研究小组在研究经济发展问题时，比照"工业化"的概念，正式提出了"信息化"的概念。该小组认为，信息社会是信息产业高度发达且在产业结构中占据优势的社会，而信息化是由工业社会向信息社会前进的动态过程，它反映了从有形的可触摸的物质产品起主导作用的社会到无形的难以触摸的信息产品起主导作用的社会的演化或转型。法国西蒙·诺拉（Simon Nora）和阿兰·孟克（Alain Minc）1978 年出版的《社会信息化》一书对信息化概念的国际传播起了重要作用。该书探讨了计算机与远程通信紧密结合而产生的远程数据处理对社会发展的巨大影响，指出信息化是人类社会必然的发展趋势，并建议法国政府用国家政策来促进信息化。1986 年 12 月，中国科技促进发展研究中心等单位在北京联合发起召开了"首届中国信息化问题学术会议"，会议讨论了信息化的战略与政策、道路与发展模式、信息化与社会发展、信息化测度等问题，并编辑出版了论文集《信息化——历史的使命》一书。随着信息化实践的推进，人们对信息化概念的认识也在逐步深化和丰富，学术界从不同角度对信息化概念进行了论述形成不同的观点。目前，关于信息化有以下几种理解。

　　1) 侧重于信息技术发展及其应用的"信息化"

　　这类观点从信息技术的角度出发，注重信息化的技术特征，强调信息技术的发展与应用。有学者认为，信息化就是要在人类社会的经济、文化和社会生活各个领域中广泛而普遍地采用信息技术。也有学者认为，信息化就是计算机化，或者再加上通信化。钟义信认为，信息化是指用现代信息技术武装国民经济各部门和各领域，极大地提高社会劳动生产率。

　　2) 立意于经济角度的"信息化"

　　这类观点从信息产业的成长和发展方面出发，强调信息产业在国民经济中的地位与作用。

有学者认为，信息化是信息产业高度发达且在产业结构中占优势地位的社会——信息社会前进的过程，它反映了由可触摸的物质产品起主导作用向难以触摸的信息产品起主导作用的根本性改变。也有学者认为，信息化是生产特征转换和产业结构演进的动态过程，这个过程由以物质生产为主向、以知识生产为主转换，由相对低效益的第一、二产业向相对高效益的第三、四产业演进。吴传基认为，信息化就是指社会经济结构从物质与能量为重心向信息与知识为重心转变的过程。李富强认为，信息化是指社会经济的发展从以物质和能量为经济结构的重心向以信息为经济结构的重心转变的过程，在这个过程中，不断地采用现代信息技术装备国民经济各部门和社会各领域，从而极大地提高社会劳动生产率。南云认为，信息化就是要加快国民经济各部门之间、部门内部及企业间的信息沟通与交流，促进企业技术改造，使企业的发展更适应新技术的发展和不断变化的市场需求，从而加快经济的运行节奏，促进经济发展。

3）强调知识、信息利用的"信息化"

这类观点从信息资源的开发利用方面出发，从信息的收集、加工、传递角度界定信息化概念。有学者认为，信息化就是知识化，即人们受教育程度的提高及由此而引起的知识信息的生产率和吸收率的提高过程。也有学者认为，信息化即信息资源（包括知识）的空前普遍和空前高效率的开发、加工、传播和利用；人类的体力劳动和智力劳动获得空前的解放。

4）突出信息、信息技术对社会经济影响的"信息化"

这类观点综合了以上各类观点，强调运用信息技术、开发信息资源及其对社会经济的影响。1997 年国务院信息化工作领导小组提出了国家信息化的定义。认为国家信息化就是在国家统一规划和组织下，在农业、工业、科学技术、国防及社会生活各个方面应用现代信息技术，深入开发、广泛利用信息资源，加速实现现代化的过程。李京文认为，信息化是指在经济和社会活动中，通过普遍采用信息技术和电子信息设备，更有效地开发和利用信息资源，推动经济发展和社会进步，使信息经济增加值在国民生产总值中的比重逐步上升至占主导地位的过程。汪向东认为，信息化是指人们凭借现代电子信息技术手段，通过提高自身开发和利用信息资源的智能，推动经济发展、社会进步甚至人们生活方式变革的过程。

2. 信息化的内涵

我们认为，社会信息化就是在社会活动的各个方面广泛应用现代信息技术，充分开发和有效利用信息资源。

1）广泛应用现代信息技术

现代信息技术的应用是信息化建设的主阵地。广泛应用现代信息技术主要是指现代信息技术的单独应用或综合应用，包括信息基础设施建设，采用计算机进行业务处理、实现办公自动化、建立和使用管理信息系统和决策支持系统等。

2）充分开发与有效利用信息资源

信息资源利用是社会组织和个人获取信息资源并将其应用到工作和生活中去的信息活动。社会组织和个人采用现代信息技术广泛而快速地获取所需要的信息资源，通过吸收信息资源的内容，从而改变信息结构和知识结构，优化各项工作和管理决策，创造新的信息产品或物质产品，更好地满足日益增长的社会物质与信息需求，也是信息化的重要方面。

1.1.2 现代信息技术

1. 现代信息技术的含义

信息技术是指用于管理、开发和利用信息资源，能够扩展人类信息器官功能的技术设备及其相应的使用方法与操作技能。现代信息技术是指在现代科学技术，尤其是微电子技术、激光技术和网络技术进步的基础上发展起来的电子信息技术设备及其相应的使用方法与操作技能。

2. 现代信息技术的类型

现代信息技术是一种发展迅速且范围不断扩大的技术，如今，现代信息技术已发展成为一个由多种信息技术所组成的高新技术群。

（1）按其技术特征不同，现代信息技术主要包括传感技术、计算机技术、通信技术、光盘技术等。

传感技术是信息技术中的"感觉器官"，主要是利用光、压力、温度、气体、磁、放射线、光导纤维等传感装置，高精度、高效率地采集各种形式的信息。如卫星遥感技术、红外遥感技术、次声和超声遥感技术、热敏、光敏、味敏、嗅敏传感器及各种智能传感系统等。

计算机技术是信息技术中的"神经中枢"。计算机是由电子管、晶体管、集成电路等电子元件构成的复杂的电子装置，可以高质量、大容量、低成本地存储、处理和输出各种形式的信息。1946年，美国宾西法尼亚大学的科学家和工程师设计制造了世界上第一台电子计算机。现在，计算机的类型较多，一般将计算机分为服务器、工作站、微型机、便携设备、嵌入式系统等几大类。计算机由硬件系统和软件系统两大部分组成。计算机的硬件系统是构成计算机系统的各种硬件设备的总称，由主机和外部设备两大部分组成。计算机指令的集合称为程序，程序和相应的有关文档构成了计算机软件。计算机通过软件接受输入的数据并进行处理，再输出给用户。计算机软件分为系统软件和应用软件两大类，系统软件是用来管理计算机中CPU、存储器、通信连接及各种外部设备等所有系统资源的程序，其主要作用是管理和控制计算机系统的各个部分，使之协调运行，并为各种数据处理提供基础功能；应用软件是用来完成用户所要求的数据处理任务或实现用户特定功能的程序。

通信技术是信息技术中的"神经网络"，主要是通过现代通信设施来高速度、高保真、安全地传递声音、文字、图像、数字及其他形式的信息。人类一直在改进信息传播的方式，从原始社会人们利用手势、声音、火光等方式传播信息到语言的产生；从文字的出现到纸张、印刷术的发明；从电话、电报到电视的问世；从通信卫星上天到因特网建成，使人类社会信息传播发生深刻的变化，每次变化都是划时代的变革。

光盘技术是一种通过光学的方法读写数据的信息存储技术。光盘按其读写功能可为只读式光盘、一次写光盘和可擦重写光盘三种类型。它不仅可以用于文字信息的存储，也可以用于声音和图像信息的存储，其优点是存储密度高、容量大、体积小、成本低，可以随机存取。缺点是配套设备较昂贵。

（2）按其功能不同，现代信息技术可分为信息获取技术、信息处理技术、信息组织技术、信息存储技术、信息检索技术、信息传输技术、信息安全技术等。

①信息获取技术是指延长人的感觉器官而收集信息的技术。它能把人的感觉器官不能准确感知或不能感知的信息转化为人能感知的信息，主要包括摄影技术、录音技术和遥感技术

等。遥感技术是指从远距离高空及外层空间的各种运载工具即遥感平台上，利用各种传感器接收来自地球表面的各类电磁波，并对这些信息进行扫描和摄影、传输与处理，从而对地表各类事物和现象进行远距离探测和识别的现代综合技术。

②信息处理技术，也称信息加工技术，是指对信息进行分类、排序、转换、比较、运算、分析、推理和检索等的技术。主要包括多媒体技术、人工智能技术等。多媒体技术是集文字、图像和声音于一体的信息处理技术。人工智能技术是用计算机模拟人处理信息的能力，使计算机能显示出人类智能行为的技术。

③信息组织技术是指使零散、无序的信息实现有机联系和序化的技术，主要包括数据库技术、超文本技术等。数据库技术是指建立、维护、利用数据库的技术，其实质是利用数据库管理系统对数据库进行管理。超文本技术是将零散的信息，通过节点和链组织成互相关联的网状结构的技术。

④信息存储技术是指跨越时间保存信息的技术，主要包括数据压缩技术、磁存储技术和光学存储技术。信息压缩技术是对多媒体信息进行实时压缩和解压缩的技术。在未压缩的情况下，数字化的声音和图像数据量非常大，计算机处理费时，存储空间大，因此，必须对多媒体信息进行实时压缩和解压缩。磁存储技术主要用于录音、录像机和计算机数据存储，有磁带、硬磁盘、软磁盘等。它的优点是存储量大、体积小、成本低，但要借助辅助设备才能使用。光学存储技术是一种通过光学的方法读写数据的存储技术。光盘可以方便地与计算机接口而用作外存储。

⑤信息检索技术是在已建立的数据库和计算机网络中查找所需信息的技术，主要包括光盘检索技术、联机检索技术和网络检索技术等。光盘检索技术是利用计算机从购买的光盘数据库中查找所需的信息的技术。光盘检索的具体过程是将光盘数据库放在计算机的光盘驱动器或光盘塔（由多个光盘叠加而成，并配有接口卡设备）中，采用相应的检索策略，输入检索词，通过检索软件的运行从光盘中找到所需要的信息。联机检索技术是用户使用终端设备，运用一定的指令输入检索词和检索策略，通过通信网络连接联机信息中心的中央计算机，进行人机对话，通过检索软件的运行从联机信息中心的数据库中查找所需信息的技术。网络信息检索技术是利用计算机检索存在于互联网信息空间的各类网络信息资源的技术。目前网络信息检索技术主要有资源定位检索技术、超链接搜索技术、网络搜索引擎技术及通用信息检索技术。制约网络信息检索技术发展的瓶颈是图像音频视频检索、汉语自动切分、搜索引擎缺陷等。智能检索技术、知识检索技术、多媒体检索技术、新一代搜索引擎技术、自然语言检索技术和基于内容的检索技术是网络信息检索技术发展的核心与关键。

⑥信息传输技术是指一切能使信息跨越空间而流动的技术，主要包括通信技术、计算机网络技术等。通信技术是通过适当的传输介质（如双绞线、同轴电缆、光导纤维、微波、通信卫星等）将数据信息从一台机器（可以是计算机、终端设备或其他任何通信设备）传送到另一台机器的技术。计算机网络技术是现代通信技术和计算机技术相结合的产物，是利用通信设备和线路将地理位置不同、功能独立的单个计算机和计算机设备互联起来，以功能完善的网络软件（即网络通信协议、信息交换方式及网络操作系统等）实现网络中资源共享和信息传递的技术。

⑦信息安全技术是保障信息管理系统、信息网络及其信息自身的安全性的现代信息技术，主要包括访问控制技术、数据加密技术、安全认证技术、防病毒技术、防火墙技术等。访问

控制技术用来控制用户对网络资源（文件、目录和设备）的访问，虽然用户已经登录进网络系统，但若没有授予他访问网络资源的某些权限，仍不能访问有关的文件、目录和设备。数据加密是增强网络信息安全的有效手段，它是利用某种加密算法，将信息明文变换成密文进行发送，使截取者无法破译，从而实现信息的安全传输。目前，常用的加密算法有对称密钥加密算法和公开密钥加密算法两种。在进行网络通信的过程中，信息交流双方身份的认证也是至关重要的一环，计算机网络中的认证主要包括数字签名、身份验证及数字证书。通常的防病毒技术可以分为病毒预防技术、病毒检测技术和病毒清除技术三种。防火墙技术是一种保护网络信息安全的技术。它利用一个或一组网络设备（计算机、路由器、计算机子网等），在内部网和外部网之间构造一个保护层屏障，检测所有的内外连接，限制外部网络对内部网络的非法访问或内部网络对外部网络的非法访问。

3. 现代信息技术的特点

1）现代信息技术的高技术性

这就是说，现代信息技术是一种高技术。高技术一词在西方国家最早出现于 20 世纪 70 年代，目前国际上还没有统一的定义。不过，越来越多的人倾向于认为，高技术是指那些对一个国家或地区的经济、社会和军事有重大影响，能形成新兴产业的先进技术。这就对高技术赋予了双重的解释，即技术上是高端的，社会和经济意义是重大的。高技术同新兴技术和尖端技术不是同一概念。新兴技术和尖端技术一般只指技术本身，而高技术总是密切地同某些特定的产品或产业相联系。尖端技术是一种空间排列的概念，指在技术结构体系中处于顶端或最前沿的那一部分；新兴技术是一种时序排列的概念，指出现时间较短或相对于传统技术具有新质特征的技术；而高技术更强调它的功能和社会经济效益，具有更广泛的科技、经济、社会意义。高技术并不是只指某一单项的技术，而是一个技术群。目前国际上公认的高技术，包括电子信息技术、生物技术、新材料技术、新能源技术、空间技术、海洋开发技术等。

2）现代信息技术的先进性

与传统信息技术相比，现代信息技术在性能上具有明显的先进性。现代信息技术的先进性主要表现为传递信息速度快、范围广、保真性能好；处理信息速度快、准确性高；存储信息密度高、容量大；显示信息图文声像并茂；能以更少的时间，完成更多的工作，取得更好的效果。

3）现代信息技术更新的快速性

现代信息技术更新快、发展迅速。作为现代信息技术基础的微电子技术的发展是建立在晶体管原理之上的。1948 年美国贝尔实验室研究出了晶体管，20 世纪 50 年代出现了集成电路，60 年代初期集成电路达到小规模集成水平，60 年代中后期达到中规模集成水平，70 年代达到可在一个芯片上集成 20 多万个元件的大规模集成水平，80 年代达到了超大规模集成水平。20 世纪 50 年代，计算机技术的主要标志是编程计算，60 年代是数据处理，70 年代是计算机网络，80 年代是模式识别，90 年代是专家系统和人工智能。就通信技术而言，1876 年人类开始进入电气通信时代；1895 年波波夫和马可尼用他们发明的协电批示器接收到协电产生的电波，从而揭开了无线电通信的序幕；1957 年前苏联发射了第一颗人造地球卫星，开拓了人类利用卫星通信的新时期；1976 年世界上安装了第一条试验性光纤通信线路，此后光纤通信得到迅速发展；从 60 年代起，数字传输技术逐步兴起，由于计算机在通信中的应用，程控交换技术、网络通信技术迅速发展，80 年代兴起了综合应用计算机技术、光通信技术、数据交换技术、数字传输技术、分组交换技术和计算机网络技术等先进技术的综合业务数字网。

4）现代信息技术的高渗透性

现代信息技术的高渗透性主要表现在两个方面。一是不同现代信息技术之间的高渗透。不同信息技术之间可以相互渗透、相互结合，形成功能更加多样、性能更加优越的信息技术设施，如计算机技术、电视机技术、电话技术相结合，形成了三电一体的信息技术设备；多媒体技术、超文本技术结合，形成了超媒体技术；计算机技术和现代通信技术相结合，形成了计算机网络。二是现代信息技术对其他方面的高渗透。现代信息技术不仅能应用于信息管理和信息服务领域，而且还能应用于工业、农业、交通运输、财政金融、科学研究、文化教育、文艺体育、行政管理、军事国防、家庭生活等各个方面。这表明现代信息技术具有强大的渗透力。

1.1.3 信息资源

1. 信息资源的含义

资源是指在自然界和人类社会中一切可以用来创造物质财富和精神财富且达到一定量的客观存在形态。国内外学者对信息资源有不同的理解。有人认为，信息资源是指未经人们开发加工的原始信息。如各种自然信息、机器信息和社会现象信息。这种理解把信息资源与人们常说的"矿产资源"、"海洋资源"等相对应。也有人认为，信息资源就是信息，包括各种信息，只是把信息当作一种资源来加以认识、开发和利用。钟义信就认为"信息资源包括各种各样的信息库"。还有人认为，信息资源是指与信息生产、利用等有关的一切资源，包括信息资料、信息人才、信息技术等。或者把信息资源看成是信息活动中各种要素的总和（包括信息、人才、设备、技术等），这是对信息资源较为广义的理解。在较发达国家，对信息资源的理解，多数理解为信息资源是信息活动中各种要素的总和。我国大部分学者倾向于把信息资源理解为文字图像、声音等多种媒介和形式的信息。

我们认为，对信息资源可作广义和狭义理解。广义地说，信息资源是可以用于创造物质财富和精神财富的各种信息及其相应的人才和技术等，是与信息活动相关的资源的总称。狭义的信息资源是指可供人类用来创造财富的各种信息。本书所指的信息资源是狭义的信息资源。

2. 信息资源的类型

（1）按其载体和存储方式不同，信息资源可划分为天然型信息资源、实物型信息资源、智力型信息资源、文献型信息资源和网络型信息资源。

天然型信息资源是以天然物质为载体的信息资源。天然型信息资源分布十分广泛，是没有经过人脑加工的信息资源，更新速度较慢。这种类型的信息资源是科学研究的原材料，科研人员，尤其是自然科学研究人员主要是通过对这种天然型信息资源进行加工来认识自然，认识世界。

实物型信息资源是指以人造物质产品为载体的信息资源，如新研制的产品的模型、样品等。实物型信息资源直观性与隐蔽性同在，真实可靠且不易失真，但传递和保存不便。实物型信息资源实质上是物质资源，人们一般利用其物质属性，但当人们利用其信息属性时，物质资源就成了实物型信息资源。

智力型信息资源是指以人脑为载体的信息资源。智力型信息资源的存储载体是人脑，传播载体是语言；内容较新颖，更新速度快；不便于保存且易失真；交流和传递范围有限。

文献型信息资源是指以纸张等传统介质和磁盘、光盘、胶卷等现代介质为载体的信息资源。文献型信息资源内容广泛，类型多样；质量较高，具有不同的加工深度；传递较方便，传播范围广；便于保存和利用。

网络型信息资源是一切投入互联网的电子化资源的总称，包括将原本相互独立、分布于不同地域的数据库、信息中心、图书馆等，由信息网络联结在一起的信息资源，以网络形式出版的信息资源（网络出版物），仅在网上交流的信息资源。网络型信息资源具有内容丰富、质量高低不一、数量大、增长快、传递速度快、可跨国界流动和传递等特点。

（2）按其内容性质不同，信息资源可划分为政治信息资源、法律信息资源、科技信息资源、经济信息资源、管理信息资源等。

政治信息资源主要由政治制度、国内外政治态势、国家方针政策信息等构成。

法律信息资源主要由法律制度、法律体系、立法、司法和各种法规信息构成。

科技信息资源是与科学、技术的研究、开发、推广应用等有关的信息。

经济信息资源是指反映经济现象的各种有用信息的总和。其内容繁多，包括国家经济政策信息、社会生产力发展信息、国民经济比例与结构信息、生产经营信息、市场供求信息、金融信息等。

管理信息资源是各行业各层次管理与决策活动中形成的并对管理过程、效果等进行反映的信息。

3. 信息资源的特点

1）精神形态与物质形态共存

一般经济资源，物质形态是其主要存在形式。信息资源指的是信息的语义内容，一般是精神形态的，但是，信息资源必须借助于物质载体而存在，即使是无形的信息资源也有其物质载体。比如，市场行情是一种信息内容，是精神形态的，但它的存在形式却是物质的，要么以纸张为载体而存在，要么以磁盘为载体而存在，要么以人的大脑为载体而存在，而纸张、磁盘、人的大脑都是物质的。市场行情在传播的过程中，必须借助于信道，比如声频、视频，这些信道同样是物质的。

2）分布的广泛性与不均匀性共存

作为资源的信息无处不有，无处不在，信息资源的分布十分广泛。自然界的各种物质无时不在产生信息，信息资源存在于自然界的各个角落。社会的各个单位、个人都是信息源，都产生信息，也都存储和利用信息，可以说，人类社会充满了信息。

然而，信息资源分布又不是均匀的。一般来说，分布在社会机构中的信息资源多于分布在自然界和个人手中的信息资源，分布在城市的信息资源多于分布在乡村的信息资源，分布在专职信息机构的信息资源多于分布在非信息机构的信息资源，分布在发达国家的信息资源多于分布在发展中国家的信息资源。

3）无限性与稀缺性的并存

信息的"储量"是无限的，永不枯竭的，而物质资源和能源不具备这种特性。物质资源在特定空间内的储量是有限的。信息资源呈现出不断丰富、不断增长的趋势，这是由于信息资源主要产生于人类的社会经济活动之中，而人类的社会经济活动是一个永不停歇的运动过程，信息也总是处在不断产生、不断积累的过程之中。

然而，信息资源在一定历史条件下相对于人们的特定需求来说又是稀缺的。在既定的时间和空间里，某一特定的个人或机构由于人力、物力、财力等因素的限制，其信息资源的拥有量总是有限的。人们对信息资源的需求越来越大，要求信息资源内容综合度越来越高，针对性越来越强，因而，满足人们某一特定信息需求的信息资源在质和量上表现出稀缺性。

4）非消耗性与时效性并存

大部分物质资源的利用往往是一次性的，每用一次就要消耗一部分。信息资源则可以多次开发，反复使用，在开发与使用过程中，不仅不会被消耗掉，反而用之弥增，不断形成新的信息资源。

物质资源的利用虽然具有消耗性，但与其开发利用的时间关系不大，不会因为开发晚而利用价值变低，也不会因为开发利用的时滞而浪费，即便是太阳能，也能利用先进的科学技术与设备储存起来备用。但是，同一信息资源并不可以永久地被利用下去，随着时间的推移，信息资源会很快失去其利用价值，即信息资源具有时效性。

5）可共享性与可选择性并存

在人类社会中，物质资源的利用表现为独占性，利用者之间是一种竞争关系。而信息资源的利用可使不同的利用者在同等程度上共享一份信息资源，信息资源是一种可共享性的资源。

信息资源的使用方向具有可选择性。同一信息资源可以作用于不同的对象，并产生多种不同作用效果，不同用户使用同一信息资源，可根据需要对信息资源的使用方向作出不同的选择。

1.2　社会信息化的主要方面

社会信息化外延相当丰富，涉及经济社会的各个方面、各个领域和各个层面。按社会活动领域不同，信息化主要包括经济信息化、管理信息化、教育信息化和生活信息化等。按层次范围不同，信息化主要包括微观信息化（即家庭信息化和社会组织信息化）、中观信息化（即行业信息化和区域信息化）和宏观信息化（即国家信息化和全球信息化）。

1.2.1　经济信息化

经济信息化是指在经济活动的各个行业、各个领域广泛采用信息技术，开发和利用信息资源。包括工业信息化、农业信息化、金融信息化、商务信息化等。

1. 工业信息化

工业信息化是指在工业企业的研究开发、设计生产、市场营销、组织管理等方面，应用先进的信息技术，建设应用系统和网络，充分整合和广泛利用企业内外的信息资源，提高企业生产、经营和管理水平，增强企业竞争力的过程。工业信息化的内容主要包括以下方面。

1）产品设计信息化

产品设计信息化指将信息技术用于产品设计、工艺设计方面，即在网络和计算机辅助下通过产品数据模型，全面模拟产品的分析与设计过程。产品设计信息化集成了现代设计制造过程中的多项先进技术，包括计算机辅助设计（CAD）、计算机辅助工程分析（CAE）、计算机辅助工艺规划（CAPP）、网络协同设计（NCD）等。产品设计信息化能更新传统的设计思想，大大提高产品设计能力，缩短产品设计周期，降低产品的研发与设计成本，为开发新产品和新工艺创造有利条件，提高企业及其产品在市场上的竞争力。

（1）计算机辅助设计（CAD）。计算机辅助设计是利用计算机帮助设计人员进行设计。其特点是将人的创造能力和计算机的高速运算能力、巨大存储能力和逻辑判断能力结合起来。在工程设计中，带有创造性的设计、方案的构思、工作原理的拟定等需要发挥人的创造性思维能力，这些工作一般应由人来完成；非创造性且繁重的工作，如非常复杂的数学计算、多种设计方案的提出、综合分析比较与优化、工程图样及生产管理信息的输出等均可由计算机完成，设计人员对计算、处理的中间结果作出判断、修改，以便更有效地完成设计工作。

（2）计算机辅助工程分析（CAE）。计算机辅助工程分析泛指包括分析、计算和仿真在内的一切研发活动。CAE技术是计算机技术和工程分析技术相结合形成的新兴技术，CAE软件是由计算力学、计算数学、结构动力学、数字仿真技术、工程管理学与计算机技术相结合而形成的一种综合性、知识密集型信息产品。在近20年来市场需求的推动下，CAE技术有了长足的发展，它作为一项跨学科的数值模拟分析技术，越来越受到科技界和工程界的重视。随着CAE技术的不断成熟和CAE软件向高性能方面的发展，CAE技术的应用范围不断扩大，不仅在汽车制造业、飞机制造业、板材加工成型、模具制造业得到了广泛的使用，而且在其他领域，如生物医学、建筑桥梁、冶金、电子产品制造及日用消费品的制造中都得到了应用。

（3）计算机辅助工艺规划（CAPP）。计算机辅助工艺规划是通过向计算机输入被加工零件的原始数据、加工条件和加工要求，由计算机自动地进行编码、编程直至最后输出经过优化的工艺规程卡片的过程。或者说，计算机辅助工艺规划是通过向计算机输入被加工零件的几何信息（形状、尺寸等）和工艺信息（材料、热处理、批量等），由计算机自动输出零件的工艺路线和工序内容等工艺文件的过程。这项工作需要有丰富生产经验的工程师进行复杂的规划，并借助计算机图形学、工程数据库及专家系统等计算机科学技术来实现。计算机辅助工艺规划常是联结计算机辅助设计（CAD）和计算机辅助制造（CAM）的桥梁。CAPP可解决传统工艺过程设计中的许多问题，在现代制造业，如航空、航天、船舶、动力装备、电子机械、水利机械、武器装备、汽车、通用机械等领域都有广泛的应用。

（4）网络协同设计（NCD）。网络协同设计是借助于计算机及其网络技术对某一项工作进行协同设计，是计算机支持的协同工作（CSCW）的一个重要研究领域，也是利用分布在全球范围内的制造资源（制造设备、设计者的知识技巧和数据库等资源）实现动态联盟的一项关键技术。网络协同设计充分利用了网络资源共享、信息共享的优点，将协同设计系统的功能更充分地挖掘出来。人们利用网络协同设计系统可在虚拟的计算机网络环境下，共同协调与合作来完成设计任务。

2）生产制造信息化

生产制造信息化是指将信息技术用于产品的生产制造过程。在制造过程中采用信息技术，可以实现对制造过程的监控和管理，解决加工过程中的复杂问题，提高生产的精度和规模制造水平，实现制造过程的自动化和集成化。生产制造信息化的主要技术包括计算机辅助制造（CAM）、柔性制造系统（FMS）、分布式控制系统（DCS）、快速成型制造技术（RP）、虚拟制造（VM）、计算机集成制造系统（CIMS）等。

（1）计算机辅助制造（CAM）。计算机辅助制造是指利用计算机进行辅助加工、检测、装配、辅助生产等过程，其核心是计算机数字控制（简称数控）。1952 年美国麻省理工学院首先研制成数控铣床。数控的特征是由编码在穿孔纸带上的程序指令来控制机床，能根据加工要求，自动更换刀具，自动进行车、镗、铣、刨，进行复杂零件的加工，可达到要求的精度，保证加工零件的质量，减少废品率，降低成本，缩短生产周期，改善制造人员的工作条件。随着微型单板机的普及，在通常用的车床、刨床、铣床和镗床上，可以装上单板机，实现自动控制，改变传统的加工方式，提高加工效果。计算机辅助制造广泛应用于船舶、飞机和各种机械制造业，主要还是用在机械加工上。

（2）柔性制造系统（FMS）。柔性制造系统是由统一的信息控制系统、物料储运系统和一组数字控制加工设备组成，能适应加工对象变换的自动化机械制造系统。柔性制造系统的工艺基础是成组技术，它按照成组的加工对象确定工艺过程，选择相适应的数控加工设备和工件、工具等物料的储运系统，并由计算机进行控制，故能自动调整并实现一定范围内多种工件的成批高效生产（即具有"柔性"），并能及时地改变产品以满足市场需求。柔性制造系统由中央管理和控制计算机、物流控制装置、自动化仓库、无人输送台、制造单元、中央刀具库、夹具站、信息传输网络、随行工作台等组成。具有以成组技术为核心的对零件分析编组、以微型计算机为核心的编排作业计划、以加工中心为核心自动换刀具和换工件、以托盘和运输系统为核心的工件存放与运输、以各种自动检测装置为核心的自动测量与保护等功能。

（3）分布式控制系统（DCS）。分布式控制系统是由多台计算机分别控制生产过程中多个控制回路，同时又可集中获取数据、集中管理和集中控制的自动控制系统。分布式控制系统采用微处理机分别控制各个回路，而用中小型工业控制计算机或高性能的微处理机实施上一级的控制。各回路之间和上下级之间通过高速数据通道交换信息。分布式控制系统具有数据获取、直接数字控制、人机交互及监控和管理等功能。分布式控制系统是在计算机监督控制系统、直接数字控制系统和计算机多级控制系统的基础上发展起来的，是生产过程中一种比较完善的控制与管理系统。在分布式控制系统中，按地区把微处理机安装在测量装置与控制执行机构附近，使控制功能尽可能分散，管理功能相对集中。这种分散化的控制方式能改善控制的可靠性，不会由于计算机的故障而使整个系统失去控制。当管理级发生故障时，过程控制级（控制回路）仍具有独立控制能力，个别控制回路发生故障时也不致影响全局。与计算机多级控制系统相比，分布式控制系统结构更加灵活、布局更为合理，成本更低。

（4）快速成型制造技术（RP）。快速成型制造技术是国际上新开发的一项高科技成果，简称快速成型技术。它的核心技术是计算机技术和材料技术。快速成型技术摒弃了传统的机械加工方法，根据 CAD 生成的零件几何信息，控制三维数控成型系统，通过激光束或其他方法将材料堆积而形成零件。用这种方法成型，无须进行费时、耗资的模具或专用工具的设计和机械加工，极大地提高了生产效率和制造柔性。在铸造生产中，模板、芯盒、压蜡型、压铸模等的制造往往是靠机械加工的办法，有时还需要钳工进行修整，费时耗资，而且精度不高。特别是对于一些形状复杂的薄壁铸件，例如，飞机发动机的叶片、船用螺旋、汽车缸体与缸盖等，模具的制造更是一个老大难的问题。虽然一些大型企业的铸造厂也进口了一些数控机床、仿型铣等高级设备，但除了设备价格昂贵之外，模具加工的周期也很长，而且由于没有很好的软件系统支持，机床的编程也很困难。面对今天世界上经济市场的竞争，产品的更新换代日益加快，铸造模具加工的现状很难适应当前的形势，而快速成型制造技术的出现为解决这个问题提供了一条颇具前景的新路。

（5）虚拟制造（VM）。虚拟制造是综合运用仿真、建模、虚拟现实等技术，提供三维可视交互环境，对从产品概念产生、设计到制造全过程进行模拟实现，以期在真实制造之前，预估产品的功能及可制造性，获取产品的实现方法。其基本思想是将制造企业的一切活动，如设计过程、加工过程、装配过程、生产管理、企业管理等建立与现实系统完全相同的计算机模型（虚拟系统），然后利用该模型运行整个企业的一切活动并进行参数的调整，在求得最佳运行参数后再进行最终的实际制造活动，以确保整个运行都处于最佳状态，即可使新产品开发一次获得成功。虚拟制造对提高产品质量，降低产品成本，缩短设计制造周期，改进设计运行状态都起着十分重要的作用。

（6）计算机集成制造系统（CIMS）。计算机集成制造系统是借助于计算机技术，综合运用现代管理技术、制造技术、系统工程技术，把分散在产品设计制造过程中各种孤立的自动化子系统有机地集成起来，形成适用于多品种、小批量生产，实现整体效益的集成化和智能化制造系统。集成化反映了自动化的广度，它把系统的范围扩展到了市场预测、产品设计、加工制造、检验、销售及售后服务等的全过程。智能化则体现了自动化的深度，它不仅涉及物资流控制的传统体力劳动自动化，还包括信息流控制的脑力劳动的自动化。CIMS一般包括管理信息应用分系统（MIS）、技术信息应用分系统（CAD&CAPP）、制造自动化应用分系统（CAM）、计算机辅助质量管理应用分系统（CAQ）等4个应用分系统和数据管理支持分系统、网络支持分系统2个支持分系统。

3）企业管理信息化

企业管理信息化是指采用现代信息技术建立信息管理系统，把企业的设计、采购、生产、制造、财务、营销、经营、管理等各个环节集成起来，共享信息资源，从而达到降低库存、提高生产效能、保证产品质量、快速应变的目的。主要应用层面包括管理信息系统（MIS）、决策支持系统（DSS）、供应链管理（SCM）系统、客户关系管理（CRM）系统、企业资源规划（ERP）系统等。

（1）管理信息系统（MIS）。管理信息系统是一个由人、计算机等组成的能进行信息的收集、传送、存储、维护和使用的系统。MIS是一个人机结合的辅助管理系统。管理和决策的主体是人，计算机系统只是工具和辅助设备；主要应用于结构化问题的解决；主要考虑完成例行的信息处理业务，包括数据输入、存储、加工、输出、生产和销售的统计等；以高速度低成本完成数据的处理业务，追求系统处理问题的效率。一个企业的管理信息系统主要有以下几个子系统：一是库存管理子系统，其功能包括对库存的控制、库存台账的管理、订货计划的制订和仓库自身管理等；二是生产管理子系统，其功能包括物料需求计划的制订、生产计划的安排、生产调度和日常生产数据的管理分析等；三是人事管理子系统，其功能包括人员的档案管理、人员考勤情况管理、人员各种保险基金的管理和人员培训计划的制订等；四是财务管理子系统，其功能包括财务账目管理、生产经营成本管理、财务状况分析和财务计划的制订等；五是销售管理子系统，其功能包括销售计划的制订、销售状况分析、顾客信息的管理和销售合同的管理等。

（2）决策支持系统（DSS）。决策支持系统是以管理科学、运筹学、控制论和行为科学为基础，以计算机技术、仿真技术和信息技术为手段，针对半结构化的决策问题，支持决策活动的具有智能作用的人/机系统。该系统能够为决策者提供决策所需的数据、信息和背景材料，帮助明确决策目标和进行问题的识别，建立或修改决策模型，提供各种备选方案，并且对各种方案进行评价和优选，通过人/机交互功能进行分析、比较和判断，为正确决策提供必要的支持。决策支持系统基本结构主要由数据部分、模型部分、推理部分和人机交互部分 4 个部分组成。数据部分是一个数据库系统；模型部分包括模型库（MB）及其管理系统（MBMS）；推理部分由知识库、知识库管理系统和推理机组成；人机交互部分是决策支持系统的人机交互界面，用以接收和检验用户请求，调用系统内部功能软件为决策服务，使模型运行、数据调用和知识推理达到有机的统一，有效地解决决策问题。

（3）供应链管理（SCM）系统。供应链是由供应商、制造商、仓库、配送中心和渠道商等构成的物流网络。供应链管理，就是指在满足一定的客户服务水平的条件下，为了使整个供应链系统成本达到最小，而把供应商、制造商、仓库、配送中心和渠道商等有效地组织在一起来进行的产品制造、转运、分销及销售的管理方法。供应链管理系统是一个以客户订单为驱动的供应链管理软件。该系统综合了供应链上的客户与订单、产品定义、生产计划、供应商、采购、合同、生产物流、库存、销售、配送、运输与财务核算等环节，不但使企业内部供应链保持流畅和优化，产生最大效益，而且与客户及供应商之间通过互联网实现了供应链的衔接；通过对客户、供应商、产品、物料和企业资源的科学定义和控制，在客户订单的驱动下，可进行各种仓储、运输、审批及结算作业。

（4）客户关系管理（CRM）系统。客户关系管理是一套先进的管理模式，其实施要取得成功，必须有强大的技术和工具支持，CRM 系统是实施客户关系管理必不可少的一套技术和工具集成支持平台。CRM 管理系统基于网络、通信、计算机等信息技术，能实现企业前台、后台不同职能部门的无缝连接，能够协助管理者更好地完成客户关系管理的两项基本任务：识别和保持有价值客户。企业 CRM 系统由客户信息管理、销售过程自动化（SFA）、营销自动化（MA）、客户服务与支持（CSS）管理、客户分析（CA）系统五大主要功能模块组成。

（5）企业资源规划（ERP）系统。企业资源计划系统是指建立在信息技术基础上，以系统化的管理思想为企业提供决策运行手段的管理平台，是将企业所有资源进行整合集成管理的信息系统。ERP 系统集信息技术与先进管理思想于一身，对改善企业的业务流程、提高核心竞争力具有显著的作用。ERP 系统体现的管理思想是，最大化地发挥企业的资源效益，在少占用资源的情况下实现最大化的产出目标。ERP 系统是一项系统管理工程，它通过数据共享，连接了企业的各个部门，从而提高企业的整体运作效率。从采购、库存到应付款，从销售、库存到应收款，从物料清单、车间生产到成本，从销售预测、生产计划平衡到物料需求，这种流程管理取代了原来孤立的职能管理，消除了无效的管理环节，减少了不增值的活动，堵塞了管理漏洞，实现了业务流程标准化和规范化，提高了企业的运作效率和收益。

4）企业营销信息化

企业营销信息化就是应用现代信息技术整合企业营销活动的各个环节，建立现代营销信息系统，开展网络营销，通过对企业内外营销信息资源的深入开发，实现企业内、外部营销信息的共享和有效利用，不断提高企业营销管理水平和提升企业竞争能力。企业营销信息化的重要体现就是开展网络营销。网络营销不仅使传统的营销组合有了新的内容，而且网络营销的方式具有多样性，企业可以根据自身情况灵活选择或组合使用。

2. 农业信息化

1）农业信息化的概念

有人认为，农业信息化是指用信息技术和信息基础设施装备现代农业，依靠信息网络和数字化技术进行农业经营管理，用现代信息技术监测管理农业资源和环境，收集与查询市场动态，支持农业经济和农村社会服务。也有人认为，农业信息化是指通过对信息和知识及时、准确、有效地获取、处理，准确地传递到农民手中，实现农业生产、管理、农产品营销信息化，大幅度提高农业生产效率、管理和经营决策水平的过程。还有人认为，农业信息化是指用信息技术装备现代农业，依靠信息网络化和数字化支持农业经营管理，监测管理农业资源和环境，支持农村经济和农村社会化。我们认为，农业信息化是指在农业领域全面地发展和应用现代信息技术，为农业产供销及相关的管理和服务提供有效的信息支持，提高农业的综合生产力和经营管理效率。

农业信息化与农村信息化是有区别的。农业信息化主要是指从第一产业、第二产业和第三产业角度的划分，与工业信息化和服务业信息化相对。农业信息化主要是针对农业生产过程的信息化，当然也包括产前和产后，但主要是产中的信息技术应用和信息资源开发利用。农村信息化则是从城市、乡镇和农村这个地理区划进行划分，与数字城市、城市信息化相对应。农村信息化是现代信息技术，包括计算机、通信、电子、自动控制，甚至包括现代的一些传媒技术，在农业生产、农村管理和农民生活三个方面应用的程度和过程。农村信息化包括了乡镇企业信息化、农民生活信息化、农业生产信息化、农村商业信息化、农村政治信息化等方面。

2）农业信息化的主要内容

（1）农业信息网络。信息网络是以计算机为依托的信息交流、传输和应用的信息基础设施。这种信息基础设施促进了信息的多方向、全方位交流和传输，促进了资源共享和技术共享。发展现代化的宽带、高速的农业信息网络是农业信息化建设的重要内容之一。其基本内涵是：采用先进的网络技术，建立集多个农业信息子网络于一身的宽带、高速的全国性农业信息广域网络，将农业信息数字化并通过农业信息网络进行传播，以提高农业生产及其管理的科学性和实用性。

（2）农业科技信息资源数据库。信息是现代经济社会最重要的资源之一，是支撑经济社会发展的基本支柱。农业信息资源数据库建设是大规模、高效率开发和利用农业信息资源的主要形式。信息网络建设只是信息资源开发和利用的硬件，若没有各种信息数据库的支持，将根本不可能发挥其应有的作用，因此，信息数据库是构成网络建设的内在条件。中国农业信息资源数据库建设目前尚处于较低的发展阶段，以文献型、数值型、事实型为主，大多属于单媒体产品。因此，必须加强和促进各种农业信息数据库的开发和推广应用。农业信息资源数据库建设，既要实用，又要科学、完整、准确，立足于农业生产的需要，适合农业发展的实际和现状，为农业的科学生产和科学管理服务。

（3）农业信息监测与灾害预防系统。农业生产是经济再生产过程与自然再生产过程的辩证统一，它既服从经济规律，又要受制于自然规律。这就要求对农业生产过程进行全面的监测，按自然规律发展农业生产，只有分析掌握这些自然条件，才能因地制宜地发展农业生产。

农业监测是进行这种分析的有效技术手段，是由星（卫星遥感技术）、机（航空遥感技术）、地（地面接收、分析网络技术）所构成的技术系统，是将网络技术和数据库技术运用于农业生产的实际过程，是大规模、高效率发展产业化农业的技术依据。在农业生产中，灾害是影响和制约产量、效益的重要因素之一，主要包括水土流失、环境污染、旱涝、病虫害等。灾害预防是高度复杂的技术化工作，既要求高度先进的技术手段，又要求高素质的技术人才。从技术上来说，灾害预防包括三个重要方面：其一是建立地理信息系统，将 3S 技术——地理信息系统（GIS）、全球定位系统（GPS）、遥感技术（RS）应用于灾害研究和预防；其二是开发利用地理信息系统软件，分析并建立适合国情的灾害技术模型；其三是提出预防灾害的技术对策。

（4）农技 110。一种以电话为媒介的农技服务方式。由于答难解疑快捷有效，既极大地方便了农民群众，又有效地提高了服务质量，因而被形象地称为"农技 110"。其服务实质是推广实用新品种、新技术和新产品，为农业生产经营提供优质服务，持续提高农业经济效益，推进农业产业化。目前，很多地方也开始运用互联网，建设农技 110 网站，借此丰富服务手段、更好满足社会需求。

（5）精细农业。精细农业又叫数字农业或信息农业。美国于 20 世纪 80 年代初提出精细农业的概念。所谓"精细农业"，就是将遥感技术（RS）、地理信息系统（GIS）、全球定位系统（GPS）等现代化信息技术与作物栽培管理辅助决策支持技术、农学、农业工程装备技术集成应用于农业，获取农田高产、优质、高效的现代化农业精耕细作技术。

（6）农业专家决策支持系统。农业专家决策支持系统是农业信息化的重要组成部分。该系统包括不同的服务层次，如农业宏观决策、农业科学研究、农业生产管理等，具体内容包括政策模拟、调控决策方案模型、粮食安全预警等。同时要建立以主要农作物、畜禽、水产为对象的生产全程管理系统和实用技术系统，以促进农业生产的科学管理和先进技术的推广利用。

3. 金融信息化

金融业是指经营金融商品的特殊行业，主要包括银行业、保险业、证券业，此外，还包括金融信托与管理，金融租赁，财务公司，邮政储蓄，典当等金融活动。金融信息化是指现代信息技术（如计算机技术、通信技术、人工智能技术）广泛应用于金融领域，以创新智能技术工具更新改造和装备金融业，从而引起金融活动发生根本性、革命性变革的过程。金融信息化主要包括银行信息化、保险信息化和证券信息化三个方面。

1）银行信息化

银行信息化是指为适应信息社会的发展，最大限度地实现以客户为中心、以竞争和创新为特征的现代银行经营理念要求，利用计算机、通信、网络现代化等现代技术手段，实现银行传统业务处理的自动化、客户服务电子化、银行管理信息化和银行决策科学化，从而为客户提供多种快捷、方便的服务，为国民经济各部门提供及时、准确的金融信息。银行信息化主要包括以下几个方面。

（1）现代化支付清算体系。支付清算体系是中央银行向金融机构及社会经济活动提供资金清算服务的综合安排。其主要功能包括：组织票据交换清算；办理异地跨行清算；为私营清算机构提供差额清算服务；提供证券和金融衍生工具交易清算服务；提供跨国支付服务。现代化支付清算体系是指利用现代计算机技术和通信网络自主开发建设的，能够高效、安全处理各银行办理的异地、同城各种支付业务及其资金清算和货币市场交易的资金清算应用系统。具体内容包括：实时支付系统、小额批量支付系统、支票影像交换系统和境内外币支付系统、电子商业汇票系统及中央银行会计集中核算系统。除此之外，现代化支付清算体系还能为银行业金融机构提供灵活的接入方式、清算模式和全面的流动性风险管理手段，支撑新兴电子支付业务处理和人民币跨境支付结算，实现本外币交易的对等支付结算，健全的备份功能和强大的信息管理与数据存储功能，高效地运行维护机制化安全管理措施，并逐步实现支付报文标准国际化。

（2）银行核心业务系统。银行核心业务系统是面向数据大集中、以客户服务为基础、以产品经营为目标的业务处理系统。核心业务系统分成三个层面，即核心层、业务层和服务层。核心层包括集中会计核算系统、客户信息管理系统、授信额度管理系统和公共管理系统。业务层在核心层的外围，反映各类业务具体操作的流程，业务层处理相关的业务逻辑，并通过核心层访问会计服务、客户信息服务和授信额度服务等和本身业务无关的处理。服务层包括营业机构的柜员界面、ATM界面、POS界面、IC卡界面、自助银行界面、电话银行界面、企业银行界面、网络银行界面等，它是核心业务系统的服务界面，是银行柜面业务的各种延伸。

（3）银行管理信息系统和决策支持系统。银行管理信息系统是指充分利用业务系统已实现的数据集中的优势和网络，进一步推进信息化系统的建设步伐，构建管理信息平台，加速管理信息化、数字化的进程，增强市场竞争能力，提升业务管理、风险防范和对外服务的水准。管理信息系统是商业银行发展的一个重要方面，涉及信贷管理、财务管理、人力资源管理、客户经理管理、资金管理、风险管理、绩效考核及办公自动化系统等。银行决策支持系统是充分利用业务管理信息系统的数据，通过对数据仓库技术、在线联机分析技术、数据挖掘技术的研究与应用、提供数据抽取、数据分析、数据挖掘等银行管理的现代化手段，实现基于各业务处理系统和管理系统之上，全方位多视角地分析金融风险、辅助决策的银行管理。包括管理会计系统、客户关系管理、资产负债管理等。

（4）客户服务平台。为全面提升客户服务质量，客户服务平台将采取集中管理、集中监控、集中培训的管理模式，建立一套具有先进性、前瞻性的多渠道客户服务、营销、信息采集与管理、电子交易系统，建成国际水准、国内银行业一流的客户服务平台。通过网上银行、电话银行等虚拟银行的建设，扩大银行服务的物理范围，淡化本地和异地的概念，提高银行服务的多样性和时效性，全面提升客户管理和服务水准。

（5）网络电子银行。网络电子银行就是商业银行以网上银行、电话银行、手机银行、企业银行、ATM、家用银行软件、呼叫中心等业务品种，构建电子化的金融自助服务体系。网络电子银行与传统银行相比有着巨大的优势：其一，网络电子银行成本低、易于成本控制，由于网络电子银行无分支机构、人员少、无纸化等特征，网上银行的交易成本比普通银行低90%；其二，网络电子银行提供了一站式24小时服务，使商业银行任何时间、任何地点、任何方式的服务承诺成为可能；其三，利用互联网资讯传播优势，推出新产品和为客户提供全方位的个性化服务。目前网上电子银行已成为商业银行控制成本、增强竞争力和提高经营效益的重要手段，这也是现代商业银行银行业发展的重要方向。

2）保险信息化

保险信息化是保险企业采用包括互联网技术在内的现代计算机技术、通信技术和网络技术等信息技术手段，改变保险业传统运作方式，实现保险业务处理自动化、保险服务电子化、保险企业管理信息化和保险决策科学化，提高传统保险保障服务业务的工作效率，降低经营成本，为客户提供多种快捷方便的服务，进而提升保险业整体竞争力的活动。

（1）保险业务管理系统。保险业务管理系统是集投保、续保、退保、理赔于一体，为保险企业提供全方位应用的保险信息系统。该系统不仅可以使保险业务实际操作便捷化，还可有效帮助保险企业为客户提供更多人性化服务，并挖掘其潜在价值，实现效益最大化。保险业务管理系统一般具有多个功能模块：一是客户信息管理功能模块。对客户信息进行体系化管理，将客户基本信息、保险信息、出险和理赔信息等进行关联化设计，使保险企业随时掌握客户的信息情况，做到繁而不乱，避免因信息遗漏而造成不必要的损失。二是保险到期提示功能模块。为了向客户提供优质后续服务和客户价值的提升，系统在客户保单到期前会自动进行信息提示，告知客户需要续保，并在客户确定续保后，自动将续保信息转到续保管理模块。三是续保管理功能模块，可对续保单及送保单等详细信息进行记录，同时配以便捷的查询功能，方便对某个确定续保单及送保单的查询和查找。四是自动信息服务功能模块。系统配有强大的呼叫中心作支持，可实现短信发送、语音提示等功能。五是业务分单管理功能模块。系统拥有保单在线分配功能，管理者可根据工作情况和安排，在线将保单指派给业务人员，业务人员直接在线接受并处理新分配任务。六是理赔记录功能模块。将理赔功能纳入进来能使系统和实际业务的结合更加紧密，为使用单位客户在为客户办理续保时提供参考依据和标准。

（2）保险财务管理系统。保险财务管理系统的总体目标有三：一是通过财务系统和保险业务系统的整合实现业务流程信息的集成；二是统一整个公司（包括各分支机构）的财务系统，在保持灵活性的同时，保证财务制度在全公司的贯彻执行；三是强化公司在集团管控、财务核算、财务分析和决策支持方面的能力，为公司发展战略的实施提供支撑。保险财务管理系统可搭建整个公司（包括各分支机构）的财务管理系统体系架构，形成了保险总公司、分公司、中心支公司、营业部等多级财务核算及管理体系，各层次除了能够完成基础会计核算及完成包括财务分析、计划、监控、考核等内容的财务管理以外，还负责及时向上一层次汇总财务信息并接受反馈，最终形成全公司完整准确的财务信息体系。通过保险财务管理系统，保险企业可实现细化员工借款、费用的管理，跟踪外部采购、按计划和预算进行资金支付跟踪固定资产、办公家具、低值易耗品的实物信息和财务信息；核算管理内部的资金预测和计划，简化外部银行对账，提高全公司资金监控的时效性和准确性；帮助公司找出盈利或亏损的产品、险种、渠道，以便公司决策层有针对性地调整营销策略，扩大盈利品种的营销，减少甚至停止没有收益或者收益率很低的产品销售；帮助公司发现在赔款、费用控制、资金运用等方面的漏洞或薄弱环节，找出造成这些漏洞的原因，使公司决策者可以采取必要的措施，堵住漏洞，强化薄弱的环节，提高公司管理决策的效力和经营效率。

（3）保险代理人管理系统。保险代理人管理系统是保险公司的三大基础信息系统之一。保险代理人管理系统的总体目标是以先进成熟的计算机手段，通过与财务处理系统的信息交换，建成一个覆盖代理人入司、日常管理（考勤、长假、维护个人资料、组织架构/职级人工调整）、考核、督导、培训、薪资管理、孤儿保单分配、离司全过程的管理系统。对保险代理人管理系统的要求如下：一是实用性，即在保证满足代理人管理部门需求的前提下，系统功能、软件功能和业务功能适用的系统；二是规范性，即遵守软件工程的规范；三是先进性，即采用当前先进的基于计算机网络的软件开发工具，从而保证系统在技术上领先；四是高效性，即具有高度的自动化特性，如考核的自动过程、系统提示功能、相关信息的相互调用、自动产生各类统计信息等；五是可维护性，即通过建立大量的数据字典，尽量使维护工作集中到数据库，而不需要对系统进行大的改动；六是操作易用性，即界面友好，容易理解、操作步骤简单，配备齐全的帮助信息系统。

（4）保险监管信息系统。对保险机构进行监管的方式包括非现场监管、现场检查和社会中介机构的外部审计三种，一般以非现场监管为主，以现场检查和社会中介机构审计为辅助。非现场监管是指保险监管部门对保险机构报送的数据、报表和有关资料，以及通过其他渠道（如媒体、监管谈话等）取得的信息，进行加工和综合分析，并通过一系列风险监测和评价指标，对保险机构的经营风险作出初步评价和早期预警。保险监管信息系统就是应用于非现场监管的信息系统，其目标是：以动态监管保险公司的财务指标和业务指标为主线，以财务数据和业务数据为中心，建立包含数据采集、数据校验、报表自动生成、动态查询、动态预警等功能的综合立体化信息管理系统，以提高保监办的监管水平和监管能力，提高保监办的监管效率。

（5）保险电子商务。保险电子商务就是通过互联网开展投保、续保、退保、理赔等活动。保险公司利用电子商务的开放性和互联网的便捷性，建立起快速开发产品的渠道和适应市场变化的销售网络，不失为一种低成本、高效益的营销方式。运用现代信息网络技术，保险业可逐步建立网络营销、电话营销、短信营销等新型营销渠道；同时利用信息技术实现与银行、航空等行业的业务合作。

3）证券信息化

证券信息化是指采用包括计算机技术、通信技术和网络技术等现代信息技术手段，高效处理和开发证券信息资源，实现证券综合业务处理自动化、证券投资决策智能化、证券企业管理信息化、证券交易网络化。

（1）集中型证券综合业务系统。集中型证券综合业务系统是建立在 Internet/Intranet 之上的处理各种证券交易业务的核心处理系统。它立足于证券公司总部，通过计算机通信网络进行实时交易、实时监督、实时备份和业务集中处理。集中型证券综合业务系统将分散在各个证券营业部的资金、证券、客户资料等数据和业务管理系统向公司总部集中，由公司总部将客户的交易指令集中处理后向交易所集中报盘，交易完成后，资金实行集中清算。集中型证券综合业务系统取消了证券营业部的资金管理、证券管理等功能，将证券营业部变成一个为客户提供交易便利的营销场所，对于客户则实现了通存通兑、通买通卖。集中型证券综合业务系统包含以下五个模块：一是股份集中托管模块，将证券营业部的客户资料和资金、证券数据集中托管在总部，并统一管理；二是开户数据校验模块，将证券营业部开户数据实时上传，避免重复开户；三是集中报盘模块，完成委托申报和成交回报，把中心端数据库中各个证券营业部的委托数据申报到交易所接口库，同时把交易所的成交数据返回到中心端数据库；四是集中监控模块，对总部和证券营业部的集中报盘模块的运行进行监控，同时对证券营业部的申报和回报数据、席位报盘负载等数据进行实时监控；五是日终清算模块，根据交易所提供的清算和结算数据，统一进行所有证券营业部日终清算和结算。

（2）银证通系统。银证通系统以商业银行活期储蓄账户作为投资者证券买卖保证金账户和清算账户，银行为投资者提供资金的管理、冻结、划拨和解冻等专业的资金服务，证券公司以证券电子商务平台为投资者提供专业的证券服务。双方通过网络实时传输有关资金和证券的数据，在共同的利益基础上完成证券交易的全过程。该系统包含以下四个模块：一是账户管理模块，包括各类账户开销户、账户控制、客户信息修改、密码修改等；二是实时转账模块，包括银行转证券、证券转银行、查询银行余额、各类冲正等；三是交易模块，包括委托、撤单、指定交易、转托管等；四是日终对账模块，包括对总账、对明细账、生成日终清算文件等。银证通系统可以根据配置来支持银行端的各种接口，同时支持各种接口的相互转换，使得证券公司和各家银行的接入变得更加简单、方便。银证通系统将投资者在银行的活期储蓄账户和在证券公司的证券交易保证金账户合二为一，避免了相互调拨资金的不便。投资者可以到银行的指定网点申请办理银证通开户手续，利用通存通兑系统，到银行联网网点存取交易资金，然后利用电话银行系统或证券公司提供的电话委托、手机炒股和网上委托等多种交易手段，方便地进行证券投资。投资者存取款不受节假日限制，也不受交易时间限制。

（3）证券投资智能决策系统。证券投资智能决策系统是将人工智能技术、神经网络技术、专家系统及计算机辅助决策技术应用于证券领域，开发出来的为证券投资者投资决策服务的智能决策专家系统。证券投资智能决策系统一般由知识库、数据库、规则库、推理机制、解释机制、神经网络优化求解等几大模块组成。其主要功能有三：一是智能选股功能，根据投资者输入的数据和要求，对证券市场上的股票和其他金融品种进行分析、扫描，确定满足要求的品种；二是"黑马"实时检索功能，对日常交易出现的中、短线黑马及潜力品种及时检索给出选择的原因和决策策略的详细分析，并运用神经网络技术结合个股历史走势及价格波动来预测未来股价变动趋势；三是培训和学习功能，充分利用计算机多媒体的优势，运用文字、图表、语言、声音等多种方式向用户介绍理性投资的有关知识，对投资者的实际操作进行培训，并允许投资者模拟操作。

（4）网上证券交易系统。网上证券交易系统是指投资者利用互联网了解证券行情，进行市场分析，并通过互联网委托下单，获取成交回报、进行清算交割的证券交易系统。网上证券交易系统包含以下六个模块：一是行情分析系统，为投资者提供行情数据服务。二是交易处理系统，为投资者提供买入证券、卖出证券、查询资金、查询证券价格、查询最新成交情况、撤销委托和修改密码等基本功能。另外，还可以为投资者提供多用户多账号的批量买卖、交割打印、佣金结算和其他一些特殊功能。三是投资咨询系统，包括多个专家和机构对大盘走势的评估，证券公司和咨询机构提供的盘中和盘后的市场行情分析，全天候的财经新闻，国际国内的宏观评论等。四是智能选股系统，自动向投资者提供各种财务指标，自动在不同组合的条件下为投资者选择最佳证券，使投资者获得最大的投资收益。五是投资理财系统，为投资者提供证券买入后的保本卖出价计算，还可以为投资者提供所持证券的总市值和总资产，卖出证券后的盈亏计算和收益率的计算，以及每次证券买卖的历史数据查询等。六是认证中心，其核心功能就是发放和管理数字证书。

4. 商务信息化

简单说来，商务信息化就是利用以互联网和移动通信为主的信息技术，实现商务的信息化。商务信息化与电子商务既有相同点，也有不同之处。两者的相同点：都是基于信息技术、通过互联网和移动技术来实现。两者的不同点：电子商务是模式、商务信息化是手段；电子商务侧重于网上交易，商务信息化着眼于商务手段的信息化；电子商务与传统商务泾渭分明，信息化商务可同时服务于传统商务和电子商务，传统商务可通过信息化过渡到电子商务；电子商务是模式上的革命，商务信息化是手段上的升级。下面主要阐述电子商务的概念、内容与模式。

1）电子商务的概念与内容

电子商务也有广义、中义与狭义之分。广义的电子商务是指采用电子方式进行的各种商务活动，甚至可以说是以电子方式为手段的经济活动，包括企业和有关经济单位内部的信息交流活动，电子广告与信息发布，利用网络进行的新产品开发，供应链上商业伙伴之间的交易活动，电子金融服务，电子税收等。中义的电子商务是指通过电子方式进行的商品交易活动，包括通过电子方式进行的商品信息交换、市场营销、货币支付、物流配送等。狭义的电子商务专指通过因特网进行的商品交易活动，包括网络营销、在线销售、网上支付、物流配送等。

（1）网络营销。网络营销是以互联网为传播手段，通过对市场的循环营销传播，达到满足消费者和商家诉求的过程。简单地讲，网络营销就是指通过互联网，利用电子信息手段进行的营销活动。网络营销具有传统营销不具备的许多独特的、鲜明的特点和功能。首先，网络营销市场覆盖面广、信息传递及时。互联网在全球范围内的连通及其对用户的开放性特征，决定了网络营销覆盖面广的特点，为营销市场的全球化提供了基础。利用互联网进行产品信息的发布、对市场问卷调查、接收顾客的订单、用户信息反馈等，这些工作均可以在很短的时间内完成。此外，网络营销能够向顾客提供全年全天候的服务。其次，网络营销的营运成本低。网上展示产品、网上订购、网上交易可减少大量的人力和物力，一方面提高了工作效率，另一方面也降低了营运成本，增加企业利润。第三，网络营销是个性化、一对一、互动式的营销。网络的互动式特征使顾客能真正地参与到整个营销过程中，而且选择的主动性也得以强化。网络上的丰富信息使顾客的选择余地变得很大，网络营销可以将顾客整合到整个营销过程中来，从产品设计、生产到销售、服务的整个营销过程中不断地与顾客交流，而这种交流是双向的。不仅产品生产者利用网络传播自己的产品，而且顾客也可借助网络的帮助与销售商、技术人员进行对话，了解感兴趣的产品和服务，并提出问题。销售商根据顾客的信息对产品进行改进，或推出新产品。

（2）在线销售。在线销售就是商家与用户通过网络达成交易协议的过程。对用户来说，在线销售就是网上订购或网上购物。在线销售作为电子商务的一个环节，在电子商务全过程中起着举足轻重的作用。在线销售主要是通过网上订购系统来实现的。网上订购系统主要分为用户服务和商家管理两大部分。用户服务包括用户登录单元和用户订货单元。用户进入订购系统首页后，首先注册自己的登录名；登录成功后，即可将自己所需产品添加到购物车中，确认订购填写订单就完成了本次订购。系统可以对用户的订单、注册登录名，以及产品介绍等进行管理。在订单管理子系统中可以通过不同的查询方式查询订单状况；在顾客管理子系统中可以对顾客的详细资料进行统计和查询；在产品管理子系统中可以对产品信息进行管理和维护。一个典型的网上订购系统主要功能有：为客户提供 24 小时方便快捷的在线订购服务；商品信息的维护与管理，包括价格的调整、现有商品信息的修改、新商品信息的加入、过时商品信息的删除等；强大、方便、快捷的查询功能，能提供关键字查询、模糊查询、智能查询，提供商品询价平台，为客户在线询价（商价）提供服务；将用户商业逻辑规则融入系统，即根据不同用户属性提供不同的商品信息；将价格商业逻辑规则融入系统，即根据订购批量、客户等因素制定价格；订单管理，能为分销商的 ERP 系统提供数据接口，为客户提供基本的订单管理服务；根据客户需求，提供丰富的订单形式。

（3）网上支付。网上支付是一种在互联网环境下通过网上银行、第三方支付平台、手机移动支付、固定电话网络和固定电话支付业务完成支付的行为和过程。网上银行又称网络银行、在线银行，是银行通过信息网络提供的金融服务。网上银行利用先进的 Internet/Intranet 技术和覆盖全国的分支机构网络，将传统银行业务与网上银行业务有机地整合起来，为客户提供全面、安全、实时、高效的电子金融服务。用户可通过两种渠道使用企业网上银行服务：一是 Web 浏览器渠道，操作员通过浏览器登录银行企业网上银行，享受相应的服务；二是对接渠道，通过企业 ERP/财务系统与银行企业网银的连接，完成双方数据传输，获得银行服务。第三方网上支付平台就是指一些由本身不从事电子商务，但和各大银行签约、具备一定实力和信誉保障的第三方独立机构提供的交易平台，在该平台上可以安全地实现从消费者、金融机构到商家的在线货币支付、现金流转、资金清算、查询统计等流程，并对电子商务的服务商提供众多的增值服务。手机移动支付是通过把客户的手机号码与银行卡等支付账户进行绑定，使用手机短信、语音、WAP、K-Java、USSD 等操作方式，随时随地为拥有中国移动手机的客户提供移动支付通道服务。电话支付业务是用户通过电话、网络、现场等方式在商户处订购商品或服务，再利用电话语音进行支付的一种交易模式，是在 POS 支付、网上支付之外开辟的又一新支付渠道。

（4）物流配送。物流配送就是将用户网上订购的商品送到用户手中。电子商务的发展离不开物流配送的支持，能否将网上交易的商品安全及时地送到用户手中，是电子商务能否正常进行的关键因素之一。电子商务物流配送是信息化、现代化、社会化的物流配送，是指采用网络化的计算机技术和现代的硬件设备、软件系统及先进的管理手段，针对社会需求，严格地、守信用地按用户的订货要求，进行一系列分类、编配、整理、分工、配货等理货工作，定时、定量地交给用户，满足其对商品的需要。

2）电子商务的模式

（1）B2B 模式。B2B 电子商务是指企业与企业之间的电子商务，即企业与企业之间通过互联网进行产品、服务及信息的交换活动。企业间的电子商务最为常见的是企业之间的贸易全部数字化和网络化。企业间电子商务通用交易过程可以分为以下四个阶段：一是交易前的准备。这一阶段主要是指买卖双方和参加交易各方在签约前的准备活动。二是交易谈判和签订合同。这一阶段主要是指买卖双方对所有交易细节进行谈判，将双方磋商的结果以文件的形式确定下来，即以书面文件形式和电子文件形式签订贸易合同。三是办理交易进行前的手续。这一阶段主要是指买卖双方签订合同后到合同开始履行之前办理各种手续的过程。四是交易合同的履行和索赔。就目前来看，企业与企业之间的电子商务是电子商务业务的主体。

（2）B2C 模式。B2C 电子商务是指企业与消费者之间的电子商务，即企业与消费者之间通过互联网销售与购物。这种商品交易过程彻底改变了传统的面对面交易和一手交钱一手交货及面谈等购物方式，这是一种新颖且有效的电子购物方式。随着国际互联网的发展，这类电子商务异军突起，互联网上已开办了形式多样的虚拟商场、大型超级市场、网上书店等。但是由于各种因素的制约，目前及比较长的一段时间内，这个层次的业务还只能占比较小的比重。从长远来看，企业对消费者的电子商务将最终在电子商务领域占据重要地位。

（3）B2G 模式。B2G 电子商务是指企业与政府之间的电子商务。B2G 比较典型的例子是网上采购，即政府机构在网上进行产品，服务的招标和采购。政府的采购清单通过互联网发布，供货商可以直接从网上下载招标书，并以电子数据的形式发回投标书。网上政府采购可以提高政府采购中心的效率，节省政府采购成本，为政府节约巨额开支，同时，供货商可以得到更多的甚至是世界范围内的投标机会，即使是规模较小的公司也能获得投标的机会。

（4）C2C模式。C2C电子商务是消费者与消费者之间的电子商务，即消费者与消费者之间通过互联网进行商品交换。该模式类似于现实商务世界中的跳蚤市场，其构成要素除了包括买卖双方外，还包括电子交易平台供应商，也即类似于现实中的跳蚤市场场地提供者和管理员。在C2C模式中，电子交易平台供应商扮演着举足轻重的作用。电子交易平台供应商提供了一个知名的、受买卖双方信任的供应商提供平台，将买卖双方聚集在一起，同时，还扮演监督和管理的职责，负责对买卖双方的诚信进行监督和管理，对交易行为进行监控，并为买卖双方提供技术支持服务，如帮助卖方建立个人店铺，发布产品信息，制定定价策略等，帮助买方比较和选择产品以及电子支付等。反过来说，电子交易平台提供商同样要依存于C2C的买卖双方。平台提供商主要的利润均来自于买家和卖家，也即是购买平台提供商服务的消费者。

（5）B2B2C模式。B2B2C电子商务是指企业对企业对消费者的电子商务活动。这种模式是以B2C为基础，以B2B为重点，将两个商务流程衔接起来形成一种新的复合电子商务模式。产生这种模式的原因是由于在B2C这种商务模式中，零售的特点决定了商家的配送工作十分繁重，同时个体消费者又不肯为了原本低额的商品付出相对高额的配送费用。这种特性使得B2C模式面临着巨大的挑战。面对这种现实，在B2C这种模式中引入B2B模式，即把经销商作为销售渠道的下游引进，从而形成了B2B2C电子商务模式。这种模式一方面可以减轻配送的负担，另一方面也能减轻库存问题所带来的压力，从而降低成本，增强网上购物的快速、低价格的优势。

1.2.2 管理信息化

管理信息化是指在管理活动，即在计划、决策、组织、指挥、控制等活动中广泛利用信息技术，有效利用信息资源，从而提高管理效率。管理离不开信息，这是人所共知的道理，管理过程中的计划、决策、组织、指挥、控制等活动和职能都需要以大量的信息为基础。甚至从某种意义上说，管理活动就是一种特殊的信息活动。要在管理中要有效地利用信息，必须利用现代信息技术建立办公自动化系统、管理信息系统、决策支持系统和专家系统，建设内部信息网络，实现各级各类管理工作的电子化、网络化。各种社会实践活动都需要管理，所以管理信息化涉及面广，前面所述的工业企业信息化、农业信息化和金融信息化，以及后面将论述的教育信息化和社区信息化，都要涉及管理信息化问题。这里仅阐述管理信息化的主要方面——政府信息化与电子政务。

1. 政府信息化

政府信息化是指在政府部门广泛应用现代信息技术、充分开发利用信息资源，从而更加经济有效地履行自身职责的活动和过程。或者说，政府信息化是指为了适应信息时代的到来，运用信息技术、通信技术、网络技术及办公自动化技术等现代信息手段，对传统的政府管理和公共服务进行的改造，从而大大提升政府管理的有效性，满足社会及公众对政府公共管理和公共服务的期望，促进社会经济的发展。政府信息化的最终结果是建立高效可靠的电子政府。政府信息化强调政府利用现代信息技术建立政府信息系统和信息网络的过程，强调政府信息资源的开发与利用。广义地说，政府信息化也可以包括电子政府建成以后的运行过程。

政府信息化是一个动态的过程。20 世纪 80 年代前后提出的办公自动化是政府信息化的早期表述，其核心是要用计算机技术处理办公室的内部业务，如文件资料的制作、传送和储存等；80 年代以后，管理信息系统和决策信息系统的出现，使这时的政府信息化，实际上就是运用信息加工和信息处理技术改善政府的决策和满足管理者的需求；90 年代后，随着国际互联网技术的迅速发展及在政府公共管理中的应用，政府信息化的含义是指在政府内部办公自动化的基础上，利用计算机技术、通信技术和网络技术，建立起网络化的政府信息系统，并通过不同的信息服务设施为企业、社会和公民提供政府信息和其他公共服务，并且打破传统政府管理受到时间、空间限制的界限，改变政府管理的方式。

2. 电子政务

1）电子政务的概念与内容

从"电子"和"政府事务"这两个概念的广义与狭义综合考虑，电子政务强调用电子方式处理政府事务，有广义、中义与狭义之分。广义的电子政务是指一个国家的各级政府机关或有关机构以电子化的手段处理各类政府事务，这与电子政府的活动范围大致相同，但电子政府强调的是一种组织机构，而电子政务强调的是一种管理活动。中义的电子政务是指采用电子方式进行的政府管理工作，主要包括政府机关内部办公自动化和政务的网上交互式处理。但由于现代政府的管理越来越依赖于信息资源的开发与利用，政府信息发布也是政务管理中必不可少的工作，因此，中义的电子政务还可以包括政府部门以电子方式获取、管理和发布信息，但不包括政府网上采购之类的商务活动。狭义的电子政务仅仅指在计算机互联网上进行的政府管理活动，即在计算机网络上进行的政务交互式处理。可以认为，电子政务是电子政府的核心和主要方面。因为电子政务主要是"政务"，而"电子"只是手段，所以电子政务的广义与狭义应从"政务"方面加以区分。广义的电子政务＝"电子"＋广义"政务"，指电子化的政治与行政事务。包括电子政党事务（电子党务）、电子政权事务（电子人大）、电子政府事务（狭义电子政务）、电子政协事务（电子政协）和电子行政事务（企事业单位电子公的行政管理事务）。狭义的电子政务＝"电子"＋狭义"政务"，指电子化的政府管理事务。

电子政务动涉及利用电子方式开展政府管理、服务活动，具体包括三个方面：一是政务机关电子化的信息活动，包括政务机构及其工作人员通过电子方式或从网上获取信息、政务信息资源形式的数字化、管理的自动化和发布的网络化等；二是政务机关内部办公自动化，包括电子公文管理、会议与领导活动管理自动化、机关事务管理自动化、政府决策支持系统等；三是政务的网上交互式处理，包括网上公文传递、网上项目申请与审批、网络会议、电子福利支付、电子税务、公民参与公共决策、网上选举、网上民意调查、公务员网上招聘、网上公共事业服务等。

2）电子政务的基本构架

在我国，电子政务的基本构架是指"三网一库"的结构，即内网（内部办公业务网）、专网（办公业务资源网）、外网（政府公众信息网）和资源数据库。

（1）内部办公业务网。内部办公业务网简称"内网"，是政府的内部网络系统，通过内部网络互联，实现信息共享和信息传递。主要用于政府机关内部公文、信息处理和政府系统内部信息传输和共享，提高政府和部门之间的信息快速反应能力和应急指挥能力，逐步实现政府各类文件、信息处理的无纸化。其内容主要包括文件收发、公文管理、签批管理、会议会务管理、政务信息管理、档案管理、领导日程安排、车辆管理、公共信息服务等系统。将政府文件、公文管理、督查督办及上级政府的有关文件批示和下级政府的请示报告都通过网络运行处理，实现办公自动化、网络化。同时，逐步开发多媒体应用系统，为领导提供桌面式电视会议，可视电视及其他语音图像信息服务等。根据国家有关规定，统一建设与因特网物理隔离的党政机关办公专用信息网络及交换平台，各机关单位用电子文档传送资料、文件、通知等信息，使用统一的办公自动化系统，全面实现各机关内部与上下级机关之间办公网络互联互通。运用电子身份认证技术和网络数据库技术，建立严格的安全保密管理机制和政府信息交换系统，实现政府信息在政府机构内的分级共享。"内网"是整个网络建设中最关键的部分，必须具有如下特点：高起点，高性能的特点，具备可管理性、安全性、稳定性的功能；支持集成的多服务器系统与数据均衡负载，提高网络的性能和稳定性；通过先进的备份、防病毒和安全保护等手段保障数据和网络的安全。在整个"内网"的建设过程中，最重要也是最关键的问题是办公软件的选用，办公流程的二次开发和应用推进，最终实现办公自动化。

（2）办公业务资源网。办公业务资源网简称"专网"。"专网"是以政府为中心，连接下级政府、各局委办和政府下属机关部门的办公业务网络。"专网"必须具备的功能：通过"专网"进行邮件传输与信息传送，实现远程办公；实现公文管理、档案查询、项目审批、新闻发布等功能；连接各级政府与部门，实现网上各模块之间的逻辑关系。

（3）政府公众信息网。政府公众信息网简称"外网"，是政府面向社会公众开放和服务的综合类门户网站，对于扩大政府对外宣传渠道，提高政府工作透明度具有十分重要的意义。政府公众信息网的功能在于：将政府部门需公开的信息在互联网上发布，促进机关政务公开，树立政府网上形象；形式多样、图文并茂地实时播发政治、经济、文化等各类综合新闻和信息；构建一个电子化虚拟政府，使得人们可以从不同渠道取得政府的信息及服务；把政府对外办事业务搬上网，推进"一站式"电子政府的建设。

（4）资源数据库。"资源数据库"也称"信息资源库"，是电子化、数字化的政府信息资源的集合。建立政府资源数据库应采用先进的数据库技术和数据仓库技术，政府部门之间要分工协作，各政府部门的资源数据库要有特色。

3）电子政务的模式

电子政务的主要模式有 G2G 模式、G2E 模式、G2B 模式和 G2C 模式四种。

（1）G2G 模式。G2G 电子政务即政府与政府之间的电子政务，它是指政府内部、政府上下级之间、不同地区和不同职能部门之间的电子政务活动。该模式是电子政务的基本模式，主要的实现方式可分为以下几种。一是政府内部网络办公系统。指政府部门内部利用办公自动化系统和互联网技术完成机关工作人员的许多事务性工作，实现政府内部办公的自动化和网络化。二是电子法规、政策系统。指通过电子化方式传递不同政府部门的各项法律、法规、规章、行政命令和政策规范，使所有政府机关和工作人员共享完整、动态的法规和政策信息。三是电子公文系统。指政府机构借助网络技术的应用，使传统的政府间的报告、请示、批复、公告、通知、通报等在保证信息安全的前提下通过数字化的方式在不同的政府部门间快速传递。四是电子司法档案系统。指通过电子化的手段，在政府司法机关之间共享司法信息，如公安机关的刑事犯罪记录、审判机关的审判案例、检察机关检察案例等。五是电子财政管理系统。建立在网络基础上的电子财务管理系统可以向政府主管部门、审计部门和相关机构提供分级、分部门、分时段的政府财政预算及其执行情况报告。

（2）G2E 模式。G2E 电子政务是指政府与政府公务员（即政府雇员）之间的电子政务，主要是利用互联网建立起有效的行政办公和员工管理体系，为提高政府工作效率和公务员管理水平服务。主要形式有两种：一是公务员日常管理。即利用电子化手段实现政府公务员的日常管理，如利用网络进行日常考勤、出差审批、差旅费异地报销等。二是电子人事管理。电子化人事管理包括电子化招聘、电子化培训、电子化学习、电子化沟通、电子化考评等内容。

（3）G2B 模式。G2B 电子政务是指政府与企业之间的电子政务。主要形式包括以下几种：一是电子税务系统。即企业直接通过网络完成税务登记、税务申报、税款划拨等业务，并可查询税收公报、税收政策法规等事宜。二是电子工商行政管理系统。即把作为工商行政管理工作主要内容的证照管理等通过网络来实现，可使企业营业执照的申请、受理、审核、发放、年检、登记项目变更、核销，以及其他相关证件的办理直接通过网络进行。三是电子对外经贸管理。即把与企业进出口业务相关的政府职能直接通过网络来办理，如进出口配额的许可证的网上发放、网上结汇等。四是企业综合信息电子化服务。即把与企业经营管理活动有关的政府信息资源通过网络来传递，如商标注册管理机构可以提供已注册商标的数据库，供企业查询；科技成果主管部门可以把有待转让的科技成果在网上公开发布；质量监督检查部门可以把假冒伪劣的产品和企业名录在网上公布等。

（4）G2C 模式。G2C 电子政务是指政府与公民之间的电子政务，是政府通过电子网络系统为公民提供各种服务。主要的应用包括以下一些方面。一是电子身份认证。电子身份认证可以记录个人的基本信息，也可记录个人的信用、工作经历、收入及纳税状况、养老保险等信息，还可通过网络申报个人所得税，办理结婚证、离婚证、出生证、学历和财产公证等手续。二是电子社会保障服务。即通过网络建立起覆盖本地区乃至全国的社会保障网络，使公民能通过网络及时、全面地了解自己的养老、失业、工伤、医疗等社会保险账户的明细情况。三是电子就业服务。即政府机构利用网络这一手段为求职者和用人单位之间架起一座服务的桥梁，使传统的、在特定时间和特定地点举行的人才和劳动力的交流突破时间和空间的限制，做到随时随地都可使用人单位发布用人信息、调用相关资料，应聘者可以通过网络发送个人资料，接收用人单位的相关信息，并可直接通过网络办妥相关手续。四是电子医疗服务。即政府医疗主管部门通过网络向当地居民提供医疗资源的分布情况，提供医疗保险政策信息、医药信息，执业医生信息，为公民提供全面的医疗服务。

1.2.3 教育信息化

教育信息化是指在教育与教学领域的各个方面，在先进的教育思想指导下，积极应用信息技术，深入开发、广泛利用信息资源，从而促进教育改革与发展的过程。其技术特点是数字化、网络化、智能化和多媒体化，基本特征是开放、共享、交互、协作。教育信息化的发展带来了教育形式和学习方式的重大变革，促进教育改革。对传统的教育思想、观念、模式、内容和方法产生了巨大冲击。

1. 教学信息化

1）多媒体教学

多媒体教学是指在教学过程中，根据教学目标和教学对象的特点，通过教学设计，合理选择和运用现代教学媒体，并与传统教学手段有机组合，共同参与教学全过程，以多种媒体信息作用于学生，达到最优化的教学效果。

多媒体教学在 20 世纪 80 年代已经开始出现，但当时是采用多种电子媒体，如幻灯、投影、录音、录像等综合运用于课堂教学，这种教学技术又称多媒体组合教学或电化教学。90 年代起，随着计算机技术的迅速发展和普及，多媒体计算机已经逐步取代了以往的多种教学媒体的综合使用，因此，现在我们所说的多媒体教学是特指运用多媒体计算机并借助于预先制作的多媒体教学软件来开展的教学活动过程。它又可以称为计算机辅助教学（Computer Assisted Instruction，CAI）。多媒体计算机辅助教学是指利用多媒体计算机，综合处理和控制符号、语言、文字、声音、图形、图像、影像等多种媒体信息，把多媒体的各个要素按教学要求，进行有机组合并通过屏幕或投影机投影显示出来，同时按需要加上声音，以及使用者与计算机之间的人机交互操作，完成教学或训练过程。

2）网络教学平台

网络教学平台以课程为中心集成网络教学环境。教师可以在平台上开设网络课程，学习者可以自主选择要学习的课程并自主进行学习。学习者之间以及教师和学习者之间可以根据教学的需要，围绕所教所学的课程进行讨论、交流。网络教学平台是支撑网络远程教育的最重要的应用系统，为教师、学生提供了强大的施教和学习的网上虚拟环境。

通过网络教学平台，教师可以管理教学、编辑课件、在线考试、审批作业、组织在线答疑、统计学生学习情况等。学生可以选修课程、安排学习计划、查看课程内容、提交作业、协作学习和交流、查看学习成绩等。

3）远程教育

现代远程教育是指通过音频、视频（直播或录像），以及包括实时和非实时在内的计算机技术把课程传送到校园外的教育，是随着现代信息技术的发展而产生的一种新型教育方式。现代远程教育是以现代远程教育手段为主，兼容面授、函授和自学等传统教学形式，多种媒体优化组合的教育方式。

现代远程教育是一种相对于面授教育、师生分离、非面对面组织的教学活动，是一种跨学校、跨地区的教育体制和教学模式，其特点是：学生与教师分离；采用特定的传输系统和传播媒体进行教学；信息的传输方式多种多样；学习的场所和形式灵活多变。与面授教育相比，远距离教育的优势在于它可以突破时空的限制；提供更多的学习机会；扩大教学规模；提高教学质量；降低教学的成本。

2. 学校管理信息化

1）教务管理信息系统

教务管理信息系统涵盖了教务业务中的各个功能部件，从学籍、注册、排课、选课、考试、成绩、教学评价、教材等诸多方面形成一体化管理模式，对教务工作中的教学基本信息、教学计划和课程表等事务进行细致全面的管理；对学生成绩、毕业生管理、教学进度、教案、教研组、教务活动和教务工作的工作计划进行管理，全面支持广域网络办公模式，可大大减少教务管理的手工劳动。系统高效的事务处理和信息管理功能，为学校的教务工作提供了直观的评价数据，为提高教务工作效率和推进高校教学改革提供了重要的参考依据。

2）教师管理信息系统

教师管理信息系统主要用于教师基本信息的管理和查询，以及教师教学质量统计的管理和查询。教师管理信息系统对教师在工作、生活等各方面的情况作了详细的记录，为公正地评估教师素质水平提供了科学详尽的资料。一个功能齐全、简单易用的教师管理信息系统不但能有效地减轻学校各类工作人员的工作负担，对于学校的决策者和管理者来说也至关重要。

3）学生管理信息系统

学生管理信息系统实现对学生基本信息的录入、维护和查询，在管理中对学生在校期间注册、流动及毕业后的去向做详细的记录。学生管理信息系统使烦琐的学生管理变得简单有序，使学校能准确、详尽地掌握学生的个人情况和动态。

4）后勤管理信息系统

后勤管理信息系统提供校园财产分类代码维护、财产明细信息维护、财产信息查询、校园实物照片上传和浏览及校产统计，使学校的固定资产有一个清晰的管理，不至于浪费流失。

5）学校自动化办公系统

学校自动化办公系统完成学校的收文、发文、归档、管理、查询、借阅、审批等功能，不但能实现办公无纸化，而且能实现网络化办公，提高办公效率。

6）校园"一卡通"系统

校园"一卡通"是指在学校内，进行身份识别、日常事务管理、支付转账等均采用一张非接触 IC 卡来完成，使学校摆脱烦琐、低效的管理方式。校园"一卡通"系统是数字化校园建设的重要组成部分，是数字化校园的基础工程。校园"一卡通"系统完成后，将会形成一个跨平台、跨数据库的可自我发展的数字化校园信息平台，并与其应用系统构成整个校园的神经系统，完成校园的信息传递和服务。

1.2.4　生活信息化

生活信息化是在家庭生活和社区活动中引进现代信息技术，提高人们的生活质量和社区的服务水平。生活信息化主要包括家庭信息化和社区信息化（数字社区）两个方面。

1）家庭信息化

家庭信息化是通过有线或无线的方式，在家庭内部建立起集家庭控制网络和多媒体信息网络于一体的家庭信息化平台，通过一定的传输介质实现信息设备、通信设备、娱乐设备、家用电器、自动化设备、照明设备、保安（监控）装置，以及水电气热表、家庭求助报警等家居设备的互联，对内实现资源共享和统一控制，对外能通过网关与外部网互连进行信息交换。

随着信息化技术的发展，网络已经走进了很多家庭，而且应用得越来越广泛。未来数字家庭的发展方向主要包括三大领域。一是家庭数字娱乐领域。用户可以利用连接到网络中的电视机，来选择收看来自网络的节目，并通过电视实现网络上的互动；以及用户希望从电视来查看存储在计算机上的图片或照片等。用户还可以通过远程访问软件来控制在家中电脑的音响系统上播放什么音乐，并在音响系统上显示音乐相关的资料。二是家居智能控制领域。家居智能控制系统使人们可以通过手机或者互联网在任何时候、任意地点对家中的任一电器（空调、热水器、电饭煲、灯光、音响、DVD 录像机）进行远程控制，例如，可以在下班途中，预先将家中的空调打开、让热水器提前烧好热水、电饭煲煮好米饭。此外，家居智能控制系统还可使家庭具有多途径报警、远程监听、数字留言等多种功能。三是家庭通信领域。随着家庭网络的普及，家庭用户可以通过家庭网络实现质量更高的通信服务，例如，通过网络可视电话，用户可以实现网上面对面聊天，并且收费非常便宜。局域网或互联网上的用户可以在全球任何一个角落通过 IP 地址访问家庭网络摄像机，看到家中的情况。通过家庭网络，用户可以方便地与小区物业中心和安保中心实时交流，在发生意外情况的时候自动即时通知安保中心。

2）社区信息化

社区信息化是指城市社区（小区）利用现代信息技术，为社区用户提供服务。社区信息化的主要目标是建设数字社区。

数字社区是指充分利用互联网、计算机、通信、人工智能等现代技术，并在小区的虚拟地理信息系统的支持下，实现对小区范围的基础设施与功能设施的网络化和智能化，进而实现社区管理和服务的最优化，为社区居民提供一个信息畅通、管理高效、服务温馨、生活便捷、舒适安全的居住环境。

数字社区具有一般社区的功能外，还具有许多新的功能。一是数字化物业管理功能。数字化社区充分利用相关技术，为社区业主提供高水平的数字化物业管理服务。社区业主可通过社区服务网站全面了解物业发展商，以及管理机构和管理人员的背景信息，充分掌握本小区的详细规划、配套设施、周边环境、联络方式等；社区业主可通过互联网向物业管理部门提出网上报修、网上投诉、网上咨询，并可从网上直接获取物业管理的回复，并可得到报价和时间预约等信息；物业管理部门可通过互联网发布社区公告，组织业主在网上发表对社区建设、社区管理和社区活动的各种意见和建议，并可直接在网上组织投票，既可发扬社区民主，又可节省大量的时间和费用；物业管理部门可通过互联网实现对水、电、气的远程抄表，业主可通过社区一卡通等支付手段直接在网上缴纳相关费用；实现社区建筑、设备、车辆、治安、消防、维修、环卫、服务、业主委员会、设施图、资金费用等各种信息的全面整合，为业主和物业管理部门提供全方位的信息服务；在小区的围墙（护栏）、业主的门窗安装红外线防盗报警装置，在小区或业主的大门上安装门磁系统，一旦有不法分子入侵，系统立即会发出报警信号，小区管理中心便可在电子地图中发现出事地点，并进行快速处理；在小区的车辆出入口、楼宇出入口，对小区住户、物业管理人员及保安人员配备不同级别的智能卡，可对不同的身份进行自动识别，并可对出入小区的人员进行自动登记，便于查询与管理；小区的煤气泄漏报警及自动关闭阀门系统在当有煤气泄漏时，可自动触发报警并关闭管道阀门，同时通知小区控制中心，以便立即采取行动；小区的消防报警系统通过一个温感式烟感探头，当住户发生火灾时，探头触发报警并可自动通知小区控制中心，工作人员可迅速联系消防部门等进行扑救处理；小区住户在外面可通过打电话、上网，在家中可用遥控器控制家中的电器设备，如控制空调器的开关、温度调节，控制电饭煲、灯具、窗帘、洗衣机等电器的开关等。二是社区电子商务功能。社区电子商务作为数字化社区的重要内容，也正成长为电子商务发展的一个新的领域。数字化社区主要围绕社区业主的实际需求，开展多种形式的商品与服务交易。社区电子商务的具体应用有：社区物业管理部门联合不同的商家通过社区网站提供丰富多彩、质优价廉的商品与服务；社区住户通过社区网站浏览各种商品信息，并实现在线订购；社区住户通过互联网预订社区内部的餐厅、酒吧、卡拉 OK 厅、茶厅及会所等各项服务；社区住户通过社区一卡通等支付工具实现网上支付；社区管理服务机构可通过电子商务系统实现对客户信息及交易情况的各项管理，包括客户的身份识别、客户的喜好、客户的购买记录、订单处理情况、货款回收等；社区住户可通过社区电子商务网站查询订购商品的配送等情况。三是网上社区信息服务功能。社区网上信息服务的内容主要有：提供各种重要报刊的当天要闻及社区重大活动的新闻；提高网上少儿培训、多媒体英语教学、计算机应用辅导及其他各种符合社区住户需求的网上教育资源；提供各种最新保健方法介绍，网上互动疾病诊疗咨询，以及社区保健活动安排等；提供最新娱乐资讯，MP3 音乐下载，视听节目网上评论等；提供各类股市、期货、外汇汇率等消息，为个人或家庭充当投资理财顾问，并提供互动理财咨询；提供最新旅游信息，为住户设计游程、线路各地旅游景点的文字与图片资料，并为住户结伴旅游进行牵线搭桥；提供城市生活地图，吃、喝、玩、乐消费指南，以及法律、社会公共事务等各方面的信息服务。

1.3　信息化的推进规律与发展模式

1.3.1　社会信息化推进规律

社会信息化包括企业信息化、政府信息化和社会全面信息化。社会信息化推进规律是在社会信息化发展过程中表现出来的企业信息化、政府信息化和社会全面信息化的内在的必然联系和演进规律。下面通过对企业、政府部门对信息和信息技术需求及他们在社会信息化过程中地位与作用的分析，来寻求社会信息化的推进规律。

1. 企业信息化是社会信息化的第一步

企业是社会经济活动中最基本的单元，其发展和竞争力直接影响到国家的整体经济水平。在经济全球化步伐加快、国际竞争加剧、贸易环境快速变化的形势下，使信息资源成为现代社会的战略资源，企业需借助于信息技术实现信息化，以提高其竞争力和国家的综合国力，同时迈出社会信息化的第一步。

1）企业在激烈的市场竞争中，对信息的需求高于其他社会组织

人们的日常生活和工作需要信息，政府作为一个为社会提供公共服务的管理机构也需要信息。相比之下，企业作为社会经济活动中最基本的单元，对信息的需求更为迫切。有价值的信息关系到企业自身竞争力的提高，是企业求生存和发展的重要资源，因而信息化是影响企业生存的关键。在激烈的市场竞争中，及时、准确的供求信息可以确保企业正确的投资方向；产品的价格信息可以帮助企业决定生产规模和竞争策略；先进的生产技术和管理信息可以辅助产品的设计与制造，优化生产流程，降低成本，提高生产率和产品质量；竞争对手或相关行业的信息可以使企业的决策者了解本行业的总体情况和发展趋势，进行正确的战略决策。

2）信息技术能提高企业信息处理能力而增强企业竞争力

世界各国实践表明，信息技术正在成为经济和社会发展的重要推动力。信息技术作为一种推动力，是企业更好地处理信息、提高竞争力的工具。原因如下。第一，信息技术有助于企业高效地处理和利用信息。企业通过计算机及相关的信息管理系统自动对信息资料及数据进行分类、整理、统计和加工，形成有序记录，建立信息数据库，方便查找和管理。通过企业内部网，把企业内各个部门、上下级连接起来，使信息可以跨越时空限制，实现企业资源的共享，提高内部沟通协调能力和企业工作效率，从而提高企业的效益。第二，信息技术能

辅助产品设计、制造和优化生产流程。企业竞争优势来源于产品性能好、质量高、成本低及产品生产流程各个相关环节间的联系与协调。例如，制造业大量使用计算机辅助设计（CAD）和计算机集成制造系统（CIMS）等信息系统，能使产品的管理决策过程、设计开发过程、加工制造与质量控制过程等通过计算机网络联结为一个整体，可大大提高企业产品和工程设计质量，缩短产品的开发周期，降低生产成本，实现企业生产、管理、决策的智能化，达到高效优质的目的。第三，信息技术可以为企业提供更广阔的市场空间。网络技术的应用可以改变企业的商务模式——开展电子商务，企业可以进行网上交易，包括网上广告、订货、付款、客户服务等，实现商务活动中各环节之间的无缝衔接、信息传递和共享，以更低的价格购买原材料、减少产品库存、市场协作、交易费用和企业周转资金。

2. 政府信息化是社会信息化的中间环节

政府作为一个国家的管理机构，其主要职能在于经济调节、市场监督、社会管理和公共服务。信息化与否不会影响政府部门的生存，但影响到政府管理与服务的好坏。在信息社会中，政府必须不断改进管理手段，提高搜集处理信息和作出科学决策的能力，为企业和社会提供更优质的服务。

1) 政府信息化是企业信息化发展的必然要求

政府部门作为为企业和公众服务的组织，服务的开展与企事业单位和公众有着密切的互动性。尤其在市场经济体制下，与企事业单位之间的互动更为突出。企业信息化后，实现了企业产品设计及生产过程、营销及管理的高度集成化，使企业生产经营趋于并行、敏捷、智能和虚拟化，整个运作过程加快，增强了企业的竞争力。要求政府必须信息化，来满足企业的发展需要，原因如下。第一，需要政府为企业提供信息化平台。企业需要通过网络、信息系统来获得对自己有价值的信息。由于资金和技术水平的限制，企业不可能、也没必要独自开发所有的信息系统，就要求政府必须充分利用所拥有的资源来实现信息化，满足企业发展的需求并提供良好的服务。第二，需要政府提供良好的市场监督。电子商务环境下，企业之间或企业与个人之间进行网上订货、支付等活动，双方之间的诚信没有保障，交易风险大，手工管理或者单机管理下的政府不能为企业或个人提供良好的市场监督服务，就要求政府必须信息化，建立一个反映各企业经营、纳税、产品、质量、履约、财务、借贷等方面完整、准确情况的信息网以供查询，提高交易的安全性。第三，需要政府为企业提供良好的贸易环境。加入WTO后，企业有更大的市场空间，我国的产品、服务市场、资源配置将国际化，国外竞争对手的实力如何、产品质量好坏、发展动态等信息有助于企业及时调整自己的生产要素和战略决策；同时要按照国际惯例使国内经济政策透明化，与世贸组织成员国经济政策协调一致，就要求政府必须信息化，及时将政策的变动及最新出台的政策法规发布出来，保证企业获取最新数据，作出切实可行的决策。

2) 政府信息化是提高政府自身工作效率，改进公共服务的客观需要

首先，政府信息化能提高自身的管理效率。网络技术的应用把一定区域，甚至全国的政府机关连接在一起，使它们拥有的信息、知识、人力等各种资源实现真正共享；可以通过系统模拟现实中的会议情景，开设网上虚拟会议室，进行实时通信；办公自动化技术的应用改变了政府文件处理模式，使以往必须手工作业的工作在一种全新的状态下进行，从而简化工作流程，提高政府的办事效率、降低行政管理成本。其次，政府信息化可以为社会提供更好的公共服务。政府信息化除了提高自身的工作效率外，对加强与公民之间的互动也有很大作

用：一是可以方便公民获取信息，政府可以通过网络系统及时为公民传递信息，公民可以通过政府网站方便快捷地查询到与生活相关的国家政策、法律、法规等文件；二是可以提高政府工作透明度，公民可以通过政府网站了解有关政务情况的信息，表达自己的愿望与要求，参与监督各种政务活动，使政府不断改进工作，克服官僚主义等弊端；三是可以保证公共服务的公正性和公平性，政府可以通过网络把所承担的各类公共服务的内容、程序、办事方法等向社会公布，使公众足不出户就可以获得满意的服务。

3. 社会全面信息化是社会信息化的最高阶段

社会全面信息化是比企业信息化和政府信息化更大范围的信息化，是社会信息化发展的最高阶段。企业信息化和政府信息化对推动社会全面信息化的作用不同。

1）企业信息化对社会全面信息化有一定的推动作用

企业一方面借助信息化进行内部的业务流程重组来提高自身的竞争力，另一方面是促进电子商务的发展。企业开展电子商务对社会信息化有一定的推动作用，但作用较小。B2B 电子商务模式能使企业之间的信息化相互促进，能在一定程度上带动其他社会组织的信息化建设与应用。B2C 电子商务模式涉及面广，市场前景可观，但由于多方面的原因，B2C 电子商务不可能取代传统的商场购物。例如，客户需求的个性化很强，而个性化太强的商品也很难通过电子商务进行交易；人们学习工作之余，可能会把逛街购物当成一种休闲的方式，并不希望等货上门；企业是对单个客户提供服务，成交量小，物流费用较高。因此，大部分社会组织和家庭不会因为要在网上购买商品而进行信息化建设。

2）政府信息化对社会全面信息化有很强的促进作用

政府信息化对社会全面信息化的强大促进作用主要表现如下。第一，促使企业信息化的发展。政府信息化实行了交互式的电子政务，对企业而言，政府在给企业提供可获取信息的均等机会时，会扩大市场中企业个体的信息差距。那些拥有较强信息搜寻能力、对市场反应灵敏的企业能更好地把握政府提供的信息，在竞争中处于优势。为了避免在竞争中落后，其他信息能力较弱的企业必须提高信息能力，加强信息化建设与应用。政府网上采购是政府与企业间的电子商务活动，也为企业发展网上业务开辟了新的市场，政府采购部门通过网络向社会公布政府采购、招标信息，如果企业要进入政府网上采购体系，就必须通过网络平台进行交易，这种利益更直接有效地推动企业信息化建设的速度或者促使那些没有信息化的企业尽快加入到信息化的行列中来；同时政府的信誉度高，政府采购多为财政性资金，资金上有保障，也促使了 B2B 和 B2C 的发展，从而推动企业的信息化建设。第二，促进社会公共领域、家庭和个人的信息化。政府的管理与人们的生活密切相关，且具有一定的强制性。开展电子政务后，公众要得到政府的管理与服务，就必须进行家庭信息化建设。上网对用户技术要求不高，信息化成本也比较低；政府的信誉度高，公众愿意上网接受政府的电子化管理与服务，并逐渐形成网上行为的自觉性。在政府相关部门的组织管理下，实现社区建设、管理和服务的信息化，公民足不出户就能获取所需的信息。当电子政务发展到一定程度，家庭上网较为普及、公众有网上行为的习惯后，也会产生网上购物行为，从而促进电子商务的发展。所以政府信息化对整个社会的信息化的带动面广，带动力度大。

由上述分析可知，社会信息化表现出由企业信息化到政府信息化，再到社会全面信息化的推进规律。

1.3.2 组织信息化发展模式

1. 有关企业信息化发展模式的观点

1974 年，哈佛商学院的理查德·诺兰教授分析了大量企业信息系统发展过程，从企业应用系统、技术、规划控制和用户状况等增长过程出发，把信息化发展过程分为初始、普及、控制和成熟四个阶段。在 1979 年，诺兰教授在四模型基础上又加了集成阶段与数据管理阶段，称为六阶段模型。诺兰教授认为，任何组织由手工信息系统向以计算机为基础的信息系统发展时，都存在着一条客观的发展道路和规律，任何组织在实现以计算机为基础的信息系统时都必须从一个阶段发展到下一个阶段，不能实现跳跃式发展。诺兰教授划分的六个阶段依次是：①初始阶段，企业开始购买计算机，在会计、统计部门使用，这阶段信息系统增长缓慢；②普及阶段，当在个别部门使用计算机见到成效后，其他部门大量购买计算机，进行数据处理；③控制阶段，计算机的投资收益不理想，增长快，企业从整体上开始控制信息系统的发展；加强组织协调、统筹规划、解决数据共享问题；④集成阶段，在控制基础上，开始重新进行规划设计，建立使用数据库，逐步建成得到充分利用和统一的管理信息系统；⑤数据管理阶段，在此阶段，信息真正成为企业的资源，真正进入对数据的处理阶段；⑥成熟阶段，管理信息系统可满足各个管理层次的需求，从简单的事务处理到支持高层管理决策，真正实现了信息资源的管理。

我国学者在总结企业信息化发展历程，以及研究信息系统集成轨迹基础上，提出我国企业信息化四阶段发展理论，即单点数字化阶段、单点自动化阶段、联合自动化阶段和虚拟化企业阶段。①单点数字化阶段。企业个别部门的基本数据和文件开始进行数字化处理。其特征是：在少数部门应用了信息系统处理文件和数据，系统的应用仅限于数据和信息的数字化，以便数据和信息的存储、查询和使用；没有使用数据库，或使用了数据库，但仅限于编辑、查询、输出，没有进一步的功能开发。②单点自动化阶段。企业某些部门业务流程的自动化。其表现如下：在企业内应用 OA、CAD、CAM 等系统以支持其业务流程的自动化，部门工作的效率得到了较大的提高；为适应企业信息化，部门内部进行业务流程重组；开始建立基于部门业务需要的数据库，数据库处于分散组织状态，部门内部的信息资源开始逐渐走向有序化；部门之间不能进行电子化的业务流程处理。③联合自动化阶段。在联合自动化阶段，企业部门之间可以进行电子化的业务流程处理。其通常表现为：企业有了集成框架，部门之间能够实现数据和资源的整合和优化；数据管理成为企业关注的重点，建立了数据库，企业可以在一个平台上利用来自各个部门的信息进行计划、组织和控制工作；企业的组织结构实现扁平化，以团队或项目组形式进行业务运行，企业水平界限开始被打破。④虚拟化的企业阶段。处在这个阶段的企业已成为一个智能主体，能快速反应市场，并能利用与其他企业的协作，快速组织生产，满足市场需求。这个阶段企业信息化的特征为：通过网络及通过对企业采购、营销、维护数据的分析，能及时了解市场和顾客需求信息；企业实现了与合作伙伴之间的数据和资源的共享与整合；企业打破了外部界限，实现了组织之间的业务流程重组；在信息技术的支持下，业务网络重新设计，业务范围重新定义。

我国也有学者认为，企业信息化发展可分初级信息化阶段、中级信息化阶段和高级信息化阶段三个阶段。①初级信息化阶段是以企业级信息共享为核心的内部资源整合阶段。这个阶段经历的时间会较长，可以进一步将这一阶段区分为部门级信息化及企业级信息化两个阶段。部门级信息化是局部的、部门内的信息化，是面向事务的信息化，主要是用计算机替代人工操作的过程，如会计电算化、计算机辅助设计、物料需求计划、财务管理信息化、分销管理信息化、办公自动化等。企业级信息化阶段意味着可以通过信息系统实现内部各部门之间信息处理，通过内部同构、异构的软硬件平台实现各部门之间的信息共享、协同操作。在企业外部的供应链方面，实现了 EDI、电子转账、信息交流系统，提高沟通效率，缩短生产周期，降低采购成本；在电子商务方面，则可以通过网站进行初步电子商务活动，主要应用在工作群组的沟通、电子出版、团队管理等方面。②中级信息化阶段是以供应链为核心的企业间资源整合阶段。在这个阶段，企业进一步实现内部管理信息化与生产过程控制自动化的有机结合，达到经营运作一体化，"基于部门"的业务方式完全被"基于过程"的业务方式所取代，通过对物流、信息流和资金流的设计和控制，把企业内部各部门之间的关系转变为内部供应链的上下游关系，旨在提高供应链中各环节的效率和效益。③高级信息化阶段是以无障碍电子商务活动为核心的全社会资源整合阶段。这个阶段的企业在网络平台、商务流程、商务模式和商务环境四个方面都已具有了相当的成熟度。由内部网、外部网及互联网三部分组成的网络平台为系统提供了强有力的技术基础；电子商务流程中，信息流已居于主导地位，资金流与信息流基本合为一体。交易流程中所涉及的有关各方，如交易中介方、银行金融机构、信用卡公司、海关系统、商检系统、保险公司、税务系统、运输公司等也已全面进入到信息化的高级阶段，实现了各系统的无缝对接及"三流"的通畅流动。

2. 社会组织信息化发展的四阶段模式

社会组织信息化的发展有两个基本规律：一是由单点信息化向集成信息化发展；二是由内部信息化向外部信息化发展。据此，可以归纳出社会组织信息化由社会组织内部单点信息化、社会组织内部集成信息化、社会组织间关系链信息化、社会组织社会服务信息化逐步推进的四阶段发展模式。

1）社会组织内部单点信息化

随着现代信息技术的发展和社会组织信息处理工作量的加大，社会组织会意识到将现代信息技术用于其信息处理和利用的必要性和优越性，进而开始信息化建设与应用。但由于对信息化的认识不到位，缺乏信息化建设与应用经验，加上资金投入、技术力量和员工信息素质等方面的限制，社会组织信息化只能从内部单点信息化起步。

社会组织内部单点信息化是指信息技术应用于社会组织的若干个部门，用计算机替代或辅助人工进行信息处理。社会组织内部单点信息化具有以下几个特点。一是内部性。信息化建设与应用发生在组织内部，目的是提高组织自身效率，将信息技术用于社会组织与外部交流的业务之中。二是扩展性。从应用范围来看，社会组织内部单点信息化一般是先从社会组织内的某个或少数部门开始，再逐步向其他部门扩展，使现代信息技术在社会组织内部多个部门得到应用。从应用深度来看，社会组织内部单点信息化先是将计算机技术用于事务性工作，如社会组织使用财务信息系统进行财务管理、企业利用计算机辅助产品设计和制造、政府部门利用计算机进行文件处理，然后逐步向管理决策方面的应用扩展。三是独立性。部门之间使用独立的信息化建设与应用方式，彼此之间没有建立统一的信息处理标准。如采购部门与财务部门之间都建立了信息管理系统，但系统之间无法进行信息共享或交流。

2）社会组织内部集成信息化

一方面，社会组织内部单点信息化这种分散的、孤立的信息化模式会增加社会组织信息化建设成本，限制社会组织内信息技术设备和信息资源的共享，影响信息化作用的充分发挥。另一方面，社会组织内部单点信息化的实践为社会组织信息化积累了经验，锻炼了人才，为社会组织信息化进一步发展打下了一定的基础。因此，随着社会组织内部单点信息化建设的发展和应用的深入，社会组织会要求信息化建设和应用向全面、整合的方向发展，社会组织内部集成信息化应运而生。

社会组织内部集成信息化可以从广义和狭义两个方面来理解。从广义上看，集成信息化不是一套系统，不是一套设备，更不是一套软件，而是一种思想，一种哲理，是一种指导信息化建设的总体规划，分布实施的方法和策略。从狭义上讲，集成信息化指计算机信息系统的集成，包括硬件平台、软件平台、开发工具和应用系统的集成，以及相应的咨询、服务和技术支持。从管理学的角度上讲，集成信息化是一种或是针对某个既定目标，或是面向某项特定的任务，进行信息化管理的理念，也是一种使相关的多元信息化要素有机融合并优化使用的理念。从技术方面来讲，集成信息化是将数据管理系统、内容管理系统、数据仓库和其他企业应用程序中的核心功能集成到一个通用平台中的一项技术。社会组织内部集成信息化有以下三个方面的特征。一是内部整合性，社会组织内部集成信息化与单点信息化一样，也是社会组织内部信息化，不涉及与社会组织外部的信息化联系，是在组织内部信息化应用程度达到了一定水平、积累了一定经验之后进行的信息系统整合。二是整体性，社会组织内部集成信息化不是单点信息化要素之间的简单叠加，而是要素之间按照某一集成规则进行科学组合而形成的有机整体，其目的在于提高系统的整体功能。三是全面性，社会组织内部集成信息化并不只是信息技术方面的集成，还包括信息资源集成和信息服务集成，以及相应的配套管理创新和流程重组等。

3）社会组织间关系链信息化

社会组织完成了内部的集成信息化之后，可以大大降低内部系统交流的成本，提高事务处理和管理决策效率。此时，社会组织会考虑将信息化建设与应用继续推广到与外部组织的联系中去。社会组织与外界的联系十分广泛，与外界实现信息化联系不可能一步到位，只能先从与本社会组织有直接联系的外部组织开始，进行信息化建设与应用，从而实现社会组织间关系链信息化。

社会组织间关系链信息化是指在社会组织与其有直接联系的其他社会组织所形成的关系链中进行集成信息化。社会组织间关系链信息化应强调以下两个方面：第一，社会组织间关系链信息化中社会组织必须有直接的合作关系，不包括其他联系方式的社会组织；第二，社会组织间关系链信息化是集成的信息化，而不是单点信息化。供应链信息化是社会组织关系链信息化的典型代表。上下游企业之间开发和利用供应链管理信息系统，面向企业采购、销售、库存和质量管理人员，提供采购管理、销售管理、仓库管理、质量管理、存货核算、进口管理、出口管理等业务管理功能，帮助企业全面管理供应链业务。该系统既可独立运行，又可与生产、财务系统结合使用，构成更完整、更全面的一体化企业应用解决方案。垂直G2G电子政务也是社会组织间关系链信息化的典型例子。具有上下级关系的政府部门之间建立办公业务专网，通过办公业务专网进行信息共享、公文传递、协同办公等。

4）社会组织社会服务信息化

社会组织间关系链信息化虽然扩大了社会组织信息化的范围，改变了社会组织之间的联系方式和合作手段，但社会组织通过信息网络与外部沟通、交流和贸易的范围毕竟有限。在现代社会，每个社会组织不仅需要与关系链上的社会组织打交道，而且要与关系链以外的其他社会组织和个人（用户或公众）打交道，社会组织社会服务信息化十分必要。同时，网络技术和信息基础设施的发展及社会组织关系链信息化的经验积累使社会组织社会服务信息化成为可能。

社会组织社会服务信息化是指在各类社会组织之间及社会组织与个人之间广泛开展信息化建设与应用。与社会组织间关系链信息化相比，社会组织社会服务信息化的涉及面更广，社会组织间的关系类型更为多样。在这种情况下，除了同一组织内部的集成信息化和组织间关系链信息化之外，还与外部其他相关组织之间进行信息化集成，形成统一的信息化架构。B2B 和 B2C 电子商务、G2B 和 G2C 电子政务都是社会组织社会服务信息化的重要方面。政府部门的"一站式"服务是社会组织社会服务信息化的高级阶段。"一站式"服务是政府及其职能部门为方便企业和群众办事，提高行政效率，集中办公的一种形式。"一站式"办公大厅主要功能是受理企业和群众的申请，解答咨询，办理简单事项，转达批复结果。各职能部门授予本部门入驻大厅的办事窗口一定的行政决定权和审批权，由各办事窗口依权限办理相关事项。大厅的所有受理事项，可以由办事窗口处理的，就即时处理；需要由职能部门审批的，由本部门按程序审批，审批结果由窗口转达行政相对人；需要两个以上部门共同办理的，由办公大厅的管理机构统一协调相关部门的办事窗口，形成互联审批。

1.4　信息化管理概述

1.4.1　信息化管理的概念

1. 有关信息化管理的观点

目前，关于企业信息化管理概念的阐述较多，也有阐述其他领域信息化管理概念的，如档案信息化管理、医院信息化管理、高校信息化管理、政府信息化管理。关于信息化管理的一般概念也有所涉及。对于信息化管理的概念有三种理解。

1）将信息化管理等同于管理信息化

将信息化管理等同于管理信息化大有人在。有学者认为，企业信息化管理是指企业利用计算机技术、通信技术等一系列现代技术，通过科学的方法利用、配置和优化企业内外部资源，使企业的运作和管理规范化、系统化和科学化的过程，实现信息资源共享，增进沟通交流的效率，进而改变工作方式、管理方式和组织架构，提高企业的竞争能力。或者认为，企业信息化管理是指在企业管理的各个环节中，充分利用现代信息技术建立信息网络系统，使企业的信息流、资金流、物流、工作流集成和整合，不断提高企业管理的效率和水平，实现资源的优化配置，进而提高企业经济效益和竞争能力的过程。也有学者认为，建设项目信息化管理是以实现建设项目目标为目的，根据目标管理的内容和理念，将现代信息技术嵌入建设项目的建设方式、业务流程、管理方式与组织方式，开发并运用适用于建设项目的信息化管理系统，实现对建设项目从设计阶段到竣工验收建设周期全过程的在信息化环境中进行集成管理，从而提高项目管理水平，加强对项目的执行控制力度。还有学者认为，信息化管理是以信息化带动工业化，实现企业管理现代化的过程，是将现代信息技术与先进的管理理念相融合，转变企业生产方式、经营方式、业务流程、传统管理方式和组织方式，重新整合企业内外部资源，提高企业效率和效益、增强企业竞争力的过程。

2）将信息化管理等同于信息化

将信息化管理等同于信息化的人也为数不少。在有关档案信息化管理和图书馆信息化管理的论文中，大部分都将档案信息化管理理解为用信息技术对档案信息进行管理，将图书馆信息化管理理解为用信息技术对图书馆的文献信息资源进行管理。也有学者认为，信息化管理是使用计算机等智能化工具获取、分析、加工、存储和传播与使用信息，并通过对信息的分析和掌握进行有效的管理。

3）将信息化管理理解为对信息化过程的管理

将信息化管理理解为对信息化过程的管理的人为数不多。有学者认为，企业信息化管理是对信息化这一过程进行全面的管理和控制。也有学者认为，一个组织的信息化管理与运作通常包括信息化规划、信息化组织、信息化实施和信息化评价等环节和相应管理任务。还有学者认为，政府信息化管理是一个广义的概念，它不仅包括政府自身在信息技术需求和应用过程中产生的项目规划、设计、建设和资源整合等管理行为，还包括国民经济和社会发展过程中对信息产业、电子政务、信息化普及、基础设施建设、信息安全、信息化发展环境的管理和调控。

2. 信息化管理的内涵

我们认为，信息化管理是指对于信息化的战略规划、组织实施、工程监理、应用调控及基于信息化的管理创新和绩效评价的过程。信息化管理包括信息化建设管理和信息化应用管理两大领域。

信息化建设管理就是对信息化建设的全过程进行管理，即对是否进行信息化建设，信息化建设达到什么目标，如何高效地进行信息化建设等实施规划、组织、监督和调控。

信息化应用管理包括对信息化应用过程的管理和应用信息化建设成果进行管理。即在信息化项目或信息化项目建设完成投入使用后，对信息化项目或系统应用全过程进行管理，以保证信息化建设成果得到广泛、有效和安全的应用。

信息化建设管理与信息化应用管理相辅相成，缺一不可。信息化建设管理是信息化应用管理的基础和前提，信息化应用管理是信息化建设管理的延续和深化。

1.4.2 信息化管理的内容

信息化管理内容广泛。从信息化管理的对象来看，有信息基础设施建设与应用管理、信息系统与应用建设管理、信息资源建设与应用管理、信息化保障体系建设与运行管理；从信息化管理的范围来看，有国家信息化管理、地区信息化管理、行业信息化管理、社会组织信息化管理；从信息化管理的职能来看，有信息化战略规划、信息化组织实施、信息化工程监理、信息化应用调控、信息化管理创新、信息化绩效评价等；从信息化管理的手段来看，有行政手段（如信息化管理体制、信息化政策与制度）、法律手段（如信息化法规、标准）、经济手段（如信息化建设财政拨款、资金融通、税收调节）、技术手段（如信息系统开发与应用）。下面仅从信息化管理的职能角度阐述信息化管理的内容体系。

1. 信息化战略规划

信息化战略规划是在分析一定范围内发展战略或一个组织经营管理战略的基础上，采用科学的信息化战略规划方法，对区域信息化或行业信息化或组织信息化建设与应用的愿景、使命、目标、战略、原则、架构和进程等进行的筹划与设计。信息化战略规划方案是信息化建设的基本纲领和总体指向，是信息系统设计和实施的前提与依据。信息化建设与应用是一项相当艰巨复杂的系统工程，能否制订好的信息化战略规划方案，往往决定着信息化的成败。因此，信息化战略规划是信息化管理的首要环节。而制订好的信息化战略规划方案，既需要有既懂信息技术又熟悉业务的复合型信息化管理人才，也需要有科学的规划方法，更需要组织决策层的领导和支持。

2. 信息化组织实施

简单地说，信息化组织实施就是组织信息化项目或信息系统的实施。具体地说，信息化组织实施就是在信息化战略规划的指导下，组织人力、物力和财力，对信息化项目过程的启动、实施、收尾等各个环节进行指导和监控，具体完成各类信息化建设任务。信息化组织实施不是从技术角度进行信息系统的设计和实现，而是从管理角度对信息系统的设计和实现进行管理。其具体内容包括信息化项目的需求分析、可行性分析及立项管理，选择信息系统开发方式并实施信息系统开发外包管理，选择合适的信息系统开发方法并对信息系统设计进行管理，对信息技术设备采购、招标和验收进行管理，对信息系统进行测试、评价和验收。信息化组织实施涉及面广，时间跨度较大，是信息化管理的中心环节。

3. 信息化工程监理

信息化工程监理是在信息化项目实施（或称信息化工程）过程中，聘请具备相应资质的第三方监理机构，对信息化项目进行监督与管理，从而保障信息化项目顺利进行。信息化工程监理活动的主要内容是：信息化工程质量监理，信息化工程进度监理，信息化工程投资监理，信息化工程合同监理，协调信息化项目实施过程中有关单位和人员之间的工作关系。信息化工程监理是信息化项目实施管理的另一种形式。信息化建设单位利用外部力量协助自己进行信息化项目实施管理，可以弥补自己在专业管理水平、经验、方法、技术力量上的不足，降低自己在信息化项目管理上的难度，减轻信息化项目管理的工作量，协调处理相关争议，分担部分项目实施和管理的风险。

4. 信息化应用调控

信息化应用调控是指信息系统建成投入使用后，为保证信息系统和信息资源的充分、有效和安全利用，而对信息系统的使用进行调节和控制。信息化应用调控包括信息系统的启用与推广管理、信息系统与信息资源使用制度建设与人员培训、信息系统的运行与维护管理、信息系统安全管理等具体内容。信息化的最终目的不是信息系统和信息资源的建设，而是信息系统和信息资源的应用，因此，信息化应用调控是信息化管理的重要环节，是信息化应用管理的核心内容。信息系统的应用是一个较长期的过程，所以，信息化应用调控也是一项长期的管理工作。

5. 信息化管理创新

信息化管理创新是借助于信息化实现管理创新，即通过信息技术和信息系统的应用实现管理理念创新、管理手段创新、组织结构创新和业务流程的创新。信息化应用导致管理创新有两个方面：一是管理创新是信息化应用的结果，即信息技术、信息系统的应用使管理理念、管理方法、管理体制、组织结构、业务流程等发生了改变；二是管理创新是信息化有效应用的要求，即要使信息化应用充分发挥作用并产生最佳效果，要求管理理念、管理方法、管理体制、组织结构、业务流程等发生变化。在某些情况下，管理创新是由于信息化应用直接引起的，即信息化应用既是管理创新的动力，也是管理创新的条件；而在有些情况下，信息化应用只对管理创新起了促进作用，管理创新的动力来自于其他方面。

6. 信息化绩效评价

信息化绩效评价是指采用一定的方法对信息化建设与应用的成绩和所产生的效果进行评价。信息化绩效评价是信息化管理的一个必不可少的一项重要职能，不仅要对信息化建设水平和信息化应用状况进行评价，也要对信息化应用所产生的效果和效益进行评价。信息化绩效评价具有层次性，既包括宏观层次的信息化绩效评价，如国家、区域、行业信息化绩效评价，也包括微观层次的信息化绩效评价，如企业信息化绩效评价、政府部门信息化绩效评价等。信息化绩效评价是一种多准则的系统评价，需要建立客观可行的评价指标体系和科学的评价方法，并有完善的评价制度作保障。

1.4.3 信息化管理的作用

1. 优化投入结构，减少投资浪费

目前，我国信息化投入结构不合理，造成了较大的浪费。信息化建设中"重硬件轻软件"、"重网络轻数据"的倾向比比皆是。有些地区和单位往往把信息化简单地理解为计算机化加网络化，把硬件设备投入的多少作为信息化建设程度的衡量标准，对硬件设备的配置出手大方，片面追求国内一流甚至国外一流水平，却舍不得拿出几万元购置正版软件和投资软件开发，致使耗费巨资建设的计算机系统和网络因为没有多少实际内容的信息而没有起到应该起的作用。少数领导把信息化建设当作形象工程来看，当作政绩工程来办，赶时髦、摆架子、造亮点，只顾投入大笔资金买回设备，不管设备是否充分、有效利用。

加强信息化管理，通过合理的信息化战略规划，科学的信息化组织实施及有力的信息化工程监理，可以在提高领导和大众对信息化认识的基础上，根据国家、区域、行业或社会组织的信息化需求，合理安排信息化投资，正确使用信息化建设资金，减少信息化建设与应用过程中的资金浪费，保证信息化建设与应用的经济性。

2. 加强协调共享，消除"信息孤岛"

在很多地区，部门之间的信息系统设计和实施一般都是在缺少总体规划的情况下分散开发，孤立设计的，大多数行业缺乏统一的信息化技术标准和服务规范，从而形成了区域之间、行业之间的宏观"信息孤岛"，数据难以统一协调，地区之间、行业之间难以实现信息资源共享。一些社会组织的信息系统大多都是在现有的管理模式上建立起来的，是一些分散的业务处理系统，这些系统都是面向具体业务和部门的，数据库是面向人工报表建立的，数据流程模仿手工业务流程，信息编码也没有按照统一标准，形成了内部的"信息孤岛"，无法实现内部信息资源共享。

加强信息化管理，通过建立和健全信息化管理体制，制定和执行宏观、中观和微观各个层次协调的信息化战略规划，拟定和执行统一的信息建设标准和信息资源共享政策法规，可以减少甚至避免信息化建设过程中的"信息孤岛"。即使信息化建设之初出现了"信息孤岛"，也可以通过信息系统和信息资源整合消除"信息孤岛",实现社会组织内部各部门之间、地区之间、行业之间的信息资源共享。

3. 缩短建设周期,提高建设质量

大多数信息化建设项目投资较大,建设周期较长,加之有些信息化建设工程目标不精确、任务边界模糊,在建设过程中又经常更改,影响了工程进度,延长了建设周期。信息化建设项目是智力密集型的项目,其质量保证历来让人大伤脑筋,因为它不像传统制造业一样随时可对产品实体进行质量检查。

加强信息化管理,通过信息化组织实施中的人员组织和时间管理及信息化工程监理中进度控制,合理选择外包内容和方式,科学安排人员和时间,提高建设工作效率,避免消极怠工和时间浪费,保证按期完成建设任务,甚至缩短建设周期;通过信息化组织实施中的质量管理和信息化工程监理中的质量监理,可以全面掌握建设单位的建设要求和承建单位的设计意图,明确信息化项目的质量要求,随时纠正项目建设中的质量偏差,保证信息化建设项目的质量。

4. 充分有效应用,保证正常运行

"重开发轻维护"、"重建设轻应用"是前一阶段我国信息化发展中的主要问题,目前虽然这一状况有所改善,但信息基础设施和信息系统运行管理并没有得到应有的重视,甚至认为信息系统一旦运行起来就万事大吉,信息化系统和信息资源利用程度及使用效益还不高,很多部门的计算机应用水平仅停留在办公自动化和收集信息、检索资料等阶段,造成了资源浪费。

信息系统不是"一劳永逸"的最终产品,在交付使用过程中,还有大量运行管理工作要做。信息系统和信息资源只有充分应用,才能发挥其应有的作用。加强信息化管理,通过信息化应用调控中的人员培训、示范推广和信息化使用激励机制的建立,可提高公民和社会组织员工对信息化应用的认识,掌握信息化应用方法和技能,激发应用信息系统的热情,使信息系统得到充分且有效的应用;通过信息系统使用制度建设与实施、信息系统维护与安全管理,可保证信息系统的正常且安全运行。

5. 促进流程重组,推动管理创新

信息化建设和发展不仅仅是信息和网络技术的应用问题,更重要的是管理理念的转变、管理方式的创新和业务流程的重组问题。我国现行的管理理念、组织结构和业务流程难以充分发挥信息化的作用和效果。例如,等级森严的"金字塔"型的组织体系存在着机构臃肿、横向沟通困难、信息传递失真、对外界变化反应迟钝等弊端;很多的地方存在着片面强调提高工作效率,只是简单地把手工流程复制到计算机上,忽视了根本的业务流程再造,其结果是高技术与低效率并存。

信息化应用与管理创新相辅相成。要真正发挥信息化的作用,必须把信息系统和信息技术作为改进管理方式方法的前提和基础,必须要改革现有的阻碍信息化效率发挥的管理理念、管理体制和业务流程。加强信息化管理,可引发和促进信息资源理念、开放共享理念等现代管理理念的形成,推进组织结构的扁平化和虚拟化及组织规模的小型化和精悍化,真正实现业务流程和管理流程的重组。

本章小结

1. 关于信息化有以下几种理解：一是侧重于信息技术发展及其应用的"信息化"；二是立意于经济角度的"信息化"；三是强调知识、信息利用的"信息化"；四是突出信息、信息技术对社会经济影响的"信息化"。

2. 社会信息化就是在社会活动的各个方面广泛应用现代信息技术，充分开发和有效利用信息资源。

3. 信息技术是指用于管理、开发和利用信息资源，能够扩展人类信息器官功能的技术设备及其相应的使用方法与操作技能。现代信息技术是指在现代科学技术，尤其是微电子技术、激光技术和网络技术进步的基础上发展起来的电子信息技术设备及其相应的使用方法与操作技能。现代信息技术已发展成为一个由多种信息技术所组成的高新技术群。按其技术特征不同，现代信息技术主要包括传感技术、计算机技术、通信技术、光盘技术等；按其功能不同，现代信息技术可分为信息获取技术、信息处理技术、信息组织技术、信息存储技术、信息检索技术、信息传输技术、信息安全技术等。现代信息技术具有高技术性、先进性、更新的快速性、高渗透性等特点。

4. 信息资源可作广义和狭义理解。广义地说，信息资源是可以用于创造物质财富和精神财富的各种信息及其相应的人才和技术等，是与信息活动相关的资源的总称。狭义的信息资源是指可供人类用来创造财富的各种信息。本书所指的信息资源是狭义的信息资源。按其载体和存储方式不同，信息资源可划分为天然型信息资源、实物型信息资源、智力型信息资源、文献型信息资源和网络型信息资源；按其内容性质不同，信息资源可划分为政治信息资源、法律信息资源、科技信息资源、经济信息资源、管理信息资源等。信息资源具有精神形态与物质形态并存、分布的广泛性与不均匀性并存、无限性与稀缺性并存、非消耗性与时效性并存、可共享性与可选择性并存等特点。

5. 社会信息化外延相当丰富，涉及经济社会的各个方面、各个领域和各个层面。按社会活动领域不同，信息化主要包括经济信息化、管理信息化、教育信息化和生活信息化等。按层次范围不同，信息化主要包括微观信息化（即家庭信息化和社会组织信息化）、中观信息化（即行业信息化和区域信息化）和宏观信息化（即国家信息化和全球信息化）。

6. 经济信息化是指在经济活动的各个行业、各个领域广泛采用信息技术，开发和利用信息资源，包括工业信息化、农业信息化、金融信息化、商务信息化等。工业信息化是指在工业企业的研究开发、设计生产、市场营销、组织管理等各个方面，应用先进的信息技术，建设应用系统和网络，充分整合和广泛利用企业内外的信息资源，提高企业生产、经营和管理水平，增强企业竞争力的过程，主要包括产品设计信息化、生产制造信息化、企业管理信息化和企业营销信息化。农业信息化是指在农业领域全面地发展和应用现代信息技术，为农业生产供销及相关的管理和服务提供有效的信息支持，提高农业的综合生产力和经营管理效率，主要内容包括农业信息网络建设、农业科技信息资源数据库建设、农业信息监测与灾害预防系统、农技110、精细农业、计算机农业专家决策支持系统等。金融信息化是指现代信息技术（如计算机技术、通信技术、人工智能技术）广泛应用于金融领域，以创新智能技术工具更新改造和装备金融业，从而引起金融活动发生根本性、革命性变革的过程，主要包括银行信息化、保险信息化和证券信息化三个方面。商务信息化就是利用以互联网和移动通信为主的信息技术，实现商务的信息化。商务信息化与电子商务既有相同点，也有不同之处。狭义的电子商务专指通过因特网进行的商品交易活动，包括网络营销、在线销售、网上支付、物流配送等。电子商务的模式有 B2B 模式、B2C 模式、B2G 模式、C2C 模式和 B2B2C 模式等。

7. 管理信息化是指在管理活动，即在计划、决策、组织、指挥、控制等活动中广泛利用信息技术，有效利用信息资源，从而提高管理效率。管理信息化的主要方面是政府信息化与电子政务。政府信息化是指在政府部门广泛应用现代信息技术、充分开发利用信息资源，从而更加经济有效地履行自身职责的活动和过程。电子政务的活动涉及利用电子方式开展政府管理、服务活动，具体包括三个方面：一是政务机关电子化的信息活动；二是政务机关内部办公自动化；三是政务的网上交互式处理。在我国，电子政务的基本构架是指"三网一库"的结构，即内网（内部办公业务网）、专网（办公业务资源网）、外网（政府公众信息网）和资源数据库。电子政务的主要模式有 G2G 模式、G2E 模式、G2C 模式和 G2B 模式。

8. 教育信息化是指教育与教学领域在先进的教育思想指导下，积极应用信息技术，深入开发、广泛利用信息资源，从而促进教育改革与发展的过程。教育信息化主要包括教学信息化和学校管理信息化两个方面。教学信息化主要是多媒体教学、网络教学平台和远程教育。学校管理信息化包括教务管理信息系统、教师管理信息系统、学生管理信息系统、后勤管理信息系统、学校自动化办公系统、校园"一卡通"系统的建设与应用。

9. 生活信息化是在家庭生活和社区活动中引进现代信息技术，提高人们的生活质量和社区的服务水平。家庭信息化是通过有线或无线的方式，在家庭内部建立起集家庭控制网络和多媒体信息网络于一身的家庭信息化平台，通过一定的传输介质实现信息设备、通信设备、娱乐设备、家用电器、自动化设备、照明设备、保安（监控）装置，以及水电气热表、家庭求助报警等家居设备的互联，对内实现资源共享和统一控制，对外能通过网关与外部网互连进行信息交换。社区信息化是指城市社区（小区）利用现代信息技术，为社区用户提供信息服务。社区信息化的主要目标是建设数字社区。数字社区具有数字化物业管理功能、社区电子商务功能和网上社区信息服务功能。

10. 社会信息化推进规律是在社会信息化发展过程中表现出来的企业信息化、政府信息化和社会全面信息化的内在的必然联系和演进规律。企业信息化是社会信息化的第一步，政府信息化是社会信息化的中间环节，社会全面信息化是社会信息化的最高阶段。

11. 社会组织信息化是由社会组织内部单点信息化、社会组织内部集成信息化、社会组织间关系链信息化、社会组织社会服务信息化逐步推进的四阶段发展模式。

12. 对于信息化管理的概念有三种理解：一是将信息化管理等同于管理信息化；二是将信息化管理等同于信息化；三是将信息化管理理解为对信息化过程的管理。我们认为，信息化管理是指对于信息化的战略规划、组织实施、工程监理、应用调控及基于信息化的管理创新和绩效评价的过程。信息化管理包括信息化建设管理和信息化应用管理两大领域。

13. 信息化管理的内容广泛。从信息化管理的职能角度来看信息化管理的内容体系，包括信息化战略规划、信息化组织实施、信息化工程监理、信息化应用调控、信息化管理创新、信息化绩效评价。

14. 信息化管理的作用包括：优化投入结构，减少投资浪费；加强协调共享，消除"信息孤岛"；缩短建设周期，提高建设质量；充分有效应用，保证正常运行；促进流程重组，推动管理创新。

思 考 题

一、概念

信息化　现代信息技术　信息资源　企业信息化　管理信息化　教育信息化　电子商务　电子政务　诺兰模型　信息化管理

二、选择

1. 按其技术特征不同，现代信息技术主要包括（　　）。

A. 传感技术
B. 计算机技术
C. 通信技术
D 光盘技术等

2. 最便于利用的信息资源是（　　）。

A. 实物型信息资源
B. 智力型信息资源
C. 文献型信息资源
D. 网络型信息资源

3. CAPP 是指（　　）。

A. 计算机辅助设计
B. 计算机辅助工程分析
C. 计算机辅助工艺规划
D. 网络协同设计

4. 生产制造信息化包括（　　）。

A. 计算机辅助制造
B. 柔性制造系统
C. 快速成型制造技术
D. 决策支持系统

5. 金融信息化主要包括（　　）。

A. 现代化支付清算体系
B. 保险代理人管理系统
C. 银证通系统
D. 农技 110

6. 电子政务的主要模式有（　　）。

A. G2G 模式
B. G2E 模式
C. G2C 模式
D. G2B 模式

7. 社会信息化的第一步是（　　）。

A. 企业信息化
B. 政府信息化
C. 社会信息化
D. 生活信息化

8. 信息化建设管理的内容包括（　　）。

A. 信息化战略规划
B. 信息化组织实施
C. 信息化工程监理
D. 信息化应用调控

三、辨析

1. 信息资源就是指信息。（　　）

2. 实物信息资源比文献信息资源的直观性更强。（　　）

3. 信息资源是可以无限使用的。（　　）

4. 虚拟制造是企业管理信息化的重要内容。（　　）

5. G2B 是电子商务的一种模式。（　　）

6. 农业信息化与农村信息化既有联系，也有区别。（　　）

7. 政府信息化对社会信息化有很强的带动作用。（　　）

8. 信息化管理就是管理信息化。（　　　）

四、简答

1. 简述当前对于信息化理解的各种观点，并分析各种观点的不足。

2. 简述现代信息技术的类型与特点。

3. 简述信息资源的概念与特点。

4. 经济信息化包括哪些方面？

5. 简述电子商务与电子政务的联系与区别。

6. 简述教育信息化的内容。

7. 为什么说"企业信息化是社会信息化的第一步"？

8. 试论述政府在社会信息化发展中的作用。

9. 谈谈社会组织信息化发展模式。

10. 试分析"信息化管理"与"管理信息化"之间的异同。

11. 简述信息化管理的职能。

12. 谈谈信息化管理在消除"信息孤岛"方面的作用。

第2章

信息化战略规划

学习目标 •————————————

1. 理解信息化战略规划的有关概念、类型和作用；
2. 了解主要的国家信息化战略；
3. 掌握信息化战略规划的理论依据和基本原则；
4. 了解信息化战略规划的主要内容和基本步骤；
5. 掌握信息化战略规划的主要方法。

当代信息革命的持续发展，已对人类的经济社会形态构成了根本性的改造，推进人类由工业社会向信息社会转变，而信息化正是这样一个由信息革命所引起的社会经济变革的过程。当前，国家、地区、行业部门和企业组织纷纷开展信息化建设与应用。然而，信息化是一个复杂的过程，信息化建设与应用是一项相当艰巨复杂的系统工程，其影响因素众多，能否制定好的信息化战略规划，往往决定着信息化的成败，因此，信息化战略规划是信息化管理的首要环节。自20世纪90年代起，几乎所有国家都在国家层面出台了信息化和走向信息社会的战略和规划。对企业等社会组织而言，信息化机遇大于挑战。一些企业也纷纷将信息化作为一种重要战略手段，制定各自的信息化战略规划，重视和加强对信息资源的开发利用和现代信息技术的应用创新。本章在阐述信息化战略规划的概念、类型和意义的基础上，论述信息化战略规划的理论依据、原则、内容、步骤和方法。

2.1 信息化战略规划概述

2.1.1 信息化战略规划的概念

1. 战略的概念

战略，古称韬略，原为军事用语，指作战的谋略。《辞海》中对战略一词的定义是："军事名词，指对战争全局的筹划和指挥。它依据敌对双方的军事、政治、经济、地理等因素，兼顾战争全局的各方面，规定军事力量的准备和运用。"战略最初多应用于军事领域，后来应用范围明显扩大。如在社会组织中，战略指为建立或扩大其竞争优势，对影响其生存和持续发展的全局性、长期性的重大问题所制定的有针对性的策略和谋划。当然，各行业各领域的发展都可以用到战略，战略已成为组织、行业、领域、区域发展的纲领和指南。

西方战略管理的教材中，对战略作出了多种定义。例如，明茨伯格将战略定义为：将一个组织的主要目标、政策和活动顺序综合为一个整体的方式和计划，它是一个很好地形成的、有利于将组织的资源整合与配置，以形成一种特别的状态，这个状态是以相关的内部能力优势和劣势为基础的，并且预测到环境的变化和竞争对手的活动。在这里，战略被当作一种行动方式或一项计划。汤姆森等人将战略定义为："用于实现组织目标和从事组织使命的组织活动和管理方法的方式。"迈克尔·波特这样描述："战略的本质是选择以不同于竞争对手的方式来完成活动。"布朗等人将战略定义为"用来形成一个统一的战略方向，以保持持续不断的竞争优势的手段"。

2. 战略规划的概念

作为一种新的研究途径或新的学科分支，战略规划兴起于20世纪60年代中期。战略规划是对组织的内外部环境进行分析，判断发展的趋势，寻找对组织发展构成的威胁和新的发展机会，寻求外部环境和组织的最佳组合，它的侧重点是制订组织的战略或规划组织的行动方案。安娜蓓尔·碧莱尔认为：战略规划是为解释组织环境而设计的一个正式过程，其目的在于识别组织的适应性挑战并指导组织作出反应，从而使更长期的竞争优势达到最大化；战略应负责正式而明确地识别新的现实，并且识别新的现实所提出的适应性挑战，战略规划通常帮助组织重新构造它的种种假设及重新界定其关系链和强调自组织能力。战略规划一般包括下列各方面的决策。

（1）规定组织的使命。使命也被称为宗旨或目的，它反映了一个组织之所以存在的理由或价值。任何一个社会组织或企业只有明确了自己的使命，才能够致力于"做正确的事"。组织的使命不仅是描述组织的产品或目标顾客，它反映的是组织的灵魂之所在。

（2）制定出指导组织去建立目标、选择和实施战略的方针。该方针是指导组织行动的总则，它包括建立目标、选择战略和实施战略的框架结构。

（3）建立实现组织使命的长期目标和短期目标。长期目标规定着组织执行其使命时所预期的成果，通常超出该组织一个现行会计年度；而短期目标是执行性目标，其时限常在一年以内，是管理人员用来实现的阶段性目标。

（4）决定用以实现组织目标的战略。详细说明组织打算如何去实现自己的目标和使命，包括各种方案的拟订和评价，以及最终选定的将要实现的方案。

理解战略规划的含义，需要注意以下几点。

（1）战略规划是对当前决策的预测。战略规划涉及的是当前决策的未来性，即一名管理者对将要作出的决策在未来一段时间内可能引起的一连串因果效应的考虑。战略规划的实质就是对未来潜在的机会和威胁进行系统的辨析，并结合自身的优势和劣势为组织更好地制定当前的决策提供基础，从而使组织能在将来抓住机会。

（2）战略规划是一个发展的过程。战略规划不仅是一整套构思详细的计划，它还应该被看做是一个发展的过程，因为组织所处的环境是不断发展变化的，必须对规划进行思考并不断地修订计划。

（3）战略规划是"决策——执行——衡量"的循环。战略规划是一个过程而不是事件的线性结果，该过程是反复的、循环的，并且过程的所有部分都互相关联。战略规划是从事下列各项工作的持续过程：系统制定目前组织的决策，并尽可能地了解这些决策对未来所产生的影响；系统地组织执行这些决策；通过系统的反馈，对照着你的期望来衡量这些决策的成果。

战略规划与战略管理是既有联系又有区别的两个概念。战略管理是指对一个企业或组织在一定时期的全局的、长远的发展方向、目标、任务和政策，以及资源调配作出的决策和管理艺术。它是在充分占有信息的基础上的一个系统的决策和实施过程，包含若干必要的环节且须遵循一定的逻辑顺序，由此而形成一个完整的体系。安索夫在《新公司战略》一书中指出，战略规划和战略管理的区别在于：战略规划的焦点是制定最优战略决策，而战略管理的焦点是关注产生新的战略结果——新市场、新产品和新技术；战略规划是由一个专门的部门制定的，而战略管理涉及所有组织部门，它更综合，将战略扩展到所有组织单位；战略管理包含了战略规划，但它更关注战略的执行，关注整合组织的力量去实现战略目标，而规划或计划的制订不再是一个特殊部门活动，而是全部管理者的责任。简单地讲，战略规划和战略管理这两个概念是互相补充的，战略管理的内容要比战略规划丰富，同时，战略规划是战略管理不可缺少的一个元素。

3. 信息化战略规划的概念

简单地讲，信息化战略规划就是指为促进信息化发展而作出的战略性规划。可以企业为例来解释和认识信息化战略规划。如认为信息化战略规划是指为满足企业经营需求、实现企业战略目标，由企业高层领导、信息化技术专家、信息化用户代表根据企业总体战略的要求，对企业信息化的发展目标和方向所制定的基本谋划；或认为信息化战略规划是在企业发展战略目标的指导下，在理解企业战略目标与业务规划的基础上，诊断分析企业管理现状，优化企业业务流程，结合行业信息化实践经验和对信息技术发展趋势的掌握，提出企业信息化的目标和战略，制定企业信息化的系统架构，确定信息系统各部分的逻辑关系，全面系统地指导信息化建设进程，以促进企业战略目标的实现。

上述对企业信息化战略规划的阐述给我们两点启示：一是信息化战略必须以整体发展战略为基础，也就是说制定信息化战略规划的最终目的是推动发展战略目标的实现；二是信息化战略规划是针对信息化建设与应用所作的战略布置。结合这两点认识并把信息化的应用范围扩大至社会生活的各个领域，将社会信息化的内涵界定为在经济社会活动的各方面迅速发展和广泛应用现代信息技术，充分开发和有效利用信息资源的动态过程。可以认为，信息化战略规划是在分析一定范围内发展战略或一个组织经营管理战略的基础上，以国家、地区、行业或社会组织的发展战略规划为依据，采用科学的信息化战略规划方法，对区域信息化或行业信息化或组织信息化建设与应用的愿景、使命、目标、战略、原则、架构和进程等进行的筹划与设计。

2.1.2 信息化战略规划的类型

信息化战略规划的类型并没有统一的划分标准。例如，以应用空间范围来划分，有跨国型信息化战略规划、国家信息化战略规划、地区信息化战略规划、省市级信息化战略规划、城市信息化战略规划等；以应用领域来划分，则有政府与公共部门、准公共部门和产业部门信息化战略规划。本文结合我国信息化的分类标准，将信息化战略规划分为六大类型，即跨国型信息化战略规划、国家信息化战略规划、领域信息化战略规划、区域信息化战略规划、组织信息化战略规划和社区信息化战略规划。

1. 跨国型信息化战略规划

跨国型信息化战略规划是涉及多个国家信息化发展的战略规划，一般由多个国家共同制定。跨国型信息化战略规划的内容可以是综合性的，也可以是专门性的。

1993 年，欧共体委员会通过了《振兴经济，提高竞争力和创造就业机会》，高举建设"信息社会"的大旗，次年正式公布宣布了自己的"信息高速公路"计划。2005 年推出建设欧盟信息社会的五年战略计划《i2010——欧洲信息社会：促进经济增长和就业》，为欧盟信息化发展设定了三个目标：第一，建设一个统一的欧洲信息空间，向用户提供在价格上可以承受的、安全的高宽带通信及内容丰富的、多样化的、数字化的服务；第二，在现代信息技术的研究和创新中，要有世界水平的表现，以缩小欧盟与其主要竞争对手之间的差距；第三，建设一个包容性、兼收并蓄的信息社会，以提供高品质的公共服务和促进人们生活品质的改善。如今，欧盟体信息化战略的思路越来越清晰，即逐步走向数字经济之路。

2. 国家信息化战略规划

国家信息化战略规划是一个国家为面对全球信息化浪潮所带来的机遇与挑战，在国家层面出台的对其国内信息化建设与应用的战略布置和整体策划。国家信息化战略规划一般是综合性的或基础性的，具体某一行业或某一领域的信息化战略规划属领域信息化战略规划的范畴。

1）美国

美国自 20 世纪 70 年代以来，一直全力推动信息化。1993 年美国公布了《国家信息基础结构：行动纲领》，即"信息高速公路"发展计划。为了能够将美国的影响扩大到全球，在 1994 年 9 月美国提出建立"全球信息基础设施"的倡议，建议互联各国的国家信息基础设施，实现各国之间的信息共享。美国在"信息高速公路"发展计划的推动下，各行业积极发展信息网络化，社会信息化整体水平大幅度提高。1997 年 9 月公布《全球电子商务框架》，以鼓励在全球范围内促进电子商务发展。"9·11"事件之后，为了加强管理和节约成本，使政府运作更加顺畅，布什政府先后公布了《2002 年电子政务战略》和《2003 年电子政务战略》，在这一过程中，美国调整产业结构和经济增长方式，大力发展信息产业，使之成为国家支柱产业和经济增长引擎。美国通过持续占领信息技术研发和应用的制高点，提高信息占有、支配和快速反应的能力，从而主导未来世界的信息传播，保持和扩大在信息化方面的整体优势。

2）英国

英国作为西方主要发达国家之一，十分清楚地认识到在信息时代，信息技术是决定在经济上成功与否的关键因素。1994 年 2 月，英国政府宣布了一项雄心勃勃的信息化计划：决定在未来十年中投资 380 亿英镑建设信息高速公路，把电信、电视和计算机网络整合起来。此后英国政府信息化推进体制建设也进入了一个全新的时期。1998 年 5 月，英国首相布莱尔在《我们的信息时代：政府的观点》中首次宣布了要使英国处于全球信息技术的领先地位的这一战略决策。阐明了面对信息时代的挑战，英国政府对应挑战的总观点。同时建立了信息时代政府推进委员会。英国首相任命电子大臣和电子专员，电子大臣全权负责国家的信息化工作，电子专员具体负责国家信息化发展战略的贯彻和落实。1998 年 12 月，政府发表了白皮书《我们的未来：建立竞争的知识经济》，进一步明确了英国信息化建设的目标。2000 年 3 月，根据形势的变化，英首相布莱尔对英国信息化建设的目标又进行了修改和扩充。指出到 2005 年，政府的所有服务要上网，将原来制定的 2008 年实现的目标又提前了 3 年；同时提出了全民上网的具体目标，指出到 2005 年，应确保所有想上网的人都能够上网，即实现全民上网。

3）法国

法国于 2008 年 10 月正式颁布了《数字法国 2012 计划》。该计划的核心内容涉及五个方面，主要是进行资源优化配置，优化市场竞争方面的变动。第一，普及宽带互联网。实现从 2010 年起，以每月费用低于 35 欧元的低廉价格，让所有法国人享用宽带互联网。第二，向通信业转移部分资源。截至 2011 年 11 月，将目前模拟电视信号占用的部分频谱资源转移供宽带互联网使用，2012 年全面进入数字电视时代。第三，强化移动通信行业的竞争性。在整个欧洲范围内，缩短转换手机供应商的必要时间，同时允许携号转网，鼓励发展移动虚拟网络运营商。第四，发展电子商务和电子政务。推广安全性极强的电子身份证，用于在互联网上确认使用者身份。第五，进一步发展电子游戏产业。电子游戏产业与电影放映业、电视产业、DVD 光盘产业均已并列为法国四大文化产业。这些措施被法国政府寄予厚望，能在 2008—2012 年的 5 年中帮助法国到 2012 年跻身于全世界最主要数字国家的行列。

4）日本

综观日本的信息化战略，从"e-Japan"到"u-Japan"再到"i-Japan"，不仅仅是一个字母的变化，更是日本信息化战略的理念、目标与路径的全方位改变。2000 年 7 月，日本政府召开了 IT 战略会议，创立了 IT 战略总部，将其作为国家信息化的集中研究组织。次年 1 月，这个成立不到一年的 IT 战略总部便开始推行"e-Japan"战略。"e-Japan"战略的目标是在 5 年内把日本建设成为世界最先进的 IT 国家,其实现路径定为三个方面:电子政务、互联网基建、信息人才培养。2004 年 3 月,日本政府召开了"实现泛在网络社会政策"座谈会。同年 5 月,"u-Japan"战略正式诞生。根据"u-Japan"战略,到 2010 年,日本将建成一个在任何时间、地点,任何人都可以上网的环境。"u-Japan"战略将发展各种网络应用作为主要目标,其中,政府扮演着提供资金、支持这些应用的开发与发展的角色。"u-Japan"战略针对人们不使用网络的不同原因,制订出了不同的解决方案。如针对老人和残疾人,"u-Japan"战略支持开发更便捷的人机交互界面、提供 ICT 知识培训等;针对那些对网络安全性抱以强烈怀疑态度的人,"u-Japan"战略扶持保障医疗、教育等领域信息化应用安全的技术和产品的研发。2010 年,日本推出了助力公共部门信息化应用的"i-Japan"战略。"i-Japan"战略将执行目标聚焦在了三大公共部门——政府、医院和学校。"i-Japan"战略针对政府部门的执行策略有许多特别之处,其中之一就是设立首席信息官一职,赋予其必要的权限并为其配备相关辅佐专家。此外,"i-Japan"战略还提出要广泛普及并落实"国民电子个人信箱",为国民提供专用账号,让国民能够放心获取并管理年金记录等与个人相关的各类行政信息,同时,国民可经各种渠道轻松享受一站式行政服务,并可参与电子政务。而在医院和学校这两大公共部门,"i-Japan"战略将推动电子病历、远程医疗、远程教育等的应用的发展。

5)新加坡

自 20 世纪 80 年代以来,新加坡共制定和实施了五项信息化战略规划。第一项是 1980—1985 年的《国家电脑化规划》,通过这些计划的实施,为各级公务员普遍配备计算机,进行信息技术培训,并在各个政府机构发展了 250 多套管理信息系统,推进政府机构办公自动化。第二项是 1986 年—1991 年的《全国资讯科技蓝图》,实施泛领域网络建设和应用,建成连接 23 个政府主要部门的计算机网络,重点建设贸易网(TradeNet)、港口网(PortNet)、医药网(MedNet)、法律网(LawNet)等四个主要的网络,将政府系统伸展至私人企业,采用电子数据交换技术(EDI),实现了这些部门的数据共享,并在政府和企业之间开展电子数据交换。第三项是 1992—1999 年的《资讯科技 2000 年计划》,在公务员办公计算机化和国家信息技术计划成功实施的基础上,制订并实施了其目标是将新加坡建成智慧岛的 IT2000 计划。主要内容包括旗舰应用项目、全国宽带基础设施建设、促进资讯科技文化和一站式无间断的政府服务。第四项是 2000—2003 年的《资信 21 蓝图》,目的是把新加坡发展为环球资讯通信首都、电子化经济、电子化社会。其主要内容为:全面开放电信业,目的是要创造一个有效竞争的电信市场,把新加坡发展成为一个区域资讯通信中枢。第五项是 2003—2006 年的《全联新加坡》,目的是发挥资讯通信的潜能,从而创造新价值、实现各种可能,并且丰富生命;创造有利的环境,发展生机勃勃的资讯通信业和高程度的资讯通信用户。

6)韩国

1996 年韩国公布了第一个《信息化促进主要规划》(1996—2000 年)。韩国的信息化发展不仅仅用信息化整体规划推动经济、社会、文化、生活的发展,同时,也把重点发展信息产业,利用信息产业提升国家竞争力作为重要目标。但近年来,韩国信息产业竞争力逐渐下降。迫于这种形势,2009 年 9 月,韩国发布了其最新的信息化计划——《IT 韩国未来战略》。《IT 韩国未来战略》核心内容包括:把信息整合、软件、基础信息设备、广播通信、互联网等 5 个领域确定为信息核心战略领域;未来 5 年内投资 189.3 万亿韩元发展信息核心战略产业；把汽车、造船、医疗、纤维、机械、航空、建筑、国防、能源、机器人等信息技术整合效果显著的行业定为十大战略行业；制定了在半导体、显示器、手机三个信息主力领域保持全球市场占有率第一的目标。将加强下一代存储器的研发，并积极参与制定下一代显示器和移动通信行业标准；在广播通信领域，韩国将提高自主技术开发的无线宽带（WiBro）、网络电视和3D（立体）电视的商业化水平，到2012年完成数字电视播放转换工作；到2012年，全国将铺设网速比现在快10倍的宽带网络，为老人和活动不便的患者全面提供远程诊疗服务。此次战略的发布意味着韩国信息化在向一个更高的目标发起挑战，也标志着韩国信息化迈上了新台阶。

7）中国

自20世纪90年代以来，我国致力于国家信息化基础结构建设的努力已取得明显进展。我国在20世纪90年代开始了对信息化的规划和推动。1993年12月，成立国务院国民经济信息化联席会议，确定以"金字工程"为突破口推进国民经济信息化；1997年4月，召开全国信息化工作会议，发布"国家信息化规划发展纲要"；2002年，党的十六大报告进一步确认"以信息化带动工业化，以工业化促进信息化"，"走新型工业化道路"的发展战略；党的十六届五中全会再次强调，推进国民经济和社会信息化，加快转变经济增长方式。2006年3月，中央办公厅、国务院办公厅印发了《2006—2020年国家信息化发展战略》（中办发〔2006〕11号），对我国本世纪头20年信息化建设和发展进行了全面规划和部署，要求全国各地抓住发展的战略机遇，大力推进信息化，促进经济社会全面、协调、可持续发展。党的十七大又从贯彻落实科学发展观的高度，对推进信息化作出新的部署，要求我们全面认识工业化、信息化、城镇化、市场化、国际化发展的新形势、新任务，大力推进信息化与工业化融合。2008年4月国家颁布《国民经济和社会发展信息化"十一五"规划》，该规划是国民经济和社会发展第十一个五年规划的重要组成部分，全面部署了"十一五"时期我国信息化发展的主要任务，明确了推进信息化与工业化融合的发展重点，是新阶段贯彻落实科学发展观的重要举措。

纵观国际社会的信息化战略取向，不难看出，一方面，它们希望利用信息化为本国在国际竞争中谋求更为有利的竞争形势；另一方面，希望利用信息技术解决国内的诸多社会经济发展问题，以提高公民的生活质量和促进社会的进步。当然，在进行信息化规划时，不同国家根据本国的目标取向和实际经济水平的差异而侧重不同。发达国家和发展中国家的主要差异，在于前者重视向信息社会的迈进，而且希望利用领先的信息化水平，确保其在国际竞争的传统主导地位；而后者主要希望利用信息化提升工业水准和工业化水平，并力图在迈向新的竞争形态时，有较高的实力参与规则的制定，争取后来居上。

3. 领域信息化战略规划

领域信息化战略规划就是按照国家信息化规划的总体要求，采用战略规划的思路和方法，在部门、行业内统一策划、控制与管理信息化建设与应用工作的信息化规划。

以经济领域的农业信息化为例，为深入贯彻落实党的十六届五中、六中全会及《中共中央国务院关于推进社会主义新农村建设的若干意见》和《2006—2020年国家信息化发展战略》有关精神，搞好面向"三农"的信息服务，农业部于2006年10月18日颁布《农业部关于进一步加强农业信息化建设的意见》（农市发〔2006〕16号），就农业部门"十一五"期间进一步加强农业信息化建设在十个方面提出了25条意见。2007年11月21日，农业部为认真贯彻落实党的十七大有关精神及《中共中央关于积极发展现代农业扎实推进社会主义新农村建设的若干意见》（中发〔2007〕1号），科学指导各级农业部门加快推进农业和农村信息化工作，按照《2006—2020年国家信息化发展战略》总体部署，根据走中国特色农业现代化道路的基本要求，制定了《全国农业和农村信息化建设总体框架（2007—2015年）》，对我国农业和农村信息化在长期建设进行了整体规划。同年9月24日，编制颁布了《农业信息服务"三电合一"工程"十一五"建设规划》，就"十一五"期间的农业作息服务作出了具体的战略规划。

4. 区域信息化战略规划

区域信息化战略规划就是结合本地区经济和社会发展的实际，设计、规划本地区的信息化建设与应用的发展战略规划。近年来，很多省区市都把区域信息化工作同领域信息化和企业信息化有机地结合起来，利用各自优势，有特色地推进本地区的信息化工作，使信息化在促进本地经济发展中发挥了很大的作用。

以上海市为例，上海市人民政府于2002年6月22日印发了《上海市"十五"国民经济和社会信息化重点专项规划》，次年又编制发布了《上海信息化持续发展行动纲要（2003—2005年）》。上海市以信息技术的广泛应用为主导，加速发展信息产业，继续完善信息基础设施，不断优化发展环境，城市信息化水平已位居国内前列，部分领域达到或超过国际先进水平。2007年5月30日，上海市信息化委员会制定了《上海市信息产业"十一五"专项规划》以进一步促进信息产业发展。为全面落实科学发展观，加快推进本市国民经济和社会信息化，同年7月16日，上海市人民政府编制发布了《上海市国民经济和社会信息化"十一五"规划》。2007年12月27日，上海市信息化委员会、上海市发展和改革委员会共同发布了《上海市电子商务发展"十一五"专项规划》，对本地区的电子商务发展进行了中期战略规划。这一系列规划文件的颁布引导和推动了当地国民经济与社会信息化建设，取得了巨大的成效，如今上海市信息化水平全国领先。

5. 组织信息化战略规划

组织信息化战略规划是指为实现社会组织战略目标而对其信息化的发展目标和方向所制定的基本谋划。组织信息化战略规划包括企业信息化战略规划、政府机关信息化战略规划、高等学校信息化战略规划、医院信息化战略规划等。

企业是国民经济最基本、最活跃的细胞，企业信息化是国民经济信息化的主体。下面以中国电信集团公司为例来介绍企业信息化战略规划。2002年，中国电信集团公司制定了《中国电信企业信息化战略规划》（ITSP 1.0）。ITSP 1.0对中国电信信息化的现状进行了诊断，对系统架构的远景进行了描述，并提出了系统转型举措。在其指引下，中国电信将原来面向业务和网络、众多孤立分散的信息系统整合集中为面向市场和客户、统一集中的信息系统，并同步建立了专业化的企业信息化队伍和管理体系，实现了中国电信企业信息化质的提升。随着行业竞争环境的不断变化、信息技术的不断进步，为了更好地支持企业转型和聚焦客户的信息化创新战略的实施，在ITSP 1.0的基础上，中国电信集团公司于2008年制定了《中国电信企业信息化战略规划2.0》（ITSP 2.0），明确了未来几年中国电信企业信息化的战略目标、总体框架和演进思路，从IT技术体系和IT管控体系平衡发展的角度进行了中国电信企业信息化的战略规划。

6. 社区信息化战略规划

社区信息化是社会信息化的重要组成部分。根据信息化的发展阶段，不失时机地制定社区信息化战略规划，指导社区信息化建设，让全社会和全体人民都能及时享受信息化的成果和好处，提高全民的生活质量和水平的重要意义。

2006 年 5 月，国务院颁发国发〔2006〕14 号文件《国务院关于加强和改进社区服务工作的意见》明确指出，要"建设社区信息化平台，提高社区公共服务的自动化、现代化水平"，凸显出社区信息化建设的重要意义。为加强对本地区社区信息化的指导，推动社区信息化建设，有的地区出台了社区信息化建设规划或指导意见，有的地区出台了社区信息化建设标准，以标准化推动信息化。如重庆市出台了《重庆市信息化示范社区评选标准》，从重视程度、经费保障、社区信息化基础设施建设、社区信息网络平台及应用、社区信息化管理等方面来评比信息化示范社区；杭州市出台了《杭州市社区信息化建设实施纲要》，纲要明确了杭州市社区信息化的重要意义、指导思想、基本原则、发展目标、主要任务、实施进度和保障措施；部分地区虽然没有出台专门的社区信息化文件，但在本地区的社会发展和社会信息化规划、社区建设总体规划中，都列出专门的章节，对社区信息化建设进行专门部署。如《广州市国民经济和社会发展"十一五"规划纲要》里，就具体明确了广州市对"电子社区和数字家庭"的建设要求。这些措施有效地推进了社区信息化建设。

2.1.3 信息化战略规划的作用

制定信息化战略规划的作用体现在以下几个方面。

1. 顺应时代需求，支撑和完善总体战略规划体系

计算机和微处理器的发明拉开了当代信息革命的帷幕，开创了数字计算和数字化的新时代。回顾信息革命发展的历史可以发现，如同工业革命一样，信息革命对经济与社会产生了巨大而深刻的影响。如社会生产力的持续飞跃，信息资源成为信息社会经济系统最重要的资源基础，电子政务改变了国家的管理模式，电子商务改变了市场的交易模式，电子社区改变了人与人之间的交往模式，传统产业通过信息化改造实现"产业升级"，新兴产业部门的诞生，社会分工和专业化进一步强化，社会管理体制出现重大变革等。由此可见，信息革命对当代社会生活的各个方面均产生了广泛而深刻的影响，无论是国家、行业、社会组织或是企业，在进行战略规划谋求发展时都必须考虑信息化这一重要因素。在相当长一段时期内，我国在进行发展战略规划时，对于信息革命的响应度不够，如在整体规划编制体系中并没有过多涉及信息网络建设、信息产业发展等相关问题。无论是进行信息化专项规划，还是将信息化发展融合到整体发展规划中，重视和制定信息化战略规划，是顺应信息时代的要求，支撑和完善总体战略规划体系的重要举措。

2. 促进国家信息化建设合理、有序、协调发展

从宏观上讲，大力推进信息化，是覆盖我国现代化建设全局的战略举措，是贯彻落实科学发展观、全面建设小康社会、构建社会主义和谐社会和建设创新型国家的迫切需要和必然选择。在目前我国信息化已经打下一定基础的情况下，粗放式地开展信息化工作已经不能再适应未来的发展，必须要制定信息化战略规划，关注国民经济和社会发展的主要问题和矛盾，使信息化建设与应用能够有序进行、协调发展。如中央和政府部门都对企业信息化工作十分重视，在推进企业信息化方面作出了很大贡献；在国民经济信息化中，除了目前尚需政府扶

持的农业信息化的部分领域外，在农工商三大产业中有规模化需求且商业模式已经比较清晰的领域里，一般是以企业和中介机构为主开展信息化。此外，协调各地区信息化发展也是战略规划的重要功能，努力做到分类侧重与全面推进相结合，统筹城乡发展和区域发展，以体现党的科学发展思想。如通过采用计算机、网络技术为代表的现代信息技术对传统产业进行改造和发展适合当地的高新技术产业，必将有力促进区域协调发展，并且继续发挥各个地区的优势和积极性，从而推进西部大开发，振兴东北地区等老工业基地，促进中部地区崛起，鼓励东部地区加快发展，注重通过信息化建设来形成东中西互动、优势互补、相互促进、共同发展的新格局。

3. 明确建设目标和任务，为信息化发展提供方向和指南

制定规划的一个重要的方面就是拟定目标和任务，为未来发展指明方向。在进行信息化战略规划时，需要在前期建设的基础上提出新的发展目标和建设任务。目标一般分为近期目标和长远目标，共同勾勒出信息化建设的中远期蓝图；也有总体目标和具体目标的区别，尤其是具体目标的拟定，可帮助确立信息化建设的方向，如在《国民经济和社会发展信息化"十一五"规划》中有关信息产业明确提出要实现总收入达到10万亿元，增加值超过2.8万亿元，占GDP的比重提高到10％以上；年销售收入500亿元以上的企业超过10家；电子信息产品出口额占全国外贸出口总额的比重保持在35％左右，软件业销售收入达到1万亿元。这些具体目标的制定对信息化的持续发展起到很好的激励和保障作用。信息化发展的战略任务一般能够覆盖信息化建设体系的各个方面，包括信息资源、信息技术、信息产业、信息人才、信息系统、信息法律法规建设等方面均提出要求，富有系统性、针对性和合理性，可作为信息化的发展指南，共同支撑信息化建设的整体推进。

4. 形成信息化建设的广泛共识，为变革创造有利条件

认识决定成败，国家和社会（企业）对于信息化认识的程度不同，重视的程度也因此而不同，它直接影响了全社会对于信息化的投入和建设成效。信息化建设触动面广，牵涉人员众多，制定战略规划一则可以进行宣传，提高各方人员的认识；二则有利于形成信息化建设共识，减小阻力。信息化其实和管理的其他问题一样，一个达成共识的、没有很多创新的方案，远远好于一个有很多创新、但迟迟不能达成共识，也迟迟不能落实贯彻的方案。信息化建设的初期常常出现不一致的声音，而其中大多是由于沟通不足、认识不够、观念的问题还没有解决，对信息化建设的指导思想、工作原则、关键成功因素、重点应用领域等没有达成共识。可以说，信息化建设涉及的问题不少，包括战略是否明晰、流程是否理顺、组织架构的敏感、信息孤岛的程度、应用人员的态度及素质、技术选用及其评价标准等。协调方方面面的繁杂问题，也是信息化规划所能发挥的作用。而只有在组织内达成信息化建设共识，才可以顺利进行变革和创新。一般而言，信息化建设会要求组织结构作出相应的转变，进而会影响组织的管理和运营体制。也就是说信息化进程与管理创新进程是互为条件、相辅相成、相依并存的，只有实现信息化与管理的有机结合，即在信息化过程中通过转变传统的管理观念，提高全体参与人员的整体素质，建立良好的管理规范和管理流程实行科学管理，从而提高整体管理水平。形成信息化共识，由观念的转变进而推动组织结构、运营方式和管理体制的改革创新，最终推动信息化建设的进行，战略规划在这一过程中发挥着重要作用。

5. 识别关键因素，确立信息化建设的突破口

在信息化建设过程中，存在着牵一发而动全身的关键条件和制约整体发展的瓶颈因素，识别这些关键因素，为信息化建设寻求突破口，是信息化战略规划的重要任务和功能。就目前我国信息化现有水平而言，此类关键因素包括信息基础设施的建设、信息技术的研发和应用、信息资源的开发和管理、信息人才的培养、信息文化的培育及相关政策法规和管理体制的建设等。但在不同类型的信息化建设中，存在着某些相同的关键因素，也有各自独特的制约条件。因此，在制定信息化战略规划时，应立足于各地区、各行业、各组织的实际情况，实事求是地研究论证其关键因素，据此确立信息化建设重点，如推进信息技术创新、大力发展软件和信息产业、积极完善电子商务和电子政务等。针对企业则包括促进信息技术与企业组织结构、业务重组的关系，从企业战略的视角对信息技术与企业业务进行 IT 规划，重视信息技术与企业业务的搭配与实现等。

6. 设计整体架构，优化整合信息化建设全局

信息化战略规划能为参与各方人员如各级领导、各层管理人员和基层员工描绘出一个未来信息化中业务、信息、技术应用三者互动的蓝图。信息化建设是一项复杂的系统性工程，缺少科学系统的管理将会出现"各自为阵"的信息孤岛情况，需要支持的应用系统不断增加，产生冗余和不一致的信息，消耗大量的人力、物力，无法实施多功能的应用系统，最终导致 IT 成本持续上升及技术集成问题。而信息化战略规划则能提供有效的功能结构体系，将信息技术、信息系统和整体的运作管理有机结合起来，最大限度地释放信息系统资源的价值和潜力，合并冗余资产和消除低效资产；能够改进市场时效，例如，缩短项目周期、降低成本和风险、以更低的成本获得系统的集成和测试，从而加速商业利益的实现。通过对信息化中业务、信息和技术应用的整体规划，有利于优化和整合信息化建设全局。

7. 措施明确，保证信息化建设的低成本、高效率

信息化战略规划能够自顶向下地进行系统建设的统筹考虑，并提出明确的保障措施。既重点突出，又全面规划；既能以点带面，又考虑既有系统的可继承与再利用，成为信息化建设的实施指南，真正避免实施中重复建设，保护了信息化投资。同时，如何节约成本、提高效率，是信息化建设过程中必然要面临的一个问题。信息化建设无疑需要大量、长期的投入，而且这种投入并不是立竿见影，而是一个长期的过程。通过信息化战略规划，不仅可以节约不必要的开支，而且可以理清实施信息化的障碍和难点，对实施过程及进度有比较准确的把握和充分的思想准备。

2.2　信息化战略规划的理论依据和基本原则

2.2.1　信息化战略规划的理论依据

1. 战略规划理论

战略规划理论随社会环境变化而产生和发展。我国古代《孙子兵法》中战略思想产生于战争环境，现代战略规划和战略管理理论产生于和平时期市场激烈竞争与不断变化的环境之中。

1) 早期战略规划理论的形成

20世纪60年代之前，财务预算是人们对企业未来业务收支活动的一种控制方法。后来由于经营活动的一些项目从投资到回收效益要超过一年，甚至多年，这样又出现了长期计划等控制方法。但是长期计划是基于人们过去对市场和外部环境的认识，它过于强调完成旧的业务目标，因此不能适应不断变化的外部环境。

正是在这种由于外部环境不断变化，社会组织的财务预算与长期计划难以适应的情况下，从20世纪60年代起，美国哈佛大学商学院的学者们创立了现代战略规划理论。他们注重研究社会组织的外部环境变化后，应密切捕捉新信息，把握新商机，将其与组织内部资源重新匹配，以求得组织的长期生存与发展。1962年哈佛大学商学院教授钱德勒在《战略与结构》中分析了美国大企业的管理结构是如何随企业成长方向的改变而变化的。1965年美国国际大学教授安索夫出版了名为《公司战略》的著作，安索夫在该书中用寻找使奶牛多产奶的最佳方法为例说明其战略主张："我们必须能够买到最好的牛。……将企业的资源配置到具有最大潜在投资回报的产品市场中去，这就是企业的战略问题。"这一年美国哈佛大学商学院教授安德鲁斯也出版了著作《商业政策：原理与案例》，安德鲁斯是一位被称为在战略管理方面极富创造力的学者，他吸收了钱德勒的战略思想，也发扬了塞尔兹尼克的独特竞争力概念。他认为：环境不断变化给组织既带来了挑战，也带来了发展机遇，组织应不断调整其优、劣势，应确定其独特竞争力，这样才能利用环境机会，赢得市场竞争优势。这时学者伦德总结提出了战略规划的经典分析工具：SWOT分析矩阵。

这样，早期的战略规划理论就已形成了。它主要包括如下四个步骤：第一步，研究组织外部环境的变化趋势；第二步，将组织的外部环境变化机会与威胁、组织内部资源的优势与劣势进行综合深入分析，确定其独特能力；第三步，分析、寻找组织内部资源与外部环境的最佳匹配；第四步，进行战略选择。

早期的战略规划理论的主要缺点在于它把战略规划看做是一个单一过程，是静态的。

2) 成熟的战略规划理论的出现

1971年美国通用电气公司根据战略规划理论，结合实际，首创性地编制该公司的战略规划，他们下决心停止了无前途的部分产品的生产与业务，重点支持有发展前途的业务，使公司的有限资源集中到最能获利的产品业务上，取得了良好效果。此后，其他公司就仿效通用电气公司，开始编制战略规划。

但是，20世纪70年代中期的石油危机导致美欧等国发生经济危机，加之日本丰田等公司进入美国市场，美国公司感到外部环境变化太大，如何在外部环境剧变情况下求得公司的生存与发展呢？战略学者们提出了他们自己的对策，他们认为早期的战略规划过于重视规划制定，而成熟的战略规划应重视规划的实施，以及根据外部环境变化，对战略规划实施动态调整。这种成熟的战略规划理论一般称为战略管理理论，它包括战略规划制定、实施与控制、评价等三个阶段。著名公司领导人李·雅科卡在美国克莱斯勒公司应用了战略管理理论，在战略实施中注意动态调整组织内部结构，终于使濒临倒闭的公司起死回生，扭亏为盈，走上强劲发展之路，后来与戴姆勒—奔驰实现强强联合。

战略规划理论进一步发展，又出现了以明茨伯格、吉尔斯为代表的环境适应战略理论及以安索夫和以波特为代表的通用竞争战略理论、以安东尼与安德鲁斯为代表的资源基础竞争理论等。

（1）环境适应战略理论。以明茨伯格和吉尔斯为代表的环境适应战略理论产生于 20 世纪 70 年代，他们反叛过于强调理性和计划的古典战略管理理论，而认为外部环境变化的不确定性应成为战略研究的主要问题。应基于不确定性环境与激烈的市场竞争的各种假设外部环境，设计出组织的各种不同对策。林德布罗姆的"摸着石头过河"、奎因的"逻辑渐进主义"及明茨伯格和沃特斯的"应急战略"都把战略看成是意外的产物，是企业应对环境变化所采取应急对策的总结。吉尔斯研究了壳牌公司的经验，认为战略规划应是适应外部环境，不断学习，像生物进化的过程一样。环境适应战略理论把环境适应思想纳入自身的体系之中，推动了企业战略规划向战略管理演变。当然，环境适应战略理论在当时并未得到很好的发扬。众所周知，20 世纪 80 年代风靡一时的是另一种极端理性理论——迈克尔·波特的竞争战略理论。

（2）通用竞争战略理论。20 世纪 80 年代初期，波特开始对比研究了美国、日本与欧洲的企业竞争问题，他先后写下了《竞争战略：分析产业和竞争对手的技巧》（1980 年）、《竞争优势》（1985 年）、《国家竞争优势》（1990 年）等论著。他的上述三部著作也被称为"战略三部曲"，由此奠定了竞争战略理论的基础，也使波特成为享誉全球的战略管理理论大师。他认为：公司要赢得市场竞争，第一是通过对产业结构的准确分析，选择有高回报潜力的产业；第二是经营业务活动或经营方式应比竞争对手更具独特性或称为"与众不同"，一般可以在成本领先、差异化与集中化三大竞争战略中选择一种战略来构造竞争优势；第三是经营活动应给顾客带来优于竞争对手的一整套新文化与新价值理念。

（3）资源基础竞争理论。资源基础战略理论的研究学者的人数众多，其中不乏著名学者如安索夫等。特别是到 20 世纪 80 年代后期，市场竞争变化无常，用波特竞争战略理论已无法解释市场上有一些公司在竞争与发展中的优秀表现，人们把眼光从眼花缭乱的市场竞争手段转移到企业内部资源上，认为那些有竞争优势的公司是有比竞争对手更优秀的独特资源，这些资源因素是其竞争对手无法复制、模仿的。这包括组织的资源、员工的文化理念与能力、战略实施上卓越的工作能力与创新等。资源基础战略理论的另一个亮点是：1990 年美国密执安州大学教授普拉哈拉德与伦敦商学院教授加里·哈默尔在哈佛商业评论杂志上发表的著名论文《公司核心竞争力》，指出公司核心竞争力是公司竞争优势的根源。哈默尔等人的公司核心竞争力理论与波特的竞争优势理论使 20 世纪 90 年代成为战略规划、战略管理理论广泛传播与应用的年代。

3）后现代战略规划理论

20 世纪 90 年代中后期以来，由于环境不确定性的急剧增加，企业越来越难以保持持续的竞争优势，而传统的战略理论对此越来越无能为力。这时，"自组织模式"成为 20 世纪 90 年代后期许多企业管理论著的主要特征。除了柯林斯的《基业长青》，比较著名的著作还有罗伯·高菲的《公司精神》（1998），肯·巴金斯的《公司 DNA》（1998），杰弗里的《坚实的组织：通过自发式重组迎接意外事件的挑战》等。这些理论彻底放弃了机械式的战略模式和组织模式，代之以更激动人心和革命性的有机模式——自组织模式。这些理论认为，组织的自发学习和创新，可以使企业更能够适应复杂多变的环境。

而 20 世纪 90 年代后期产生的学习型组织理论则进一步认为，只为适应与生存而学习是不够的，必须创造性地学习。为此，彼特·圣吉在《第五项修炼》中提出了学习型组织的五项修炼：自我超越、心志模式、共同愿景、团体学习、系统思考。根据彼特·圣吉的描述，学习型组织是指通过培养弥漫整个组织的学习气氛，充分发挥员工的创造思维能力而建立起来的一种有机的、高度柔性的、扁平化和人性化的可持续发展组织。

可以认为，战略规划理论是信息化战略规划理论的理论基础，为信息化建设与应用实践提供重要的指导。只不过进行信息化规划的主体不一，如国家、部门、社会机构和企业组织等；规划的牵涉面又非常广泛，几乎涵盖了社会生活的方方面面；并强调对信息资源的管理和取得良好的社会效益。这就必然要求信息化战略规划理论要在战略规划的基础上有所发展和创新。

2. 信息资源管理理论

信息资源管理是 20 世纪 70 年代末 80 年代初在美国首先发展起来然后渐次在全球传播开来的一种应用理论，是现代信息技术特别是以计算机和现代通信技术为核心的信息技术的应用所催生的一种新型信息管理理论。信息资源管理有狭义和广义之分。狭义的信息资源管理是指对信息本身即信息内容实施管理的过程。广义的信息资源管理是指对信息内容及与信息内容相关的资源如设备、设施、技术、投资、信息人员等进行管理的过程。

宏观信息资源管理是基于社会层面的信息资源管理，这一层面将信息资源管理作为一种管理思想和管理理论，认为信息不仅是一种组织资源，同时也是一种社会资源，要求围绕这一社会经济资源展开一系列的管理活动。总而言之，宏观层面的信息资源管理是通过有效的手段进行信息资源管理的合理配置，促进信息资源的开发、利用和增值，实现经济与社会的可持续发展。

企业信息资源是企业在信息活动中积累起来的以信息为核心的各类信息活动要素（信息技术、设备、信息生产者等）的集合。企业信息资源管理的任务是有效地收集、获取和处理企业内外信息，最大限度地提高企业信息资源的质量、可用性和价值，并使企业各部分能够共享这些信息资源。由于企业是以利润最大化为目标的经济组织，其信息资源管理的主要目的在于发挥信息的社会效益和潜在的增值功能，为完成企业的生产、经营、销售工作，提高企业的经济效益，同时也为提高社会效益。其基本理论观点如下。

（1）信息资源与人力、物力、财力和自然资源一样，同为企业的重要资源。要像管理其他资源那样管理信息资源，信息资源管理是企业管理的必要环节，应纳入企业管理的预算。

（2）信息资源管理包括数据资源管理和信息处理管理。数据资源管理强调对数据的控制，信息处理管理关心管理人员如何获取和处理信息，且强调企业信息资源的重要性。

（3）信息资源管理是企业管理的新职能，产生这种新职能的动因是信息与文件资料的激增、各级管理人员获取有序信息和快速简便处理信息的迫切要求。

（4）信息资源管理的目标是通过增强企业处理动态和静态条件下内外信息需求的能力来提高管理的效益，以期达到"高效（Efficient）、实效（Effective）和经济（Economical）"的最佳效果，也称 3E 原则。三者关系密切，互相制约。

（5）信息资源管理的发展具有阶段性。共四个阶段，即物理控制、自动化技术管理、信息资源管理和知识管理。可以用推动力量、战略目标、基本技术、管理方法和组织状态等因素进行比较。目前，中国的大部分企业尚处于前三个阶段，属于初中级水平阶段。

信息资源管理理论也为信息化战略规划提供了重要的理论支撑。如上文所述，广义的信息资源管理是指对信息内容及与信息内容相关的资源，如设备、设施、技术、投资、信息人员等进行管理的过程。也就是说，信息资源管理强调对信息资源和信息活动两方面进行管理，而这正符合信息化建设与应用的内在要求。信息资源管理理论要求信息化战略规划一方面要植根于组织的信息管理实践中，另一方面它又是组织战略规划工作的重要组成部分，必须为实现组织战略规划提供好的信息服务。

3. 综合集成理论

综合集成理论是钱学森针对开放的复杂社会系统而提出的一种方法体系。自该理论于1990年提出后，对我国社会政治、经济领域决策科学化起到了极大的促进作用，受到了社会各界学者与人士的广泛重视，进行了大量的理论探讨与实践应用，被认为是目前在社会、经济领域中进行决策活动较为科学的方法论体系。综合集成理论主张建立一个由专家体系（包括科学、技术、政治、经济、文化、军事等各领域、各层次的专家）、知识体系（各种科学理论、经验、常识性知识、各种情报资料等）和工具体系（以计算机为核心的各种技术）组成的研讨厅，通过采取由定性到定量、由个体到整体、实证性和评价性相结合的分析方法，发挥研讨厅体系的整体性优势，解决在开放的复杂巨系统中遇到的一系列问题，具体说来包括以下内容和过程。

1）定性综合集成

由不同学科、不同领域专家组成专家体系，这个专家体系具有研究复杂巨系统所需要的合理知识结构。每个专家都有自己的科学理论知识、经验知识，这些知识都是对客观世界规律的认识，都能从一个方面或一个角度去研究复杂巨系统问题。通过各种经验、知识和智慧间的相互交流和融合，可实现对复杂巨系统多层次、多角度的全方位研究，从而获得全面科学的认识。这个过程体现了不同学科、不同领域知识的交叉研究，通过这种方式对所要研究的复杂巨系统问题如社会系统中宏观经济问题，提出经验性假设，形成定性判断，如猜想、思路、对策、方案、设想等。它所以是经验性判断，是因为其正确与否还没有经过严谨科学的方式加以证明。但这一步很重要，许多原始创新思想都是从这里产生的。从思维科学角度来看，这个过程是以形象思维为主，是信息、知识和智慧的定性综合集成。

在自然科学、数学科学等这些所谓"精密科学"中，是用严密的逻辑推理、精确的物理、化学和生物实验，来证明和验证经验性判断的正确与否，从而得出科学结论。但这种方法对研究复杂巨系统来说，就显得不够了。复杂巨系统问题，如国家信息化系统工程中的问题既不能通过简单的逻辑推理得出结论，也不能直接进行社会实验，这就需要有新的方式来完成。

2）定性定量相结合综合集成

为了用严谨科学的方式去证明经验性判断的正确与否，需要利用与该系统工程的有关数据和信息资料，建立数据和信息体系及指标体系，包括描述性指标及评价指标体系。指标体系是系统定量描述的一种方法，但还不是完整的描述方式。

用模型和模型体系来描述系统是系统定量研究的有效方式。这种方式在自然科学、系统科学中被广泛使用。在系统科学中，对简单系统、大系统、简单巨系统等的研究，几乎完全是基于数学模型的。但对复杂系统，特别是复杂巨系统，期望完全靠数学模型来描述，目前还有相当大的困难。一方面需要新的建模方法，另一方面也需要发展新的数学理论。但随着计算机技术、知识工程、软件技术、算法等的进步，使基于规则的计算机建模得到了迅速发展。这类计算机模型所能描述的系统更为广泛和逼真。把数学模型和计算机模型结合起来的系统模型，则尽可能地逼近实际系统。如果满足了所研究问题的精度要求，那么这个系统模型是可以信赖的，就可以应用这个模型来进行你所要研究的问题。不同的系统，其模型精度要求是不一样的，例如，人口系统的精度要求在千分之一左右，经济系统要求在百分之三左右。

对复杂系统，特别是复杂巨系统的建模，必须紧密结合系统实际，要基于对系统的真实理解。为此，甚至借助于经验知识的帮助，而不是追求数学上的优美，这是一个经验与科学相结合的过程。在数据与信息体系、指标体系、模型体系的支持下，对专家体系提出的经验性判断进行系统仿真和实验。从系统环境、系统结构、系统功能之间的输入输出关系，进行系统分析与综合。这相当于用系统实验来验证经验性判断的正确与否，系统实验是在计算机上进行的仿真实验。这样的计算机仿真实验有时比实体实验更有优越性，例如，系统未来发展趋势，对系统实体来讲是难以定量预测的，但在计算机仿真实验中却是可行的。通过系统仿真和实验，运用评价指标体系对经验性假设正确与否给出定量描述，这就增加了新的信息。这个过程可能要反复进行多次，以便把专家的经验，他们所想到的各种因素都能反映到仿真和实验之中，从而观察到可能的定量结果，增强对问题的定量认识。

3）从定性到定量综合集成

由专家体系对前一次系统仿真和实验的结果进行综合集成。这一次信息、知识的综合集成，较早提出的经验性判断来说，毕竟增加了新的信息，而且是定量的。这是把原始的经验性判断上升到定量结论非常关键的一步。综合集成的结果，无非是两种，即定量结论是可信的，或是不可信的。如果是后者，那么需要进行某些改进，例如，调整模型或者调整参数等，再重复上述过程，通过人机交互、反复对比，直到专家们都认为定量结果是可信的，才算是完成了从定性到定量综合集成。这时的结论已不再是经验性判断，而是经过严谨论证的科学结论了。如果定量结果否定了原来的经验性判断，那也是一种新的认识，又会提出新的经验性判断。

综合以上所述，从定性综合集成提出经验性判断，到人机结合的定性定量相结合综合集成得到定量描述，再到从定性到定量综合集成获得科学结论，这就实现了从经验性的定性认识上升到科学的定量认识。这个过程体现了这套方法的一些基本特点。①按照系统结构，能把多种科学结合起来，真正实施和实现多学科交叉研究。②能把科学理论和经验知识结合起来，把人们对客观事物零散的知识，汇集成一个系统的整体结构，达到定量认识。经验知识属于前科学范畴，它能回答是什么，但还不能回答为什么。尽管如此，它对复杂系统和复杂巨系统的研究，仍然是很宝贵的。③定性综合集成提出经验性判断，这是非常重要的一步，虽然是经验性判断，但其中蕴含着专家体系知识和智慧的结晶，如果说这一步需要大胆假设，那么后续两步就是严谨求证。没有前者难以创新，但没有后者该创新就缺少科学依据，难以确认。这个经验性假设只能由专家体系提出，机器体系是提不出来的。④人机结合以人为主，这里的人是指专家体系。这个方法的应用，需要专家体系采用集体工作方式，而不是个体研究方式。当然，专家集体要由一位知识和经验宽广，视野和思维都更为开阔的科学家来领导。⑤该方法可以处理具有层次结构的系统问题，能把微观研究和宏观研究统一起来。⑥需要有数据和信息体系的支持，这为统计指标设计和系统观测方式，提出了新的要求。⑦该方法可以在线工作也可以离线工作，在线工作时，对机器体系功能要求更高。它远不是 MIS、DSS所能满足的。⑧该方法体现了社会思维和辩证思维，把这个方法和计算机网络等现代信息技术结合起来，就更能发挥这个方法的优势。

可以说综合集成理论对开放的复杂巨系统进行探索研究，开辟了一个新科学领域，它在理论和实践上都具有重大的战略意义。宏观的信息化建设也是一项开放而繁杂的系统工程，完全可以采用综合集成法来进行信息化战略规划，要充分发挥和挖掘综合集成法在信息化战略规划中的应用潜力，推动我国信息化建设。可借鉴和保留综合集成理论的方法论，并根据信息化工程建设实际予以调整、拓展和完善，增强其针对性。从方法论层次来看，综合集成理论对信息化战略规划研究的指导作用主要体现在以下几个方面。

（1）研究路线。从上而下和由下而上，从整体到部分再由部分到整体，把宏观和微观研究统一起来，最终是从整体上研究和解决问题。如在研究大型复杂课题时，从总体出发可将课题分解成几个子课题，在对每个子课题仔细研究的基础上，再综合集成到整体，通过综合集成以实现 $1+1>2$ 的飞跃。

（2）技术路线。人机结合和人网结合，并以人为主的技术路线。这个技术路线是以思维科学为基础的。在处理信息时，人脑通过逻辑思维和形象思维的结合形成独特的创造性思维，而计算机能够实现严密的逻辑思维，善于信息的精确处理。可以把人脑和机器结合起来，以人为主，使二者相得益彰。这种人机结合的思维方式和研究方式具有更强的创造性和认识客观事物的能力。

（3）实现信息、知识和智慧的综合集成。信息、知识和智慧是三个不同层次的问题，有信息未必有知识，有知识也未必就有智慧。信息必须要经过人脑的加工处理成为知识和智慧，如今随着计算机科学与技术的发展，综合集成方法通过人机结合、人网结合的方式，实现了信息、知识和智慧的综合集成。

4. 后发优势理论

美国经济史学家亚历山大·格申克龙在总结德国、意大利等国经济追赶成功经验的基础上，于 1962 年创立了后发优势理论。所谓"后发优势"，也常常被称为"落后得益"、"落后的优势"、"落后的有利性"等，是指后起国家在推动工业化方面的特殊有利条件，这一条件在先发国家是不存在的，是与后起国家经济的相对落后性共生的，是来自于落后本身的优势。

1）后发优势理论的层次含义

后发展是相对于先发展而言的，因而后发优势涉及的主要是时间纬度，至于国家之间在人口规模、资源禀赋、国土面积等方面的差别则不属于后发优势范畴，而与传统的比较优势相关。具体说来，格申克龙的所谓后发优势理论包含以下几个层次的含义。

第一个层次的含义，即所谓"替代性"的广泛存在。格申克龙强调指出，由于缺乏某些工业化的前提条件，后起国家可以、也只能创造性地寻求相应的替代物，以达到相同的或相近的工业化结果。替代性的意义不仅在于资源条件上的可选择性和时间上的节约，更重要的在于使后起国家能够也必须根据自身的实际，选择有别于先进国家的不同发展道路和不同发展模式。

第二个层次的含义是指后起国家引进先进国家的技术、设备和资金。引进技术是正在进入工业化国家获得高速发展的首要保障因素。后起国家引进先进国家的技术和设备可以节约科研费用和时间，快速培养本国人才，在一个较高的起点上推进工业化进程；资金的引进也可解决后起国家工业化中资本严重短缺的问题。

第三个层次的含义是指学习和借鉴先进国家的成功经验，吸取其失败的教训。在这方面，后发优势主要表现为后起国家在形成乃至设计工业化模式上的可选择性、多样性和创造性。后起国家可以借鉴先进国家的经验教训，避免或少走弯路，采取优化的赶超战略，从而有可能缩短初级工业化时间，较快进入较高的工业化阶段。

第四个层次的含义是指相对落后会造成社会的紧张状态。格申克龙指出，在一个相对落后的国家，会产生经济发展的承诺和停滞的现实之间的紧张状态，激起国民要求工业化的强烈愿望，以致形成一种社会压力。这种压力迫使落后国家普遍提出要迅速实现工业化的要求。

2）后发优势理论的发展

美国社会学家列维从现代化的角度将后发优势理论具体化。列维认为后发优势有五点内容：①后起国家对现代化的认识要比先发国在自己开始现代化时对现代化认识丰富得多；②后起国家可大量采用和借鉴先发国家成熟的计划、技术、设备及与其相适应的组织结构；③后起国家可以跳越先发国家的一些必经发展阶段，特别是在技术方面；④由于先发国家的水平已达到较高阶段，可使后起国家对自己现代化前景有所预测；⑤先发国家可以在资本和技术上对后起国家提供帮助。列维尤其提到资本积累问题。认为先发式现代化过程是一个逐步进化的过程，因而对资本的需求也是逐步增强的。后发式现代化因在很短的时间内迅速启动现代化，对资本的需求就会突然大量增加，因此，后起国需要特殊的资本积累形式。实行这种资本积累，也必然要有政府的介入。

继列维之后，1989年阿伯拉莫维茨又提出了"追赶假说"，即不论是以劳动生产率还是以单位资本收入衡量，一国经济发展的初始水平与其经济增长速度都是呈反向关系的。他认为正是因为存在技术落后但社会进步的特殊状态，才使一个国家具有经济高速增长的强大潜力。1993年，伯利兹、保罗·克鲁格曼等在总结发展中国家成功发展经验的基础上提出了基于后发优势的技术发展的"蛙跳模型"。它是指在技术发展到一定程度、本国已有一定的技术创新能力的前提下，后进国可以直接选择和采用某些处于技术生命周期成熟前阶段的技术，以高新技术为起点，在某些领域、某些产业实施技术赶超。1995年，罗伯特·巴罗和萨拉易马丁假定一国进行技术模仿的成本是该国过去已经模仿的技术种类占现有技术总数量比例的增函数，也就是说，一国过去模仿的技术越多，其继续实行技术模仿的相对成本就越高。1996年，范艾肯在开放经济条件下建立了技术转移模仿和创新的一般均衡模型，他强调的是经济欠发达国家可以通过技术的模仿、引进或创新，最终实现技术和经济水平的赶超，转向技术的自我创新阶段。

总之，格申克龙的后发优势理论，首次从理论高度展示了后起国家工业化存在着相对于先进国家而言取得更高时效的可能性，同时也强调了后起国家在工业化进程方面赶上乃至超过先发国家的可能性。列维则强调了现代化进程中，后起国家在认识、技术借鉴、预测等方面所具有的后发优势。阿伯拉莫维茨提出的"追赶假说"，伯利兹、克鲁格曼等提出的"蛙跳模型"，都指出后发国家具有技术性后发优势，并讨论了后发优势"潜在"与"现实"的问题。巴罗和萨拉易马丁及范艾肯等人又从计量经济学的角度，验证了经济欠发达国家可以通过技术的模仿、引进或创新，最终实现技术和经济水平的赶超。后发优势理论的提出和发展研究，为后发地区的加速发展提供了理论依据和现实途径。

"后发优势"理论则说明广大发展中国家在现有基础上实施信息化战略以实现后来居上的科学性和可行性，这对我国的信息化建设与应用实践起到了良好的引导和激励作用。当前，经济全球化为我国信息化提供了外部条件，我国已具备了一定的经济和技术基础，信息化建设与应用已取得了相当成效，信息化具有巨大的市场需求和强有力的推动力量。我们适应历史发展潮流，提出并实施有中国特色的信息化战略具有重大的历史意义。正是在这样的认识基础上，我国提出了国家信息化发展战略，开始了信息化建设。

2.2.2 信息化战略规划的基本原则

信息化战略规划不但是一个管理概念，也是对信息化理论、方法、工具全面实践的工作。因此，信息化战略规划工作不仅仅是一个学术问题，还是一个实践性非常强的工作，这就要求信息化战略规划具有可操作性，并要产生出可衡量的效益。信息化战略规划应坚持以下原则。

1. 目标性原则

目标性原则是进行信息化战略规划应遵循的重要原则，科学合理的战略目标是信息化建设的行动方向和指南。战略目标是在当前信息化建设现状基础上，结合经济、技术发展等外部环境，预测未来发展趋势而最终确立下来的。一般情况下，规划中有总体目标和分类目标的区别，其中各分类目标是总体目标的具体体现和要求。此外，规划中所提出的战略重点、战略任务和保障措施等都必须以战略目标为中心，共同支撑总体目标的实现。

2. 可持续发展原则

信息革命方兴未艾，信息化建设必将是一项事关全局、长远而艰巨的任务，因而信息化战略规划要立足长远未来，在信息化战略目标的制定、信息基础设施的建设、信息技术和信息系统的运用、信息人才的培养等各个方面都要具备可持续性，保持前后阶段规划之间的相互衔接，以指导信息化持续有序的发展。

3. 可拓展性原则

在由工业社会向信息社会转型的过程中，社会结构正在发生巨大的变化，企业的组织结构、运营方式、管理模式等不断更新。许多不确定性因素的存在，尤其是信息技术的日新月异使得信息化建设不断面临新形势新环境的挑战，这要求信息化战略规划必须具备可拓展性，灵活开放，能顺应时势的变化进行不断的拓展和调整。

4. 战略匹配原则

所谓战略匹配，具体而言是指在进行信息化战略规划时，要注意与其他各层次的战略相适应相配合，避免出现规划之间出现矛盾冲突，特别是要与总体战略规划相匹配。一般情况下，总体发展战略规划较信息化规划早，在制定信息化战略规划时要以总体发展战略为基础，并参照其他战略规划，实现各战略相互匹配和融合，共同服务于总体发展战略。

5. 因地制宜、突出特色原则

信息化发展存在着普遍的不平衡现象。同部分发达国家相比，我国面临着工业化和信息化水平低下的两重压力；而在国内，广袤地域上存在着严重的经济社会发展不平衡，各企业天生存在性质和规模上的差别，信息化建设环境和发展水平必然各不相同。这就需要信息化战略规划要实事求是，结合各地和各企业的信息化环境和水平现状，因地制宜，突出特色。

6. 需效互动、强调应用原则

经历了信息技术推动发展阶段，信息化已进入了需求引导发展阶段，信息产业在更多领域已成为了需求驱动。在进行信息化战略规划时，要立足于各地区、各行业的分层次信息化需求，站在科学发展观的高度，整体统筹设计满足信息化需求的效益最大化方案。除了需求引导外，还要综合考虑效益，做到需效互动，也就是说只有那些有足够的需求量和有正产出效益的需求才是信息化带动经济发展的发展领域。此外，在进行战略规划时要依赖市场，立足于市场运作开展信息化建设，强调规划的应用性和实施的有效性。

7. 重点突破原则

信息化是一项复杂的系统工程，在进行战略规划时，不可能面面俱到，而要识别关键推动因素和制约瓶颈，进行重点突破。要抓好一批重点工作，实施一系列重大工程，通过重点突破，树立成功典范，并通过示范效应带动信息化的快速发展。如农业信息化要重点加强基础信息平台建设，区域信息化建设宜以城市信息化为突破口等。

8. 有效性实施原则

信息化建设是要在现状调查和描述的基础上分析存在的问题和提出信息化需求，找出主要矛盾并确定信息化的实施重点。为有效推进信息化建设，要对各建设项目的实施难度、重要程度等进行评估，并采用科学的分析方法，做好分步实施的规划。如对快速见效的项目优先安排，对易于执行和必须拥有的项目逐步实施，对高投入、低收效的项目要谨慎对待。

9. 全民参与原则

信息革命和信息化不仅关乎国家的发展，而且对于每一个政府部门、企事业单位、组织机构都各有其特殊的意义。对信息化的关注不仅仅是政府领导部门和相关学者或专家的事，也不仅仅是信息化工作者的事，而是涉及全民的大事。信息化战略规划的实现，信息化事业的顺利进行，离不开全民参与和支持。促进全民参与，提高全民信息素质，是我国信息化事业能否取得成功的关键所在。

10. 循序渐进原则

信息化肩负着我国实现经济社会跨越发展的历史重任，虽然能够实现了跨越式发展，但这种繁荣景象的背后也存在着许多隐患。须知信息化是一个社会经济变革的过程，符合事务发展的一般规律，不可急功近利，而要循序渐进地开展。在进行信息化战略规划时，既要密切关注信息技术发展，总结信息化发展规律，在进行战略规划时要高瞻远瞩、适度超前，以调动各方积极性；同时更要立足于信息化建设的实际水平，在拟定目标和措施时要有阶段性和层次性，循序渐进地推动信息化发展。

2.3 信息化战略规划的程序与方法

2.3.1 信息化战略规划的程序

战略规划并非是事先规定好的一套一劳永逸的程序、步骤、结构和方法，而是不断思考，逐步完善和发展的动态过程。信息化战略规划主要包括以下几个步骤。

1. 信息化战略规划前的准备

信息化战略规划的过程是一个复杂的系统工程，需要相关资源（人力、物力、财力、时间等）的支撑，需要组织内从上到下的共识与努力，共同面对一系列无法预测的变革。该阶段的主要工作包括：成立规划小组；设计规划程序和识别战略问题；明确规划过程中相关人员的职责；明确完成规划所需的主要信息、技术、组织机构等资源。为了确保规划工作的顺利进行，需要形成一个关于规划的工作计划。

2. 信息化建设与应用现状评估

掌握信息化在社会组织、行业领域、国家乃至全球发展与应用的形势与现状是进行信息化战略规划的基础。制定信息化战略规划需要对组织的当前的信息化建设状况进行广泛深入的调研和分析。一方面要对组织内部的信息化条件进行分析，主要是收集全面的信息化基础资料，搞清楚组织现有的软硬件、应用系统等现状，调查业务应用对信息系统的要求，综合分析各业务模块应用信息化技术的实际情况；在辅之以业务流程标准化或业务流程重组分析的前提下，确定组织信息化的应用领域或部门，形成信息化建设的初步方案。另一方面，要对组织外部信息化的条件进行分析，一要了解信息技术的发展现状，评析各种广泛应用的信息技术和信息系统的功能和作用，把握组织信息化总体发展趋势；二要研究内国外先进的信息化建设安全，学习和汲取信息化建设方面各种经验和教训，掌握信息化建设的一般规律，为本组织信息化实践奠定基础。通过定义组织内外部环境的关系，明确以信息化应对外部变化与挑战的方法，以便制订和选择相应的解决问题的策略与方案。该阶段的任务是完成用于决策制定的组织信息化现状调研分析报告，包括信息化建设的优势、劣势、存在问题、发展特色等。具体而言，对进行信息化形势与现状考察主要包括以下几个方面。

（1）信息化发展环境建设。包括党和政府及各社会组织的最高领导层对信息化建设与发展的重视和支持情况，报刊杂志、电视电台、电子网络等媒体对信息化的宣传情况，社会各界和人民群众对信息化的认识程度；信息化建设与发展的人力物力投入情况；信息安全保障体系、信息化人才培养状况，各类信息化示范工程、信息化建设的前期工作落实情况，现有的建设水平和取得的成效，社会各界和组织内部成员支持、参与信息化建设与发展的氛围，信息化发展的经济和社会整体环境等。

（2）信息化基础设施建设。包括宽带网络覆盖率，固定电话、移动电话、有线电视及互联网用户的数量等。对企业等社会组织而言，信息化基础设施主要指组织内部信息化软硬件建设，包括计算机、网络的建设和使用，各类信息管理系统的应用，信息资源的开发和利用等。

（3）信息产业发展。主要指国家及地区的电子信息产业规模及总体发展趋势，包括信息产品制造业、软件产业、信息服务业、电子信息业等产业的发展。如软件产业基地建设，网络平台软件、IC 设计、嵌入式软件、数字媒体软件和行业应用软件等领域发展情况；从事信息产业的企业规模、数量、结构及产品销售等。

（4）信息技术应用水平。从宏观角度讲，主要指信息技术与国民经济发展的融合度，电子政务与电子商务发展势头，门户网站发展情况等。具体包括信息化对能源、银行、交通、农业等基础产业的生产服务水平和管理效能的提升，以及在医疗卫生、教育和社会保障等各方面的应用。微观层面则包括各类信息管理系统如企业资源计划（ERP）、生产集散控制系统（DCS）、客户关系管理（CRM）、市场快速反应系统（QR）、计算机辅助设计（CAD）、计算机编制工艺（CAPP）、计算机辅助制造（CAM）等技术和信息系统在企业或其他社会组织中的普及和应用水平等。

3. 明确指导思想、基本原则和发展目标

在进行信息化战略规划时一般以邓小平理论和"三个代表"重要思想为指导，并贯彻落实科学发展观和构建社会主义和谐社会，坚持以人为本，惠及全民，坚持以信息化与工业化融合发展等国家基本战略思想。中共中央、国务院于 2006 年 3 月颁布的《2006—2020 年国家信息化发展战略》也成为社会各界进行信息化建设的重要指导。在此基础上，各地区、行业、部门及社会组织应依据具体的现状与需求进一步完善形成详细的指导思想。

战略原则也可称为战略方针。由于信息化工程任务繁重，牵涉到基础设施建设、信息资源开发利用、技术创新、安全保障、信息人才等各个方面，加上我国信息化发展不平衡，整体水平不高等现状。因此，在进行信息化战略规划时，应在信息化战略规划基本原则的指导下，结合地区、行业或社会组织信息化的特点，以及现有信息化建设与应用水平，制定出切合实际的发展的具体原则。

目标是规划的核心，正确地选定目标与正确地描述目标是确保规划质量的关键。一般的规划目标必不可少的内容是促进经济发展与促进和谐社会的建立；以信息化来提升地区国民经济的发展质量，促进经济增长方式的转变。应当更多地从知识经济的角度上来认识信息化，要将知识化作为信息化的核心，将信息技术作为推动知识化的有力工具来使用。信息化目标的描述应当使用广大用户都能理解的语言，要尽量贴近用户，要让用户能够更好地感觉到它的存在才能有号召力。在信息化规划目标的制定中，经常要列出一些便于检查的指标写在规划中，这样可提升规划目标的可憧憬性，便于进度管理，也便于检查绩效。此外，信息化的社会效益是信息化建设的重要目标，不过现在还没有非常简单方便的测量指标，这也大大影响了信息化建设的效率。应当努力设计一些统计调查的办法，调查社会成员对信息化建设的满意率、使用率、普及率、认知率等，以便对信息化的效果有一个更清楚的认识，进而提升实现社会效益的效率。

4. 确定战略任务、战略重点和战略措施

综合考查信息化建设现状与发展形势，需要进一步将目标分解为若干项任务，这样有利于对目标的理解，也方便管理。例如，在电子政务的规划过程中，人们经常将政府电子服务分解成为公众（G2C）、为企业（G2B）、政府对政府（G2G）等三个方面，对目标的这种分解有利于更全面地认识与理解目标的全部含义，这种分解是以特定的用户群分类的，分解过后的任务由于用户群的单一将比原有目标更便于执行。一般而言，战略任务的拟定要与前面所做现状调查工作结合起来。一方面要就当前存在的不足制定针对性的发展任务，如某组织在信息资源开发和信息技术的运用方面存在缺陷，便可在规划中将此列为主要任务重点解决；另一方面，还要综合组织的总体战略目标和对今后信息化发展趋势的准备预测来设定发展任务。

科学遴选出战略重点。由于资源的有限性，规划必须要对信息化建设项目进行取舍，要从整体效益、易于扩展等多方面因素选择最重要、最有价值的项目作为战略重点。从取得效益的角度来考虑，一个项目配套的完整性是取得效益的关键，要集中力量逐项完成，不要同时启动过多项目，分散了资源与精力。常用的项目筛选法有业务系统规划法和关键成功因素法。业务系统规划法经常用来选出对组织目标影响最大的业务，通常是采用建立业务过程/组织机构矩阵的办法增加观察业务过程与组织机构关系的视角，提升问题的直观性，协助人们对重要工作的认识能力。关键成功因素法则是采用抓主要矛盾的方法，找到最影响效果的工作作为重点。利用这些方法会使项目选择更有系统性，也有利于提升项目选择的质量。

对策与措施是推动信息化建设的战略手段，它反映了政府、部门或社会组织对待经济与社会发展的整体价值观，也反映了对信息化发展的价值观。在制定政策时要依照国家发展的基本政策，如坚持科学的发展观、以人为本建设和谐社会、转变经济增长方式等。同时对于各地区、各组织的信息化规划应针对本地区特殊的环境和国家的总方针提出一些新政策，要搞好具体领域或组织内部的信息化，创新必不可少，对策与措施创新应成为规划的一个亮点。

5. 形成信息化战略规划方案

制订信息化战略规划的最后一个步骤是形成信息化战略规划方案，或称信息化战略规划报告。信息化战略规划报告主要包括以下内容。

（1）信息化背景。描述国家、地区、行业或社会组织面临的挑战和机遇，介绍信息技术在本范围的应用情况，指明信息化建设的紧迫性和重要性。

（2）信息化现状。描述目前的信息化现状和应用水平。

（3）信息化差距。描述信息化现状与信息化需求之间的差距，明确存在的问题和需要改进的地方。

（4）信息化指导思想。阐述信息技术对业务的促进作用，明确信息技术与业务之间的关系，指明领导对信息技术和信息化建设的基本态度和指导思想。

（5）信息化建设的基本原则。阐述信息化建设全过程中必须坚持的基本原则。

（6）信息化行动计划。描述信息化的战略目标、战略任务、战略重点、战略步骤和战略措施。

2.3.2 信息化战略规划的方法

从 20 世纪 60 年代开始，信息技术中的应用日渐广泛和深入，信息化战略规划受到高度重视，国内外的专家学者引进行了有益的探索，提出了许多著名的规划方法。具有典型代表意义的规划方法有：业务系统规划法（Business Systems Planning，BSP）、战略集合转移法（Strategy Set Transformation，SST）、关键成功因素法（Critical Success Factors，CSF）、企业信息特征法（Business Information Characterization Study，BICS）、信息分析与集成技术（Business Information Analysis & Integration Technique，BIAIT）、信息工程法（Information Engineering，IE）、假设前提法（Assumption Surfacing，AS）、战略栅格法（Strategic Grid，SG）、扩展的应用系统组合模型（Extended Application Portfolio Model，EAPM）、价值链分析法（Value Chain Analysis，VCA）、战略系统规划法（Strategic Systems Planning，SSP）等。下面介绍几种主要的信息化战略规划方法。

1. 业务系统规划法

20 世纪 60 年代中期，IBM 公司为了总结、吸收本公司及其他公司开发信息系统失败的教训，认为有必要根据某些经过实践的原则和理论建立起规范的方法以指导信息系统的开发。1966 年，在 IBM 数据处理总部内成立了一个负责该信息系统控制和计划的部门，对信息系统开发方法进行研究和探索，BSP 方法就是他们研究的成果。70 年代以后，该方法趋于稳定，并作为商品出售，受到了客户的欢迎。这种信息系统开发方法，是最早也是影响最广的一种总体规划方法。它能帮助社会组织形成信息系统规划和控制机制，改善社会组织对信息需求和数据处理资源的使用，从而成为社会组织信息系统总体规划的有效方法之一。

业务系统规划法是一种结构化的方法论。其基本出发点是：信息系统必须支持社会组织的目标；信息系统的战略应当表达出社会组织中各个管理层次的需求；信息系统应该向整个组织提供一致性的信息；信息系统应当在组织机构和管理体制改变时保持工作能力；信息系统的战略规划应由总体信息系统中的子系统开始实现；采取"自上而下"的系统规划和"自下而上"的系统实施。

业务系统规划法实现的主要步骤可以概括如下。

1）准备工作

社会组织的高层领导亲自参与；社会组织各主要业务部门的负责人能正确解释他们所在部门得到的资料；由经验丰富的系统分析师全面负责；在整个工作中，各业务部门的具体管理人员要积极配合，共同制订研究计划，使各成员明确"做什么"、"为什么做"、"如何做"，以及希望达到的目标是什么。

2）目标与现状分析

全体研究成员共同参与介绍社会组织详情，主要包括三个方面。首先，由社会组织的最高领导层介绍规划目标、期望的成果及远景，以及与社会组织活动和目标的关系；其次，由系统分析员介绍所收集的有关资料，并对有关问题提出专业的评价和看法；再次，由各主要业务的负责人介绍本部门数据处理的历史和现状、主要活动、目前存在的问题，以及与相关部门的数据联系。通过全体动员与沟通，加深对社会组织及其数据处理业务的全面理解。

3）定义活动过程

定义活动过程是业务系统规划法的核心，各参与成员对此要有透彻的了解，如此该方法才可能成功。活动过程被定义为逻辑上相关的一组决策和过程的集合，这些决策和过程是管理社会组织资源所需要的。整个社会组织的管理活动是由许多活动过程所组成的，识别这些过程有利于社会组织完成改造升级。进一步讲，业务流程重组是在业务过程定义的基础上，找出哪些过程是有效的、哪些需要在技术支持下优化处理、哪些不适合计算机信息处理的特点等。为此不仅要对已有材料进行分析研究，更依赖于有经验的管理人员的讨论研究。总之，识别活动过程是业务系统规划法成功的关键，应予以高度重视。

4）定义数据类

识别了活动过程，接下来就要对由这些过程所产生、控制和使用的数据进行识别和分类。所谓数据类是指支持社会组织所必要的逻辑上相关的数据。以社会组织资料为基础，通过其数据的类型去识别出数据类，目标在于对社会组织信息需求的了解，进一步研究数据类和活动过程之间的内在联系。

为了识别和这些社会组织资源有关的数据类，可以通过资源／数据类矩阵进行分析。行表示主要的数据类型，列表示资源，分析每一种资源，相对每一个数据类型填上相应的数据。而为了建立数据类和企业过程两者之间的内在联系，可采用过程／数据类矩阵工具。其中行表示数据类，列表示过程，并以字母 C 和 U 表示过程对数据类的产生和使用。即每一个过程的输入和输出数据各是什么，因而就构成了一系列的输入——处理——输出图。

5）分析当前业务与系统的关系

对活动过程和实现它们所需的数据类有清晰的了解后，还必须了解当前数据处理工作是如何支持社会组织的。可以画出系统过程矩阵，用以表示某系统支持某过程，并采用同样的方法找出系统和数据类的关系。通过对机构职责和相对于每一过程的信息需求的深入分析，使研究人员能够对问题有进一步的理解，建立问题和过程间的关系，识别出对应过程的信息需求，并把它们包括在前面定义的数据类中。

6）定义信息结构

最后要研究如何组织管理各类数据，即将已识别的数据类，按逻辑关系组织成数据库，

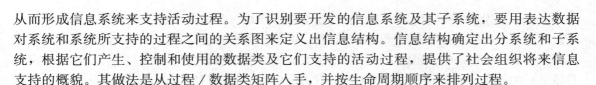

从而形成信息系统来支持活动过程。为了识别要开发的信息系统及其子系统，要用表达数据对系统和系统所支持的过程之间的关系图来定义出信息结构。信息结构确定出分系统和子系统，根据它们产生、控制和使用的数据类及它们支持的活动过程，提供了社会组织将来信息支持的概貌。其做法是从过程／数据类矩阵入手，并按生命周期顺序来排列过程。

2. 关键成功因素法

关键成功因素是指那些对国家、地区、行业或社会组织能否成功地实现其目标起决定作用的因素。只有这些因素得到适当的关注，才能保证业务运作有目标、健康地进行，否则资源的投入和业务运作往往事倍功半。关键成功因素法是基于 D. Ronald Daniel 在 1961 年提出的"成功因素"的概念上提出的，其最早的应用是在 1970 年。哈佛大学 Williamzani 在 MIS 模型中用了关键成功变量，这些变量是确定 MIS 成功的因素。20 世纪 80 年代初。麻省理工学院的教授 John Rockart 把关键成功因素法用于 MIS 的战略。

关键成功因素法是一种以关键因素为依据来确定系统信息需求的一种信息化战略规划方法。使用这种方法可确定为达到目标所采取的行为及其管理者对信息和应用的主要需求，同时也可以评价现存系统的优势和缺陷。关键成功因素是一个由目标、关键成功因素和关键性能指标组成的复合概念体系，随着行业、部门的不同而不同。关键成功因素法的意义在于为高层管理者成功履行自己的管理职责、实现相应目标提供了一个清晰的思路和有效的方法，即管理者可以根据目标确定关键成功因素，制定描述相应关键成功因素的关键性能指标，紧紧围绕关键成功因素开展工作并凭借关键性能指标评价管理工作成效。从而，形成一个以组织目标为设定值，以调控行为的成效为检测结果的，包括目标、管理者和信息系统在内的反馈控制系统。这样一来，管理者就可以借助信息系统观测关键性能指标而得知关键因素的状态，再通过对关键因素状态的调控保证子目标的实现，进而促成总目标的实现。

关键成功因素法的具体实施步骤如下。

1）目标的确定和分解

每个国家、地区、行业或社会组织都有自己的目标。目标应依据其内外的客观环境条件制定，可通过召开由中高层管理者和技术负责人参加的联席会议来确定目标，然后视需要将按下属部门和业务单位分解为若干个合适的下级子目标。

2）确定关键成功因素

能否正确地确定关键成功因素是关键成功因素法成功与否的关键。在实际应用中，首先根据已经确定并合适分解了的组织目标，列举与目标实现有关的所有因素；然后讨论这些因素与目标之间的关系以便明确诸因素地位的主次、作用的大小及相互关系，进而决定哪些因素应该合并，哪些应该忽略，经过筛选而保留那些确有关键作用的因素，并制定相应的评价指标。

3）确定关键性能指标

关键性能指标的确定应在关键成功因素确定之后进行。既然关键性能指标是用于描述和度量关键成功因素的，那就要求它在操作上是可控的，对关键成功因素的度量结果是可信的。

关键性能指标可以用来确定信息系统的需求，当这些需求建立起来以后，可以通过分析现有的信息系统以确定提供所需信息的报表是否已经存在或是否能够由现有的数据库生成。否则管理者就可以明确这一新的信息需求，并通过用户开发的系统或整体系统开发计划来满足。

关键成功因素法一旦使用不当，它可能会造成挫败，甚至还可能会阻碍管理者战略的制定。产生这些问题的最普遍的原因是没有将"关键"和"重要"区分开来。除此之外，关键成功因素分析工作最好在团体工作的环境下完成，而不是单独与许多个人进行交流然后再汇总结果。关键成功因素分析过程必须在进行前就要有一致的目标方向，而不是在分析的过程中再进行一致化，因为在后面的综合化工作中是很难实现这种一致性的。同样，关键成功因素分析应该关注于管理的业务议程而不是个人的私人议程，并避免不明确的地方始终不被解决。

与业务系统规划法相比，关键成功因素法的有利之处是它要分析的数据比业务系统规划法少，只需要将注意力集中于少量的关键成功因素，而不是范围较大的问题；这种方法可以用于每一个行业结构中，只不过是不同的竞争战略导致产生不同的信息系统，所以按这种方法开发出来的信息系统与社会组织的实际情况更加吻合。该方法的不足之处首先在于分析和处理过程类似于艺术创作，没有一个特定的严格规则用于决定怎样把个人的关键成功因素集中上升为一个组织的关键成功因素；此外，这种方法明显倾向于高层管理者的意见，因为他们往往是唯一被访问到的人；最后，需要明确的是这种方法不一定能够应付环境变化的冲击，或者管理者的变动。由于环境和管理者变化相当快，信息系统必须相应地进行调整，用关键成功因素法进行信息化战略规划无法缓和这个矛盾。

3. 战略栅格法

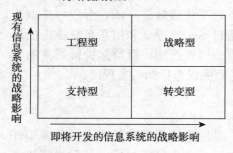

图 2-1　战略栅格图

战略栅格法也是麦克法兰德等学者于 20 世纪 80 年代初提出的一种 IT 规划方法。该方法是一种了解社会组织中信息系统作用的诊断工具，它利用战略栅格图（如图 2-1 所示），依据现有信息系统的战略影响和即将开发的信息系统的战略影响，确定出四种不同的信息系统战略规划条件，即战略、转变、工程、支持。栅格表中每一方格确定了社会组织中信息活动的位置，通过对现有信息系统和即将开发的信息系统可能产生的影响分析，可达到诊断当前状态和调整战略方向的作用，从而确定对未来信息系统投资的数量和范围。

1）战略型

处于战略栅格中战略型位置的社会组织可以主要依靠信息技术稳定的功能在竞争中获得成功。现有的应用程序和待开发的应用程序都与经营计划紧密相连；信息技术与组织的规划紧密相连。

处于战略型位置的社会组织，如一个金融服务公司，主要利用信息系统来管理贷款业务，这包括贷款申请的筛选、付款处理和账目管理等。若没有信息系统，该公司将完全陷于纸张工作的海洋之中；若没有重要的信息技术基础和管理能力，就不可能开发出规划中的金融服务并将其提供给潜在的客户。

2）转变型

处于战略栅格中转变型位置的社会组织由于待开发的应用程序的影响，它们完成战略性经营计划的能力是十分重要的，所以它们需要具体的信息系统规划工作。虽然过去的信息系统规划还未和经营计划紧密相连，但信息系统的未来应用却是"战略性"的。

以一个四年制综合性大学为例。过去的信息系统只用于完成会计功能和对学生信息的管理，包括登记注册、成绩报告、生成副本和管理学生学杂费等。这些财务和学生信息系统对于大学的日常运作是十分重要的，但是这些与学校的招生能力、满足新市场需求、建立新的学习进度等没有必然的联系。信息化对于学校完成其战略计划的能力并不是十分重要的。但是，这种情况正在改变。现在这所大学正在设计远程教学课堂，使得由交互式视频会议系统通过电子通信网络就能为外地学生传递课程和计划，信息系统正被用来招收新生和满足新的市场需求。例如，通过远程教学网络，该大学将能够依据本地区的其他一些四年制大学的学习进度来确定教学计划。这些计划在过去恐怕是不可能的。一个护理专业大学生的教学计划将被电子技术传输到在外地的远程教学课堂，使得身处其他地方的护理专业的学生不必驱车几百里就能得到他们所需要的培训。毫无疑问，远程教学与大学实现战略目标的能力紧密相连。从使用技术支持行政性信息系统到利用技术实现战略目标的转变，将大学置于转变型之中。

3）工程型

处于战略栅格中工程型位置的社会组织的状况是：已有信息系统的应用具有战略影响而未来的应用对实现战略经营计划的能力并非是十分重要的，也就是说战略系统已经建成了。

处于工程型位置的社会组织，例如，一家地区性商业银行已经开发了存款账、储蓄账、抵押账和信用账所需的大型主干系统。既然这些信息系统运行良好，银行现在就没有必要制订会影响现有技术使用的其他应用开发计划。虽然管理者们曾经考虑过要组建一个国内银行业务网络，但是绝大多数的银行可行性研究基于投资回收可能性考虑，所以并不想耗资证明这种方式是合算的。

4）支持型

对于处在战略栅格中支持型位置的社会组织来说，无论是过去还是将来，信息技术的使用与竞争成功没有什么联系。例如，该网格中的软饮料分销商，虽然分销商利用信息系统支持后台行政性功能，如库存控制、应收账款、应付账款管理等，但他们并未把信息技术看做是战略性的。与额外使用信息技术的投资相比，在市场营销、广告、促销方面的投资与实现销售目标能力的关系更为紧密。

对于"战略型"和"转变型"的社会组织，由于信息系统将会取得或者维持很强的对组织的战略影响，因此不仅需要在计划中投入可观的资源，而且需要广泛的高层经理的参与，从而使整体的战略目标能和将来的信息系统应用组合结合在一起。对于"战略型"社会组织，其信息系统管理人员在组织中拥有一个较高的地位并积极参与公司战略规划过程这一点是极具深远意义的。例如，如果在大学中建立一个远程教学网络，对于实现学校的目标是至关重要的，那么信息技术经理就应当参与到战略规划过程中去。若没有来自于信息技术经理的信息输入，大学所设想的那些技术能力在没有培训、没有专业人员、没有重要财务资源的情况下就不能得以成功实现。网络还会涉及其他一些费用的支出，如对利用远程教学网络进行教学的人员的培训费用；为远程教学安排学习进度以保持与网上其他院校同步进行的额外的行政管理人员的费用支出。"工程型"社会组织的日常运作非常依赖于现存的信息系统。这样，为了不使日常的运作混乱，细致的计划（尤其是有关能力和运作的计划）是需要的，但是高层管理的参与是不必要的。由于信息系统既不需要用来使生产平稳，也不会对企业的战略有很大的影响，因此"支持型"社会组织只需要很少的资源来支持它们的信息技术应用计划。

可见，处于"战略型"位置的社会组织和处于"支持型"位置的社会组织在管理战略方面有很大的区别。处于"支持型"位置的社会组织按照节约费用和有效管理的标准来调整系统的设计规划；而处于"战略型"位置的社会组织却寻求那些近期虽不能调用，但一旦实行却可以带来长期竞争优势的项目。

Ward 在 1990 提出一种采用战略栅格直接进行信息系统规划的方法，他将每个网格都赋予若干标准战略，如图 2-2 所示。通过这种方法，战略栅格成为一种信息系统规划的工具。很重要的是，根据它们在战略栅格中的位置，这些标准战略为分配给项目的资源投资量提供了建议，并且为这些应用该如何实施或控制建议了方法。

工程型 防御性创新 有效利用资源	战略型 持续性创新 高增值
支持型 清算性创新 削减成本	转变型 过程性创新 成本控制

图 2-2　战略栅格的标准战略

Ward 提出了"战略型"社会组织信息技术应用的持续性创新、"工程型"社会组织信息技术应用的防御性创新、"转变型"社会组织信息技术应用过程性创新及"支持型"社会组织信息技术应用的清算性创新等观点。为了通过信息技术应用而获得竞争性优势，连续的投资是需要的，否则任何竞争性优势都会很快消失。"工程型"社会组织的信息技术应用不需要同样地强调连续投资，跟上一般的发展趋势就已经足够了。因此，只有当竞争者也改进了系统时，才需要投资。而对于"转变型"社会组织的信息技术应用应该着重于过程创新，由于技术尚未成熟，信息技术应该首先应用于过程创新而不是产品创新。显然，既不对日常运作有重要作用，又不对获得竞争优势有用的 IT 应用就不应该得到任何新的投资。

关于管理控制，Ward 认为："战略型"社会组织信息技术应用应保证其高增值性；"工程型"社会组织信息技术应用应保证有效的资源利用；"转变型"社会组织信息技术应用应进行成本控制；"支持型"社会组织信息技术应用应使其成本减少。

4. 战略集合转移法

信息化战略规划的一个最重要的任务是确定信息系统的战略和目标，使它们与组织总的战略和目标保持一致。在这些战略和目标指导下开发的信息系统，能支持组织长期战略的需要。1978 年，William King 提出了战略集合转移法，该方法是把组织的总战略看成一个"信息集合"，包括使命、目标、战略及其他战略变量（如管理的复杂性、对计算机应用的经验、改革的习惯及重要的环境约束等），信息化战略规划就是要把组织的这种战略集合转化为信息系统的战略集合，该战略集合由系统目标、环境约束和战略计划组成。图 2-3 给出了实现战略集合转移法的基本思想。

1）识别组织的战略集

组织的战略集应是在该组织的战略及长期计划的基础上进一步归纳形成的。但在很多情况下，组织的目标和战略不是由书面给出的，或者它们所采取的形式对信息化战略规划用处不大。为此，信息化战略规划者就需要一个明确的战略集元素的确定过程。组织的战略集合的构造过程可按如下步骤

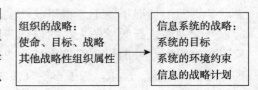

图 2-3　战略集合转移法的基本思想

进行。

（1）刻画出组织的关联集团。"关联集团"是与该组织有利害关系者，如"顾客"、"持股票人"、"雇员"、"管理者"、"供应商"等。

（2）确定关联集团的要求。组织的使命、目标和战略就是要反映每个关联集团的要求，为此要对每个关联集团要求的特性作定性描述，并且还要对他们这些要求被满足程度的直接和间接度量给予说明。

（3）定义组织相对于每个关联集团的任务和战略。在每个关联集团要求的特性被确定以后，相对于这些关联集团组织的任务和战略就要确定下来。

（4）解释和验证组织的战略集。识别组织的战略后，应立即交给组织负责人审阅，收集反馈信息，经修改后进行下一工作。

2）将组织的战略集转化成信息系统的战略集

将组织战略集转化成信息系统的战略集的过程应该是一一对应的，包括目标、约束和设计原则，最后得到一个完整的信息系统的结构。图 2-4 所示的是某企业运用战略集合转移法进行信息系统战略规划的过程。

在使用 S 战略集合转移法确定信息系统的战略和目标时，把两个战略集之间的关系完全表示出来是非常困难的。图 2-4 所示只是表明两个战略集的关系，指出它们由关联集团推导出来的过程。例如，信息系统目标中的提供新业务机会的信息（MO3）是由组织的拓展新业务（S1）的战略导出的，这一战略又是组织目标中的年增收入 10%（01）和消除生产中隐患（O6）所要求的，其中，年增收入 10%（O1）是关联集团股票股东、债权人和管理者要求的反映，消除生产中隐患（O6）是关联集团股票股东和债权人要求的反映。又如，信息系统设计战略中的使用模块设计方法（D1）是由 MIS 约束中的缩减信息系统开发资金的可能性（C1）导出，缩减信息系统开发资金的可能性（C1）与组织属性中的当前经营状况不好，提高对改革的要求（A2）有关，而这一组织属性又是关联集团股票股东和管理者的要求。

信息化战略规划并不是一经制定就再也不发生变化。事实上，各种内外部环境因素的变化都可能随时影响整个规划的适应性。因此，信息化战略规划需要不断修改以适应变化的需要。

关联集团	公众 P	顾客 Cu	股东 S	政府 G	债权人 Cr	雇员 E	管理者 M

	组织目标	组织战略	组织属性
组织战略	O1 年增收入 10%（S，Cr，M） O2 改善现金流（G，S，Cr） O3 保持顾客的满意度（Cu） O4 对社会的义务（G，P） O5 高质量产品生产（G，Cu） O6 消除生产中隐患（S，Cr）	S1 拓展新业务（O1，O6） S2 改进信贷（O1，O2，O3） S3 重新设计产品（O3，O4，O5）	A1 管理水平高（M） A2 当前经营状况不好，提高对改革的要求（S，M） A3 管理者使用计算机经验（M） A4 管理权力的高度分散 A5 组织对政府协调机构的责任

信息系统目标	信息系统约束	信息系统战略
MO1 改善会记速度（S2） MO2 产品缺陷信息（S3） MO3 提供新业务机会信息（S1） MO4 提供组织目标实现水平的估计信息（O2） MO5 提供当前运行情况信息（A2） MO6 产生协调机构要求的报告 MO7 产生必要信息支持对顾客咨询的快速响应	C1 缩减 MIS 开发资金（A2） C2 系统必须采用决策模型和管理技术（A1，A3） C3 系统要同时使用外界和内部信息（MO2，MO3，MO4） C4 系统必须提供在不同综合水平上的报告（A4） C5 系统要有能力产生出除了管理信息以外的其他信息（MO6）	D1 使用模块设计方法（C1） D2 在每个完成阶段，由模块设计提供的系统能独立使用（C1） D3 系统要面向不同类型的管理者（A4，C4） D4 系统应当考虑使用者提出的需要（A1，A3，A4） D5 系统具有实时应答能力（MO7，O3）

（信息系统战略）

图 2-4　战略目标集转化过程

5. 战略数据规划方法

战略规划数据规划方法是美国著名学者詹姆斯·马丁（James Martin）提出的。詹姆斯·马丁被公认为是信息技术领域和管理领域的权威人士，多年来，他不断把信息技术的最新发展创造性地引入到现代企业的经营管理中。他指出，信息系统规划的基础性内容有三个方面：业务战略规划、信息技术战略规划、数据战略规划。其中，战略数据规划是信息系统规划的核心。战略数据规划法是以战略数据的开发利用为目的来规划信息系统和数据库建设的一种方法。首先进行业务分析来建立企业模型；其次是进行实体分析来建立主题数据模型；最后进行的是数据的分布分析，并结合数据的存储地点，确定主题数据库的内容和结构，制定数据库的开发策略，划分信息系统的子系统。

1）进行业务分析，建立组织模型

依靠各级管理人员和业务人员，由系统分析员向组织中各层管理人员、业务人员进行调查。具体调查的内容包括：系统边界，组织机构、人员分工，业务流程，信息载体（单据、报表、台账），资源情况（人、财、物，特别是信息化软硬件配置），薄弱环节（需要解决的主要问题）。可采取的调查方式有查阅书面资料、直接观察、面谈、发调查表等。

进行业务分析要按照组织的长远目标，分析组织现有业务及业务之间的逻辑关系，将它们划分为若干个职能域，然后弄清楚各职能域中所包含的全部业务过程，再将各业务过程细分为一些业务活动。具体要从组织机构图入手，最终建立组织模型：职能域——业务过程——业务活动。需要注意的是，逻辑地划分出职能域、业务过程和业务活动不完全与现行职能部门的工作过程与工作方式相一致，它是对现行业务的再认识。

2）进行数据分析，建立主题数据库

在业务分析的基础上，可以弄清楚所有业务过程所涉及的数据实体及其属性。重点是分析实体及其相互之间的联系。按照各层管理人员和业务人员的经验和其他方法，将联系密切的实体划分在一起，形成实体组。这些实体组内部的实体之间联系密切而与外部实体联系很少，它们是划分主题数据库的依据。

信息是组织的重要资源，应当被有效共享。然而过去分散独立开发的各应用系统存在着一些潜在的问题——由于不能提供综合性的信息而成为一个个的信息孤岛，并随着应用的扩大而日趋严重。因此，需要对信息特别是对应该被共享的信息做战略性的管理。解决的方法是在战略规划中，对大量的公共数据进行合理的定义。这就需要引出主题数据库的概念。

主题数据库又称为集约化的数据库或共享的数据库，这就是说整个系统中的数据都是集约化的和共享的。但是，不能将它理解为产生一个非常庞大而复杂的无所不包的数据库。主题数据库方法正是为了避免产生这样庞大复杂的数据库而设计成为更容易管理的若干个主题数据库。它们应该被设计成独立于具体的应用，并共同形成一个稳定的数据基础，从而使得许多应用可以在此基础上建造起来。概括起来，主题数据库是满足各项管理的数据类的集合。当一系列这类数据库建成之后，它们就能够成为独立于具体应用的数据资源。

3）子系统划分

主题数据规划出来后，可通过对主题库与业务过程对应矩阵的一系列处理来规划新系统的组成。

——建立业务过程与主题库的对应矩阵，识别哪些业务过程产生或使用了这些数据；

——变动主题库的顺序，使得字母 C 大致排列在从左上角到右下角的对角线上；

——根据新系统逻辑职能域的划分，用方框划分子系统。

根据信息的产生和使用来划分子系统，并尽量将信息产生的企业过程和信息使用的企业过程划分在同一个子系统中，从而达到减少子系统之间信息交换的目的。这样，整个信息系统由若干个子系统构成，这些子系统之间通过主题库实现信息交换关系。最后，对各个子系统的内容进行分析和说明，并将它们记录下来。

6. 价值链分析法

1）价值链的概念与作用

每个组织的经营过程都可以分割成一系列相互联系、相互作用的活动，这些活动包括基本价值过程和支持价值过程两类，都可以为顾客创造价值。这样，一个组织的经营过程就可以用一条链条来表示，每种活动都是链条上的一环。在生产过程中，产品沿着链条流动，产品价值因此不断增值。于是，这条链条就叫做价值链。其中，基本价值过程是一种"线性"的概念，与直观的生产过程相吻合，指的是直接参与研发、制造或销售某特定产品或服务的活动。而支持价值过程则类似于"参谋"，为组织作为一个整体提供支持，用以保证基本价值过程顺利进行，它不能归结到某一个生产环节中去。同时，基本价值过程与支持价值过程的划分并不是绝对的。

价值链的所有环节都具有单独价值，但是通常这些环节组合起来的价值往往大于它们的单独价值之和。多出来的这部分称为附加价值。可以说，附加价值越大，顾客对组织的产品和服务消费越多。这对于组织则意味着一种竞争优势，以及更丰厚的利润。从某种角度来说，组织可能具有的竞争优势其实只有一种，那就是增加顾客得到的价值，或者说附加价值。

利用价值链进行的优势劣势分析是通过将基本价值过程和支持价值过程的进一步细分，以及对每个细分环节的分析研究来实现的。通常的做法是列出细分价值过程的各个环节，以及对它们进行评价的因素，对每个环节分别进行考察和评价。这样，不同组织的经营过程就有了可供比较的方法，企业借此可以发现自己的竞争优势与劣势所在，并提出发扬或改进方案，从而提高组织创造价值的整体实力。

2）关键价值链环节方法

在信息化战略规划中，关键价值链环节方法的作用在于帮助识别出影响价值增值的重要过程和活动。它研究的是组织通过怎样的流程来增加它的产品和服务的价值。换句话说，组织可以确定那些最为重要的增值环节，并由此确定支持这些环节的信息系统。下面介绍关键价值链环节方法。

所谓关键价值链环节方法，乃是组织信息战略制定的一种方法，它是由波特在 1989 年提出的。这一方法认为，由于信息技术的发展和它的社会应用的日益广泛，信息技术在组织中的应用问题越来越受到重视。然而由于资金、技术等一系列的现实问题，社会组织信息化是不可能一蹴而就的，必须根据实际情况制定一个循序渐进的发展战略。也就是说，要确定组织中哪些部门或生产过程先进行信息化，哪些可以等待更好的时机。如果将组织按照其价值链划分为多个环节，毫无疑问，应当先照顾那些最需要信息技术支持的环节。但是，怎样确定哪些是最需要的环节呢？关键价值链环节方法就是用来解决这一问题的。

可以将组织表示为基本价值过程和支持价值过程组成的矩阵，信息技术的竞争机会也就存在于矩阵的每一个单元格之中。战略制定者通过研究现存信息技术应用所在的单元格及每个单元格的发展潜力来决定组织内信息技术应用的关键环节。要判断哪个单元格最需要信息技术的支持，首先应该了解信息技术对每个单元格可以提供怎样的支持。信息技术是通过改变价值活动的进行方式来影响价值链的。价值链中的每一个环节都具有物理上的实际部分和信息处理部分。实际部分包括了执行活动所需要的实际任务，而信息处理部分包括了信息的获得、处理和传输。

关键价值链方法的核心就是对关键环节的辨识。所谓"关键环节"就是最为重要的增值环节。显然这些环节就是信息化战略所要关注的重点。需要注意的是，价值链的环节有些增加价值，有些减少价值。两种环节都是 IT 技术可以派上用场的区域。区别仅仅在于：当信息技术用于增值环节时，直接可以导致附加价值的增加；而将信息技术用于减值环节时，此流程变得更有效率，或者能够更好地满足顾客需求，从而减少了价值的损失。基本做法如下。

（1）确定价值增加环节。首先，研究组织流程，确定哪些环节是价值增值最多的，并将顾客的反应在价值链上标出。这样得出的关键环节，也就是对顾客来说最明显、最显著的环节。所以，当这些环节由新的信息技术和信息系统所支持的时候，能够最迅速、最大量地产生价值附加。因此，可以参照这种分析结果来确定应当优先建设的信息系统。

（2）确定价值减少环节。在确定价值增加环节之外，减少顾客价值环节的确定也是很重要的。收集顾客信息过程与上面增值环节的情况类似。价值减少最多的关键环节，通常也是最需要信息系统支持的环节。比如说，顾客可能认为销售是减少价值的，因为销售人员不能及时得知库存状况，因此可能出现缺货状况，影响组织在客户心目中的形象。这时，建立销售环节的信息系统就是十分必要而且有效的。

除了对客户进行调研之外，还有其他一些确定关键环节的方法，比如说向专家进行咨询，或者通过社会组织的历史记录。确定关键环节本身的方法就可以得到信息系统的支持，如客户关系管理系统和决策支持系统。

本章小结

1. 战略规划是对组织的内外部环境进行分析，判断发展的趋势，寻找对组织发展构成的威胁和新的发展机会，寻求外部环境和组织的最佳组合，它的侧重点是制订组织的战略或规划组织的行动方案。战略规划一般包括下列各方面的决策：规定组织的使命；制定出指导组织去建立目标、选择和实施战略的方针；建立实现组织使命的长期目标和短期目标；决定用以实现组织目标的战略。

2. 信息化战略规划是在分析一定范围内发展战略或一个组织经营管理战略的基础上，以国家、地区、行业或社会组织的发展战略规划为依据，采用科学的信息化战略规划方法，对区域信息化或行业信息化或组织信息化建设与应用的愿景、使命、目标、战略、原则、架构和进程等进行的筹划与设计。

3. 信息化战略规划的类型并没有统一的划分标准。结合我国信息化的分类标准，将信息化战略规划分为六大类型，即跨国型信息化战略规划、国家信息化战略规划、领域信息化战略规划、区域信息化战略规划、组织信息化战略规划和社区信息化战略规划。

4. 信息化战略规划的作用体现在以下几个方面：顺应时代需求，支撑和完善总体战略规划体系；促进国家信息化建设合理、有序、协调发展；明确建设目标和任务，为信息化发展提供方向和指南；形成信息化建设的广泛共识，为变革创造有利条件；识别关键因素，确立信息化建设的突破口；设计整体架构，优化整合信息化建设全局；措施明确，保证信息化建设的低成本、高效率。

5. 信息化战略规划的理论依据包括战略规划理论、信息资源管理理论、综合集成理论和后发优势理论。战略规划理论是信息化战略规划的理论基础，战略规划理论是战略规划的一般理论，信息化战略规划是战略规划的具体应用，战略规划理论为信息化建设与应用实践提供重要的指导。信息资源管理理论强调对信息资源和信息活动两方面进行管理，而这正符合信息化建设与应用的内在要求。信息资源管理理论要求信息化战略规划一方面要置根于组织的信息管理实践中，另一方面它又是组织战略规划工作的重要组成部分，必须为实现组织战略规划提供好的信息服务。信息化建设与应用是一项开放而繁杂的系统工程，完全可以采用综合集成理论来指导信息化战略规划。"后发优势"理论则说明广大发展中国家在现有基础上实施信息化战略以实现后来居上的科学性和可行性，这对我国的信息化建设与应用实践起到了良好的引导和激励作用。

6. 信息化战略规划要遵守目标性原则、可持续发展原则、可拓展性原则、战略匹配原则、因地制宜突出特色原则、需效互动强调应用原则、重点突破原则、有效实施原则、全民参与原则和循序渐进原则。

7. 信息化战略规划主要包括以下几个步骤：信息化战略规划前的准备；信息化建设与应用现状评估；明确指导思想、基本原则和发展目标；确定战略任务、战略重点和战略措施；形成信息化战略规划方案。

8. 信息化战略规划的主要方法有：业务系统规划法、关键成功因素法、战略栅格法、战略集合转移法、战略数据规划法、价值链分析法等。

9. 业务系统规划法的基本出发点是：信息系统必须支持社会组织的目标；信息系统的战略应当表达出社会组织中各个管理层次的需求；信息系统应该向整个组织提供一致性的信息；信息系统应当在组织机构和管理体制改变时保持工作能力；信息系统的战略规划应由总体信息系统中的子系统开始实现；采取"自上而下"的系统规划和"自下而上"的实施。其主要步骤可以概括为：准备工作；目标与现状分析；定义活动过程；定义数据类；分析当前业务与系统的关系；定义信息结构。

10. 关键成功因素法是一种以关键因素为依据来确定系统信息需求的一种信息化战略规划方法。使用这种方法可确定为达到目标所采取的行为及其管理者对信息和应用的主要需求，同时也可以评价现存系统的优势和缺陷。关键成功因素法的具体实施步骤如下：目标的确定和分解；确定关键成功因素；确定关键性能指标。

11. 战略栅格法是一种了解社会组织中信息系统作用的诊断工具。它利用战略栅格图，依据现有信息系统的战略影响和即将开发的信息系统的战略影响，确定出四种不同的信息系统战略规划条件，即战略、转变、工程、支持。通过对现有信息系统和即将开发的信息系统可能产生的影响分析，可达到诊断当前状态和调整战略方向的作用，从而确定对未来信息系统投资的数量和范围。

12. 战略集合转移法是把组织的总战略看成一个"信息集合"，包括使命、目标、战略及其他战略变量。信息化战略规划就是要把组织的这种战略集合转化为信息系统的战略集合（系统目标、环境约束和战略计划）。

13. 战略数据规划法是以战略数据的开发利用为目的来规划信息系统和数据库建设的一种方法。其步骤是：首先进行业务分析来建立企业模型；其次是进行实体分析来建立主题数据模型；最后进行的是数据的分布分析，并结合数据的存储地点，确定主题数据库的内容和结构，制定数据库的开发策略，划分信息系统的子系统。

14. 价值链分析法认为信息技术在对组织的战略牵引方面能起关键作用，它将一个组织视为一系列的输入、转换与输出的活动集合，而每一个活动都有可能相对于最终服务或产品产生增值行为，为增强组织的竞争力作出贡献；利用信息技术，在价值链中识别并设置"信息增强器"，使整个价值链在总体上得以增值，从而提高组织的竞争优势。价值链分析法的核心就是对关键环节，最为重要的增值环节的辨识。

思 考 题

一、概念

战略管理　信息化战略规划　后发优势　业务系统规划法　关键成功因素法　战略栅格法　战略集合转移法　战略数据规划法　价值链分析法

二、选择

1. 首先开展"信息高速公路"计划，着力推动国家信息基础设施建设的国家是（　　）。

A. 美国　　　　　　　　　　　　　　　B. 英国

C. 法国　　　　　　　　　　　　　　　D. 日本

2. 我国在（　　）明确提出了要大力推进信息化与工业化融合。

A. 党的十六大报告　　　　　　　　　　B. 2006 年 3 月

C. 党的十七大报告　　　　　　　　　　D. 2008 年 4 月

3. 经典战略理论缺陷之一是忽视了对企业竞争环境进行分析，在一定程度上弥补该缺陷的是（　　）。

A. 钱德勒　　　　　　　　　　　　　　B. 安索夫

C. 安德鲁斯　　　　　　　　　　　　　D. 波特

4. 为应对剧烈变化的外部环境，美国哈佛大学商学院的学者们于（   ）起创立了现代战略规划理论。

A. 20 世纪 50 年代　　　　　　　　　　　B. 20 世纪 60 年代

C. 20 世纪 70 年代　　　　　　　　　　　D. 20 世纪 80 年代

5. 迈克尔·波特的"五力模型"中，五种基本竞争力量是潜在进入者、产业内现有企业间的竞争、供应商、购买者和（   ）。

A. 替代品　　　　　　　　　　　　　　　B. 互补品

C. 新产品　　　　　　　　　　　　　　　D. 老产品

6. 综合集成理论主张建立一个由（   ）组成的高度智能化的人机交互系统。

A. 专家体系、知识体系和方法体系

B. 专家体系、知识体系和技术体系

C. 知识体系、方法体系和计算机体系

D. 专家体系、方法体系和计算机体系

7. 下列（   ）理论并未发展"后发优势"理论。

A. 自组织模式　　　　　　　　　　　　　B. 追赶假说

C. 蛙跳模型　　　　　　　　　　　　　　D. 均衡模型

8. 在战略网模型中，组织处于（   ）标准战略时需加强对资源的管理与利用。

A. 工厂型　　　　　　　　　　　　　　　B. 战略型

C. 支持型　　　　　　　　　　　　　　　D. 转变型

9. 詹姆斯·马丁认为（   ）是信息系统规划的核心。

A. 组织结构战略规划　　　　　　　　　　B. 信息技术战略规划

C. 数据战略规划　　　　　　　　　　　　D. 业务战略规划

10. 战略集合转移法将组织的总战略看做一个（   ）。

A. 信息集合　　　　　　　　　　　　　　B. 分战略集合

C. 组织集合　　　　　　　　　　　　　　D. 系统集合

三、辨析

1. 战略规划是战略管理和首要环节。（   ）

2. "后发优势"理论对各国制订信息化战略规划都有指导作用。（   ）

3. 信息化战略规划原则与信息化战略原则是一致的。（   ）

4. 战略栅格法是一种了解社会组织中信息系统作用的诊断工具，可用来确定对未来信息系统投资的数量和范围。（   ）

5. 价值链分析法的基本思想是为组织确定最为重要的增值环节，并由此确定支持这些环节的信息系统。（   ）

四、问答

1. 什么是战略管理？它与战略规划之间有什么关系？

2. 简述世界上主要国家的信息化战略规划。

3. 以企业为例，说明信息化战略规划的作用。

4. 简述综合集成理论及其对信息化战略规划的指导作用。

5. 什么是"后发优势"？该理论对我国的信息化建设有何启示？

6. 简述信息化战略规划的基本原则。

7. 简述信息化战略规划的步骤与内容。

8. 信息化战略规划有哪些主要方法？

9. 简述用关键成功因素法进行信息化战略规划的基本思想和步骤。

10. 简述战略栅格法、战略集合转移法、战略数据规划法的特点。

第3章

信息化组织实施

学习目标 •———————————————

1. 了解信息系统分析与立项管理的内容与方法；
2. 了解各种信息系统开发方式和方法的内涵及优缺点；
3. 掌握信息系统开发外包管理的理论与方法；
4. 掌握信息系统设计、实现与验收管理的原则、内容与方法；
5. 能够运用信息化组织实施的相关理论和方法分析、解决信息化组织实施过程中的实际问题。

信息化组织实施是信息化管理的重要职能，是在信息化战略规划的指导下，组织人力、物力和财力，对信息化项目建设的各个环节进行组织和管理，具体完成各类信息化项目建设任务的活动。信息化项目建设也可以理解为信息系统建设，因此，信息化组织实施也可以看做是对信息系统的设计和开发进行管理。本章主要阐述信息系统分析与立项管理，信息系统开发方式选择和外包管理，信息系统开发方法选择和设计管理，信息设备采购与招标管理，信息系统实现和验收管理。

3.1　信息系统分析与立项管理

信息化战略规划制定后，就要根据开发先后顺序的安排，确定近期需要开发的信息系统。这时，就要对信息系统进行需求分析和可行性分析，对信息系统进行立项建设。

3.1.1　信息系统需求分析

信息系统需求分析就是通过调查研究，确定国家、地区、行业或社会组织需要开发什么样的信息系统，列出信息系统应该具备的各种功能，并提出系统开发的实现条件。

1. 信息系统需求分析的内容

（1）功能需求。列举出所要开发的信息系统应具备哪些功能。

（2）性能需求。给出所要开发的信息系统的技术性能指标，如存储容量限制、运行时间限制、传递速度要求等。

（3）资源和环境需求。这是对信息系统运行时所处环境和资源的要求。例如，在硬件方面，采用什么机型、需要哪些外部设备和数据通信接口等；在软件方面，采用什么支持系统运行的系统软件，如采用什么操作系统、什么网络软件和什么数据库管理系统等；在使用方面，要求使用部门在制度上或者操作人员的技术水平上应具备什么样的条件等。

（4）可靠性需求。在需求分析时，应对所开发软件在投入运行后不发生故障的概率，按实际的运行环境提出要求。对于那些重要的子系统，或是运行失效会造成严重后果的模块，应当提出较高的可靠性要求，以期在开发的过程中采取必要的措施，使信息系统能够高度可靠地稳定运行，避免因运行事故而带来的损失。

（5）安全保密要求。工作在不同环境的信息系统对其安全、保密的要求是不同的。应当对这方面的需求作出规定，以便对所开发的信息系统给予特殊的设计，使其在运行中安全保密方面的性能得到必要的保证。

（6）用户界面需求。信息系统与用户之间界面的友好性是用户能够方便、有效地使用系统的关键之一。因此，必须在需求分析时，为用户界面细致地规定应该达到的要求。

（7）可扩展性需求。预先估计信息系统的可扩展性需求，对系统将来可能的扩充与修改留出空间。一旦需要时，就比较容易进行补充和修改。

2. 信息系统需求调查方法

信息系统的需求调查过程实际上是各类原始素材的收集过程，相应的信息收集方法有以下几种。

（1）查阅书面资料。在可能的情况下，对各类表格、记录、报告及岗位责任制、职责范围、规程手册、业务书籍等进行收集，弄清它们的来龙去脉与作用范围。

（2）实地观察。实地观察的目的是尽可能接近事件发生地去研究真实系统。作为观察者要遵守一定的规则，在观察时尽可能多听、少说或不说，尤其是要注意那些一闪即逝的有用信息。观察内容包括现行系统的实际布局、人员安排、各项活动及工作情况。通过实地观察，可以增加系统开发人员的感性认识，有助于加快对业务流程和业务活动的理解。

（3）面谈。面谈可以发现人们的感受和动机。这种方法依赖于面谈者对工作、对现有系统及工作经验等方面的信息汇报。面谈应从上而下，从概括到细微，先由领导开始，然后经中层至下层管理人员，甚至还可以扩大到全体职工。这样不仅能了解战略信息需求，而且能了解具体任务的信息需求。

（4）发放调查表。问卷调查方式的优点是比面谈节省时间，执行起来需要的技巧较少，填表者有时间思考、计算、查阅资料，提供的信息更准确。

（5）业务专题报告。对于某些需要信息系统重点支持的业务或比较复杂的业务，最好能请有关人员为信息系统调研人员作专题报告。专题报告经过报告人的认真准备，系统性、逻辑性、完整性、准确性都较强，是提高调研效率的一个好办法。

3. 信息系统需求分析要领

（1）从含糊的需求中抽象出对信息和信息处理的需求。初始需求中，常常是把对人员、制度、物资设备的需求和对信息的需求混在一起提出来。在考虑信息系统的时候，应先把其他物质形态的内容舍弃，只留下对信息的需求。如果有的需求中既有对信息的需求，又有对其他方面的需求，则应该用抽象的语言把信息需求表达出来。

（2）对各种需求确定定量的标准。对于速度、时间等数量指标，必须经过调查研究确定具体的定量标准；对于质量等定性指标，也应该制定能够检查的比较具体的指标。

（3）对于罗列出来的各种问题及需求，应认真分析它们之间的相互关系，根据实际情况抓住其中的实质需求。一般来说，这些罗列出来的问题之间有三种关系。第一种是因果关系，某一问题是另一问题的原因，只要解决了前者，后者就迎刃而解，对于这类问题，说明目标时，只要抓住原因即可，结果不必再提。第二种是主次关系，在实际工作中，绝对平行的事情是没有的，在一定的条件下，总有一方面在当时是主要的，必须根据实际情况，切实抓住使用者目前最急需解决的问题，作为主要目标。第三种是矛盾关系，某两项需求在实际工作中是矛盾的，此长彼消，此消彼长。这时使用者心目中往往有一方面是主要关心的，而另一方面则成为一种制约条件，要求保持在一定的可接受范围之内。哪一方面是主要的，在权衡时，双方可以接受的最低标准是什么，这都需要明确。当然，要从以上三方面去明确问题就必须进行调查研究。

3.1.2 信息系统可行性分析

信息系统可行性分析就是以现实为基础，从技术、经济和社会因素等方面研究并且论证信息系统建设项目的可行性。可行性研究的目的是用最小的代价，在最短的时间内确定问题能否解决，即能否找到一个信息化建设项目切实可行的解决方案。

1. 信息系统可行性分析的内容

（1）现状分析。分析现状的目的是为了进一步明确新信息系统建设或对现有信息系统进行改造的必要性。主要内容包括：清理现有信息系统资源，如硬件设备、软件、应用系统等；分析现有系统的使用情况和所引起的费用开支；评估现有的信息系统，包括各业务子系统、系统软件、数据库系统、应用软件等；了解系统的基本处理流程和数据流程；分析人力资源状况，了解人员分类（如系统管理员、系统分析员、操作员等）及各部门对人员的配置状况。

（2）技术可行性分析。技术可行性主要指在当前的技术条件下，能否实现系统的功能，满足所提出的要求；开发人员的数量和质量能否满足要求；所需要的物质资源能否满足；在规定期限内能否完成。

（3）经济可行性分析。经济可行性分析包括两个方面：资金可行性和经济合理性。需要分析其收入与支出。收入包括三个方面。一是一次性收入。可以根据数据处理、管理和维护等项目分类统计，如改进业务流程后导致的费用缩减，减少设备导致的费用节省等。二是经常性收入。由于使用新信息系统导致的经常性的收入，包括费用的减少和避免。三是无法直接用数字衡量的收入。如服务质量的提高、操作的简便、获取信息的便利等。这些收入往往只能大致估计。支出包括三个方面：一是建设费用，包括计算机设备、数据通信设备、环境保护设备、安全保密设备、操作系统、数据库管理系统、应用系统的购买或开发费用；二是一次性支出，包括培训费用、差旅费、人员调动和裁撤费用等；三是经常性支出，包括系统运行和维护费用、场地租金、设备租金、通信费用、人员费用等。分析了系统的收入和支出后，就可以求出整个信息系统生命周期中的收入/支出比，显然，这个数值越大越好。

（4）社会可行性分析。社会可行性是指所建立的信息系统能否在组织中实现，在当前操作环境下能否很好地运行，组织内外是否具备接受和使用新系统的条件。

2. 信息系统可行性分析的工作组织

信息系统可行性分析的工作组织一般有如下几种形式：一是由信息系统建设单位来承担；二是委托科研机构承担；三是"三结合"方式，即由主持编写《系统分析说明书》的工作人员、科研单位的技术专家、本单位的中层管理干部共同参与可行性分析。

3. 信息系统可行性报告

在进行信息系统可行性分析后，应该将分析结果以报告的形式写出，形成正式的工作文件。可行性报告应该有一个明确的结论，包括：可以立即开始建设；推迟到某些条件（如设备、资金、人员等）满足后开始建设；方案修改后进行，如目标脱离实际、功能设计不完善等；不可行，比如技术不成熟，经济不合算等。

3.1.3 信息系统立项管理

立项管理主要用于管理一个项目从提出申请到批准立项的过程和相关事宜，用于管理项目前期准备过程和决策。立项管理能够有效管理立项前的项目需求、相关文档和立项审批过程，保证项目的可行性和立项的严谨性，在前期阶段降低项目风险。每个信息系统建设都可以看成是一个信息化建设项目。信息系统立项管理就是根据实际需求确定信息系统设计目标和项目范围、功能、运行环境、投资预算和竣工时间等，并报上级管理部门审批。所以，信息系统立项管理是信息系统组织实施的重要内容。信息系统立项管理的流程如下。

1. 制订立项方案

由技术开发部门会同研发部门编写信息系统建设项目立项方案，需要委托建设的项目由研发部门和技术开发部门提出建设方案和费用预算。立项方案一般由两大部分组成。第一部分内容包括信息系统建设项目名称、项目负责人和组织分工、参加单位、协作单位等。第二部分内容包括信息系统建设项目背景、项目建设的目的和意义、当前现状和发展趋势、项目建设的总体目标与分期目标、项目建设内容与建设规模、项目完成时间、项目经费概算与资金筹措、项目的经济效益与社会效益等。

2. 提出立项申请

向信息系统建设项目主管部门提交项目立项方案和立项申请报告。

3. 进行立项审批

所有项目必须通过立项审批后方可进行项目实施。信息系统建设项目应根据项目大小和重要程度进行分级审批。由有关部门对信息系统建设项目进行立项评审和讨论后，作出是否立项的审批决定，提交立项审批意见表。立项评审的基本原则如下。

（1）简单性。信息系统建设项目设计应该尽量简单，这样可以提高运行效益，同时也可以节省投资和提高信息系统的运行质量。

（2）灵活性。信息系统建设项目对外界条件的变化应具有较强的适应能力。由于信息系统建设是一个复杂的系统工程，要求信息系统的结构要具有较好的灵活性和可塑性。

（3）完整性。信息系统是各个子工程的集合，并作为一个有机的整体而存在，因此信息系统要求各子系统功能规范、接口统一。各子系统的协调是保证整个信息系统正常运行的基础。

（4）可靠性。信息系统的可靠性是评定信息系统建设项目质量的主要指标之一。可靠性的要求包括：信息系统体系结构设计合理，具有良好的可扩展性；硬件设备稳定性高；良好的可管理性；安全防护措施完善。

（5）经济性。信息系统建设项目的长远目标是为使用者带来相应的效益，因此如何在投资和绩效之间取得平衡是项目建设的重要目标之一。

3.2　信息系统开发方式选择与外包管理

3.2.1　信息系统开发的基本方式

对于不同规模、不同技术含量的信息系统，可以采用不同的开发方式。方式不当有可能造成资金、时间超出预算，或者功能存在缺陷甚至导致信息系统建设的失败。可以选择的信息系统开发方式如下。

1. 购置商品化软件

如果商品化的信息系统软件能够满足社会组织的需求，则应首选商品化信息系统软件。购买商品化软件的优点是初期投资少、软件较成熟稳定。不足之处是商品化软件不能适应社会组织自身的特殊要求，社会组织只能调整自身的业务流程来适应商品化软件的功能。

当前，许多专业的信息系统开发公司已经面向某些业务开发出大量功能强大的信息系统软件。社会组织可以根据自己的需要和实际情况进行购买。这种做法的优点是可以在短时间内获得社会组织所需的系统，而且节省大量的开发费用，所购买的系统专业化程度也很高。

缺点是系统的专用性比较差，需要根据社会组织的实际情况进行二次开发，如改善软件功能、设计接口等。

2. 自行开发

自行开发是弥补购置商品化信息系统软件不足的一种办法。自行开发，应根据社会组织的具体情况，开发出适应社会组织需求的信息系统。自行开发要求社会组织具备相应的技术力量，同时也要求社会组织拥有既有技术背景又有管理经验的信息化项目管理人员。

如果社会组织拥有较强的信息技术专业人才，则可以选择自主开发的方式来建设信息系统。由于是社会组织自己的人员来开发，所以可以节省大量的开发费用。同时，如果社会组织自己的人员熟悉社会组织的工作流程，对社会组织的真正需求把握得好，就能够开发出满意度较高的信息系统。由于自主开发的人员可能是从社会组织各部门抽调出来的，并非一定是专业开发人员，所以可能会造成信息系统不够优化、专业技术水平低等缺陷。同时由于开发人员分属不同部门，系统开发成功之后，人员仍回原部门，可能会造成系统维护上的困难。一般来说，自主开发可以聘请专业人士或机构作为顾问。

3. 合作开发

社会组织与 IT 公司合作开发是一种两全其美的方法。一方面社会组织能够培养锻炼自己的信息技术队伍，同时又弥补了"外人"不熟悉社会组织情况的缺陷。但是这种方法要求社会组织具有较高的项目管理能力和协调能力。

如果社会组织自主开发有困难，但是又有一定的信息技术人员，此时可以采取合作开发的方式。这种方式也是聘请专业开发人员，但是在开发过程中本单位的信息技术人员也参与其中。联合开发方式突出的优点是可以锻炼本单位的信息技术人员，有利于后期的系统维护工作。同时也可以节约一部分资金。缺点是外聘的专业技术人员和本单位的信息人员有可能产生互相推诿的扯皮现象或沟通不畅的情况。作为社会组织的高层管理者，要努力避免这种现象的发生。

4. 委托开发

委托开发是指聘请开发团队为社会组织开发信息系统，但在开发过程中需要社会组织的有关人员参与系统的调研、分析、论证工作。需要注意的是，由于是外部团队负责开发，因此在开发过程中社会组织需要不断地与之交流和沟通，消除双方对社会组织需求认识的偏差，并及时检查开发过程是否按照社会组织的要求进行。

委托开发主要面向开发力量较弱、资金有保证的企业。此种方式的优点是节省时间和人力资源，开发出的系统具有较高的技术水平，但是却存在费用高、需要开发者长期技术支持的缺点。

5. 租赁方式

租赁方式就是社会组织向应用服务提供商（ASP）租用信息系统，以满足社会组织信息化需求的一种方式。应用服务提供商开发出适应应用服务提供商需求的各种应用系统，需要应用该系统的应用服务提供商无须投入资金去购买，也不用专业人员去管理，只要向应用服务提供商分期支付信息化管理的服务费，就可以获得系统的使用权，如同自己拥有系统一样。

租赁方式的突出优点是节约信息系统开发与运行的经济成本，节约时间，不足之处是应用服务提供商提供的信息化管理方式的适用性、针对性有可能较差。若社会组织的信息化管理任务比较简单，则租赁方式有可能是一种比较理想的选择，但是对信息化管理任务比较复

杂的社会组织而言，则租赁方式难以满足其需求。

3.2.2 信息系统开发外包管理

信息系统开发外包管理是指社会组织根据市场与自身资源的评估，为了更好地合理利用社会组织内外的资源、控制成本、转移风险而将信息系统开发中的某个或某几个环节交给组织外的独立方完成的一种信息系统开发方式。外包的优势在于：能够使社会组织更关注其核心竞争力，解决社会组织内部资源不足问题，可利用外包商的技术、经验和设备转移风险，更好地使用资金，降低成本。

1. 外包决策分析方法

开发信息系统时，如何来决定对一个信息系统开发项目是否选择外包方式？这就是外包决策问题。外包决策分析方法主要有外包的SWOT分析法和三角度因素分析法。

1）外包的SWOT分析法

信息系统开发外包决策，可以用SWTO（优势、弱势、机会、威胁）分析方法来辅助进行。

（1）外包优势（S）。信息系统开发外包的优势有：可以使用当前先进的信息技术；短时间内迅速获得、使用外部知识和运作技术、经验及管理技能；改进软件的界面风格；缩短开发、生产的周期；利用规模效应降低成本；有助于分担社会组织自身的风险；有助于提高信息化管理水平；使社会组织能集中精力于核心竞争力的保持与提升；增强应变能力；避开某些法律的约束；标准化的服务，有利于管理和控制。

（2）外包劣势（W）。信息系统开发外包的劣势有：原有员工消减的阻力较大；非预期支出或"额外"支出增加费用，隐含成本难以控制；技术资源难以合理定价；转换成本较高；供应商市场不成熟产生的限制；需要更高层管理者的关注；难以满足用户对长期柔性和变化的需求。

（3）外包机会（O）。信息系统开发外包的机会有：减少成本与人员数量；员工得以更多关注系统的应用而不是开发，集中于数据挖掘，提供新的决策支持职能；得到政府的鼓励，吸引媒体的正面报道，塑造好社会形象；增强对环境变化的适应能力，保持与竞争对手的竞争优势。

（4）外包威胁（T）。信息系统开发外包的威胁有：可能失去对信息系统开发项目的控制；产生对供应商的依赖性；承担供应商的风险（如财务能力差、交付迟缓、允诺的特征无法达到、日常管理质量差等）。

运用SWOT分析法，根据上述因素，结合社会组织的实际情况和信息系统开发的目标要求，分析信息系统开发外包的优势、弱势、机会和威胁，最后来决定是否采取外包方式开发信息系统。

2）三角度因素分析法

三角度因素分析法是从战略角度（业务角度）、经济角度（财务角度）和技术角度分析信息系统开发外包或自行开发的条件，以辅助外包决策。

（1）战略角度（业务角度）。战略角度是指从信息系统的技术水平及其对社会组织作用的大小来分析该系统是否应该外包。如果信息系统属于一般技术且对社会组织的作用较小，可以考虑外包。反之，如果信息系统属于关键技术且对社会组织的作用较大，则应自行开发而非外包。如果信息系统虽属关键技术但对社会组织的作用较小，则既可外包，也可自行开发。

（2）经济角度（财务角度）。经济角度是指从社会组织管理水平及信息系统的规模经济程度来分析该系统是应该外包还是应该自行开发的。如果社会组织的管理水平低且信息系统的规模经济不明显，则可以考虑外包。反之，如果社会组织的管理水平高且信息系统的规模经济显著，则不应该考虑外包，而应自行开发。如果社会组织的管理水平高但信息系统的规模经济不显著，则既可外包，又可以自行开发。

（3）技术角度。技术角度是指从信息系统的技术集成度和技术成熟度来分析该系统是应该外包还是应该自行开发或直接购入商品化软件。技术集成度是指信息系统与社会组织内部其他业务的关联程度，技术成熟度是指信息系统所用的技术是否成熟。如果信息系统的技术集成度和技术成熟度均较低，可购入成熟的商品化软件。如果信息系统的技术集成度和技术成熟度均较高，则应外包，原因是信息系统比较复杂，而信息系统开发商经验丰富。如果信息系统的技术集成度较高但技术成熟度较低，则风险较大，且信息系统开发商也无足够的经验，故应选择知识和技术力量雄厚的信息系统开发商，以获得稳定可靠的技术支持，分担风险。如果信息系统的技术集成度较低而技术成熟度较高，则信息系统的复杂性低、风险不大，可以自行开发，但若社会组织并无开发经验，也可外包。

2. 外包范围的选择

不同社会组织信息系统开发的内容不尽相同，但从整体上来看，信息系统开发过程可分三个阶段：信息系统设计阶段、信息系统实现阶段和信息系统验收阶段。信息系统设计阶段是信息系统开发的概念设计阶段，要分析社会组织信息化状况、工作流程及对信息系统的需求，并结合其人力、物力和财力状况提出的信息系统建设方案。信息系统实现阶段是信息系统开发的物理实现阶段，该阶段所需完成的任务一般包括基础 IT 资源建设和业务应用软件开发两个方面。信息系统验收阶段是信息系统开发的完成阶段，包括信息系统的测试、评价、意见反馈和验收等工作内容。社会组织可选择不同阶段的不同内容进行外包，这就形成了信息系统开发零外包、整体性外包和选择性外包三种范围的外包。

1）信息系统开发零外包

信息系统开发零外包，也可以称之为信息系统自行开发，是指社会组织利用自身的力量来完成本单位信息系统开发的全部活动的一种方式。在以下三种情况下，社会组织可采用信息系统开发零外包：一是社会组织具有很强的信息技术应用能力、信息化管理能力，能独立进行信息系统开发与维护；二是信息系统开发自行开发的成本低于外包的成本；三是信息系统开发难以外包，比如说难以控制外包过程、信息系统关系到社会组织的核心竞争力且技术关联度强。

信息系统开发零外包可以锻炼本组织的信息技术人员，有利于社会组织私有信息的保密，一定程度上也能降低信息系统开发成本，但是，信息系统开发零外包可能会因社会组织中信息技术人员的学习能力和组织的财力有限而很难跟上信息技术日新月异的发展速度，难以保证信息系统技术上的先进性。

2）信息系统开发整体性外包

整体性外包是社会组织将信息系统开发中的全部信息技术问题或者信息系统开发某一阶段占预算 80% 以上的信息系统开发问题交由承包商来处理。就整个信息系统开发过程来看，三个阶段的全部外包就是整体性外包，就一个阶段而言，整个阶段所有信息技术问题的外包也是整体性外包。从目前信息系统开发外包的实践来看，将信息系统开发过程完全外包的社会组织几乎没有，因为信息系统开发过程中的有些阶段必须要有社会组织本身来参与，如系统设计阶段必须有社会组织的配合才能获取完整的信息，设计出优秀的方案，因此，整体性外包主要是指方案实施阶段的信息系统开发整体性外包。

根据调查，英国和美国两个信息系统开发外包大国分别只有 8％和 2％的社会组织选择了整体性外包。可见，整体性外包被采用得不多，其主要原因在于：①信息系统方案实现阶段牵涉外包的内容范围广，容易失控，同时社会组织信息技术的灵活性受到影响；②可能将核心的内容外包出去，影响到社会组织的竞争优势；③合同往往要持续很长时间，容易受到承包商的盘剥；④资金和时间投入量大，一旦失败，转移成本很高，资金投入很难收回，影响社会组织的整体发展。

在以下一些情况下可以采用整体性外包方式：①信息技术力量比较薄弱的社会组织可以采用整体性外包。从我国目前来看，在政府的信息技术能力较薄弱的情况下，一般都采用整体性外包进行信息系统开发。②社会组织为了争取时间，赶上同行的先进信息技术，可采用暂时性的整体性外包，待到社会组织内部储备到了相应的力量时，就可以将关系到核心竞争力的部分收归组织自行开发。③社会组织内的技术关联度强且与核心竞争力无关时，可采用整体性外包方式以达到节省成本并获得先进技术的目的。④社会组织作了充分的准备，能将整体性外包的风险降低到最小时，也可以采用整体性外包方式。

3）信息系统开发选择性外包

选择性外包是指社会组织将信息系统开发中的部分信息技术问题交由承包商处理，通常将 15％～30％的信息系统开发任务外包给承包商。社会组织信息系统开发过程中的一、三两个阶段必须由组织本身参与，因此，这两个阶段的外包只能是选择性外包，而第二阶段则根据内容性质不同可选择不同的范围外包。

选择性外包可以弥补整体性外包和自行开发的缺陷。首先，社会组织将信息系统开发某些部分外包之后，利用了资源最优的承包商，使得社会组织内部的信息技术部门与承包商之间形成了竞争关系，社会组织的信息技术部门更容易找到与承包商之间的差距，会不断吸取承包商的优点。其次，选择性信息技术外包可降低整体性外包的风险，由于选择性外包只外包信息系统开发的部分内容，其运作周期一般为一至两年，资金投入也只占整个信息技术预算的 15％～30％，即使失败，其转移成本也远远低于整体性外包。第三，选择性外包置于承包商掌控下的资源少，被承包商套牢的机率小，而且可以实现对信息系统开发活动的灵活控制。据调查，美国和英国采用选择性信息系统开发外包的社会组织分别占 82％与 75％。

社会组织一般会根据不同的情况而采用选择性信息系统开发外包：一是有一定信息系统开发与应用能力，但能力不强的社会组织宜采取选择性外包。二是社会组织虽然有能力进行某个信息系统开发，但在成本、质量、速度方面都有欠缺，可以将这个信息系统开发任务外包出去。三是某些信息系统开发由社会组织和承包商共同完成更有效，宜采用选择性外包。比如在方案设计阶段，只有社会组织与承包商进行沟通，才能得到比较完整的信息，从而设计出最佳方案。再如政府部门因其信息的敏感性而将关于信息处理的内容采用内制方式，而电子政务平台建设则可以外包给专业的信息技术服务公司。

3. 外包方式的选择

在确定了信息系统开发外包的范围之后，随之而来的问题便是外包方式的选择。信息系统开发外包方式有独立式外包和合作式外包两种（见图 3-1）。

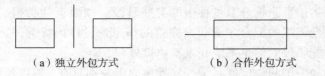

（a）独立外包方式　　　　　　　（b）合作外包方式

图 3-1　外包方式示意图

1）独立式外包

独立式外包（见图 3-1（a））是指由社会组织给出明确的需求和管理关系的明确定义，承包商凭借自身的力量按定义完成所承包的任务的一种方式。这种外包方式让承包商有充分的自由，社会组织只需要提供所需要的资金（已转移给承包商的人力、物力不计算在内），最后社会组织来检验承包商是否按时、保质保量地完成承包任务，如果完成，则交易到此结束，如果没有完成，则承包商承担相应的违约责任。

一般来说，独立式外包适用于外包内容能独立划分出来，且不需要社会组织帮助的任务，比如说信息系统开发的某一阶段、某一子系统的整体性外包，并且最好是没有涉及社会组织的核心竞争力。

2）合作式外包

合作式外包（见图 3-1（b））是指社会组织和承包商集合双方力量共同来完成社会组织信息系统开发任务的一种方式。双方的合作包括人员的合作、设备共用甚至是承包商为社会组织预先垫付资金等几个方面。

一般来说，合作式外包适用于外包内容不能独立划分出来，需要社会组织与承包商共同出力才能更好完成的任务，比如信息系统方案设计阶段和信息系统验收阶段若采用外包方式，社会组织就必须与承包商通力合作。

4. 承包商的选择

1）信息系统开发承包商的类型

信息系统开发承包商可按其服务功能和组织形式进行分类。

按照提供服务功能的不同，信息系统开发承包商有以下三种类型：第一类是专门负责提供信息化咨询的承包商，这类承包商可以是高校信息化问题研究专家，也可以是专门的咨询机构。第二类是专门负责提供软件、硬件与实现解决方案的承包商，比如 IBM、HP 等，当然这类承包商所提供的服务也各有侧重，有的承包商侧重于提供 PC，有的承包商侧重于软件开发。第三类是同时可以提供软硬件、解决方案和咨询服务功能的承包商，如安德森咨询公司就能提供主机维护、应用扩展、新技术实施和咨询在内的许多服务。

按组织形式的不同，信息系统开发承包商可以分为固定型承包商和虚拟型承包商。固定型承包商就是有固定组织形式的信息技术服务机构，是一个独立的具有法人资格的实体，如IBM、惠普公司、安德森咨询公司等，也可以是具有不同功能并结成伙伴关系的联合体。虚拟型承包商是指由多个承包商临时组合而成的，并按照专业化分工和各自核心专长相互合作为社会组织的信息系统开发提供一体化服务的承包商。虚拟型承包商可以是社会组织在聘用多个承包商之后，让他们相互合作形成虚拟组织结构，也可以是社会组织聘用单个承包商，这个承包商根据自己的需要与其他具有特长的承包商形成虚拟组织结构。

2）信息系统开发承包商的选择方法

要选择一个优秀的承包商，首先必须对承包商进行全面的评价，对承包商的评价主要包括以下几个方面。

（1）承包商的业界经验。主要指是否有为业内相关的社会组织提供过类似服务，如果某些承包商有过为同行提供优秀服务并取得成功的经历，则可以将他们作为备选对象。

（2）承包商的信誉。如果承包商有不良信用记录，则要慎重考虑是否将其纳入合作对象范围。

（3）承包商的专业能力。包括承包商的技术实力、人力、物力和财力及承包商的创新和应变能力。

（4）外包费用。承包商的费用在质量、进度要求一致的情况下比较各个承包商之间管理费用和信息系统开发成本的差异。

从目前来看，选择承包商的方法有两种：一种是直接磋商的方式，另一种是招标的方式。直接磋商就是社会组织选择一定数量的承包商与其直接磋商，然后择优选用，签订合同。这种承包商的选择方法比较简单，一般来说社会组织可能与该承包商已有过合作经历，只用磋商具体的工作内容，或者说该承包商在业内享有盛誉，只要社会组织能够承担起一定的费用，信息系统开发成功的机率就比较大。招标方式就是让对外包项目有兴趣的承包商参加投标，社会组织通过评标、筛选，确定承包商。这种方式适用于社会组织在大范围内选择性价比最优的承包商。

5. 外包合同的签订

签订信息系统开发外包合同是社会组织选定承包商之后与承包商约定双方的责任与义务，建立合作关系的一种手段。信息系统开发外包合同的内容是根据社会组织与承包商间的约定来确定的。依据上文分析，组织与承包商之间存在着独立式外包和合作式外包两种关系，随之就产生了独立型外包合同和合作型外包合同。

1）独立型外包合同的签订

根据独立式外包的特点，社会组织必须用明确完备的合同条款来保证其实施。独立型外包合同必须满足以下条件。

（1）合同必须明确规定以下内容：必须清晰、明确地指出服务范围，以便承包商明确自己的职责；用服务水平来衡量承包商在信息系统开发外包业务中的质量表现，而不仅仅关注技术细节或只关注项目的进展速度；应包含承包商未能提供约定服务的惩罚条款，同时，为了在争端出现时迅速解决争端及在争端出现时可继续提供服务，合同中还应包括解决双方争端的程序；详细计算成本，以免承包商在运作过程中增加额外成本；规定承包商提供的员工规模和素质，以防承包商不提供最优秀的员工，而是把从原来社会组织转移过去的员工又指派过来的做法；规定承包商必须对社会组织的机密资料和知识产权进行保密；规定承包商在非正常情况下终止合同时，及时提供其数据资源和其他资源，以补偿与转换承包商的相关的费用。

（2）采用第三方（法庭上的法官和陪审团）能够理解的、可计量的、可监测的方式表示合同的内容，以便社会组织与承包商之间的矛盾达到双方不能调和而非要诉诸法律时，第三方的调节能够顺利开展。

2）合作型外包合同的签订

合作式外包的风险一般比较高，其不确定性多于确定性，其中确定的内容可以按独立型外包合同的内容规定下来。不确定的内容则通过以下方法来约定。

合同中通常要规定一些条款允许承包商的报酬随着通货膨胀的变化而作出调整，同时必须规定承包商因偶发事件而承担的额外工作可以获得一定的报酬，报酬一般按照双方事先约定的价格支付，也可以使承包商的报酬与社会组织的经营绩效挂钩，从而使承包商的目标与社会组织的目标保持一致，这样，承包商便会积极使用新技术和新设备。

要通过合同规定双方的投资义务，从而支持相互之间的信任关系，而且双方从持续关系中获得的收益应当是清晰的，同时也应易于监测。

明确规定合同有效期和终止条款，规定在合同正常到期和提前终止的情况下，社会组织与承包商各自的义务与责任，这可以帮助社会组织在双方关系破裂、出现最坏的情况下挽回部分资金。

3.3　信息系统开发方法选择与设计管理

3.3.1　信息系统开发方法选择

1. 信息系统开发方法的类型

1）结构化开发方法

结构化开发方法，又称结构化生命周期法，是指用系统工程的思想和工程化的方法，按照用户至上的原则，自顶向下整体性分析与设计和自底向上逐步实施的系统开发方法，是组织、管理和控制信息系统开发过程的一种基本框架。

（1）结构化开发方法的组成。结构化开发方法由管理策略和开发策略两个部分组成。

管理策略部分强调信息系统开发的规划、进程安排、评估、监控和反馈。

开发策略部分包括四个方面：一是任务分解结构，包括系统规划、系统分析、系统设计、系统实施和系统支持；二是任务分解结构优先级结构，即系统开发所遵循的基本模式，如瀑布模型、阶梯模型、螺旋模型、迭代模型等；三是开发经验，信息系统的开发是一个实践性非常强的过程，因此，开发经验是非常宝贵的一种信息系统开发资源，如何充分地利用开发人员丰富的开发经验也应该是信息系统开发生命周期研究的内容之一；四是开发标准，信息系统开发标准通常包括活动、职责、文档、质量检验四个方面的标准。

（2）结构化开发方法的过程。结构化开发方法的过程包括四个阶段。

①信息系统规划阶段。该阶段的范围是整个业务系统，目的是从整个业务的角度出发确定信息系统的优先级。

②信息系统分析阶段。主要活动包括信息系统可行性分析和需求分析。其范围是列入开发计划的单个信息系统开发项目。目的是分析业务上存在的问题，定义业务需求。

③信息系统设计阶段。信息系统设计的目的是设计一个以计算机为基础的技术解决方案以满足用户的业务需求。总体设计的主要任务是构造软件的总体结构；详细设计包括人机界

面设计、数据库设计、程序设计。

④信息系统实现阶段。信息系统实现的目的是组装信息系统技术部件，并最终使信息系统投入运行。包括的活动有编程、测试、验收等。

（3）结构化开发方法的优点。结构化开发方法具有以下优点。

①阶段的顺序性和依赖性。前一个阶段的完成是后一个阶段工作的前提和依据，而后一阶段工作的完成往往又使前一阶段的成果在实现过程中更加具体。

②从抽象到具体，逐步求精。从时间的进程来看，整个系统的开发过程是一个从抽象到具体的逐层实现的过程，每一阶段的工作，都体现出自顶向下、逐步求精的结构化技术特点。

③逻辑设计与物理设计分开，即首先进行系统分析，然后进行系统设计，从而大大提高了信息系统的正确性、可靠性和可维护性。

④质量保证措施完备。对每一个阶段的工作任务完成情况进行审查，对于出现的错误或问题，及时加以解决，问题解决之前不允许转入下一工作阶段，也就是对本阶段工作成果进行评定，使错误较难传递到下一阶段，错误纠正得越早，所造成的损失就越小。

（4）结构化开发方法的缺点。结构化开发方法也有以下缺点。

①它是一种预先定义需求的方法，基本前提是必须能够在早期就冻结用户的需求，只适应于可在早期阶段就完全确定用户需求的信息系统。然而在实际中要做到这一点往往是不现实的，用户很难准确地陈述其需求。

②未能很好地解决信息系统分析到信息系统设计之间的过渡，即如何使物理模型如实地反映出逻辑模型的要求，通俗地说，就是如何从纸上谈兵到真枪实弹地作战的转变过程。

③该方法文档的编写工作量极大，随着开发工作的进行，这些文档需要及时更新。

④结构化开发方法的适用范围。该方法适用于一些组织相对稳定、业务处理过程规范、需求明确且在一定时期内不会发生较大变化的大型复杂系统的开发。

2）原型法

使用结构化开发方法的前提条件是要求用户在项目开始初期就非常明确地陈述其需求，需求陈述出现错误，对信息系统开发的影响尤为严重，因此，这种方法不允许失败。事实上这种要求又难以做到。人们希望有一种方法能够迅速发现需求错误。自 20 世纪 80 年代中期以来，原型法逐步被接受，并成为一种流行的信息系统开发方法。

原型法的基本思想是由开发者和用户合作，在短期内定义基本需求的基础上，开发一个具备基本功能、实验性强的、简易的信息系统模型，即原型，通过运行这个原型，不断改进，使之逐步完善，直至形成一个相对稳定的信息系统。

原型法采用了"自下而上"的开发策略，对信息系统设计一步一步地提炼并给予用户参与机会，避免了冻结需求问题，因此更容易为用户所接受。但是，如果开发人员与用户合作得不好，就会拖延信息系统开发时间。

（1）原型法的开发过程。

①进行可行性研究。对信息系统开发的意义、费用、时间作出初步的计算，确定信息系统开发的必要性和可行性。

②确定信息系统的基本要求。系统开发人员向用户了解用户对信息系统的基本需求，即信息系统应该具有的一些基本功能，人机界面的基本形式等。

③建造系统初始原型。在对信息系统有了基本了解的基础上，系统开发人员应争取尽快

地建造一个具有基本功能的信息系统。

④用户和开发人员评审。用户和开发人员一起对刚完成的或经过若干次修改后的信息系统进行评审，提出完善意见。

⑤修改系统原型。开发人员根据用户意见对原始系统进行修改、扩充和完善。开发人员在对原始系统进行修改后，又与用户一起就完成的系统进行评审，如果不满足要求，则要进行下一轮循环，如此反复地进行修改、评审，直到用户满意。

（2）原型法的支撑环境。

①方便灵活的关系数据库系统。

②与关系数据库系统相对应的、方便灵活的数据字典，它具有存储所有实体的功能。

③与关系数据库系统相对应的快速查询系统，能支持任意非过程化的（即交互定义方式）组合条件的查询。

④高级的软件工具（如4GLS或信息系统开发生成环境等），用以支持结构化程序，并且允许采用交互的方式迅速地进行书写和维护，产生任意程序语言的模块（即原型），非过程化的报告或屏幕生成器，允许设计人员详细定义报告或屏幕输出样本。

（3）原型法的优点。原型法具有以下优点：

①对信息系统需求的认识取得突破，确保用户的要求得到较好的满足；

②改进了用户和信息系统开发人员的交流方式；

③开发的信息系统更加贴近实际，提高了用户的满意程度；

④降低了信息系统开发风险，一定程度上减少了开发费用。

（4）原型法的缺点。原型法也具有以下缺点：

①对开发工具要求高；

②解决复杂系统和大型系统问题很困难；

③对用户的管理水平要求高。

（5）原型法的适用范围。原型法适用于小型、简单、处理过程比较明确、没有大量运算和逻辑处理过程的信息系统。

3）面向对象的开发方法

以前的开发方法，只是单纯地反映管理功能的结构状况，或者只是反映事物的信息特征和信息流程，只能被动迎合实际问题的需要。面向对象的方法把数据和过程封装成为对象，以对象为基础对信息系统进行分析与设计，为认识事物提供了一种全新的思路和办法，是一种综合性的开发方法。面向对象方法的出发点和基本原则是尽可能模拟人类习惯的思维方式，使信息系统开发的方法与过程尽可能接近人类认识世界、解决问题的方法与过程。由于客观世界的问题都是由客观世界中的实体及实体相互间的关系构成的，因此可以将客观世界中的实体抽象为对象。持面向对象观点的程序员认为计算机程序的结构应该与所要解决的问题一致，而不是与某种分析或开发方法保持一致，他们的经验表明，对任何信息系统而言，其中最稳定的成分往往是其相应问题域中的成分。所以，"面向对象"是一种认识客观世界的世界观，是从结构组织角度模拟客观世界的一种方法。

（1）面向对象方法的开发过程。

①进行系统调查和需求分析。对系统将要面临的具体管理问题及用户对系统开发的需求进行调查研究，即先弄清系统要干什么的问题。

②分析问题。在繁杂的问题域中抽象地识别出对象及其行为、结构、属性、方法等，一般称之为面向对象的分析。

③整理问题。对分析的结果作进一步的抽象、归类、整理，并最终以范式的形式将它们确定下来，一般称之为面向对象的设计。

④程序实现。用面向对象的程序设计语言将上一步整理的范式直接映射（即直接用程序设计语言来取代）为应用软件，一般称之为面向对象的程序设计。

（2）面向对象方法的特点。

①直接反映了人们对客观世界的认知模式。人类认识客观世界有两个基本过程：一个是从特殊到一般的归纳过程，另一个是从一般到特殊的演绎过程。

②从应用设计到解决问题的方案更加抽象化而且具有极强的对应性。

③在设计中容易与用户沟通。

④把数据和操作封装到对象之中。

⑤设计中产生各种各样的部件，然后由部件组成框架，以至于整个程序。

⑥应用程序具有较好的重用性，易改进、易维护、易扩充。

（3）面向对象方法的适用范围。面向对象开发方法是一种流行的开发方法，适用面很广。

4）计算机辅助开发方法

计算机辅助开发方法解决问题的基本思路是：在前面所介绍的任何一种信息系统开发方法中，自对象系统调查后，系统开发过程中的每一步都可以在一定程度上形成对应关系，那么就完全可以借助于专门研制的软件工具来实现上述一个个的信息系统开发过程。可见，计算机辅助开发方法是一种自动化的系统开发环境，它能够全面支持除系统调查以外的每一个开发步骤，使原来由手工完成的开发过程转变为一个由自动化工具和支撑环境支持的自动化开发过程。采用计算机辅助软件工程工具进行信息系统开发，还必须结合某种具体的开发方法，如结构化系统开发方法等。

计算机辅助开发方法具有以下特点：解决了从客观对象到信息系统的映射问题，支持系统开发的全过程；提高了软件质量和软件重用性；加快了软件开发速度；简化了系统开发过程的管理和维护；自动生成开发过程中的各种文档资料。

2. 各种开发方法的比较与选择

从国外最新的统计资料来看，信息系统开发工作的重心向系统调查、分析阶段偏移。信息系统开发各个环节工作量所占比重如表 3-1 所示。

表 3-1　信息系统开发各个环节工作量所占比重

阶　　段	调　　查	分　　析	设　　计	实　　现
工作量/%	30	40	20	10

系统调查、分析阶段的工作量占总开发量的 70% 以上。而系统设计和实现环节仅占总开发工作量的 30%。

1）结构化开发方法

结构化开发方法能够辅助管理人员对原有的业务进行理顺并优化原有业务，使其在技术手段和管理水平上都有很大提高；发现和整理系统调查、分析中的问题及疏漏，便于开发人员准确地了解业务处理过程；有利于与用户一起分析新系统中适合社会业务特点的新方法和新模型；能够对社会组织的基础数据管理状态、原有信息系统、经营管理业务和整体管理水平进行全面的分析。

2）原型法

原型法是一种快速模拟的方法。它通过模拟及对模拟后原型的不断讨论和修改，最终建立信息系统。要想将这样一种方法应用于大型信息系统的开发过程中的所有环节不太可能，故它多被用于小型局部系统或处理过程比较简单的信息系统设计到实现的环节。

3）面向对象开发方法

面向对象开发方法围绕对象来进行系统分析和系统设计，然后用面向对象的工具建立系统的方法。这种方法可以普遍适用于各类信息系统开发，但是它不能涉足系统分析以前的开发环节。

4）计算机辅助开发方法

计算机辅助开发方法是一种除系统调查外全面支持系统开发过程的方法，同时也是一种自动化（准确地说应该是半自动化）的系统开发方法。因此，从方法学的特点来看，它具有上述各种方法的特点，同时又具有其自身的独特之处——高度自动化。但是值得注意的是，在该方法的应用和计算机辅助开发工具自身的设计中，自顶向下、模块化、结构化却都是贯穿始终的。

综上所述，只有结构化系统开发方法是真正能够较全面地支持整个系统开发过程的方法。尽管其他方法也有许多优点，但都只能作为结构化系统开发方法在局部开发环节上的补充，暂时都还不能替代其在信息系统开发过程中的主导地位，尤其是在占目前系统开发工作量最大的系统调查和系统分析这两个重要环节。

3.3.2　信息系统设计管理

1. 信息系统设计的原则

信息系统设计的任务是将信息系统的逻辑模型转化为物理模型。信息系统设计应遵循以下原则。

（1）系统性原则。信息系统设计要从整个系统的角度进行考虑，系统代码要统一，设计标准要规范，传递语言要一致，实现数据或信息全局共享，提高数据重用性。

（2）灵活性原则。为了维持较长的信息系统生命周期，要求系统具有很好的环境适应性。为此，信息系统应具有较好的开放性和结构的可变性。在信息系统设计中，应尽量采用模块化结构，提高数据、程序模块的独立性，这样，既便于模块的修改，又便于增加新的内容，提高信息系统适应环境变化的能力。

（3）可靠性原则。是指信息系统抗干扰的能力及受外界干扰时的恢复能力。一个成功的信息系统必须具有较高的可靠性，如安全保密性、检错及纠错能力、抗病毒能力等。

（4）经济性原则。是指在满足系统需求的前提下，尽量节约成本。一方面，在硬件投资上不能盲目追求技术上的先进，而应以满足应用需要为前提。另一方面，信息系统设计中应尽量避免不必要的复杂化，各模块应尽量简洁，以便缩短处理流程、减少处理费用。

2. 信息系统设计的主要内容及其要求

1）代码设计

代码是代表事物名称、属性、状态等的符号。为了便于计算机处理，一般用数字、字母或它们的组合来表示代码。代码的设计和编制问题在系统分析阶段就开始考虑，在系统设计阶段才能最后确定。

代码主要有四项功能。一是代码为事物提供一个概要而准确的认定，便于数据的存储和检索，节省时间和空间。二是代码能提高数据处理的效率和精度。按代码对事物进行排序、累计或统计分析，准确高效。三是代码提高了数据的一致性。通过统一编码，减少了因数据不一致而造成的错误。四是代码是人和计算机进行信息交换的工具。

代码主要有以下类型。一是顺序码，又称系列码，是一种用连续数字代表编码对象的代码。例如，用 1001 代表张三，1002 代表李四等。顺序码的优点是简单，缺点是没有逻辑基础且不便于对代码的操作。新增加的代码只能列在最后，删除则会造成空码。二是区间码。把数据项分成若干组，每一区间代表一个组，码中数字的值和位置都代表一定意义。例如，1 代表厂长，2 代表科长，3 代表科员，4 代表生产工人等。区间码的优点是容易进行数据处理的操作，如排序、分类、检索等。这种代码的长度与分类概念有关，在编码设计时，首先要对各种代码分类进行平衡，避免造成有很长的码或有很多富余的码。三是助忆码。用文字、数字或文字与数字结合起来描述，其特点是，可以通过联想帮助记忆。

合理的编码结构是信息系统是否具有生命力的一个重要因素，在代码设计时，要求做到以下几点。一是代码在逻辑上必须满足用户的需要，在结构上应当与处理的方法相一致。例如，为了提高处理速度，往往要能够在不调出有关数据文件的情况下，直接根据代码的结构进行统计。二是代码对于所代表的事物或属性，应具有唯一性。三是设计代码时，要预留足够的位置，以适应不断变化的需要。四是代码的编制应标准化、系列化，使代码结构便于理解，较好地表达所对应事物。五是避免使用容易引起误解或易于混淆的字符。如 O、Z、I、S、V 与 0、2、1、5、U 等。六是尽量采用不易出错的代码结构，例如，字母—字母—数字的结构比字母—数字—字母的结构发生错误的机会少一些。七是多于 4 个字母或 5 个数字字符时，应分段记忆。这样在读写时不易发生错误。如 139－0307－30×× 比 139030730×× 易于记忆，并能更精确地记录下来。

2）信息系统功能结构设计

信息系统的各子系统可以看做是系统目标下层的功能。系统功能分解的过程就是一个由抽象到具体、由复杂到简单的过程。信息系统的功能结构可以用功能结构图来表示。所谓功能结构图就是按功能从属关系画成的图形，图中每一个方框称为一个功能模块。分解得最小的功能模块可以是一个程序中的每个处理过程，而较大的功能模块则可能是完成某一任务的一组程序。

经过层层分解，可以把一个复杂的系统分解为多个功能较单一的功能模块。这种把一个信息系统设计成若干模块的方法称为模块化设计方法。模块化是一种重要的设计思想，这种思想把一个复杂的系统分解为一些规模较小、功能较简单、更易于建立和修改的部分，一方面，各个模块具有相对独立性，可以分别加以设计与实现，另一方面，模块之间的相互关系（如信息交换、调用关系）则通过一定的方式予以说明，各模块在这些关系的约束下共同构成一个统一的整体，完成信息系统的功能。

功能结构设计的特点在于有很好的内聚性。内聚性是指一个程序模块执行单独而明确定义功能的适用程度。内聚性好的程序具有好的可变性和可维护性。修改执行独立功能的内聚性模块，对程序中其他功能模块的影响很小。甚至根本没有影响。相反地，如果模块完成许多功能或连接许多不同的处理过程，那么其内聚性就差，产生错误的机会增大。系统模块之间的相互联系程度叫耦合，如果是紧密耦合，系统将难以维护。大而复杂的模块不仅难以修改，而且难以重复使用。因此，功能结构设计的另一特点在于提高重用性。

系统功能结构图主要从功能的角度描述了信息系统的结构，但并未表达各功能之间的数据传送关系。事实上，信息系统中许多业务或功能都是通过数据文件联系起来的。例如，某一功能模块向某一数据文件中存入数据，而另一个功能模块则从该数据文件中取出数据。再比如，虽然在数据流程图中的某两个功能模块之间原来并没有通过数据文件发生联系，但为了处理方便，在具体实现中有可能在两个处理功能之间设立一个临时的中间文件以便把它们联系起来。上述这些关系在设计中是通过绘制信息系统流程图来表现的。

信息系统流程图是以新系统的数据流程图为基础绘制的。可以按下述思路来绘制信息系统流程图：首先为数据流程图中的处理功能画出数据关系图，然后把各个处理功能的数据关系图综合起来，形成整个系统的数据关系图，即信息系统流程图。

3）系统物理配置方案设计

随着信息技术的发展，各种计算机技术产品为信息系统的建设提供了极大的便利，可以根据应用的需要选择性能各异的软、硬件产品。系统物理配置方案设计应重点考虑以下五个方面。一是系统吞吐量，即每秒钟执行的作业数。系统吞吐量越大，则系统的处理能力就越强。系统吞吐量与系统硬、软件的选择有直接的关系，如果要求系统具有较大的吞吐量，就应当选择具有较高性能的计算机和网络系统。二是系统响应时间，即从用户向系统发出一个作业请求开始，经系统处理后给出应答结果的时间。如果要求系统具有较短的响应时间，就应当选择运算速度较快的 CPU 及具有较高传递速率的通信线路，如实时应用系统。三是系统可靠性，即系统可以连续工作的时间。例如，对于每天需要 24 小时连续工作的系统，可以采用双机双工结构方式。四是集中式或分布式。如果一个系统采用集中式的处理方式，则信息系统既可以是主机系统，也可以是网络系统，若系统处理方式是分布式的，则应采用微机网络。五是地域范围。对于分布式系统，要根据系统覆盖的范围决定采用广域还是局域网。

系统物理配置方案设计的内容如下。

（1）计算机硬件及网络选择。计算机硬件的选择主要取决于数据处理方式和运行的软件系统。信息管理对计算机的基本要求是速度快、容量大、通道能力强、操作灵活方便，但计算机的性能越高，价格就越昂贵。一般来说，如果系统的数据处理是集中式的，系统应用的主要目的是利用计算机的强大计算能力，则可以采用主机－终端系统，以大型机或中小型机作为主机。如果系统的数据处理是分布式的，则采用微机网络更为灵活、经济。对于计算机网络的选择方面，可以采用网络操作系统，如 Netware、Windows NT、UNIX 等。UNIX 历史最早，是唯一能够适用于所有应用平台的网络操作系统。Netware 网络操作系统适用于文件服务器－工作站模式，具有较高的市场占有率。Windows NT 随着 Windows 操作系统的发展和客户－服务器模式向浏览器－服务器模式延伸，是很有发展前景的网络操作系统。

（2）数据库管理系统的选择。信息系统是以数据库系统为基础的，一个好的数据库管理系统对信息系统的应用有着举足轻重的影响。在数据库管理系统的选择上，主要考虑数据库的性能、数据库管理系统的系统平台、数据库管理系统的安全保密性能、数据类型等。目前，软件市场上有许多数据库管理系统，如 Oracle、Sybase、SQL Server、Informix、FoxPro 等。Oracle、Sybase 是大型数据库管理系统，运行于客户－服务器模式，是开发大型 MIS 的首选，FoxPro 在小型 MIS 中最为流行，在大型信息系统开发中也获得了大量应用，而 Informix 则适用于中型 MIS 的开发。

（3）应用软件的选择。根据应用需求来开发信息系统最容易满足用户的特殊管理要求，但是成本较高。随着技术逐渐成熟、设计规范、管理思想先进的商品化应用软件的推广，系统设计人员面临着对应用软件的选择问题。如果直接应用商品化软件，既可以节省投资，又能够规范管理过程、加快信息系统应用的进度，就不一定要自行开发，而可以选用这些成熟的商品化软件。选择应用软件应考虑以下几个方面。一是能否满足用户的需求。根据系统分析的结果，在软件功能上应注意以下问题：系统必须处理哪些事件和数据？软件能否满足数据表示的需要？系统能够产生哪些报告、报表、文档或其他输出文件？系统要储存的数据量必须满足哪些查询需求？二是软件的灵活性。由于存在管理需求上的不确定性，系统应用环境会经常发生变化。因此，应用软件要有足够的灵活性，以适应对软件的输入、输出和系统平台升级要求。三是软件的技术支持。对于商品化软件，稳定的技术支持是必需的。这一方面是为了保证软件能够满足需求的变化，另一方面是便于今后的升级。

4）输出设计和输入设计

输出是信息系统产生的结果或提供的信息。对于大多数用户来说，输出是信息系统开发目的和使用效果评价的标准。尽管有些用户可能直接使用信息系统或从信息系统输入数据，但都要应用信息系统输出的信息，输出设计的目的正是为了正确及时地反映和组成用于生产和服务部门的有用信息，因此，信息系统设计过程与实施过程相反，是从输出设计到输入设计。即先确定要得到哪些信息，再考虑为了得到这些信息，需要准备哪些原始资料作为输入。

（1）输出设计。输出设计的内容包括：有关输出信息使用方面的内容，如信息的使用者、使用目的、报告量、使用周期、有效期、保管方法和复写份数等；输出信息的内容，如输出项目、位数、数据形式；输出格式，如表格、图形或文件；输出设备，如打印机、显示器、卡片输出机等。在信息系统设计阶段，设计人员应给出系统输出的说明，这个说明既是将来编程人员在软件开发中进行实际输出设计的依据，也是用户评价信息系统实用性的依据。输出主要有以下几种。一是表格信息。表格信息以表格的形式提供，一般用来表示详细的信息。二是图形信息。信息系统用到的图形信息主要有直方图、饼图、曲线图等。图形信息在表示事物的趋势、多方面的比较等方面有较大的优势，可以充分利用大量历史数据的综合信息，表示方式直观，常为决策用户所喜爱。三是图标。图标也用来表示数据间的比例关系和比较情况，由于图标易于辨认，无需过多解释，在信息系统中的应用也日益广泛。输出报告给出了各常量、变量的详细信息，也给出了各种统计量及其计算公式、控制方法。设计输出报告时要注意以下几点：一是方便使用者；二是要考虑信息系统的硬件性能；三是尽量利用原信息系统的输出格式，若需修改，应与有关部门协商，征得用户同意；四是输出表格要考虑信息系统发展需要，例如，是否在输出表中留出位置，满足将来新增项目需要；五是输出的格式要根据硬件能力，并试制输出样品，经用户同意后才能正式使用。保持输出内容和格式的统一性，可以提高信息系统的规范化程度和编程效率。对于同一内容的输出，在显示器、打印机、文本文件和数据库文件上都应具有一致的形式。

（2）输入设计。输入数据的正确性直接影响处理结果的正确性，如果输入数据有误，即使计算和处理过程正确，也无法获得可靠的输出信息。同时，输入设计决定着人机交互的效率。输入设计包括数据规范和数据准备过程，提高效率和减少错误是两个最根本的原则。具体要求包括以下方面。一是控制人工输入量。由于数据录入工作一般需要人的参与,数据输入速度与计算机处理比较起来相对缓慢,信息系统在大多数时间都处于等待状态,效率显著降低,增加了信息系统的运行成本。因此,在输入设计中,应尽量控制人工输入数据总量。在实际输入数据时,只需输入基本数据,其他的数据可以通过计算由信息系统自动产生。二是减少输入延迟。输入数据的速度往往成为提高信息系统运行效率的瓶颈,为减少延迟,可以采用周转文件、批量输入等方式。三是减少输入错误。输入设计中应采用多种输入校验方法和有效性验证技术,减少输入错误。四是避免额外步骤。应尽量避免不必要的输入步骤。五是简化输入过程。输入设计在为用户提供纠错和输入校验的同时,保证输入过程简单易用。

5) 文件与数据库设计

信息系统基于文件系统或数据库系统,而文件是存放信息系统中要处理的或要维护的数据的基本方式。文件设计就是根据文件的使用要求、处理方式、存储量、数据的活动性及硬件设备条件等,合理地确定文件类别,选择文件介质,决定文件的组织方式和存取方法。

(1) 文件设计。设计文件之前,首先要确定数据处理的方式、文件的存储介质、计算机操作系统提供的文件组织方式、存取方式和对存取时间、处理时间的要求等。文件设计通常从设计共享文件开始,这是因为共享文件与其他文件的关系密切,先设计共享文件,其他文件中与它相同的数据项目就可以用它作基准,尽量求得一致。文件由记录组成,所以设计文件主要是设计文件记录的格式。例如,每一数据项的名称、变量名、类型、宽度和小数位等。记录设计中还应注明记录由哪个程序形成,又输出到哪个程序。文件设计还应考虑文件的管理问题。

(2) 数据库设计。数据库设计是在选定的数据库管理系统基础上建立数据库的过程。数据库设计除用户要求分析外,还包括概念结构设计、逻辑结构设计和物理结构设计等三个阶段。在信息系统开发过程中,数据库设计的几个步骤与系统开发的各个阶段相对应。例如,用户需求分析↔系统分析(详细调查);概念结构设计↔系统分析(逻辑设计);逻辑结构设计↔系统设计;物理结构设计↔系统设计。

6) 处理流程图设计

信息系统的处理流程图是信息系统流程图的展开和具体化,所以其内容更为详细。在信息系统流程图中,只是给出了每一处理功能的名称,而在处理流程图中,则需要使用各种符号具体地规定处理过程的每一个步骤。信息系统中每一个功能模块都可以作为一个独立子系统分别进行设计。由于每个处理功能都有自己的输入和输出,对处理功能的设计过程也应从输出开始,进而进行输入、数据文件的设计,并画出较详细的处理流程图。

3.4 信息设备采购与招标管理

信息设备是组成信息系统的硬件,是信息系统必不可少的重要组成部分,其质量好坏直接关系到信息系统的性能和运行寿命,因此,必须加强信息设备采购管理。

3.4.1　信息设备采购管理概述

1. 信息设备采购的基本要求

1）符合国家有关政策法规

信息设备的采购应以国家和地方相关的政策法规为指导，不得违反相关政策和法规。如政府机关信息设备采购应遵循《中华人民共和国政府采购法》；若采用招标方式采购，应遵循《中华人民共和国招标投标法》；政府机关信息设备招标采购，应遵循《政府采购货物和服务招标投标管理办法》。

2）选择最佳的供应商

供应商的好坏直接影响到商品的质量、价格和售后服务的提供，因此必须慎重选择供应商，应向信誉良好、供货质量合格的供货商采购。

3）争取最优惠的价格

在保证信息设备质量的前提下，若想要得到最优惠的价格，势必要运用一些小技巧。"货比三家"是首要步骤，另外也可通过大盘商进货，或是签订互惠契约、以现金支付、自行进口、自行运送等方法，有效降低货款，节省营运成本。

4）获得最正确的设备

采购规格标准是根据客户的特殊需要，对所要采购的各种设备作出的详细具体的规定，如品牌、配置、性能、大小、数量、外观要求、质保期等。建立采购标准能帮助采购人在众多货品中挑选出合适的一种。采购标准除了文字叙述外，必要时也可以用图片或照片加以说明，供应商在按图索骥的情况下，错误供货的机率将大为降低。

2. 信息设备采购方式的选择

采购的方式可分为邀请招标采购、竞争性谈判采购、询价采购和单一来源采购。邀请招标采购是指招标人以投标邀请书的方式邀请三个以上特定的供应商投标的采购方式。竞争性谈判采购是指采购单位直接邀请三家以上的供应商就采购事宜进行谈判的采购方式。询价采购是指对三家以上的供应商提供的报价进行比较，以确保价格较低的采购方式。单一来源采购是指向供应商直接购买的采购方式。

为了实现公平竞争，杜绝暗箱操作等腐败现象，越来越多的信息设备采购都是通过各种形式的招标来实现的，这和以往领导拍板决定有很大的不同。招标主要有以下三种形式。一是内部招标。由采购单位自己成立招标工作小组，组织采购招标过程，制定招标需求和评标的标准，组织有关的专家（主要是内部专家，有时也请外部专家）成立评标小组进行评标，由工作小组将整体情况向领导汇报，最终结果由有关领导根据评标工作小组的汇报来决定。这种内部招标的方式，严格来说不能算是招标，除非该采购单位本身具备招标的资质并能够从事招标工作。二是有限招标。有限招标即邀标，对有限候选人发出招标邀请，只允许选定的候选人参加投标。在邀标过程中，一般由采购单位选定招标公司，由招标公司组织编写招标文件（其实主要还是依靠建设单位），向建设单位确定的候选人发出招标邀请，在评标过程中，由招标公司选择外部专家，并按一定比例邀请建设单位专家（不超过三分之一），共同组成评标小组，根据评标小组的评标意见，编写评标报告提交给建设单位，通知建设单位评标结果。建设单位根据评标结果与中标人进行商务谈判。整个招标过程都是由招标公司负责组织。三是公开招标。由建设单位选定招标公司，通过招标公司发布招标公告，一般要求先进行资格预审，以保证以后参加正式投标的投标人在基本条件（一般是公司实力、产品等方面）满足要求，避免给以后评标工作带来过多的无效工作量。招标公司根据各方提交资格预审文件，筛选出符合资格要求的候选人，通知他们参加投标。投标人正式中标后，其组织过程和邀标过程基本相同。

3. 信息设备采购方案的编制

在采购前必须制订详尽和实施性强的采购方案，这样才能保证采购工作能按计划顺利实施。编制设备采购方案，要根据建设项目的总体计划和相关设计文件的要求，采购的设备必须符合设计要求。方案要明确设备采购的原则、范围、内容、程序、方式和方法，采购方案中要包括采购设备的类型、数量、质量要求、周期要求、市场供货情况、价格控制要求等因素。从而使整个设备采购过程符合项目建设的总体计划，设备满足质量要求，设备采购方案最终需获得建设单位的批准。根据设计文件、需要采购的设备编制拟采购的设备表及相应的备品配件表（含名称、型号、规格、数量、主要技术性能、交货期）和这些设备相应的图纸、数据表、技术规格说明书、其他技术附件等。

3.4.2 信息设备的招标管理

1. 招标前的准备

招标单位为了在招标中获取最佳结果，需要花费大量的人力财力，做好充分的准备工作。招标前的准备工作具体包括：广泛搜集投标信息、提交各种招标文件等。

1）招标信息的搜集

招标信息是指为决定进行招标所需了解的情况，具体包括招标项目名称、招标工程的大致内容、招标日程安排和招标者名称等。招标单位要派人与投标者进行联系，目的是了解投标者的总体计划与条件；与本国驻国外的商务机构保持经常联系；选择并利用当地代理人。

2）招标文件的准备

招标文件是法律文件，除了相关的法律法规外，在招标的全过程中招标单位、投标单位、招标代理机构共同遵循的游戏规则就是招标文件，这是参加招标工作三方人士必须遵循的法律文件，具有法律效力，所以编制招标文件的人员须有法律意识和素质，在招标文件中体现出公平、公正、合法的要求，对投标单位有什么要求，如何评标，如何决标，招标程序是什么，都在招标文件中作出规定。

按照有关招标投标法律法规与规章的规定，招标文件一般由以下七项基本内容构成：招标公告或投标邀请书；投标人须知（含投标报价和对投标人的各项投标规定与要求）；评标标准和评标方法；技术条款（含技术标准、规格、使用要求及图纸等）；投标文件格式；拟签订合同主要条款和合同格式；附件和与其他要求投标人提供的材料。

2. 招标工作的程序

1）发出招标公告或者投标邀请书

实行公开招标的信息系统建设单位应通过国家指定的报刊、信息网络或者其他媒介发布信息设备招标公告。任何认为自己符合招标公告要求的信息系统开发商都有权报名并索取资格审查文件，招标单位不得以任何借口拒绝符合条件的投标单位报名。采用邀请招标的，招标单位应当向三个以上具备承担招标项目的能力、资信良好的信息系统开发商发出投标邀请书。

2）对参加投标报名单位进行资格审查

资格审查是保证项目保质保量地完成的必要手段。信息系统建设单位必须高度重视资格审查工作，加强对参加投标报名单位的资格审查。招标前，应对参加投标报名单位的资质、信誉、履约能力、资金准备、技术保障措施、人员设备状况等进行考察。资格审查主要是对其资质证书及其相关证件，诸如安全生产许可证、工商营业执照、税务登记证、法定代表人证书、项目经理资质证书等进行审查。

通过资格审查，选择较好的单位作为投标参与方，参与投标的单位在同一管理水平上进行竞争，避免管理差、能力弱、价格过低的单位入围，这样才能进行真正的公平竞争。投标单位的数量对招标有较大的影响，如果投标单位太多，反而浪费了招标单位的资源和精力，分散了评标专家的注意力，影响了对最合格投标人的评价时间，结果很可能评选出来的不是最合适的承包人选；另外，可能会有一些有实力的投标单位会认为投标单位多将导致本单位的中标概率降低，交易成本提高而退出本次招标活动，这就有背于招标的初衷。

3）进行招标辅导

这里说的招标辅导是指进行详细的招标交底，把招标文件中有关废标的条款详细解释，让投标单位清楚、注意。不要因为细节规定导致废标，导致使有效标数量达不到要求而使招标失败、反复。将项目的特点、招标方的特殊要求进行详细介绍，引起投标方注意，避免因为要求不清楚或歧义导致各方报价过低或者过高。加强与投标方交流，这个过程是增加双方彼此了解、熟悉，增强各方信心的过程。同时也是熟悉各投标方的优劣势、优缺点，彼此了解对方习惯的过程，同时，为以后合作伙伴关系打下基础。

招标辅导可以大大降低有效标数量风险和投标报价过高、过低的风险。让投标单位清楚地知道招标单位的要求，并根据招标单位的要求进行报价；明确投标中须注意的细节，避免因为格式等细节问题导致废标情况的发生，如多家单位因为这些导致废标，那么招标失败，须从新进行招标。

4）发放招标文件

招标单位应在招标公告、投标邀请书或资格预审合格通知书中载明获取招标文件的办法，如果是公开招标，招标单位应当首先将招标文件报招投标管理机构审查并备案，审查合格后方可发出。

5）开标、评标与定标

开标、评标与定标应当按照招标文件的规定进行。公开招标的项目评委由政府招标管理机构从其专家数据库随机抽取的专家和招标单位代表组成，其中招标单位代表不能超过总人数的三分之一。评标委员会由招标人的代表及其聘请的技术、经济、法律等方面的专家组成，总人数一般为 5 人以上单数，其中受聘的专家不得少于三分之二。与投标人有利害关系的人员不得进入评标委员会。

开标会议由招标单位或者招标代理机构组织并主持；开标会结束后经招标单位初步审查符合规定的投标文件送入评标委员会进行评标；评标应坚持客观公正、平等、科学、合理、自主和注重信誉的原则，评标委员会应按照招标文件中规定的评标标准、办法对投标文件进行评审。

招标人应当自确定中标人 15 日内向招投标管理机构提交招标投标情况书面报告。

6）确定中标单位并发放中标通知书

招投标管理机构自收到评标书面报告之日起 5 日内未通知招标单位在招标投标活动中有违法行为的，招标单位可以向中标单位发出中标通知书，并将中标结果通知所有未中标的投标单位。中标通知书的实质性内容应当与中标单位的投标文件的内容相一致。

3. 评标的关键指标

在评标过程中，虽然不同的需求会有不同的评标标准，但是有一些主要的考虑因素，是任何建设单位都不能忽略的。

1）投标单位的综合实力

投标单位的综合实力主要分成两类：存续能力和带来附加价值的能力。建设单位在招标过程中，一定要求最终的中标单位具备足够的存续能力，能够支持长期的产品发展，包括产品的不断升级换代和产品的售后服务，至少其产品的生命周期不短于建设单位使用该产品的时间。为此，公司的规模、发展战略、经营管理状况、融资能力等，都会成为考察的内容。在附加价值方面，如果投标人在其他方面具有对建设单位未来发展非常有帮助的附加价值，那么建设单位会更愿意与这样的公司建立合作关系。

2）产品与特定需求的符合性

这是评标过程中最主要的考察内容。评标小组会根据招标文件的要求，设定评标条件，在产品特性方面设定许多细致的评比条件。这就需要投标人能够认真阅读招标文件，深入理解用户的需求，想用户所想，充分表达出其产品与需求的符合性。

3）投标单位的项目实施能力

根据不同招标内容，所要求的执行能力也会有差别。例如，及时供货能力、技术支持能力、专业技术能力、项目管理能力、长期支持服务能力等。这就需要根据具体标的分析出必须具备的能力，并向建设单位清晰地阐明如何具备这样的能力。例如，在集成项目中，公司的技术力量就是一个重要内容，可以通过提交有关技术骨干的简历来证明公司的技术实力。

4）投标单位的行业经验

这一点已经受到广泛的重视，具备行业经验，对于产品与特定需求的符合性，对合同执行能力，都是非常有力的佐证。因为在一个行业当中，许多需求具有相似之处，如果中标人具备行业经验，就会在与建设单位的沟通方面，在理解需求方面，大大降低双方的成本。

5）价格因素

虽然在所有的招标文件中都会说明价格最低不是中标条件，但无论如何价格因素在评标过程中都会占很大比重。这也是在评标过程中最显而易见的硬指标。

3.4.3　信息设备的验收

信息设备的验收工作是质量检验第一关，也是检验合同执行情况的关键，验收工作要严格按照有关要求和程序进行。设备到货以后，要及时进行验收，避免验收不及时造成不应有的损失。验收时需要对合同中订购设备的数量、质量、附件等内容做全面的检查。

1. 信息设备到货验收前的准备

1）选择合适的验收人员

负责验收的人员应当具备高度的工作责任心和一定的专业水平，一般由设备的维修工程技术人员、设备管理人员（如采购员、设备档案管理员等）和有关使用人员组成。

2）准备验收资料

验收资料准备主要是收集与到货设备筹备有关的文件资料，如招标文件、订货合同、合同备忘录、运输提货单、装箱单、商检单据等。

3）阅读招标文件和订货合同

通过详细阅读招标文件和订货合同，熟悉相关文件及技术资料，了解设备的各项技术性能。参考厂家验收规程拟订相应的验收程序，并对关键技术指标的检测方法认真研究。

2. 信息设备验收程序

1）设备包装与设备外观检查

根据订货合同核对商标、收货单位名称、品名、箱号、箱总件数等有关的外包装标记及批次是否相符，有无油污、水渍等情况，对不可倾斜运输的设备需检查外包装上倾斜运输的"变色"标记是否变色。检查设备表面是否清洁、外壳是否有划痕，各按钮旋键是否无损、新旧程度如何等。设备包装情况和外观情况如果出现与合同不符或者有破损时，必须做好现场记录，记入验收报告并拍照或录像以便分清责任。拍照和录像应能表达破损的各个方向与部位。

2）设备数量及附件清点

以合同为依据，按装箱单或使用说明书上的附属器材或零配件的名称、规格型号、数量等逐项进行核对并作记录。如出现数量或实物与单据不符的，应当做好记录并保留好原包装，便于向厂方要求补发或索赔。包装箱内应有下列文件：使用手册及出厂鉴定证书、检验合格证、维修手册、维修电路图纸等。

3）设备技术性能检查

技术性能检查是指对信息设备的功能配置与技术性能指标进行检测，功能配置验收应以招标文件和合同要求的各项功能为依据，要求对各项功能进行逐项的操作演示，出现不符时要做好记录，检测报告应由参加检测的各方共同签字确认。

4）填写验收报告

验收报告应由使用科室、设备科与厂商代表三方验收人员签字认可。在验收过程中，所有与合同要求不符的情况都应当做好记录填写到验收报告上，并拍照或录像以备索赔，所有的文件资料及商检报告、验收报告由设备档案管理员收集并整理及时建档保存。

3.5 信息系统实现与验收管理

3.5.1 信息系统实现管理

信息系统实现是按照预先的设计具体地实现信息系统的过程，具体包括信息系统的编码、信息系统的安装调试、信息系统的测试等工作。在信息系统实现过程中，应做好相应的管理工作。

1. 信息系统编码管理

1）信息系统编码工作的任务与要求

编码工作的任务是：实现软件设计功能，运用程序设计语言，编写出编程风格好、程序效率高和代码安全的计算机程序。这反映在软件编码的可追踪性和完备性上，软件编码的独立性、数据规则、处理规则、异常处理规则和表示法规则反映在项目软件过程的编程风格中。

编码工作的要求是：①遵循开发流程，在设计的指导下进行代码编写；②代码的编写以实现设计的功能和性能为目标，要求实现设计所要求的功能，达到设计所规定的性能；③程序具有良好的程序结构，提高程序的封装性，减低程序的耦合程度；程序可读性强，易于理解；④软件的可测试性好，便于调试和测试，易于使用和维护，具有良好的修改性和扩充性，可重用性强，移植性好，占用资源少，以低代价完成任务；⑤软件在不降低程序可读性的情况下，尽量提高代码的执行效率。

2）信息系统编码管理的目标与内容

信息系统编码管理的主要目的是为了控制软件编码的工作进度，监督软件编码的编程风格和质量，使软件编码工作能可靠、高效地实现软件设计的目标，同时符合承建单位的软件过程规范的要求。

软件编码管理的活动内容主要包括：①促使承建单位将合适的软件编码工程方法和工具集成到项目定义的软件过程中；②保证承建单位依据项目定义的软件过程，对软件编码进行开发、维护、建立文档和验证，实现软件需求的软件设计；③跟踪和记录软件编码产品的功能和质量。

2. 信息系统安装调试管理

1）安装调试费用的预算

要想使软硬件设备安装调试工作顺利实施和完成，必须事先认真做好安装调试费用预算工作。安装调试费用包括：运输费、安装费、调试费和其他费用。

（1）运输费预算。管理部门应根据软硬件设备的体积、解体装运对象的数量和质量，安排不同运输能力的车辆，并确定各种运输车辆的车次。然后，按相应运输车辆的吨公里运费、被运物的搬运里程计算运输费用，也可根据运输车辆的台班费定额和使用台班计算运费。在预算运输费用时，还要估算装卸、捆扎费等，因为这些也是运输过程必然发生的费用。

（2）安装费预算。根据待安装软硬件的种类列出相应的安装基座、所用材料及人工使用量，然后参照工程预算定额给出的基价，计算其费用。

（3）调试费预算。在软硬件设备调试过程中，除了设备运行必需的动力（如电力等）外，还需一定量的耗材（如磁带、磁盘、光盘等）。调试费一般由电力费、材料费、人工费、管理费等组成，各组成费应按各自的单价和用量计取。

（4）其他费用。包括设备初到时的看管费、管理费等。其他费用的预算应根据实际情况进行。

2）人员组织与技术培训

软硬件设备一般精密、昂贵，初次安装调试中的技术工作必须由供应厂商派出的技术人员负责（这也是供应厂商方面完成交货必须履行的义务）。信息系统建设单位在供应厂商调试工程师来之前，应该进行尽可能周密的工作安排。如选配操作人员，成立安装调试协调组（由有关行政领导、技术负责人员组成），调配安装调试所需的辅助工具、人员。

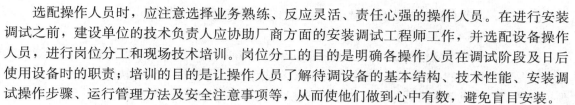

选配操作人员时，应注意选择业务熟练、反应灵活、责任心强的操作人员。在进行安装调试之前，建设单位的技术负责人应协助厂商方面的安装调试工程师工作，并选配设备操作人员，进行岗位分工和现场技术培训。岗位分工的目的是明确各操作人员在调试阶段及日后使用设备时的职责；培训的目的是让操作人员了解待调设备的基本结构、技术性能、安装调试操作步骤、运行管理方法及安全注意事项等，从而使他们做到心中有数，避免盲目安装。

3）信息系统安装施工

安装过程中，应随时对信息系统主机的各组成部件及附属设备做外观质量检查。安装现场要由专人负责指挥。吊装笨重装置时，必须采取相应安全防范措施。安装人员要全部配戴安全帽，安装工作要按顺序进行。安装要分工协作，如机械部分由机械人员负责安装，电气部分由电气人员负责连接。安装后，应对设备安装的完整性、合理性、安全性等进行检查。

4）信息系统调试

（1）调试过程。对安装好的信息系统尽快进行调试。调试前，要再次检查安装的完整性、合理性、安全性等，以便调试工作安全、顺利进行。调试主要是试验信息系统的工作质量、操作性能、可靠性能、经济性能等。

（2）撰写安装调试技术报告。撰写安装调试技术报告是信息系统初次安装调试后进行技术、资产及财务验收的主要依据之一，是一项必须做好的工作。安装调试报告应以读者能再现其安装、调试过程，并得出与文中相符的结果为准则。设备安装调试技术报告作为一种科技文件，其内容比较专深，应详略得当、主次分明，不要像流水账一样，把某年某月做了些什么调试统统写入报告，使人不得要领。在安装调试技术报告的结尾，要向曾给安装调试工作以帮助、支持或指导的人及部门致以谢意。

3. 信息系统测试管理

1）单元测试

单元测试也称模块测试。在模块编写完成且无编译错误后就可以进行。

单元测试的内容包括：软件单元的功能测试；软件单元的接口测试；软件单元的重要执行路径测试；软件单元的局部数据结构测试；软件单元的语句覆盖和分支覆盖测试；软件单元的错误处理能力、资源占用、运行时间、响应时间等方面的测试。

单元测试的成果包括：单元测试报告，包括测试记录、测试结果分析；软件问题报告单和软件修改报告单；与软件修改报告单一致的，经过修改的全部源程序代码；回归测试的测试记录和测试结果。

2）集成测试

集成测试也称组装测试，是指对将模块按系统说明书的要求组合起来的子系统进行测试。当被集成的软件单元无错并通过编译，通过代码审查，通过单元动态测试并达到测试要求，已置于软件开发单位的配置管理受控库，已具备了集成测试计划要求的软件组装测试和测试工具时，可进行集成测试。

集成测试主要是验证软件单元组装过程和组装得到的软件部件，重点检查软件单元之间的接口，测试的主要内容有：在把各个模块连接起来的时候，穿越模块接口的数据是否会丢失；一个模块的功能是否会对另一个模块的功能产生不利影响；各个子功能组合起来，能否达到预期要求的功能；全局数据结构是否有问题；单个模块的错误是否会导致数据库错误。

集成测试的成果包括：集成软件测试报告；软件使用说明；所有软件问题报告单和软件

修改报告单；与软件修改报告单一致的、经过修改的全部源程序代码。

3）确认测试

确认测试又称有效性测试，其任务是验证软件的有效性，即验证软件的功能和性能及其他特性是否与用户的要求一致。当软件完成了集成测试且可运行，所有软件代码都在配置管理控制下，已经具备了合同规定的软件确认测试环境时，可进行确认测试。

软件需求说明书描述了全部用户可见的软件属性，是软件确认测试的基础。在确认测试阶段需要做的工作有：进行有效性测试及软件配置复审。有效性测试是在模拟的环境（也可能是实际开发的环境）下，运用黑盒测试的方法，验证被测软件是否满足需求说明书列出的需求，通过实施预定的测试计划和测试步骤，确定软件的特性是否与需求相符，确保所有的软件功能需求都能得到满足，所有的软件性能需求都能达到，所有的文档都是正确且便于使用。同时，对其他软件需求，如可移植性、兼容性、出错自动恢复、可维护性等，也都要进行测试，确认是否满足。软件配置复查的目的是保证软件配置的所有成分都齐全，各方面的质量都符合要求，具有维护阶段所必需的细节，而且已经编排好分类的目录。除了按合同规定的内容和要求，由人工审查软件配置之外，在确认测试的过程中，应当严格遵守用户手册和操作手册中规定的使用步骤，以便检查这些文档资料的完整性和正确性，必须仔细记录发现的遗漏和错误，并且适当地补充和改正。

确认测试的成果包括：软件确认测试分析报告，含所有的软件确认测试结果；所有软件问题报告单和软件修改报告单；与软件修改报告单相一致的，经过修改和回归测试的全部源程序代码；经过修改的软件产品使用说明。

4）系统测试

所谓系统测试是将通过确认测试的软件，作为整个信息系统的一个元素，与计算机硬件、外设、某些支持软件、数据和人员等其他系统元素结合在一起，在实际运行（使用）环境下，对信息系统进行一系列的组装测试和确认测试。当完成并通过软件确认测试，所有软件产品都在配置管理控制下，已经具备了软件系统测试环境时，可进行系统测试。

系统测试的目的在于通过与信息系统的需求定义作比较，发现软件与信息系统定义不符合或与之矛盾的地方。系统测试的测试用例应根据需求说明书来设计，并在实际使用环境下来运行。根据软件的安全性等级和软件规模等级，选择进行信息系统的功能性测试、可靠性测试、易用性测试、效率测试、维护性测试和可移植性测试。

系统测试一般由专门委托的测试机构进行，需要对所有软硬件进行以功能为主的测试工作（必要情况下附加性能测试），需要对测试情况进行记录并进行错误的修改与回归测试，在测试完成后要根据测试全过程的情况编写正式的系统测试报告。

系统测试的成果包括：系统测试报告，包括测试记录和测试结果分析；软件问题报告和软件变更报告；回归测试的测试记录。

3.5.2　信息系统验收管理

信息系统验收阶段是全面验证和认可信息系统实施成果的阶段。信息系统验收阶段的主要任务是通过验收测试，发现并纠正信息系统潜在的问题，系统地验证工程设计的各项技术指标。由于信息系统的特殊性，在进行信息系统验收时，有必要坚持以测试为基础、以事实为依据开展验收工作。

1. 信息系统验收的组织机构及人员组成

由建设单位与监理单位协调成立专门的验收工作组，作为验收的组织机构。验收工作组一般不少于 5 人（单数）组成，设主任 1 人，委员若干人。验收工作组由建设单位代表、监理单位代表、承建单位代表及邀请的技术专家组成员组成。验收工作组的任务是：判定所验收的系统是否符合"合同"的要求；审定验收环境，验收环境应与建设单位的实际运行环境一致，验收环境按"合同"或"验收方案"规定；审定验收测试计划，对信息系统验收测试组制订的验收测试计划进行审定，以保证测试计划能满足验收要求；组织验收测试和配置审核，进行验收评审，并形成验收报告。验收委员会有权要求建设单位、监理单位及承建单位对开发过程中的有关问题进行说明，有权决定信息系统是否通过验收。

2. 信息系统验收的时间、地点和条件

信息系统应在合同书（或承诺书）规定的时间内竣工，验收工作一般应在信息系统竣工后的半年内进行。如不能按规定时间验收，承建单位应通过主管部门或直接向建设单位提出延迟验收申请，说明延迟验收的理由，待批准后方可延期。

信息系统验收地点应符合合同或验收方案规定。若在承建单位进行，承建单位应提供验收计划中要求的设备、资源和各种条件；若在建设单位进行，则建设单位必须提供相应的设备、资源和各种条件，并预先通知承建单位提供其应提供的设备和支持软件。

在开发过程中，由于受市场及技术等原因的影响，信息系统建设方案有可能需要做适当调整。经主管部门或建设单位批准调整的，按批准调整后所确定的开发内容、目标和完成时间进行验收，涉及重大调整时由主管部门根据调整情况决定是否收回开发资金。

3. 信息系统验收的过程

1）验收准备

（1）验收资料的准备与提供。承建单位在信息系统竣工后，向主管部门上报如下验收资料：信息系统验收申请表、信息系统验收总结报告（包括技术总结）、信息系统决算报告或有资质的中介机构出具的专项审计报告、信息系统开发中所获得的成果等。建设单位应对所有提供验收的报告、资料和相关数据的真实性、可靠性负责；验收工作组或中介机构应对验收结论与评价的准确性负责，并应保守与验收项目有关的技术秘密。

（2）验收计划。根据招标书和合同中对信息系统集成的要求、系统集成商的系统集成方案，由信息系统验收工作组制订验收计划。验收计划应包括：对购买的所有设备到货验收的确认；对所有采购的设备测试记录进行确认达到了合同和标书的要求；对所有局域网和广域网进行测试。

2）验收测试

（1）测试的前提条件。在真正进行验收测试之前一般应该已经完成了以下工作（也可以根据实际情况有选择地采用或增加）：软件开发已经完成，并全部解决了已知的软件缺陷；验收测试计划已经过评审并批准，并且置于文档控制之下；对软件需求说明书的审查已经完成；对概要设计、详细设计的审查已经完成；对所有关键模块的代码审查已经完成；对单元、集成、系统测试计划和报告的审查已经完成；所有的测试脚本已完成，并至少执行过一次，且通过评审；使用配置管理工具且代码置于配置控制之下；软件问题处理流程已经就绪；已经制定、评审并批准验收测试完成标准。

（2）测试工作实施。具体的测试内容通常可以包括：安装（或升级）、启动与关机、功能测试（如正例、重要算法、边界、时序、反例、错误处理）、性能测试（如正常的负载、容量变化）、压力测试（如临界的负载、容量变化）、配置测试、平台测试、安全性测试、恢复测试（如在出现掉电、硬件故障或切换、网络故障等情况时，系统是否能够正常运行）、可靠性测试等。性能测试和压力测试一般情况下是在一起进行，通常还需要辅助工具的支持。在进行性能测试和压力测试时，测试范围必须限定在那些使用频度高和时间要求苛刻的软件功能子集中。由于承建单位已经事先进行过性能测试和压力测试，因此可以直接使用承建单位的辅助工具，也可以通过购买或自己开发来获得辅助工具。

3）验收评审

在完成验收测试和配置审核的基础上，召开评审会，进行综合评价。评审会在综合评价验收测试和配置审计结果的基础上，根据验收准则，给出验收结论。信息系统验收结果报告应包括：对所验收信息系统提出结论性意见，通过还是不通过，不通过的部分要采取什么样的措施；每一个验收成员应该签字。验收结论分为"验收合格"、"需要复议"、"验收不合格"三种。按期完成合同书（或承诺书）约定的各项建设内容和建设目标，资金使用合理，提供的验收文件和资料齐全、数据真实，为验收合格。建设内容和建设目标基本完成，但验收文件、资料不齐全，验收结论争议较大，为需要复议。被验收项目存在下列情况之一的，为验收不合格，不予通过验收：未按合同书（或承诺书）要求完成预定的建设内容和建设目标，且差距较大；提供的验收文件、资料、数据不真实；擅自修改合同书（或承诺书）中的考核目标和内容；实施过程中出现重大问题，但未能解决和作出说明，或研究过程及结果等存在纠纷尚未解决。验收报告应详尽地记录验收的各项内容、评价与验收结论，验收委员会全体成员应在验收报告上签字；根据验收委员会表决情况，由验收委员会主任在验收报告上签署意见。

4）验收的后续管理

通过验收的信息系统，由验收单位统一下达《信息系统验收意见书》。需要复议的信息系统，承建单位应在接到通知的 30 个工作日内提出复议申请，验收委员会根据项目具体情况重新履行验收手续。不同意验收的信息系统，承建单位在接到通知的半年内，经整改完善有关计划及文件资料后，可再次提出验收申请。信息系统验收完成后，承担单位应在通过验收后的 15 个工作日内，及时办理验收证书的有关手续，并提供验收证书的电子文档。验收证书由主管部门统一编号，并加盖公章。

本章小结

1. 信息系统需求分析就是通过调查研究，确定国家、地区、行业或社会组织需要开发什么样的信息系统，列出信息系统应该具备的各种功能，并提出系统开发的实现条件。信息系统需求分析的内容包括：功能需求、性能需求、资源和环境需求、可靠性需求、安全保密要求、用户界面需求、可扩展性需求。

2. 信息系统的可行性分析就是在现实的基础上，从技术、经济和社会因素等方面研究并且论证信息化系统建设的可行性。可行性研究的目的是用最小的代价，在最短的时间内确定问题能否解决，即能否找到一个信息化建设的切实可行的解决方案。

3. 信息系统立项管理就是根据实际需求确定信息系统设计目标和项目范围、功能、运行环境、投资预算和竣工时间等，并报上级管理部门审批。所以，信息系统立项管理是信息系统组织实施的重要内容。信息系统立项管理的流程如下：制订立项方案；提出立项申请；进行立项审批。

4. 信息系统开发的基本方式有：购置商品化软件、自行开发、合作开发、委托开发、租赁方式。

5. 信息系统开发外包是指社会组织根据市场与自身资源的评估，为了更好地合理利用社会组织内外的资源、控制成本、转移风险而将信息系统开发中的某个或某几个环节交给组织外的独立方完成的一种信息系统开发方式。信息系统开发外包管理的内容包括：信息系统开发外包决策分析、外包范围的选择、外包方式的选择、承包商的选择、外包合同的签订。信息系统开发外包决策分析方法有外包的 SWOT 分析法和三角度因素分析法。从外包的范围上看，外包可以分为信息技术零外包、信息技术整体性外包和选择性信息技术外包三种。外包方式有独立式外包和合作式外包两种可供选择。

6. 信息系统开发的常见方法有结构化开发方法、原型法、面向对象的开发方法和计算机辅助开发方法。结构化系统开发方法是真正能够较全面地支持整个系统开发过程的方法，其他方法只能作为结构化系统开发方法在局部开发环节上的补充。

7. 信息系统设计应遵循系统性原则、灵活性原则、可靠性原则、经济性原则。信息系统设计的主要内容包括：代码设计、信息系统功能结构设计、系统物理配置方案设计、输出和输入设计、文件和数据库设计、处理流程图设计等。

8. 信息设备采购的基本要求是：遵循国家有关政策法规，选择最佳的供应商，争取最优惠的价格，获得最正确的设备。信息设备采购方式可分为邀请招标采购、竞争性谈判采购、询价采购和单一来源采购。越来越多的信息设备采购都是通过各种形式的招标来实现的，信息设备招标主要有以下三种形式：一是内部招标；二是有限招标；三是分开招标。

9. 招标工作的程序是：发出招标公告或者投标邀请书；对参加投标报名单位进行资格审查；进行招标辅导；发放招标文件；开标、评标与定标；确定中标单位并发放中标通知书。评标的关键指标是：投标单位的综合实力；产品与特定需求的符合性；投标单位的项目实施能力；投标单位的行业经验；价格因素。

10. 信息设备的验收工作是质量检验第一关，也是检验合同执行情况的关键，验收工作要严格按照有关要求和程序进行。信息设备到货验收前的准备工作包括：选择合适的验收人员；准备验收资料；阅读招标文件和订货合同。信息设备验收程序是：设备包装与设备外观检查；设备数量及附件清点；设备技术性能检查；填写验收报告。

11. 信息系统编码管理是为了控制软件编码的工作进度，监督软件编码的编程风格和质量，使软件编码工作能可靠、高效地实现软件设计的目标，同时符合承建单位的软件过程规范的要求。编码管理的内容主要包括：促使承建单位将合适的软件编码工程方法和工具集成到项目定义的软件过程中；保证承建单位依据项目定义的软件过程，对软件编码进行开发、维护、建立文档和验证，实现软件需求的软件设计；跟踪和记录软件编码产品的功能和质量。

12. 信息系统安装调试管理的内容包括：安装调试费用的预算；人员组织与技术培训；信息系统安装施工；信息系统调试。

13. 信息系统测试管理包括对单元测试、集成测试、确认测试和系统测试的管理。

14. 信息系统验收阶段是全面验证和认可信息系统实施成果的阶段。信息系统验收阶段的主要任务是通过验收测试，发现并纠正信息系统潜在的问题，系统地验证工程设计的各项技术指标。信息系统验收的过程是：验收准备（包括验收资料的准备与提供，验收计划的制订）；验收测试（包括安装、启动与关机、功能测试，压力测试，配置测试，平台测试，安全性测试，恢复测试，可靠性测试等）；验收评审；验收的后续管理。

思 考 题

一、概念

信息化组织实施　信息系统需求分析　信息系统可行性分析　信息系统立项管理
信息系统开发外包　结构化开发方法　原型法　面向对象的开发方法

二、选择

1. 信息系统需求分析要领主要有（　　）。

A. 从含糊的需求中抽象出对信息和信息处理的需求

B. 对各种需求确定定量的标准

C. 对于罗列出来的各种问题及需求，应认真分析它们之间的相互关系，根据实际情况抓住其中的实质需求

D. 信息系统需求分析就是对信息系统开发的必要性进行分析

2. 信息系统可行性分析的内容包括（　　）。

A. 现状分析　　　　　　　　　　　　B. 技术可行性分析

C. 经济可行性分析　　　　　　　　　D. 社会可行性分析

3. 信息系统立项管理包括以下几个基本步骤（　　）。

A. 制订立项方案　　　　　　　　　　B. 提出立项申请

C. 进行立项审批　　　　　　　　　　D. 进行项目验收

4. 就外包范围而言，信息系统开发外包的方式包括（　　）。

A. 信息系统开发零外包

B. 信息系统开发整体性外包

C. 信息系统开发选择性外包

D. 信息系统开发不可以采用外包方式

5. 结构化开发方法的主要优点是（　　）。

A. 阶段的顺序性和依赖性　　　　　　B. 从抽象到具体，逐步求精

C. 逻辑设计与物理设计分开　　　　　D. 质量保证措施完备

6. 原型法的主要缺点是（　　）。

A. 开发工具要求高

B. 解决复杂系统和大型系统问题很困难

C. 对用户的管理水平要求高

D. 未能很好地解决信息系统分析到信息系统设计之间的过渡

7. 信息系统设计应遵循以下基本原则（　　）。

A. 系统性原则　　　　　　　　　　　B. 灵活性原则

C. 可靠性原则　　　　　　　　　　　D. 经济性原则

8. 信息设备采购的基本要求是（　　）。

A. 遵循国家有关政策法规　　　　　　　B. 选择最佳的供应商

C. 争取最优惠的价格　　　　　　　　　D. 获得最正确的设备

9. 信息设备的采购方式一般可分为（　　）。

A. 公开招标　　　　　　　　　　　　　B. 邀请招标采购

C. 竞争性谈判采购　　　　　　　　　　D. 询价采购

10. 信息系统验收的过程包括（　　）。

A. 验收准备　　　　　　　　　　　　　B. 验收测试

C. 验收评审　　　　　　　　　　　　　D. 验收的后续管理

三、辨析

1. 俗话说："造船不如买船，买船不如租船"，所以，最经济的信息系统的开发方式就是购置商品化软件和租赁这两种方式。（　　）

2. 所有的信息系统开发项目都应该采用外包方式。（　　）

3. 计算机技术是先进的技术，所以，计算机辅助开发方法是信息系统开发的最优方法。（　　）

4. 价格最低是信息设备招标中中标的主要条件。（　　）

5. 系统测试是指对将模块按系统说明书的要求组合起来的子系统进行测试。（　　）

四、问答

1. 简述信息系统需求分析的基本内容。

2. 信息系统开发的基本方式有哪些？各有什么优缺点？

3. 简述信息系统开发外包的类型。

4. 信息系统开发外包决策分析方法常见的有哪几种？如何运用这些方法进行外包决策分析？

5. 简述信息系统开发的常见方法。

6. 试比较结构化开发方法与原型法的特点。

7. 简述信息系统设计的原则与内容。

8. 简述信息设备招标采购的程序与方法。

9. 简述信息设备验收管理的内容与方法。

10. 信息系统编码管理和安装调试管理各包括哪些内容？

11. 简述信息系统测试管理的类型及其要求。

12. 简述信息系统验收的过程和方法。

第4章

信息化工程监理

学习目标 ●————————————————

1. 正确理解信息化工程监理的概念，清楚信息化监理与相关概念的联系与区别；
2. 了解信息化工程监理的意义与发展现状；
3. 熟悉信息化工程监理的内容，掌握信息化工程监理的方法；
4. 掌握信息化工程监理单位组织管理与经营服务的内容与方法；
5. 了解信息化工程监理人员的类型、职责及资质管理制度。

信息化工程监理是信息化项目管理的另一种形式。在信息化项目建设过程中，除了建设单位和承建单位自身要加强管理外，还聘请具备相应资质的第三方信息化工程监理单位对信息化项目建设进行监督与管理，弥补建设单位和承建单位在专业水平、经验、方法、技术力量上的不足，减轻信息化项目管理的工作量，保障信息化项目顺利进行。近年来，信息化工程监理的理论与实践得到了较快的发展。本章在阐述信息化工程监理的概念、意义和发展现状的基础上，重点阐述了信息化工程监理的主要内容和方法、信息化工程监理单位资质管理和经营管理、信息化工程监理人员的职能和资质管理。

4.1　信息化工程监理概述

4.1.1　信息化工程监理的概念

1. 信息化工程监理的内涵

为了弄清楚信息化工程监理的意义，首先要从监理的概念入手。"监理"一词，可理解为名词，也可理解为动词。"监"一般是监视、督察的意思，是一项目标性很明确的具体行为，它有视察、检查、评价、控制等从旁纠偏、督促实现目标的意思。"理"可从几个方面进行理解。从汉语的角度来理解，首先，可以理解为条理、准则；其次，"理"通"吏"，是一个官员或执行者，以此引申"监理"的含义，可表述为：以某项条理或准则为依据，对一项行为进行监视、督察、控制和评价。另外，相应的执行机构或执行者也可以称做"监理"。从英语的角度来理解，如果就 Supervision 直译，它还有管理的职能，而"管理"侧重于计划、组织、指挥、协调。

综合上述几层意思，"监理"的含义可以更全面地表述为：一个执行机构或执行者，依据一项准则，对某一行为的有关主体进行督察、监控和评价，守"理"者不问，违"理"者必究；同时，这个执行机构或执行者还要采取组织、协调、疏导等措施，协助有关人员更准确、更完整、更合理地达到预期目标。

"监理"一词首先出现在工程领域，王长永、李树枫在《工程建设监理概论》一书中认为，工程监理是指工程建设项目由项目建设单位委托的具备相应资质条件的监理单位进行监理的一种工程管理，是监理单位依据有关工程建设的法律、法规、项目批准文件、监理合同及其他工程建设合同，对工程建设实施的投资、工程质量和建设工期进行控制的监督管理。

"监理"一词用于信息工程领域，有"信息系统工程监理"、"信息化工程监理"、"电子工程监理"、"信息工程监理"、"信息工程建设监理"和"IT 工程监理"等表述。这些不同的名称其实质都是相近的，只是表述方式有些差别。

2002 年，我国信息产业部颁布的《信息系统工程监理暂行规定》第四条规定："本规定所称信息系统工程监理是指依法设立且具备相应资质的信息系统工程监理单位（以下简称监理单位），受建设单位委托，依据国家有关法律法规、技术标准和信息系统工程监理合同，对信息系统工程项目实施的监督管理。"同时，该文件的第三条对信息系统工程进行了定义："本规定所称信息系统工程是指信息化工程建设中的信息网络系统、信息资源系统、信息应用系统的新建、升级、改造工程。信息网络系统是指以信息技术为主要手段建立的信息处理、传输、交换和分发的计算机网络系统；信息资源系统是指以信息技术为主要手段建立的信息资源采集、存储、处理的资源系统；信息应用系统是指以信息技术为主要手段建立的各类业务管理的应用系统。"2002 年，北京市信息化工作办公室发布的《北京市信息系统工程监理管理办法（试行）》对信息系统工程监理的表述为："本办法所称信息系统工程监理是指具有信息系统工程监理资质的单位，接受建设单位的委托，依据国家和本市有关规定、信息系统工程建设标准和工程承建、监理合同，对信息系统工程的质量、进度和成本方面实施监督。"北京信息安全测评中心编写的《信息系统工程监理》一书中将信息系统工程监理定义为："信息系统工程监理是指对信息系统工程建设参与者的行为所进行的监控、督导和评价，并采取相应的管理措施，保证信息系统工程建设行为符合国家法律、法规和有关政策，制止建设行为的随意性和盲目性，促使建设质量、进度、造价按计划（合同）实现，确保建设行为的合法性、科学性和经济性。"2007 年 8 月，国家质量监督检验检疫总局和国家标准化管委会批准和发布的《信息化工程监理规范》在总则部分对信息化工程监理也作了说明："信息化工程监理工作建立在监理支撑要素的基础上，在监理工作的各阶段结合各项监理内容，对监理对象进行监督和理顺，以保证信息化工程的建设达到预期的目标。"

除了国家政策法规中对信息化工程监理的描述，一些学者也对信息化工程监理及相关概念进行了描述。姜春霞认为，信息化工程监理就是从技术和管理的角度，对工程建设过程实施控制和管理，确保工程实现预期的建设目标。林恩丽认为，信息系统工程监理是项目管理的一种特殊形式，是建设单位采取外包方式聘请外部的专业机构协助自己进行有效的项目管理的形式，弥补自己在专业管理水平、经验、方法、技术力量上的不足，改善与系统设计商、开发商、集成商、实施商和技术产品供应商的技术沟通，协调处理相关争议，降低自己在项目管理上的难度，减轻项目管理的工作量，分担部分项目实施和管理的风险。朱琳认为，信息系统工程监理是指在大型信息系统工程建设中引入第三方参与的管理机制，在建设单位或者项目建设管理机构的授权委托下，根据项目的建设目标、业务需求和质量标准，对承建方提出的技术方案、项目管理活动及系统设计、开发、集成和实施部署等活动进行全方位、全过程审核、监督和控制，以保证项目按时、在预算范围内、按照质量要求地完成，从而保护建设单位的利益，规避或降低项目的风险。

综合以上观点，可以认为：信息化工程监理是指信息化监理机构根据相关法律法规及标准，对信息化工程建设单位及承建单位进行督察、监控和评价，并采取各项管理措施，协助有关人员达到预期目标。

2. 信息化工程监理与相关概念的比较

与信息化工程监理相关的概念包括信息化项目管理、信息化工程咨询和信息系统审计等，它们之间有一定的联系和相似点，但也存在区别。

1）信息化工程监理与信息化项目管理的比较

从本质来看，信息化工程监理是信息化项目管理的一种特殊形式。与信息化项目管理的不同之处在于信息化工程监理不是由建设单位来进行，而是委托专业的信息化工程监理单位来进行的。但在管理内容上两者大同小异，仍然是对工程质量、成本和进度进行监督、检查、控制、协调与评价等。但信息化项目管理的内容比较全面，较多的是从正面进行指导。而信息化工程监理更多的是找问题，找毛病，针对问题予以解决。由独立的一方对信息化工程进行监理,最大的优点是更加专业、客观、严格,同时也可以避免建设单位因为信息化项目管理而造成的机构臃肿。

2) 信息化工程监理与信息化工程咨询的比较

国际上对监理与咨询没有严格区分,把监理看做是咨询工作的一部分。尽管如此,两者之间还是存在一定区别。

(1) 信息化工程咨询主要的工作方式是由信息化咨询机构就项目提出建议和回答问题,建设单位可以采纳也可以不采纳;而在信息化工程监理中,监理单位的意见是必须要执行的,而且有的要立即办,具有强制性。

(2) 信息化工程咨询机构是建设单位的顾问,而信息化工程监理单位除了受建设单位委托外,还必须要站在第三方立场,强调其工作的独立性和公正性。

(3) 信息化工程咨询的目标是提供一个解决方案,其结果是通过调查研究形成的一份咨询报告;而信息化工程监理是一个完整的过程,在信息化工程的每个阶段都需要监理,直到信息化工程完成。信息化工程监理报告属于控制、沟通和记录性报告,是展现信息化工程建设过程成果的报告。

3) 信息化工程监理与信息系统审计的比较

"审计"和"监理"从字面来看意思相近,它们在对象、内容与方法上也有一定的相似处,但也存在不同。

(1) 信息化工程监理的对象是信息化工程,主要对系统硬件与软件及其开发、调试到投入正常运行为止的过程进行监督;信息系统审计的对象除了信息化工程建设的各项问题外,还包括信息系统的应用与管理等,信息系统审计人员常常针对信息系统的输出数据、系统使用人员、打印输出等进行审查。

(2) 信息化工程监理主要监督承建单位是否按照承包合同及相关法律法规来实现信息化项目,即代表建设单位对承建单位进行监督,对于建设单位存在的问题也要提出,但不是主要的;而信息系统审计由委托的信息审计师对信息系统的运行与应用进行审计,主要是针对信息系统建设单位的。不过在信息系统的开发过程时,审计对象包括信息系统建设单位与承建单位双方。

(3) 信息化工程监理是一个实时进行的过程,发现的问题大部分要求承建单位及时改正,经过证实已改正后才能继续进行;而信息系统审计不要求实时性,主要是查找出各种不符合要求的证据,形成审计报告,交付给信息系统建设单位,要求根据报告中提出的问题加以改正。

(4) 信息化工程监理的重点是工程的实施阶段,包括系统集成、安装、调试及验收。在信息系统投入运行以后,尽管监理仍应发挥作用,但并不是工作重点。而信息系统审计的重点在信息系统投入运行后。

4.1.2 信息化工程监理的意义

随着我国改革开放的逐步深入和国民经济的快速发展,各行各业信息化建设的需求强劲。一些部门和单位想要开展信息化建设活动,而又缺乏信息化工程建设管理方面的经验和技术。随着我国市场经济体制的逐步完善,为了尽量控制好工程的质量、进度和成本,确保工程投资效益,对信息化工程监理的需求正在不断增加。

1. 对信息系统市场的意义

一般来说，信息化项目建设单位根据自己的需求，通过直接委托或公开招标的方式，与信息化项目开发商（信息化工程承建单位）签署委托－代理合同，形成了二元组织机制。

信息技术属于高新技术领域，具有知识密集、结构复杂的特点，而且发展迅速。信息化工程建设具有不可预见性，目标系统难以量化。另外，信息化项目建设单位缺乏专业知识，信息化项目开发商市场的信誉和体制不健全，国家相关的标准体系不完善等因素的共同作用，造成了在这种二元组织机制中信息不对称现象，存在着突出的逆向选择和道德风险。所谓的逆向选择，是指信息系统开发商在签约前隐藏自己的信息，信息化建设单位不知道开发商的真实信息，委托－代理合同就建立在信息化建设单位对信息系统开发商的平均期望值之上，而技术上占有优势和信誉好的开发商往往在竞争中处于不利地位而不得不退出市场，于是形成了"优汰劣胜"的窘境。所谓的道德风险，是指信息化建设单位看不到开发商执行合同的行动，只能观察到合同执行的部分结果，信息化建设方在项目建设完成后，会发现这样或那样的问题，甚至认为系统不可接受，但不甚了解问题的原因和严重性。逆向选择和道德风险会引起双方支出的增加。

无论是信息化系统开发商还是信息化建设单位，单方面都难以解决信息化建设过程中的信息不对称问题。随着我国信息化建设的广泛开展，此种矛盾更为突出。因此，在信息化建设中逐步引入懂得相关业务、熟悉市场、具有信息化项目管理经验的监理单位作为工程建设中的第三方监理服务方就显得十分重要，信息化工程监理单位、建设单位和承建单位（与建设单位签订信息化项目建设合同的信息系统开发商）形成了三元组织关系。

在信息化项目设计开发之前引进监理方，加强了建设单位对信息系统开发商的甄别能力，在一定的程度上降低了逆向选择风险。在信息化项目开发合同执行过程中引入监理方，利用监理单位的专业知识和项目管理经验，对信息化项目进行跟踪和控制，可以降低道德风险。

2. 对信息化建设单位的意义

1）实现有效沟通和协调

建设单位通常对计算机技术方面的知识了解不深入；而承建单位虽然对计算机技术非常精通，对建设单位的业务却不了解。这些都造成信息化建设的范围和目标不明确，从而导致信息化项目的范围和目标一变再变，致使信息化项目处于无休止的变化中，使信息化项目面临着失败的威胁。建设单位需要专业技术力量来指导，而这种专业技术力量必须独立于承建单位，才能公平公正地对待信息化项目中的问题，为信息化项目提供最合适的技术服务和咨询。

2）增强管理

信息化建设单位缺乏甚至没有相关的信息化项目管理经验，无法对项目进行监控，无法对信息化项目的进度、质量和成本等进行控制，使项目按照建设单位的意愿进行。在二元组织机制中，承建单位可能利用这一点，对建设单位隐瞒信息化项目存在的问题，并且以技术存在难点等问题来搪塞建设单位，延长信息化项目的开发进度，降低信息化项目的质量。显然，信息化项目建设单位委托监理单位来对项目实施的进度、质量、成本及合同执行情况进行有效的监理是一种必然的选择。

3）降低风险

风险是每个信息化项目都存在的，建设单位没有规避和处理风险的经验，无法预测可能出现的风险，难以在风险出现后立即采取有效的应急措施，从而使信息化项目总是处于险境中。信息化工程监理单位有着丰富的信息化项目管理经验和有效的风险管理方法，在信息化项目立项阶段，监理单位可与建设单位共同分析风险，共同制定规避风险的方法和措施。在项目实施阶段，监理单位和建设单位可对风险进行识别和分析，出现重大的问题时，监理单位凭借丰富的经验向建设单位提供解决风险的措施和方法，从而使风险最小化。

3. 对信息系统开发商的意义

1）需求管理规范化

在信息化项目建设中，最困难的事情就是准确而详细地了解建设单位的业务需求并精确地知道需要开发什么样的信息系统。一般认为，一套相对成熟的软件系统，如果被改动30%，那么该软件的性能及稳定性将受到严重损害。信息化项目需求的不确定性是最大的风险。造成不确定的原因有两点：一是建设单位往往在需求分析阶段不能完全认识和挖掘出全部需求，只有在建设过程中才不断地明白，这样可能出现重大变更；二是信息系统开发商编写的《需求分析报告》技术性过强，建设单位相关人员无法完全理解。信息化工程监理师作为业务专家，凭借其信息化项目管理的经验，协助和引导建设单位提出需求；信息化工程监理师作为技术专家，在对信息系统开发商与建设单位进行沟通的过程中，充当"翻译"，使需求得到充分的理解。这样，可以尽可能减少信息化项目需求的不确定性，使信息系统开发商更加明确建设单位的需求，得到较理想的设计方案。信息化工程监理师在信息化项目建设中还充当着管理者的角色，在需求的管理上有着规范的流程和方法，避免建设单位在项目实施后期提出不合理的需求。

2）协调信息系统开发商与建设单位的关系

在信息化项目建设过程中，由于建设单位和信息系统开发商地位不对称，有些建设单位会提出比较苛刻的要求，这些苛刻的要求常常导致了项目的延期，甚至使项目最终失败。监理工程师作为公正的第三方，要从信息化项目整体的角度考虑问题，通过各种沟通渠道和方法，化解矛盾，避免冲突的出现，使信息化项目的各方朝着既定目标共同努力，并且合理和公正地保证各方的正当权益。

3）规范信息化项目款的支付

由于信息化产品的特殊性，同时国家缺少信息化项目验收的相关标准，支付项目款的依据成为了承建单位和建设单位争执的焦点。监理工程师作为信息化项目合同的监督管理者，严格按照合同及相关规定的验收标准和流程执行，在监理工程师的监督下，信息化项目验收通过后，监理工程师会督促建设单位及时支付项目款，从而保障信息系统开发商的合法利益。

4.1.3 我国信息化工程监理的发展现状

我国的信息化工程监理是从传统的公路、水路、桥梁、土木建筑及国外相同工程中吸取经验，结合信息行业本身的特点，逐步试验、探索而来的。1988年，建设部颁布了《关于开展建设监理工作的通知》；1996年，我国全面推行建设监理制度；1997年颁布了《中华人民共和国建筑法》，对工程监理的原则、工作范围、行为准则和管理办法等作了明确的规定。这些制度和措施极大地提高了建筑工程的质量，理顺了建设单位和承建单位之间的关系，同时也对信息化工程监理工作产生了极大影响。

1. 社会对信息化工程监理的认识

有关政府部门已经认识到信息化工程监理单位作为第三方服务机构能够在信息化项目建设过程中的质量、成本、进度及合同控制等方面发挥重要作用。在国家有关规定的指导下，信息化工程监理的理念已逐渐得到社会各界的认知和接纳。

国家已经明确地规定，以下信息化工程必须实施监理："国家级、省部级、地市级的信息系统工程；使用国家政策性银行或者国有商业银行贷款，规定需要实施监理的信息系统工程；使用国家财政性资金的信息系统工程；涉及国家安全、生产安全的信息系统工程；国家法律、法规规定应当实施监理的其他信息系统工程"。2003 年 1 月，国务院信息化办公室、科技部、信息产业部联合印发的《电子政务工程技术指南》的通知中规定："同一工程的建设和监理要由相互独立的机构分别承担，监理单位要先于承建单位介入，没有确立监理单位的工程，建设单位不得开始建设。"

在开展信息化工程监理试点的初期，往往是监理单位打听到某地或某部门有大型信息化项目正在建设或将要建设时，派人向有关人员介绍监理的职能和引入监理的好处等。监理单位在试点初期的不少监理合同是在建设单位与承建单位已签订了承包合同之后签订的，不少项目是在实施阶段甚至验收阶段监理才介入的。

时至今日，随着国家有关政策文件的宣传贯彻，越来越多的信息化工程在招标承建单位之前就招聘监理单位。一些国家法律法规未强制要求实施监理的信息化项目，如企业信息化工程，其工程的实施单位也会主动要求监理单位介入，以规范该工程项目的管理，降低项目失败的风险。这种情况在经济发达地区，如北京、上海、广州等地较多见，而在一些边远的欠发达地区，监理企业几乎还是空白，很多信息化建设单位对信息化工程监理几乎还一无所知，不同地区对信息化工程监理的认知程度相差甚大。

2. 信息化工程监理法律法规建设

信息化工程监理的法律法规建设可以分为两个阶段。

第一阶段，20 世纪 90 年代到 2002 年 11 月，这一阶段的特点是没有正式的信息化工程监理法律法规出现，信息化工程监理主要是附着在其他监理法律法规上或作为其中部分内容出现。1995 年，原电子工业部发布了《电子工程建设监理规定（试行）》。我国信息化工程监理工作从 2001 年开始试点，2002 年 7 月，国务院信息化工作办公室发布了《振兴软件行业行动纲要》，要求国家重大信息化工程实行工程监理制。

第二阶段，2002 年 11 月至今，这一阶段的特点是信息化工程监理法律法规已经正式形成。2002 年 11 月，信息产业部正式下发《信息系统工程监理暂行规定》，标志着我国信息化工程监理制度的正式诞生。同期，北京、上海等地也先后发布了地方性法规，对信息化工程监理的行为、机构、职责、资质、认证、规划、实施等都作了规定，这些法规还提出了信息化工程中的"五控（进度、成本、质量、信息安全、知识产权）"、"两管（合同、技术文档）"、"一协调（建设单位内部的业务部门业务需求和信息技术部门专业管理的协调，建设单位与信息技术产品供应商、技术实施服务商、系统集成商的协调）"原则，发展了传统工程监理的理念和模式。2003 年 3 月 31 日，信息产业部发布了《信息系统工程监理单位资质管理办法》和《信息系统工程监理工程师资格管理办法》。2004 年 5 月，信息产业部发布了《信息系统工程监理资质等级评定条例（试行）》。2005 年 2 月，国家发布了《信息化工程监理规范》标准，并于同年 5 月 1 日正式实施，为信息化工程监理行业明确了具体的行为准则。

2007 年 8 月 13 日，国家发展和改革委员会发布的《国家电子政务工程建设项目管理暂行办法》明确指出电子政务项目必须实行信息化工程监理制，项目建设单位应按照信息化工程监理的有关规定，委托具有相应信息化工程监理资质的监理单位对项目建设进行监理。

3. 信息化工程监理人才培养体系

最早开展信息化工程监理人才培养的是北京市。2002 年 5 月出台的《北京市信息系统监理管理办法（试行）》中规定了各级监理资质的信息化工程监理单位必须具备相应数量的信息化工程监理工程师，监理工程师必须经过培训考核合格并具有一定的信息行业从业经验。为了配合该规定的贯彻和执行，北京市委托北京信息安全评测中心在 2002 年 9 月到 12 月开展了 3 期信息化工程监理工程师培训，共培养监理工程师 500 多名。2003 年 10 月，人事部与信息产业部联合发布《计算机技术与软件专业技术资格（水平）考试暂行规定》和《计算机技术与软件专业技术资格（水平）考试实施办法》，规定自 2004 年 1 月 1 日实行。文件中明确了"信息系统监理师"这一专业技术人员职业资格，每年上半年和下半年各开考一次，2005 年 5 月已正式开始专业技术资格的全国统考。自 2004 年 10 月起，中国软件评测中心和信息产业部电子五所开办了多期信息系统监理工程师培训班，逾千名学员获得了信息系统监理工程师技术资格培训证书。

在学历教育方面，2003 年 10 月北京联合大学的 8 个本科班级开设了信息化工程监理课程；与此同时，北京航空航天大学软件学院设立了"信息工程监理专业"；2004 年 6 月北京交通大学计算机学院设立"信息工程监理工程硕士专业方向"。至此，我国信息化工程监理教育基本形成了职业培训认证、本科生教育、工程硕士研究生教育的较为完整的体系。

4.2　信息化工程监理的内容与方法

有的人认为，信息化工程监理的内容是"三控制、二管理、一协调"，即进度控制、质量控制、成本控制、合同管理、安全管理和组织协调。也有人将信息化工程监理的内容为进度控制、质量控制、成本控制、合同管理、信息管理和组织协调。我们认为，在确定信息化工程监理的内容时，要注意两点，一是要突出信息化工程监理的核心、关键内容；二是要将信息化工程监理和信息化工程管理区分开来。上述两种观点中，将安全管理和信息管理作为信息化工程监理的内容。虽然在具体的监理过程中涉及相关内容，但是这两项并不是信息化工程监理的核心和关键内容。安全管理更多的是承建单位的任务，而信息管理属于信息化工程监理单位内部的管理任务，不应该划分到监理的内容中。因此不能将安全管理和信息管理作为信息化工程监理的内容。另外，为了突出信息化工程监理和项目管理的区别，将信息化工程监理的内容分为质量监理、成本监理、进度监理、合同监理及组织协调五个部分。

4.2.1　信息化工程质量监理

质量是指产品、服务或过程满足规定或潜在特征的总和，质量要求就是对整个信息化工程项目与其实施过程所提出的满足规定或潜在特征的要求（或需求）总和，即要达到的信息化工程质量目标。信息化工程监理中的质量监理是指根据信息化项目的特点，综合运用各种有效的

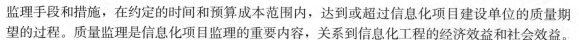

监理手段和措施，在约定的时间和预算成本范围内，达到或超过信息化项目建设单位的质量期望的过程。质量监理是信息化项目监理的重要内容，关系到信息化工程的经济效益和社会效益。

1. 信息化工程质量监理的任务

信息化工程质量监理的核心任务是建立全面的质量控制体系，强化承建单位自检体系的管理，严格做好中间的质量检验及现场质量验收，搞好工序监测，强调以事前控制为主，严格开工报告的审批，预防质量通病的发生，杜绝建设质量事故，确保工程质量创优。

1）招标阶段质量监理的任务

参加信息化工程招标的一般包括建设单位、监理单位、招标公司、专家、纪检或公证部门。监理单位在招投标阶段质量监理的任务有七个方面：一是协助建设单位提出工程需求方案，确定工程的整体质量目标；二是参与标书的编制，并对工程的技术和质量、验收准则、投标单位资格等可能对工程质量有影响的因素提出明确的要求；三是协助招标公司和建设单位制定评标标准；四是对项目的招标文件进行审核，对招标书涉及的商务内容和技术内容进行确认；五是在协助评标时，对投标单位标书中的质量控制计划进行审查，提出监理意见；六是对招标过程进行监控，如招标过程是否存在不公正的现象等；七是协助建设单位与中标单位商洽并签订工程合同，在合同中要对工程质量提出明确的要求。

除了上述任务之外，还需要对承建单位以及人员资质进行审核，重点包括六个方面：一是资质文件是否真实、齐全；二是承建单位的资质等级是否与本工程的规模相适应；三是承建单位的主要技术领域是否与本工程需要的技术相符合；四是拟派往本工程的项目管理人员是否具有信息产业部颁发的系统集成项目经理或高级项目经理证书，证书是否真实有效；五是其他技术人员的技术经历是否与本工程的技术要求相符合；六是承建单位是否建立了完善的质量保证体系。

2）设计阶段质量监理的任务

信息化工程设计阶段的主要任务是使工程设计的各项工作能够在预定的成本、进度、质量目标内予以完成。设计阶段质量监理的任务包括以下几个方面。①在设计阶段初期，了解建设单位建设需求，核对信息化项目安全性的要求，协助建设单位制定项目质量目标规划和安全规划；对各种设计文件提出质量标准。②在设计阶段中期，通过跟踪及时发现质量问题，并及时与承建单位协调解决；审查阶段性设计成果，并提出监理意见；审查承建单位提交的总体设计方案，确保总体方案中包括了建设单位的所有需求；对整个信息化项目开发的体系结构、开发平台和开发工具的选择、网络安全方案等进行充分论证；对总体设计方案中有关材料和设备进行比较。审查承建单位对关键部位的测试方案，如主机网络系统软硬件测试方案、应用软件开发的模块功能测试方法等。③在设计阶段后期，协助承建单位建立和完善针对信息化项目建设的质量保证体系，包括完善计量和质量检测技术和手段；协助总承建单位完善现场质量管理制度，包括现场会议制度、现场质量检验制度、质量统计报表制度和质量事故报告及处理制度等；组织设计文件及设计方案讨论会，熟悉项目设计、实施及开发过程，根据有关设计规范，对承建单位下达质量要求标准。

3）实现阶段质量监理的任务

实现阶段质量监理的任务主要是协助承建单位完善质量控制和工程实现条件的控制，具体内容如下。①关键过程的质量监理。制订阶段性质量监理计划，包括确定控制内容、技术质量标准、检验方法及手段、建立阶段性质量控制责任制和质量检查制度；进行工程各阶段分析，分清主次，抓住关键是阶段性工程结果质量监理的目的；设置阶段性质量监理点，实施跟踪控制是工程质量监理的有效手段；严格控制各过程间的交接检查。主要项目工作各阶段（包括布线中的隐蔽作业）需按有关验收规定经现场监理人员检查、签署验收。②对开发、实施材料与设备进行检查。对信息网络系统所使用的软件、硬件设备及其他材料的数量、质量和规格进行认真检查。使用的产品或者材料应有产品合格证或技术说明书，同时，还应按照有关规定进行抽检。硬件设备到场后应进行检查和验收，主要设备还要开箱查验，并按所附技术说明书及装箱清单进行验收。③协助建设单位对严重质量隐患和质量问题进行处理。在必要的情况下，监理单位可以按照合同行使质量否决权。在下述情况下，总监理工程师有权下达停工令：实施、开发中出现质量异常情况，经提出后承建单位仍不采取改进措施的；或者采取的改进措施不力，还未使质量状况发生好转去试的；隐蔽作业（指综合布线及系统集成中埋入墙内或地板下的部分）未经现场监理人员查验自行封闭、掩盖的；对已发生的质量事故未进行处理和提出有效的改进措施就继续进行的；擅自变更设计及开发方案自行实施、开发的；没有使用技术合格证的工程材料、没有授权证书的软件，或者擅自替换、变更工程材料及使用盗版软件的；未经技术资质审查的人员进入现场实施、开发的。④工程款支付签署质量认证。承建单位工程进度款的支付申请必须有质量监理方面的认证意见，这既是质量监理的需要，也是成本控制的需要。凡质量、技术方面有法律效力的凭证，只能由项目总监理工程师一人签署。专业质量监理工程师和现场质检员可在有关质量、技术方面的原始凭证上签署，最后由项目总监理工程师核签后方才有效。

4）验收阶段质量监理的任务

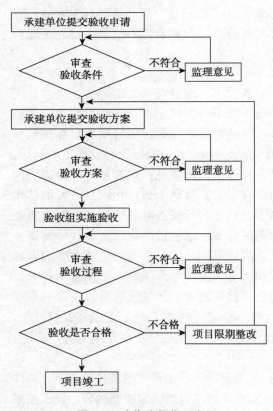

图4-1 验收阶段监理流程

验收阶段质量监理的验收工作组由建设单位、承建单位和监理单位共同组成。验收阶段的建立流程如图4-1所示。验收阶段质量监理的任务如下。①验收计划、方案的审查。承建单位提出验收申请后，监理单位首先要对其验收计划和验收方案进行审查，主要审查内容包括验收目标、各方责任、验收内容、验收标准、验收方式。②验收资料的审查。承建单位申请验收时，不同的信息化工程中验收资料可能有所不同，基本审核资料包括承建单位与各方签订的信息系统工程建设合同，需求分析规格说明书，承建单位的设计、实施方案、竣工报告，设计和建设图纸（系统原理图、平面位置图、布线图、系统控制、中心配置图、器材清单），设计方案论证意见，应用软件开发过程文档，系统调试报告（含调试记录），系统测试报告，用户使用说明书，承建单位对建设单位进行培训的报告，承建单位和建设单位的初验报告。③验收中出现的质量问题的处理。对于项目中的关键性技术指标，以及有争议的质量问题，监理机构应要求承建单位出具第三方测试机构的测试报告。第三方测试机构应经建设单位和监理机构同意；对验收中发现的质量问题要由监理机构、承建单位和建设单位共同进行确认；对验收中发现的质量问题进行评估，根据质量问题的性质和影响范围，确定整改要求和整改后的验收方式，必要时组织重新验收；敦促承建单位根据整改要求提出整改方案，并监督整改过程。④验收结论处理。项目验收合格，按有关规定办理资料移交手续，立案归档；项目验收不合格，由验收组签署整改意见（整改通知书）交承建单位，并限期整改完成后再验收。

2. 信息化工程质量监理的方法

1）审查和评审

在各单项工程、分部工程或分项工程开工之前，监理工程师要求承建单位提交单项工程开工报告及组织设计（含技术方案、进度计划等）并进行审查。单项工程开工报告应表明材料、工具设备、劳力及现场管理人员、其他条件等的准备情况，并提供必要的基础资料。

评审的主要目的是本着公正的原则检查项目的当前状态，信息化项目评审一般是在主要的项目关键部分接近完成时进行，比如总体设计、编码或测试完成的时候。通过评审，可以及时发现重大问题，并给出处理意见。

（1）评审依据。国家和行业的相关标准、技术规范与其他有关规定；有关部门关于本项目的文件和批示；已经确定的本方案的承前性文件；监理工程师搜集的监理信息。

（2）评审范围。一般来讲，信息化项目需要评审的内容包括：需求和招标方案、质量控制体系和质量保证计划、总体技术方案、工程实施方案、系统集成方案、有关应用软件开发的重要过程文档、工程验收方案、培训方案与计划、其他需要会审的重要方案。

（3）评审的工作过程。①现场质量工程师接受方案、文档等资料，进行初审，并把初审结果上报总监理工程师；②建设单位和承建单位根据监理意见进行处理，处理结果由现场监理组进行确认，并报总监理工程师签发。

2）测试

测试是信息化工程质量监理最重要的手段之一。信息化项目一般由网络系统、主机系统、应用系统组成，而这些系统的质量如何，只有通过实际的测试才能知道，因此测试结果是判断信息化工程质量的有效依据。

在整个质量控制的过程中，承建单位、监理单位、建设单位和第三方测试机构都可能对工程进行测试。承建单位的测试是为了保证工程的质量和进度，监理单位的测试是为了检查和确认工程质量，建设单位的测试是验证系统是否满足业务需要，第三方测试机构的测试是给工程一个客观的质量评价。虽然工作重点不同，但目的都是为了更好地控制项目质量。

就监理单位而言，主要进行三个方面的工作：①监督评审承建单位的测试计划、测试方案、测试实验及测试结果；②对重要环节监理单位要亲自测试；③对委托的第三方测试的结果进行评估。在重要阶段或者验收阶段，一般要请专业的第三方测试机构对项目进行全面的测试。

3）旁站

旁站是指监理人员在项目现场对某些关键部位或关键工序实施全过程现场跟班的监督活动，是监理人员控制工程质量、保证项目目标实现必不可少的重要手段。旁站应在总监理工程师的指导下，由现场监理人员负责具体实施。旁站时间可根据项目进度计划事先做好安排，待关键工序实施后再做具体安排。旁站的目的在于保证符合项目标准，尽可能保证建设过程符合国家或国际相关标准。

旁站往往是在那些出现问题后难以处理的关键过程或关键工序。现场旁站比较适合于网络综合布线、设备开箱检验、机房建设等方面的质量监理，也适合其他与现场地域有直接关系的项目质量监理工作。现场旁站要求现场监理工程师具有深厚的专业知识和项目管理知识，能够纵观全局，对项目阶段或者全过程有深刻的理解，对项目的建设具有较强的观察能力和总结能力。旁站记录是监理工程师或总监理工程师依法行使签字权的重要依据，是对工程质量的签认资料。

监理工程师必须通过旁站监理对承建单位的各项建设程序、开发方法进行有效的控制。旁站监督由各专业监理工程师及其助理人员（监理员）担任，实行全方位、全过程、全环节的监理。包括以下主要内容。

检查用于项目的设备、组织人员及其他项目建设条件与批准的单项工程开工报告是否符合；采用全过程旁站、部分时间旁站和巡视等方法检查承建单位的操作方法，对违反技术规范和技术方案的方法和操作行为及时发出警告和作出现场指令。

对重要工序、欠稳定工序和不易测控的工序必须采用全过程旁站，"盯"在现场监督，并在监理独立平行的检验表"结论"栏里填写监理旁站建设所见到的建设情况、鉴定意见及各种自检质保资料的规范化情况等，作为签发承建单位工序检验申请批复单的依据。这样就构成一套完整的与承建单位平行的监理资料，工程项目质量情况有根有据，避免"盲签"和质量失控。

4）抽查

信息化工程监理过程中的抽查主要针对计算机设备、网络设备、软件产品及其他外围设备的到货验收检查，以及对项目实施过程有可能发生质量问题的环节随时进行检查。对于到货验收的抽查，主要是针对大量设备到货情况，如一次购进 500 台不同型号的微型计算机，就需要对不同型号的产品进行抽查。在抽查时，要有详细的记录。对于少量设备到货的情况，要逐一检查。对于实施过程的抽查，监理工程师可随时抽查开发文档的编写情况、测试执行情况，对已经完成的代码抽查是否符合约定等。

4.2.2　信息化工程成本监理

信息化工程成本监理是指在工程实施过程中，通过项目成本监理尽量使项目实际发生的成本控制在预算范围之内的一项监理工作。成本监理涉及对于各种能够引起项目成本变化因素的控制（事前控制）、项目实施过程的成本控制（事中控制）和项目实际成本的变动控制（事后控制）三个方面。成本监理还要考虑平衡质量和进度之间的关系，保证各项工作在预算范围内进行。成本监理的基础是事前对项目进行的成本预算。

1. 信息化工程成本监理的任务

总的来说，信息化工程成本监理的任务包括以下方面：审核承建单位编制的项目实施各阶段成本计划，各年、季度等阶段性资金使用计划，并控制其执行，必要时，对上述计划提出调整建议；审核工程估算、预算、标底等；在项目实施过程中，按阶段（月、季）进行成本计划值与实际值的比较，并按阶段（每月、季、年）提交各种成本控制监理报表和报告；对设计、实施、开发方法、器材和设备等多个方面作必要的技术经济比较，以便能够提出有效的建议，从而挖掘节约成本、提高项目经济效益的潜力；审核招标文件和合同文件中有关

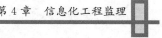

成本的条款；审核各类工程付款单；计算、审核各项索赔金额。不同阶段，成本监理的任务又有所不同。

1）设计阶段成本监理的任务

设计阶段的成本监理必须依照招投标文件、承建合同、审核项目计划、设计方案中所说明的目标、范围、内容、产品和服务，对可能的成本变化，向建设单位提出监理意见；控制设计变更，必要的变更应由三方达成共识，并做项目备忘录。参与项目总成本目标的分析、论证、审核（在可行性研究的基础上，再作详细的分析、论证）；对项目总成本切块、分解后进行审核、确认和监督。

2）实施阶段成本监理的任务

督促承建单位编制项目费用总计划，监理人员审核总费用计划的可能性，并监督其执行。对于跨年度的大型工程，还应编制年度费用计划。承建单位还应编制月度费用计划，监理人员据此进行月度费用的控制和跟踪。

总监理工程师应依据承建合同及其补充协议，审核承建单位提交的项目阶段性报告和付款申请。满足付款条件时，总监理工程师签发付款意见，送建设单位。

监理人员从目标系统的质量、进度和成本等方面审查工作变更，由于变更引起成本的改变应按照合同的相关条款执行。在合同中没有规定的，应在变更实施前与建设单位、承建单位协商确定变更导致的成本变化，并做工作备忘录。

在合同履行过程中，常出现索赔现象。所谓索赔就是由于当事人一方不履行或不完全履行既定义务，或者由于对方的行为使权利人的利益受到损害时，要求对方补偿的权利。当索赔发生时，监理人员应当及时按照一定的程序处理索赔申请：①申请方应在合同规定的限期内向监理部门提交索赔申请；②总监理工程师指定监理工程师收集与索赔相关的资料；③总监理工程师进行索赔审查，与承建单位和建设单位协商索赔费用；④总监理工程师在承建合同规定的限期内签发索赔通知，或在承建合同规定期限内发出要求申请方提交详细资料的监理通知。需要注意的是，当申请方的索赔要求与工程延期要求相关联时，总监理工程师应综合考虑工程延期和费用索赔的关系，作出费用索赔和工程延期的决定。

3）验收阶段成本监理的任务

验收阶段的成本监理相对比较简单，主要应把握好以下几个方面：总监理工程师审核承建单位提交的阶段性付款申请，根据合同规定的付款条件，签发付款意见；监理工程师协助建设单位进行工程决算、成本评估等工作，参与处理索赔事宜。

2. 成本监理的方法

1）组织方法

通过建立一定的组织体系，使成本监理真正落到实处。总监理工程师是项目成本监理的第一责任人，全面组织项目监理部的成本管理工作，及时掌握和分析盈亏状况，并迅速采取有效措施。其他的监理人员应根据自身监理工作的内容承担相应的监理任务，负责工程技术监理的监理人员是整个工程项目技术和进度控制的人员，应在保证质量、按期完成任务的前提下，帮助建设单位尽可能采取先进技术，以降低工程成本；负责综合管理的监理工程师主管合同实施和合同管理工作，负责工程进度款的申报和催款工作，处理赔偿问题，注重加强合同预算管理。总监理工程师要同相关监理人员随时分析项目的资金运用情况，提出合理调度资金建议；监理项目部门的其他成员都应精心组织，节约开支。除了监理单位对成本监理负责外，建设单位也要选派项目管理成员作为建设单位的成本监理人员，并且明确建设单位成本监理的任务分工。项目管理成员应定期向监理单位相关负责人、建设单位相关负责人提供成本控制报表，反映成本计划值和按设计需要的成本值的比较结果，或者聘请专家进行技术经济比较。

2）技术方法

监理单位应编制各个阶段的成本监理工作流程图，设计方案评审、设计招标的组织准备对多个可能的主要技术方案做初步的技术经济比较论证，从业务、架构、设计、设备、实验、验收运营等方面进行考虑。监理单位要审查建设单位的成本计划和成本预算。在项目的实施过程中，会出现与预算不符的问题。要针对成本差异发生的原因，查明责任者，区分情况，分辨轻重缓急，提出改进措施，加以贯彻执行。在设计进展过程中，进行技术经济比较，需求设计挖潜（节约成本）的目的。对设计中的技术问题进行全面的经济分析和审核，确定设计方案评选原则，参加评选。监督承建单位制订先进的、经济合理的技术实施方案，以达到缩短工期、提高质量、降低成本的目的。

3）经济方法

对项目成本进行分解，逐一论证，收集相关的数据，对影响成本目标实现的风险进行分析；编制各阶段的详细费用支出计划，并且严格执行。主要包括：人工费控制的管理，主要是建议承建单位改善劳动组织，减少浪费，实行合理的奖惩制度；设备、软件及开发、实施费控制管理，主要是改进设备、软件的采购、运输、手法、保管、安装调试及软件开发等方面的工作，减少各个环节的损耗，节约采购费用，严格设备进场验收制度；合理配备承建单位的项目人员组成，节约技术实施管理费用，对设计进行技术比较，寻求节约成本的方法；审核详细的成本监理计划，用于控制各子项目及各自设计限额；对设计的进展进行成本跟踪，编制设计阶段详细的费用支出列表，并控制其执行——复核一切付款账单，核查工程付款账单，在实施进展过程中进行成本跟踪，定期向总监理工程师、建设单位提供成本控制报表，审核实施阶段详细的费用支出计划，并监督执行。

4）合同方法

合同方法，分析比较各种合作模式，从成本控制的角度考虑项目的合同结构，在合同文本中写明成本要控制在约定范围内，用合同条款来约束项目建设不突破成本。对建设单位与承建单位签订的合同进行严格把关，利用合同手段鼓励承建单位采用性价比高的技术方案和实施过程，对承建单位提出的项目报价、人员安排、实施周期、实施方式等进行充分的比较与论证，再进行合同价格的确定。参与合同谈判，向设计单位提出在给定的成本范围内进行方案设计的要求，并以合同措施鼓励设计单位通过广泛调研和科学论证来优化设计。监理单位要参与处理索赔事宜，参与合同修改、补充工作，着重考虑对成本的影响。

4.2.3 信息化工程进度监理

信息化工程进度监理是指对信息化工程各阶段的工作程序和持续时间进行检查、调整等一系列活动的总称，在项目实施过程中检查实际进度是否按照要求进行，对出现的偏差分析原因，采取补救措施或调整、修改原计划直至竣工、交付使用。进度监理的基本思路是，比较实际状态和计划之间的差异并作出必要的调整，使项目向着有利的方向发展，其目的是确保项目"时间目标"的实现。

1．进度监理的任务

1）准备阶段进度监理的任务

参与建设单位招标前的准备工作，协助编制本项目的建设计划，内容包含项目主要内容、组织管理、项目实施阶段划分和项目实施进度等；协助建设单位分析项目的内容及项目周期，并提出安排工程进度的合理建议；对建设合同中所涉及产品和服务的供应周期等作出详细说明，并建议建设单位作出合理安排；监理单位应对招标书中的工程实施计划（包括人员、时间、阶段性工作任务等）及其保障措施提出建议，并在招标书中明确规定；在协助评标时，应对投标文件中的项目进度安排及进度监理措施等进行审查，提出审核意见。

2）设计阶段进度监理的任务

根据工程总工期要求，协助建设单位确定合理的设计时限要求；由粗而细地制订项目进度计划，为项目进度监理提供依据；协调、监督各承建（设计）方进行整体性设计工作，使集成项目能按计划要求进行；提请建设单位按合同要求向承建单位及时、准确、完整地提供设计所需要的基础资料和数据；协调各有关部门，保证设计工作顺利进行，包括根据方案设计制订项目总进度监理计划，督促建设单位提供项目必需的资源并监督执行；编制建设单位软件、材料和设备采购监督计划，并进行控制等。

3）实施阶段进度监理的任务

实施阶段进度监理是整个项目进度监理的重点。实施阶段进度监理的任务主要有：通过完善项目控制计划，审查承建单位的信息应用系统、信息资源系统或信息网络系统的建设进度计划；做好各项动态控制工作；预防并处理好工期索赔，使设计的建设进度达到计划建设进度的要求。为了完成实施阶段的进度监理任务，监理工程师应当做好以下工作：根据工程招标和建设准备阶段的工程信息，进一步完善项目进度计划，并根据此进行阶段性进度监理；审查承建单位的建设进度，确认其可行性并满足项目进度计划要求；审查承建单位进度控制报告，监督承建单位做好进度管理，对进度进行跟踪，掌握建设动态；研究并制定预防工期索赔的措施，处理工期索赔工作；举行进度协调会，及时协调各方关系，使项目建设顺利进行。及时处理承建单位提出的工程延期申请，若出现工程建设延期，则应当按照下列流程进行。①作出工程延期批准之前，应与建设单位、承建单位进行协商，共同商议。②及时受理承建单位的工程延期申请，根据工程情况确认其合理、可行性后，由总监理工程师签署执行。③阶段性工程延期造成总工程延迟时，应要求承建单位修改总工期，修改后的总工期应经过审查，并报建设单位备案。④工程延期造成费用索赔时，监理应提出建议并按程序处理。

4）验收阶段进度监理的任务

工程验收阶段，进度监理的任务主要有：审核承建单位项目整改计划的可行性，控制整改进度；建议建设单位要求承建单位以初验合格报告作为启动试运行的依据；试运行结束后，建设单位可以根据项目或自身具体情况采取专家评审验收、系统测试等多种形式对项目进行验收。此时，监理单位应建议建设单位要求承建单位以终验合格报告作为工程结束的依据。

2．进度监理的方法

1）进度监理的基本方法

从工程准备阶段开始直至竣工验收的全过程中，坚持采用动态管理和主动预控的方法进行进度控制；在充分掌握第一手实际数据的前提下，采用实际值与计划值进行比较的方法进行检查和评价；运用行政的方法进行进度监理，所谓行政方法主要是指通过承建单位的上级和建设单位的上级，利用其行政权力发布进度指令，进行指导、协调、考核，利用奖惩手段进行监督、督促，实施有效的管理；发挥经济杠杆作用，用经济手段对工程进度加以影响和制约；利用管理技术的方法进行控制，包括：图表控制法，如甘特图、工程进度曲线、网络图计划法、"香蕉"曲线图法。

2）进度监理的其他方法

（1）审查进度计划。承建单位应根据项目建设合同的约定，按时编写项目总进度计划、季度进度计划、月度计划或阶段作业计划，并按时填写《项目进度计划报审表》，报工程监理单位审查。监理工程师根据工程的具体条件（如工程的建设内容、质量标准、开发条件等），全面分析承建单位编制的项目总进度计划的合理性、可行性。有重要的修改意见应要求承建单位重新申报。

（2）监控进度计划的实施。在实施计划过程中，监理工程师将对承建单位实际进度情况进行跟踪监督，并对实际情况作出记录。监理工程师应根据检查的结果对工程进度进行分析和评价。如发现偏离，应及时报告总监理工程师，并由总监理工程师签发《监理通知》要求承建单位及时采取措施，实现计划进度的安排。承建单位每两周报一份《工程实施进度动态表》报告工程的实际进展情况。

（3）调整工程进度计划。如果工程进度严重偏离计划，总监理工程师应及时签发《监理通知》，并组织监理工程师分析原因并提出研究措施。并召开各方协调会议研究调整措施，保证合同约定目标的实现。如需延长工期，承建单位应填报《工程延期申请表》，报工程监理部审查。

（4）编制工程进度报告。在工程进行过程中，监理工程师应根据实际进度及其调整情况进行分析，提供阶段性进度报告、进度月报、进度调整报告等进度报告。

4.2.4　信息化工程合同监理

信息化工程合同监理主要指监理单位站在公正的立场，依照法律规定，对信息化工程有关的各类合同的拟定、协商、签署、执行情况进行分析、监督，以达到通过双方签署的合同实现信息化工程的目标和任务，维护建设单位和承建单位及其他关联方的正当权益。

1. 信息化工程合同监理的任务和原则

合同监理的任务是对工程承建合同的签订、履行、变更、终止或解除进行检查和监督，以保证承建合同的签订、执行的合法性和有效性。监理单位首先应该进行合同分析，发现承建合同中存在的缺陷和弱点，并及时制定相应的措施避免和预防合同争议；其次，应该密切跟踪承建合同的执行情况，一旦发现承建单位和建设单位存在违反承建合同条款的行为或倾向，应及时予以制止或警告，保证承建合同的履约率；再次，公正地调节工程建设过程中存在的合同争议，在确保各方利益的前提下，尽可能保证各项合同条款得到有效的履行。

信息化工程合同监理应坚持以下原则。

1）事前预控原则

事前预控的目的是进行信息化项目风险预测，并采取相应的防范对策。要做到这一点，就必须熟悉设计图纸、设计要求、标底，分析合同构成因素，明确项目费用最易突破的部分和环节，从而明确成本控制的重点。另外，要按照合同规定的条件，如期按质、按量供应由建设单位负责的材料、设备，及时提供设计图纸等，避免造成索赔条件。

2）及时纠偏原则

监理单位在监理过程中，应及时纠正承建单位错误和不当的做法及一些违反信息化工程合同约定的行为。如项目进度慢、产品质量有缺陷等，实时给相关方提出意见和建议。

3）充分协商原则

在合同监理过程中，如果合同双方因合同的履行发生争议，如项目变更、延期的提出，合同一方提出索赔要求等，监理工程师应认真研究分析报告，充分听取建设单位和承建单位的意见，主动与双方协商，力求使各方满意。

4）公正处理原则

监理工程师在进行合同监理时，应恪守职业道德，本着客观、公正的原则，以事实为依据，以合同为准绳，作出公正的决定。诸如在索赔过程中，合理的索赔应予以批准，不合理的索赔应予以驳回。

2. 信息化工程合同监理的内容和重点

1）信息化工程合同监理的内容

（1）合同签订的监理。合同签订的监理是指监理单位协助建设单位对与承建单位、设备材料供应单位等之间的合同进行分析、谈判、协商、拟定、签署等。合同分析是合同签订中最重要的内容和环节，是合同签订的前提。监理工程师应对项目建设承建和共同承担风险的合同条款进行仔细的分析解释。同时也要对合同条款的更换、项目延期、成本变化等事件进行仔细分析。合同分析和项目检查等工作要与其联系起来。

监理工程师在签订合同的过程中要按照条款逐条分析，如果发现有对建设单位风险较大的条款，要增加相应的抵御条款。详细分析哪些条款与建设单位有关、与承建单位有关、与项目检查有关、与工期有关等，分门别类地分析各自责任。

（2）合同履行的监理。合同履行的监理是指监理工程师对合同各方关于合同约定的工期、质量和费用、争议解决及索赔处理等工作的监督与调理。合同履行监理包括合同分析、合同控制、合同监督和项目索赔管理四个方面。

合同分析是履约监理的依据，合同分析从执行的角度分析、补充、解释合同，将合同目标和合同规定落实到合同实施的具体问题和具体事情上。

合同控制是履约监理的方式。合同控制保证合同所约定的各项义务的全面完成及各项权利的实现，以合同分析的成果为基准，对整个合同履行过程进行全面监督、检查、对比、引导及纠正。合同控制方法分为主动控制和被动控制。主动控制是预先分析目标偏离的可能性，拟定和采取预防性措施，保证目标得以实现；被动控制是从合同的执行中发现偏差，对偏差采取措施及时纠正。

合同监督就是要经常对合同条款与实际实施情况进行对比，以便根据合同来掌握项目的进展。保证设计、开发、实施的精确性，并符合合同要求。合同监督的另一项内容是检查解释双方来往的信函和文件，以及会议记录、建设单位指示等。

项目索赔是在合同的履行过程中，合同一方因对方不履行合同所设定的义务而遭受损失时，向对方提出的赔偿要求。索赔内容包括：根据权利而提出的要求；索赔的款项；根据权利而提出法律上的要求。项目索赔应遵循索赔程序，在索赔证据确凿的情况下，都可以根据合同向承建单位或建设单位提出索赔并得到补偿。因而，合同是索赔管理的依据，依据合同条款明确而清楚的说明，项目索赔才能成立。

2）合同监理的重点

合同监理的重点如下。

（1）参与合同制定和谈判。了解签订工程承建合同的双方和合同内容，为今后的合同监理奠定基础，掌握合同监理的第一手资料。

（2）理解合同的各个条款，以书面合同为主，尽量少用或者不用口头协议，避免日后的合同争议。监理单位要严格的按照合同办事，履行好自己的职责，以公正的态度来处理各项事情。

（3）促进合同双方履行各自的义务及行使自身的权力。在拟定工程文件、合同、报告、指示等时，应当做到全面、细致、准确、具体。以便作为日后各项事务的依据。

（4）拟定合同时要注意提高各项条款的可操作性，避免日后产生纠纷。在工程变更时，要注意对合同产生的影响，以免带来不必要的损失。

（5）拟定合同条款时，要注意风险的合理分担和转移，同时还要注意语言文字应清楚明白，避免含糊不清、词不达意的现象发生。

4.2.5　信息化工程监理中的组织协调

所谓协调，就是指联结、联合、调和所有的活动及力量。组织协调与目标控制密不可分，组织协调以保证建设单位信息化项目成功实施为目标，是实现信息化项目目标控制不可缺少的方法和手段，是重要的监理措施之一。组织协调涉及与建设单位、承建单位等多方关系，它贯穿于信息化工程建设的全过程，贯穿于监理活动的全过程。

1. 信息化工程组织协调的内容

1）系统内部的协调

所谓系统内部的协调是指信息化项目内部各种关系的协调，如内部的人际关系、内部的组织关系、内部的需求关系及其他关系的协调等。系统内部关系协调主要包括以下几个方面。

（1）系统内部人际关系的协调。如何提高每个人的工作效率，这在很大程度上取决于人际关系的协调程度，所以监理工程师首先应做好人际关系的协调工作，充分调动系统内部各个成员的积极性，这样才能保证信息化项目的顺利实施。良好的人际关系可以使双方相互信赖，相互支持，容易沟通，同时人际关系的渗透和扩散性反过来能够进一步提高监理工作的效率。和谐的人际关系是做好监理工作的基础。

（2）系统内部组织关系的协调。这里说的组织是指信息化工程项目中若干个子项目组（子项目组负责对应的子系统）。组织关系的协调是指要使这些信息化项目组都能从整个项目的质量、进度和成本监理的目标出发，并积极主动地完成本组的工作，使整个项目处于有序状态。可以经常开一些工作例会、业务碰头会，会议后应有会议纪要，并采用信息传递卡的方式来沟通信息，这样可使各个单位、各个部门了解全局，消除误会，服从并适应全局的需要。通过及时有效地对组织关系进行协调，可以避免资源的浪费，节省人力、物力和财力。

（3）系统内部需求关系的协调。系统内部需求关系的协调是指在项目实施中，对人员需求、材料需求、硬件设备和软件需求、其他资源需求进行的协调，达到内部需求的平衡，实现内部资源的合理配置。

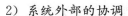

2）系统外部的协调

所谓系统外部的协调是指信息化项目建设活动以外的关系协调，其中又以是否具有合同关系为界限，而划分为具有合同因素的协调和不具有合同因素（即非合同因素）的协调。具有合同因素的协调主要是指建设单位与承建单位、建设单位与相关产品的供货商等关系协调，它们之间的关系可能是与合同直接相关，也可能是不与合同直接相关。

（1）对于系统外部关系中合同因素的协调，主要是协调建设单位与承建单位的关系。由于双方签订合同后，在整个实施与开发过程中有可能产生各种矛盾，监理工程师作为信息化工程建设的第三方，应该本着公正原则进行调解，正确协调好各种矛盾。在不同的阶段，需要协调的内容也不尽相同。如招标阶段的协调、实施和开发准备阶段的协调、实施和开发阶段的协调、交工验收阶段的协调、总包与分包商之间关系的协调。此外，还有建设单位与供应商关系的协调，以及建设单位与设计单位关系的协调。

（2）非合同因素的协调。在信息化项目建设过程中，建设单位与承建单位签订合同或修改合同期间，所进行的大量磋商只是组织协调工作的一部分。但是，要做好全面的信息化项目建设组织协调工作，除了合同方面的组织协调外，还有许多被称为非合同因素或非合同活动的组织协调工作。非合同因素协调与合同因素协调相比，涉及的范围更广，可能遇到的问题更多，监理单位的协调工作量更大、更复杂，而这些关系又不受合同的约束。非合同因素协调工作涉及社会团体、新闻媒体、服务单位、金融机构、社会团体等组织机构。虽然在信息化建设项目中，与建设单位和承建单位无合同关系，但它们的作用不可低估，对项目建设的某些方面、某些场合起着一定的控制、监督和支持作用，甚至起着很大的决定性作用。例如，信息化建设项目的资金运转离不开银行，建设单位和承建单位均须通过开户银行结算各种款项，正常的手续是将项目的合同副本报送开户银行备案，经开户行审查同意后作为拨付工程款的依据。若开户银行不配合，就将耽误工程款的拨付。因此，如果这方面的关系协调得不好，就会影响信息化项目建设的进度。而这方面的协调工作仅靠监理单位是难以有效进行的，需要各有关管理部门和建设单位的大力配合。

2. 信息化工程组织协调的原则与方法

1）组织协调的原则

（1）统揽全局原则。监理单位要明了项目的全部工作量和所有承建单位的职责范围，要了解项目的总任务和分任务，做到分任务之间的无缝衔接，消除责任真空和监理盲点。要了解和熟悉与监理有关各主要管理人员的性格、爱好、工作方式、方法等。要了解和掌握有关各方当事人之间利益关系，做到心中有数，头脑清醒。要借助信息的发布、信息接收，及时掌握和跟踪各方信息，应用正确的信息，在有限的时间内，有的放矢地协调好内外关系。监理人员对重大项目建设活动情况，进行严格监督和科学控制，认真分折各家的情况，摸清来龙去脉，不马虎从事；对出现的问题，要分析原因，对症下药，恰当地协调好各方关系。

（2）公平公正原则。公平、公正是指协调过程中要坚持中立，中立能增加协调工作的成功率。要做到中立，监理人员就必须严格遵守监理的职业道德，克制自身行为；在行为举止上要保持中立和公正，与建设单位、承建单位的相关管理人员之间，既要形成良好的工作关系，又要保持一定距离。监理人员都应站在公正、客观的立场上，依据有关的法律、法规、规范和承发包合同，以科学分析的方法，正确的调解参建各方的矛盾；不看后台，不讲情面，不论亲疏，公正无私地处理项目过程中的人和事，维护参建各方合理、合法的利益，使当事各方心服口服。

（3）灵活性原则。协调工作应有原则，这是一切活动的准则。灵活性是指在不违背原则的前提下，为了实现总体目标而作出的一些让步、牺牲、妥协、折中与变通。实际情况复杂多变，如果一味地强调原则，往往难以达到较好的协调效果。在必要情况下使用一些灵活的手段，可以提高工作的效率，使问题迎刃而解。

（4）及时性原则。矛盾和问题，一旦出现，若不及时协调，会积少成多、积小变大，甚至无法正常解决，积重难反。有些问题当初只要稍加注意，用很少的时间和精力就可以解决的。这就要求监理人员善于发现问题，在矛盾形成初期就及时解决。

2）组织协调的方法

监理工程师组织协调可采用如下方法。

（1）会议协调法。会议协调法是工程监理中最常用的一种协调方法，实践中常用的会议协调法包括监理例会、专业性协调会议等。

监理例会是由总监理工程师主持，按一定程序召开的，研究项目过程中出现的计划、进度、质量及工程款支付等问题的会议。监理例会应当定期召开，宜每周召开一次。参加人员包括：总监理工程师（也可为总监理工程师代表）、其他有关监理人员、建设单位项目经理、承建单位其他有关人员。需要时，还可邀请其他有关单位代表参加。会议的主要议题和会议纪要由项目监理单位起草，经与会各方代表会签，然后分发给有关单位。

除定期召开监理例会以外，还应根据需要组织召开一些专业性协调会议，并由监理工程师主持会议。

（2）交谈协调法。交谈包括面对面交谈和电话交谈两种形式。无论是内部协调还是外部协调，这种方法使用频率都相当高。其作用如下。①保持信息畅通。交谈具有方便性和及时性，所以建设工程参与各方之间及监理机构内部都愿意采用。②寻求协作和帮助。采用交谈方式请求协作和帮助比采用书面方式实现的可能性要大。监理工程师一般都采用交谈方式先发布口头指令，这样，一方面可以使对方及时执行指令，另一方面可以和对方进行交流，了解对方是否正确理解了指令。随后再以书面形式加以确认。

（3）书面协调法。当会议或者交谈不方便或不需要时，或者需要精确地表达自己的意见时，就会用到书面协调的方法。书面协调方法的特点是具有合同效力，一般常用于以下几种情况：书面报告、报表、指令和通知等；需要以书面形式向各方提供详细信息和情况通报的报告、信函和备忘录等；事后对会议记录、交谈内容或口头指令的书面确认。

（4）访问协调法。访问法主要用于外部协调中，有走访和邀访两种形式。走访是指监理工程师在项目建设前或建设过程中，对与项目有关的各政府部门、公共事业机构、新闻媒介或工程毗邻单位等进行访问，向它们解释项目的情况，了解它们的意见。邀访是指监理工程师邀请上述各单位（包括建设单位）代表到项目现场对工程进行指导性巡视，了解现场工作。多数情况下有关各方不了解项目的情况，一些不恰当的干预会对项目产生不利影响，此时，该法可能相当有效。

4.3 信息化工程监理单位与人员

4.3.1 信息化工程监理单位

1. 信息化工程监理单位资质管理体系

资质管理包括资质评审和审批、年检、升级、降级、取消及其他相关内容。目前,我国全国范围的信息化工程监理认证权威机关是工业与信息化部,具体的管理机构是计算机信息系统集成资质认证工作办公室,资质管理涉及工业与信息化部、省市信息化主管部门、从事监理业务的单位、信息化主管部门授权的资质评审机构、省市信息化主管部门授权的资质评审机构等。《信息系统工程监理单位资质管理办法》第二章规定,监理单位的资质等级分为三级(北京市规定为两级),即甲、乙、丙三级,并规定信息化主管部门授权的评审机构可以受理申请甲、乙、丙级资质的评审;省、自治区、直辖市(以下简称省市)信息化主管部门授权的评审机构可以受理所在行政区域内丙级资质的评审,并规定评审合格后,申请单位向信息化主管部门提出资质申请。其中甲、乙级资质申请,由所在省市信息化主管部门初审,报工业与信息化部审批;丙级资质申请,由所在省市信息化主管部门审批,报工业与信息化部备案。实行评审和审批分离原则进行资质评定。

2. 信息化工程监理单位资质评定及管理

根据《信息系统工程监理单位资质管理办法》第三条规定:"资质评定按照评审和审批分离的原则进行。申请应先经信息化主管部门授权的评审机构评审,再按照程序提出申请,由信息化主管部门按照规定权限审批。"即信息化工程监理单位须进行二次申请:评审申请和审批申请。

1)评审申请

申请评审时,申请单位需提交下列申请资料:信息化工程监理单位资质申请表、单位营业执照副本、本单位监理工程师资格证书、需要出具的其他有关证明和资料。

2)资质评审

评审机构对申请单位提交的申请资料进行下列审查:所提供的资料是否齐全、所提供的资料是否符合相关格式要求、与所申请的资质等级对照,检查所提供的资料有无明显不符合要求。

3)现场审查

资料审查通过之后,评审机构对申请单位进行现场审查,现场审查的要点是:以相应的资质等级条件为基准,以企业的真实情况为凭据,进行认真的、实事求是的审查;对上一步骤中所完成的资料审查进行现场核实印证;对需要审查但若不到现场则无法审查的内容进行审查;在资料审查和现场评审之后,评审机构出具评审报告,签署评审意见,对于申请单位是否符合所申请的资质等级条件给出结论性意见。

4)资质审批

(1)审批申请。经评审机构评审合格后,申请单位向信息化主管部门提出资质申请,申请资质时需提交的资料有：相应的申请资料；评审机构出具的评审报告。

（2）审批。甲、乙级资质申请，由所在省市信息化主管部门初审，报工业与信息化部审批；丙级资质申请，由所在省市信息化主管部门审批，报工业与信息化部备案。

如果申请获得批准，将由工业与信息化部统一颁发信息化工程监理资质证书，该证书由工业与信息化部统一印制。

信息化主管部门还要对其进行资质定级，并按规定期对监理单位的资质进行复查，对少数不够资格的监理单位，要取消其资格；资质未提高也未下降的，维持其资格；资质已提高，并达到上一个等级标准的，给予升级。监理单位发生分立或合并，视为新成立的监理单位，政府主管部门将重新审查与核定其资质等级。

5）资质管理

（1）年检。信息化工程监理单位的资质实行年检制度。按照谁审批资质谁负责年检的原则进行，即甲级、乙级资质由信息化主管部门负责年检；丙级资质由省市信息化主管部门负责年检，并将年检结果报工业与信息化部备案。年检检查的内容有：监理单位的法人代表、人员状况、经营业绩、财务状况、管理制度等。

（2）证书的使用。证书的使用管理中主要有两点：名称一致性和规模一致性。名称一致性指监理单位在签署监理合同时，作为监理单位所签订单位名称应与所持资质证书上的单位名称一致。规模相容性指各等级信息化工程监理单位只能监理相应投资规模的信息化项目，具体如下。

①甲级：不受投资规模限制，全部信息化工程项目。

②乙级：投资规模小于 1500 万元的信息化工程项目。

③丙级：投资规模小于 500 万元的信息化工程项目。

（3）证书的变更。

①换证不变级。信息化工程监理单位的资质证书有效期为 4 年，届满 4 年应及时更换新证，其资质等级保持不变。

②注销证书。信息化工程监理单位的资质证书满 4 年未更换，且过期大于 30 天，则视为自动放弃资质，原资质证书予以注销。

③升级证书。信息化工程监理单位的资质升级。乙级和丙级监理单位在获得资质 2 年后可向评审机构提出升级申请。

④降级变证。年检不合格的监理单位，按照年检要求限期整改，逾期达不到要求的，将有可能受到降低资质等级的处分，企业所持资质证书的等级要进行相应变更。

⑤取消证书。年检不合格的监理单位在规定限期内整改未达到要求的，情节严重者将可能受到取消资质的处分。监理单位不得伪造、转让、出卖资质证书，不得越级承接建立业务。否则，将受到责令改正、停业整顿、降低资质等级直至取消资质等处分和处理。

（4）其他变更处理。监理单位发生分立或合并，视为新的监理单位，政府主管部门将重新审查与核定其资质等级。

3. 信息化工程监理单位的经营服务

1）监理单位经营活动的基本原则

信息化工程监理单位应按照以下基本原则进行经营活动。

（1）依法经营。信息化工程监理单位只能从事信息技术方面的服务性质的经营活动。除从事信息化工程监理外，还可以从事有关信息工程方面的咨询活动。但不得从事或变相从事工程承包活动（即承包工程造价或参与工程承包单位的盈利分成），也不得开展计算机设备、配件、软件及材料等经销业务。

信息化工程监理单位只能在核定的监理业务范围和核定资质等级内从事监理业务，也就是不得超越所指定的工程类别和工程等级承揽工程建设监理业务；获得高等级资质的监理单位可以承担所有等级的项目的监理业务，而乙、丙级资质的监理单位只能承揽相应等级的项目监理业务。

监理单位承担工程建设监理任务时，应持监理申请批准书或资质等级证书等相应文件，以及监理业务手册，向监理工程所在的省、自治区、直辖市政府信息化主管部门备案，接受其指导和监督。

不论出自什么原因，都不能发生伪造、涂改、出租、出借、转让、出卖监理资质等级证书等破坏市场秩序的行为。

要认真履行监理委托合同和有关的义务，不损害委托单位和承包单位的合法利益，不损害其他人合法的人身权利。

（2）保证服务质量。监理单位与建设单位一旦签订了监理委托合同，就应尽一切努力保证服务质量，控制好工程质量、进度和成本。要坚持把服务质量与监理酬金分开的原则，始终保证好服务的质量，绝不能认为酬金低就有意降低服务质量。只有这样，才能创造出较高的监理效果，提高监理单位的声誉和威望。

2）监理单位经营服务活动范围

信息化工程监理经营服务活动范围包括以下几个部分：国家级、省部级、地市级的信息化项目；使用国家政策性银行或国有商业银行贷款，规定需要实施监理的信息化项目；使用国家财政性资金的信息化项目；涉及国家安全、生产安全的信息化项目；国家法律、法规规定应当实施监理的其他信息化项目。

3）监理单位经营服务活动的内容

监理单位经营服务内容，即监理单位应承担的具体工作如下。监理单位应与建设单位签订监理合同，应在签订后若干日内（有的地方为 5 个工作日）将合同送主管部门存档，并开始其监理工作。监理工作按整个监理过程可分为工程招标、工程设计、工程实施和工程验收四个阶段。信息化工程监理的主要内容是对信息化项目的质量、进度和投资进行监督，对项目合同和文档资料进行管理，协调有关单位间的工作关系。需要说明的是，这里只能列出监理工作的大体框架，在实际工作中随着项目的大小、种类和具体应用环境会有所增减或改变。

4）监理经营服务活动程序

信息化工程监理应按照下列活动程序进行。①组建信息化项目监理小组。监理小组由总监理工程师、监理工程师和其他监理人员组成。②编制监理计划，并与建设单位协商确认。③编制工程阶段监理细则。④实施监理。⑤参与工程验收并签署监理意见。⑥监理业务完成后，向建设单位提交最终监理档案资料。

4. 信息化工程监理费用问题

1）监理费用的构成

概括地讲，监理费用的构成是指监理单位在工程项目监理中所需要的全部成本，再加上合理的利润和税金。目前，我国的监理费用尚无公共标准。由于监理工作对监理人员的素质要求高，他们基本上都具备项目经理和系统分析员的资格和能力，因此，从整体上看要比软件开发或系统集成的费用高。监理费用包括一般监理费用、附加监理工作的酬金。

一般监理费用大致可以分为直接成本、间接成本、利润和税金四部分。直接成本是指监理单位履行某项具体工程项目中所发生的成本。间接成本有时称为日常管理费或劳务费，包括所允许的全部业务经营开支及非工程项目的特定开支。利润一般是指监理单位的费用收入和经营成本（直接成本、间接成本及各种税金之和）之差。税金是指按国家有关规定，监理单位应交的各种税金总额，例如营业税、所得税等。

附加监理工作的酬金主要包括：增加监理工作时间的补偿酬金和增加监理工作内容的补偿酬金。增加监理工作的范围或内容属于监理合同的变更，双方应另行签订补充协议，并具体商定报酬额或报酬的计算方法。额外监理工作酬金按实际增加工作的天数计算补偿金额。

2）监理费用的计算

目前，比较实际的计算方法是，由建设单位和监理单位协商确定，并体现在委托合同中。我国政府建设主管部门（对建筑行业而言）已发布了我国监理费用的计算方法和取费标准，北京市信息化协会发布了信息化工程监理行业取费的参考标准。即使如此，规定的集中计算方法和取费标准也是"指导性"的。下面对几种计算监理费用的方法进行介绍。

（1）按时计算法。这种方法是根据合同项目直接使用的时间（计算单位可以是小时、工作日或月）补偿费再加上一定补贴来决定监理费用的多少。单位时间的费用一般以监理单位职员的基本工资为基础，再考虑一定的管理费用和利润增加系数来确定。采用这种方法，监理人员的差旅费、函电费、资料费及试验费等，一般也由建设单位支付。

（2）工资加一定比例其他费用的计算方法。这种方法实际上是按时计算的变相形式。即以建设单位支付直接参加项目监理的人员的实际工资加上一个百分比。该百分比实际上包括了间接成本和利润。

（3）建设成本百分比的计算方法。这种方法是按照工程规模大小和所委托的工作内容的繁简，以建设成本的一定比例来计算。一般的情况是，工程规模越大，建设成本越多，监理取费所占的比例越小。采用这种方法的关键问题是如何确定项目建设成本。通常可以用估算的工程费用作为计费基础，也可以按实际工程费用作为计费基础，究竟采用哪种方法为基础应当在合同中加以明确。

（4）监理成本加固定费用计算方法。采用这种方法时，监理费由成本和固定费用决定。成本的内容变化很大，由多项费用组成，一般包括发放的工资总额，其中含全部直接工资、间接工资及其他工资、现金支付的生活补贴和差旅费，还有通信费和拍照费等。固定费用主要包括监理公司的利润、收入所得税、投资所得的利润、风险经营的补偿及不包括在监理成本中的其他工资、管理和消耗的费用。附加固定费用的数量，是在监理成本项目确定以后，由双方洽谈确定。

（5）固定价格计算方法。这种方法特别适用于小型或中等规模的工程项目。当监理单位在承接一项能够明确规定服务内容的业务时，经常采用这种方法。这种方法又可分为两种计算形式，一是确定工作内容后，以一笔总价一揽子包死，工作量有所增减，一般也不调整报酬总额。二是按确定的工作内容分别确定不同项目的价格，据此计算报酬总额。当工作量有变动时，可分别计算增减项目费用额，调整报酬总额。

以上5种方法是目前较为常用的监理计酬办法，当然，还会有其他的计算方法。但是不论采用哪种方法，对于建设单位和监理单位来讲，都有有利和不利的地方，需要根据实际情况结合起来使用。

目前，北京市出台了一个监理行业收费的参考标准，如表 4-1 所示。

表 4-1　北京市信息化工程监理行业取费（全过程监理）参考标准

工程概（预）算 M/万元	信息化工程监理取费率 a/%
$M \leqslant 200$	$a \geqslant 7$
$200 < M \leqslant 500$	$a \geqslant 5.5$
$500 < M \leqslant 1000$	$a \geqslant 4.5$
$1000 < M \leqslant 2000$	$a \geqslant 3.7$
$2000 < M \leqslant 5000$	$a \geqslant 3.0$
$5000 < M \leqslant 10000$	$a \geqslant 2.5$
$M > 10000$	$a \geqslant 2.0$

在监理单位之间的竞争中，不论采用哪种费用计算方法，对于某一个特定的合同项目来说，不同的监理单位之间要求提取的报酬的差异会很大。目前大部分地区还没有统一的收费标准，具体来讲，有以下几个原因。第一，经营的成本不同。比如不同的监理单位所处的地区不同，成本就可能不同。第二，各监理单位对服务难易程度理解不同。例如，对工作需要的条件、客观实际情况和项目所含的风险等都不可能有一样的理解和认识，采取的工作方法也不一样，最终可能导致监理单位提出的费用不足或是估算过高等。第三，监理经验不同。只有经验丰富的监理单位，才可能根据以往的经验，很快地提出一项比较合理而又接近实际需要的报价。第四，监理单位的地位和形象影响。比较成熟、组织良好的监理单位，在其业务领域中享有较高声誉，自然其吸引力很强，这样，其取费也可能定得高些。

5. 信息化工程监理单位风险及防范

1）监理工作的风险类别

（1）行为责任风险。监理工程师超出建设单位委托的工作范围，并造成了工作上的损失。监理工程师未能正确地履行合同中规定的职责，在工作中发生失职行为造成损失。监理工程师由于主观上的无意行为未能严格履行职责并造成了损失。

（2）工作技能风险。监理工程师由于在某些方面工作技能的不足，尽管履行了合同中建设单位委托的职责，实际上并未发现本应该发现的问题和隐患。现代信息技术日新月异，并不是每一位监理工程师都能及时、准确、全面地掌握所有的相关知识和技能，无法完全避免这一类风险的发生。

（3）技术资源风险。即使监理工程师在工作中没有行为上的过错，仍然有可能承受一些风险。例如，在软件开发过程中，监理工程师按照正常的程序和方法，对开发过程进行了检查和监督，并未发现任何问题，但仍有可能出现由于系统设计留有缺陷而导致不能全部满足实际应用的情况。众所周知，某些项目质量隐患的暴露需要一定的时间和诱因，利用现有的技术手段和方法，并不可能保证所有问题都能及时发现。同时，由于人力、财力和技术资源的限制，监理工程师无法对建设过程的所有部位、所有环节的问题都能及时进行全面细致的检查发现，所以他们必然会面对风险。

（4）管理风险。明确的管理目标、合理的组织机构、细致的职责分工、有效的约束机制，是监理组织管理的基本保证。如果管理机制不健全，即使有高素质的人才，也会出现这样或那样的问题。

2）监理单位的风险防范方法

（1）谨慎签订监理合同。监理单位在签订信息化工程监理委托合同之前，应该首先调查建设单位的资信、经营状况和财务状况。其次，在合同的谈判过程中，要争取主动并采取相应措施，保证自己的合法权益。对建设单位提出的合同文本要仔细推敲，对重要问题要慎重考虑，积极争取对风险性条款及过于苛刻的条款作出适当调整，不能接受权利与义务不平等的合同，不能为了揽到信息化工程监理合同而随意让步，从而丧失公平原则。

（2）严格履行合同。对于项目中涉及的所有条款，监理工程师必须做到心中有数，注意在自身的职责范围内开展工作，不要有遗漏，也不要超越建设单位的委托范围去工作。

（3）提高专业技能。现代信息技术发展迅速，监理工程师必须不断学习，努力提高自身素质，否则就无法适应现代化项目建设的要求，造成技能不足的风险。

（4）提高管理水平。监理单位必须结合所承担工程的具体情况，明确监理工作目标，建立行之有效的内部管理约束机制，尤其在监理责任的承担方面，要落实到人，使风险置于有效控制之下。

4.3.2　信息化工程监理人员

1. 信息化工程监理人员的类型及职责

1）信息化工程监理人员的类型

监理单位的监理人员包括：总监理工程师、总监理工程师代表（必要时配备）、专业监理工程师、监理辅助人员。监理单位应该根据监理机构的组织形式和工程实际需求，合理选择和确定人员，保证监理人员的专业结构合理和技术职称结构合理。在监理单位正式实施监理之前，总监理工程师应当及时向所有监理人员明确监理单位的组织形式、人员安排和相应的职责，避免由于工程监理组织方面的问题影响工程监理的实施。

为了保证监理工作的连续性和有效性，监理单位应该维护监理机构组织形式的一致性和监理人员的稳定性，尤其是总监理工程师。如果必须更换监理工程师，应征得建设单位的同意，并书面通知建设单位。

2）信息化工程监理人员的职责

（1）总监理工程师的职责。总监理工程师是信息化工程实施监理的"总策划"和"总指挥"。他作为信息化工程的全权负责人，全面负责和领导信息化工程的监理工作。所以，对信息化工程总监理工程师的要求也较高，即业务技术水平高、管理经验丰富、有良好的职业道德，并已取得监理工程师资格证书和注册证书。总监理工程师应履行以下职责：全面负责工程监理合同的实施；确定监理机构人员分工；主持编写工程监理规划、审批监理细则；负责管理监理机构日常工作，定期向监理单位报告；检查和监督监理人员的工作，根据工程项目的进展情况可进行监理人员调配，对不称职的监理人员应调换其工作；主持监理工作会议，签发工程监理机构的文件和指令；审查承建单位资质，并提出审查意见；审定承建单位的开工申请、系统实施方案、建设进度计划；组织编写并签发监理月报、监理工作阶段报告、专题报告和工程监理工作总结；主持审查和处理工程变更；参与工程质量和其他事故调查；审查承建单位竣工验收申请，组织有关人员进行竣工测试验收，签认竣工验收文件；主持整理工程项目的监理资料；审核签认承建单位的付款申请、付款证书和竣工结算；调解建设单位与承建单位的合同争议，参与索赔的处理，审批工程延期；组织建设单位和承建单位完成工程移交。以上所列的总监基本职责，并不是全部内容，只是一些基本部分，其他的内容在实际情况中还有很多。

（2）总监理工程师代表的职责。总监理工程师代表应履行以下职责：按总监理工程师的授权，行使总监理工程师的部分职责和权力；总监理工程师不得将下列工作委托给总监理工程师代表：主持编写工程监理规划，审批工程监理细则；调解建设单位和承建单位的合同争议，参与索赔的处理，审批工程延期；根据工程项目的进展情况进行监理人员的调配，调换不称职的监理人员；审核签认承建单位的付款申请、付款证书和竣工结算。

（3）专业监理工程师职责。这是监理工作中比较专项的工作，如质量监理、成本监理、进度监理和合同监理，他们在总监理工程师统一领导下完成本专业的监理工作。专业监理工程师应履行如下职责：负责编制监理规划中本专业部分的内容及本专业的监理细则；负责本专业监理工作的具体实施；组织、指导、检查和监督监理辅助人员的工作；协助总监理工程师审查承建单位的涉及本专业的计划、方案、申请和变更；负责核查工程中所用的设备、材料和软件；负责本专业监理资料的收集、汇总及整理，参与编写监理月报；定期向总监理工程师提交本专业监理工作实施情况报告，对重大问题及时向总监理工程师报告；负责本专业工程量的审定；协助组织本专业分系统工程测试、验收；填写监理日志。

（4）监理辅助人员（监理员）职责。监理辅助人员是监理实务的直接作业者，一般应按专业及主要工种配备。监理辅助人员应履行如下职责：在专业监理工程师的指导下开展监理工作；协助专业监理工程师完成工程量的核定；担任现场监理工作，发现问题及时向专业监理工程师报告；对承建单位实施计划和进度进行检查并记录；对承建单位实施过程中的软件和设备安装、调试、测试进行监督并记录；填写监理日志。此外，现场监理员还要负责具体设备、具体布线及网络建设的督导，工序间交换检查、验收及签署，负责现场建设安全、防火的检查、监督，及时报告现场发生的质量事故、安全事故和异常情况，在通用布缆中，有时需要旁站监理、跟踪（全过程、全天候）检查等。

2. 信息化工程监理人员的资格管理

1）信息系统工程监理工程师资格管理制度

2003 年 4 月 1 日起，信息产业部计算机信息系统集成资质认证工作办公室发布的《信息系统工程监理工程师资格管理办法》正式实施，该办法对信息系统工程师资格管理作了详细的规定。需要强调的是，信息系统工程监理师资格实行登记管理，工业与信息化部负责登记管理，省市信息化主管部门负责本行政区域内登记。取得《信息系统工程监理工程师资格证书》者，须在一年内向所在省市信息化主管部门登记，由登记机构在《信息系统工程监理工程师资格证书》中的登记栏内加盖登记专用印章。这是监理人员资格管理的重要特征。经登记后方可从事信息系统工程监理业务。登记手续由聘用单位统一办理。申请信息系统工程监理工程师登记者，应当具备下列条件：取得《信息系统工程监理工程师资格证书》；遵纪守法，遵守监理工程师职业道德；身体健康，能胜任监理工程师工作；所在单位同意。监理工程师的登记属于政府行为，主要从四个方面进行控制。

（1）地区的控制。不管监理单位是本地还是外地的，要在进行监理工作的地区从事信息系统工程监理工作必须进行登记。

（2）素质的控制。作为一个执业监理工程师，必须具有多方面的素质，信息化工程监理工程师资格仅是各项素质中的一个方面，即监理知识素质，但同时还应具备其他素质条件，如政治思想素质、能力素质、身体素质等。

（3）专业的控制。信息系统工程建设需要多方面的专业人才，一个地区的政府部门只有进行登记，才能掌握专业人才的配置比例，才能编制专业培养规划。

（4）数量的控制。一个地区需要多少信息系统工程监理工程师，是由该地区的信息化建设发展规划来定的，监理人员的数量不足会影响工程建设的质量，相反，监理人员的数量过剩，也是人才的浪费，并且会直接影响监理行业的正常发展。

2）信息化工程监理人员的资格获得

信息化工程监理人员要获得相应资格需要经过相应步骤。对于监理辅助人员和已经获得监理工程师资格的监理人员，需要经过岗前培训，岗前培训合格后取得相应证书，持证上岗。岗位培训较为基础，主要目标是使监理人员熟悉岗位的各项任务、要求等，使监理人员尽快开展工作。而对于希望获得监理工程师资格的监理人员，还需要经过相对较复杂的程序。

（1）需要满足《信息化工程监理工程师资格管理办法》中对信息化工程监理工程师的基本要求：具有大学本科以上学历，有两年以上从事信息化工程设计、实施、监理工作经历；或者具有大专学历，4 年以上从事信息化工程设计、实施、监理工作经历。经过培训，取得培训结业证书。经过监理工程师资格考试合格。

（2）申请参加相应的资格培训，取得培训结业证书者可申请参加工业与信息化部统一组织的监理工程师资格考试。经考试合格后由监理工程师资格考核委员会发证，授予监理工程师资格。关于监理工程师资格考核委员会的组成及其职责、申报监理工程师资格考试的程序，以及考试或考核的办法，由工业与信息化部另行规定。

（3）考试合格后，填写"信息系统工程监理工程师资格申请表"，经工业与信息化部资质管理办公室审核，由工业与信息化部批准，颁发"信息系统工程监理工程师资格证书"。"信息系统工程监理工程师资格证书"由工业与信息化部统一印制。

（4）取得了监理工程师资格证书的专业技术人员，不等于就能从事信息化工程的监理工作，还需要在取得监理工程师资格证书后的一年内，通过聘用单位统一在登记机构登记、注册。监理单位的人员组成中只包括专业监理工程师，而不包括泛指的监理工程师。监理工程师的登记，由本人所在监理公司组织集体申报，原则上 3 年申报一次，登记的一般程序为：申报单位准备好符合监理工程师条件人员的有关材料，如职称证明、监理工程师资格证书、近 3 年的业绩证明及注册申请表，向监理工程师登记机构申请；由监理工程师登记机构进行登记，并组织资格审查；将审查合格的监理工程师名单汇编成册，报工业与信息化部备案；在已获准登记的《信息系统工程监理工程师资格证书》中的登记栏内加盖登记专用印章；将已盖章的《信息系统工程监理工程师资格证书》发回原单位。总流程如图 4-2 所示。

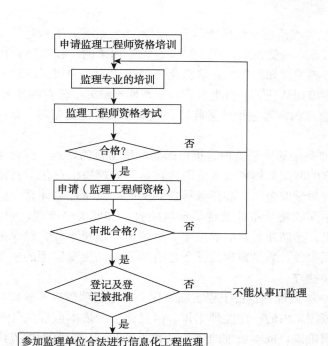

图 4-2　取得监理工程师资质流程图

3）监理工程师的变更登记

监理工程师变更工作单位应及时办理变更登记手续。信息化工程监理工程师登记有效期为 3 年，有效期届满，应当向原登记机构重新办理登记手续；超过有效期 60 天不登记，原登记失效。重新登记时，除符合申请登记应具备的基本条件外，还需有参加继续教育的证明。

4）监理工程师的注销登记

监理工程师出现下列情况之一，原聘用单位应当在 60 天内向登记机构办理注销登记手续：死亡或被宣告失踪；受刑事处分；取消监理工程师资格处分；被聘用单位解聘；因其他原因已不适合做监理工作。注销登记后，由登记机构向工业与信息化部备案。

5）监理工程师的处罚

监理工程师有下列行为，视情节轻重分别给予通报批评、撤销登记、吊销信息化工程监理工程师资格证书的处罚：未经登记，从事信息化工程监理业务；以不正当手段取得资格证书；以个人名义承揽监理业务；因个人过错造成严重经济损失。

本章小结

1. 信息化工程监理是指信息化工程监理机构根据相关法律法规及标准，对信息化工程建设单位及承建单位进行督察、监控和评价，并采取各项管理措施，协助有关人员达到预期目标。信息化工程监理与信息化项目管理、信息化工程咨询、信息系统审计既有联系，又有区别。

2. 信息化工程监理对信息系统市场、信息系统建设单位及信息系统开发商都具有重要的意义。

3. 我国的信息化工程监理是从传统的公路、水路、桥梁、土木建筑及国外相同工程中吸取经验，结合信息行业本身的特点，逐步试验、探索而来的。在我国，信息化工程监理的理念已逐渐得到社会各界的认知和接纳；信息化工程监理法律法规正在形成；信息化工程监理教育基本形成了职业培训认证、本科生教育、工程硕士研究生教育的较为完整的体系。

4. 信息化工程监理的内容包括质量监理、成本监理、进度监理、合同监理及组织协调五个方面。

5. 信息化工程监理中的质量监理是指根据信息化项目的特点，综合运用各种有效的监理手段和措施，在约定的时间和预算成本范围内，达到或超过信息化项目建设单位的质量期望的过程。信息化工程质量监理的核心任务是建立全面的质量控制体系，强化承包人自检体系的管理，严格做好中间的质量检验及现场质量验收，搞好工序监测，强调以事前控制为主，严格开工报告的审批，预防质量通病的发生，杜绝建设质量事故，确保工程质量创优。在信息化工程建设的不同阶段，质量监理的任务也有所不同。质量监理的主要方法包括：审查和评审、测试、旁站和抽查。

6. 信息化工程成本监理是指在工程实施过程中，通过项目成本管理尽量使项目实际发生的成本控制在预算范围之内的一项监理工作。信息化工程成本监理的任务重点包括和成本相关的各项任务，不同阶段，成本监理的任务又有所不同。成本监理的方法包括组织方法、技术方法、经济方法和合同方法。

7. 信息化工程进度监理是指对工程项目的各建设阶段的工作程序和持续时间进行检查、调整等一系列活动的总称，在项目实施过程中检查实际进度是否按照要求进行，对出现的偏差分析原因，采取补救措施或调整、修改原计划直至竣工、交付使用。进度监理的基本方法较多，主要方法包括审查进度计划、监控进度计划的实施、调整工程进度计划、编制工程进度报告。

8. 信息化工程合同监理主要指监理单位站在公正、严肃的立场，依照法律规定，对信息化工程有关的各类合同的拟定、协商、签署、执行情况进行分析、监督等工作，以达到通过双方签署的合同实现信息化工程的目标和任务，维护建设单位和承建单位及其他关联方的正当权益。合同监理的任务是对工程承建合同的签订、履行、变更、终止或解除进行检查和监督，以保证承建合同的签订、执行的合法性和有效性。信息化工程合同监理应坚持以下原则：事前预控原则、及时纠偏原则、充分协商原则、公正处理原则。

9. 组织协调与目标控制密不可分，以保证建设单位信息化项目成功实施为目标，是实现信息化项目目标控制不可缺少的方法和手段，是重要的监理措施之一。信息化工程组织协调的内容包括系统内部的协调和系统外部的协调。信息化工程组织协调应当遵守统揽全局的原则、公平公正的原则、灵活性原则、及时性原则；主要方法包括会议协调法、交谈协调法、书面协调法、访问协调法。

10. 信息化工程监理单位的资质管理包括资质评审和审批、年检、升级、降级、取消及其他相关内容。资质评定按照评审和审批分离的原则进行。申请应先经信息化主管部门授权的评审机构评审，再按照程序提出申请，由信息化主管部门按照规定权限审批。

11. 信息化工程监理单位进行经营服务活动必须依法经营，保证服务质量。信息化工程监理经营服务活动范围包括以下几个部分：国家级、省部级、地市级的信息化项目；使用国家政策性银行或国有商业银行贷款，规定需要实施监理的信息化项目；使用国家财政性资金的信息化项目；涉及国家安全、生产安全的信息化项目；国家法律、法规规定应当实施监理的其他信息化项目。

12. 监理费用的构成是指监理单位在工程项目监理中所需要的全部成本，再加上合理的利润和税金。监理费用包括一般监理费用、附加监理工作的酬金。监理费用的计算方法有按时计算法、工资加一定比例其他费用的计算方法、建设成本百分比的计算方法、监理成本加固定费用计算方法、固定价格计算方法等。

13. 监理工作的风险类别有行为责任风险、工作技能风险、技术资源风险、管理风险等。监理单位的风险防范方法包括谨慎签订监理合同、严格履行合同、提高专业技能、提高管理水平等。

14. 监理单位的监理人员包括总监理工程师、总监理工程师代表（必要时配备）、专业监理工程师、监理辅助人员，不同类型的信息化工程监理人员有不同的职责。信息化工程监理师资格实行登记管理，工业与信息化部负责登记管理，省市信息化主管部门负责本行政区域内登记。信息化工程监理人员资质管理包括资格获得、变更登记、注销登记和处罚等。

思 考 题

一、概念

信息化工程监理　信息化工程咨询　信息系统审计　信息化工程质量监理　信息化工程成本监理　信息化工程进度监理　信息化工程合同监理

二、选择

1. 我国信息化工程监理教育体系中还缺少（　　）。

A. 职业培训认证 　　　　　　　　　　　　B. 本科生教育

C. 工程硕士研究生教育 　　　　　　　　　D. 博士研究生教育

2. 信息化工程质量监理的方法包括（　　）。

A. 审查 　　　　　　　　　　　　　　　　B. 评审

C. 旁站 　　　　　　　　　　　　　　　　D. 测试

3. 信息化工程进度监理的任务包括（　　）。

A. 协助建设单位分析项目的内容及项目周期，并提出安排工程进度的合理建议

B. 对建设合同中所涉及产品和服务的供应周期等作出详细说明，并建议建设单位作出合理安排

C. 对招标书中的工程实施计划及其保障措施提出建议，并在招标书中明确规定

D. 在项目实施过程中，按阶段进行成本计划值与实际值的比较，并提交各种成本控制监理报表

4. 信息化工程合同监理应坚持（　　）原则。

A. 事前预控原则 　　　　　　　　　　　　B. 及时纠偏原则

C. 充分协商原则 　　　　　　　　　　　　D. 公正处理原则

5. 信息化工程组织协调的原则包括（　　）。

A. 统揽全局的原则 　　　　　　　　　　　B. 公平公正的原则

C. 灵活性原则 　　　　　　　　　　　　　D. 及时性原则

6. 我国全国范围的信息化工程监理认证权威机关是（　　　）。

A. 计算机信息系统集成资质认证工作办公室　　　B. 国家发展和改革委员会

C. 省市级信息化主管部门　　　　　　　　　　　D. 工业与信息化部

7. 信息化工程监理单位资质评审须进行（　　）次申请。

A. 1　　　　　　　　　　　　　　　　　　　　B. 2

C. 3　　　　　　　　　　　　　　　　　　　　D. 4

8. 信息化工程监理单位的资质证书有效期为（　　）年。

A. 1　　　　　　　　　　　　　　　　　　　　B. 2

C. 3　　　　　　　　　　　　　　　　　　　　D. 4

三、辨析

1. 信息化工程监理是信息化项目管理的一种特殊形式。（　　　）

2. 信息化工程监理的重点是工程的实施阶段，信息系统审计的重点在信息系统投入运行后。（　　　）

3. 信息化工程监理有利于降低信息系统市场的道德风险。（　　　）

4. 信息化工程质量监理与信息化建设质量管理的内容和方法相同。（　　　）

5. 信息管理是信息化监理工作的重要内容。（　　　）

6. 监理单位更换监理工程师，应征得建设单位的同意，并书面通知建设单位。（　　　）

7. 外地的监理单位要进行信息系统工程监理工作，必须在从事监理工作的地区进行登记，而本地的监理单位则不需要登记。（　　　）

8. 年检不合格的信息化监理单位将被取消资格。（　　　）

四、简答

1. 试比较信息化工程监理与信息化项目管理、信息化工程咨询的区别及联系。

2. 简述信息化工程监理和信息系统审计的异同。

3. 试述我国信息化工程监理在发展中的问题及对策。

4. 简述信息化工程质量监理的任务。

5. 简述信息化工程成本监理的主要方法。

6. 如何进行信息化工程进度监理？

7. 简述信息化工程合同监理的任务与原则。

8. 简述信息化工程组织协调的原则与方法。

9. 试论我国对信息化工程监理单位的资质管理制度。

10. 简述信息化工程监理费用的构成与计算方法。

11. 简述信息化工程监理风险的类型及防范对策。

12. 试论信息化工程监理人员的类型及职责。

13. 简述要取得信息化工程监理工程师资质的流程。

第5章

信息化应用调控

学习目标

1. 理解信息化应用调控的概念；
2. 了解信息系统启用与推广管理的内容与要求；
3. 掌握信息系统运行与维护管理的内容和方法；
4. 了解信息系统安全面临的主要威胁和信息系统安全的基本要求；
5. 掌握信息系统安全管理的原则、策略和措施；
6. 能够运用信息化应用调控的原理与方法实施一般的信息化应用调控工作。

信息化的最终目的不是信息系统建设，而是信息系统和信息资源的应用。要充分、有效且安全地应用信息系统和信息资源，让信息化真正发挥作用，必须加强信息化应用调控。信息化应用调控是指信息系统建成投入使用后，为保证信息系统和信息资源的充分、有效和安全利用，而对信息系统的使用进行调节和控制。信息化应用调控是信息化管理的重要环节，是信息化应用管理的核心内容。本章主要阐述信息系统的启用与推广管理、信息系统的运行与维护管理、信息系统安全管理等内容。

5.1　信息系统的启用与推广管理

信息系统的启用与推广是指用新的信息系统开始在小范围内投入使用到在大范围推广的过程。信息系统的启用与推广管理包括信息系统启用前的准备和信息系统试运行、转换和推广应用等工作。

5.1.1　信息系统启用前的准备工作

1. 信息系统运行管理制度建设

做好任何一件事情都要有制度作保障。必须建立一套比较完善的信息系统运行管理制度，以确保信息系统正常、安全地运行。缺乏信息系统运行管理制度的规范，必然会影响信息系统的运行效率，影响信息系统功能的实现。

1）机房安全运行管理制度

信息系统的运行管理制度，首先表现为机房必须处于监控之中。机房安全运行制度应该主要包括如下内容：①身份登记与验证出入；②带入带出物品检查；③参观中心机房必须经过审查；④专人负责启动、关闭信息系统；⑤对系统运行状况进行监视、跟踪并详细记录运行信息；⑥对系统进行定期保养和维护；⑦操作人员在指定的计算机或终端上操作，对操作内容按规定进行登记；⑧不做与工作无关的操作，不运行来历不明的软件；⑨不越权运行程序，不查阅无关参数；⑩操作异常，立即报告。

2）信息系统的其他管理制度

信息系统的运行管理制度，还表现为软件、数据、信息等其他要素必须处于监控之中。信息系统的其他管理制度主要包括如下内容：①必须有重要的系统软件、应用软件管理制度，如系统软件的更新维护，应用软件的源程序与目标程序分离等；②必须有数据管理制度。如重要输入数据、输出数据的管理；③必须有密码口令管理制度，做到口令专管专用，定期更改并在失密后立即报告；④必须有网络通信安全管理制度，实行网络电子公告系统的用户登记和对外信息交流的管理制度；⑤必须有病毒的防治管理制度，及时检测、清除计算机病毒，并备有检测、清除的记录；⑥必须有人员调离的安全管理制度，例如，人员调离时马上收回钥匙、移交工作、更换口令、取消账号，并向被调离的工作人员申明其保密义务，人员的录用调入必须经人事部门会同组织技术部门进行考核并接受相应的安全教育；⑦建立安全培训制度，进行计算机安全法律教育、职业道德教育和计算机安全技术教育，对关键岗位的人员进行定期考核；⑧建立合作制度，加强与相关单位的合作，及时获得必要的信息和技术支持。

2. 信息系统使用人员的培训

对信息系统使用人员进行培训是信息系统启用与推广的根本保证。信息系统的正常运行需要各个部门、不同级别、不同职责、不同权限的用户参与，这些人员非常熟悉手工处理过程，但可能缺乏信息技术应用的相关知识和技能，并且对信息系统不熟悉，为保证信息系统的正常运行，需要对用户进行相关的培训。需要进行培训的人员主要有三类，即业务管理人员、系统管理员和系统维护人员。从信息系统启用开始，相应的培训应贯穿始终，分阶段、分内容、分人员、分层次地分别进行系统的培训。培训的主要内容有以下几个方面。

1) 信息系统应用意识培养

信息系统应用意识直接关系到信息系统的应用广度、深度和效度。在信息系统启用之前和信息系统应用过程中，培养各类人员的信息系统应用意识十分必要。不少与信息系统应用相关的人员对信息系统了解不深，认识不高，可通过培训对信息系统应用有充分而准确的理解，认识到信息系统的应用将会有效提高业务和管理水平。信息系统应用意识的培养主要包括以下两个方面。①"重用"意识的培养，即通过多种形式的宣传教育，如采用展板、网络公告、视频等多种渠道形式进行宣传教育，让相关人员克服"重建设，轻应用"的观念，树立重视信息系统应用意识，努力提高全体员工特别是业务管理人员、系统管理员和系统维护人员对信息系统应用价值的认识，提高他们应用信息系统、有效开发和利用信息资源的自觉性和主动性。②"敢用"意识的培养，目前信息技术设备比较贵重，而且信息技术硬件及软件的安装和启动看上去较复杂，管理人员对信息系统容易产生一种恐惧心理。因此，应通过各种途径，如采用动手操作、安装调试等方法，消除人们对信息系统的神秘感，让各类用户都敢用信息系统。

2) 信息技术知识和技能培训

即让相关人员掌握计算机技术、多媒体技术、网络技术等现代信息技术的基本知识和基本操作技能，学会文字处理、数据库管理系统、电子表格系统、网络通信等的使用方法，提高相关人员的信息技术操作水平，使相关人员能利用网络资源进行业务活动。这是对信息系统应用人员的一种基础培训，主要是针对那些年龄较大且信息技术基础较差的信息系统应用人员。对于信息技术基础较好的应用人员，可减少或取消这部分培训内容。

3) 信息系统应用培训

即让相关人员了解和掌握即将投入使用的信息系统的情况和使用方法。具体内容包括：系统整体结构和系统概貌；系统分析设计思想和每一步的考虑；系统操作方式和输入方式；可能出现的故障及故障排除；文档资料的分类及检索方式；数据收集、数据规范、统计渠道、统计口径等；系统运行注意事项。这部分内容的培训是信息系统应用培训的重点，培训可以课堂讲授和上机操作相结合、统一授课和个别答疑相结合、学习测试和笔记检查相结合的方式，可分期分批进行。

4) 信息管理与利用能力的培训

信息管理与利用能力包括信息搜集获取能力、信息处理加工能力、信息分析判断能力、信息消化吸收能力、信息传递发布能力等。应通过各种形式的培训，让用户具备上述能力，尤其是利用现代信息技术和信息系统进行信息搜集获取、处理加工、分析研究、消化吸收和传递发布的能力。

5）信息技术与业务管理的整合能力的培养

信息技术与业务管理整合是指在工作过程中把信息技术、信息资源和业务管理有机结合，建构有效的管理方式，促进管理的最优化。这种整合培训可分层次逐步展开。①基本能力培养，通过基础知识的培训，使人员提高获取信息的能力和数据处理的能力。②培养应用能力，根据获取的最新信息不断调整自己的管理策略，对相关信息进行有效整合，创造性地使用信息技术解决问题。

培训前需建立管理部门，制订有步骤、分层次、分阶段的培训计划。

3. 信息系统启用前的资料准备

1）系统文档

系统调试完以后应有详细的说明文档供人员阅读。文档应使用通用的语言说明系统各部分如何工作、维护和修改。系统说明文件大致可分系统一般性说明文件、系统开发报告和系统说明书三类。

（1）系统一般性说明文件。具体包括以下内容。

①用户手册。给用户介绍信息系统的全面情况，包括目标和有关人员情况。

②系统规程。为信息系统的操作和编程等人员提供的总的规程，包括信息系统操作规程、监理规程、编程规程和技术标准。

③特殊说明。随着外部环境的变化而使信息系统作出相应调整等，这些是不断进行补充和发表的。

（2）系统开发报告。具体包括以下内容。

①系统分析说明书。包括系统分析建议和系统分析执行报告。

②系统设计说明书。涉及输入、输出、数据库组织、处理程序、系统监控等方面。

③系统实施说明书。主要涉及系统分调、总调过程中某些重要问题的回顾和说明；人员培训、系统转换的计划及执行情况。

④系统利益分析报告。主要涉及系统的管理工作和对职工所产生的影响，系统的费用、效益分析等方面。

（3）系统说明书。具体包括：整个系统程序包的说明；系统流程图和程序流程图；作业控制语句说明；程序清单；程序实验过程说明；输入输出样本；程序所有检测点设置说明；各个操作指令、控制台指令；操作人员指示书；修改程序的手续，包括要求填表的手续和样单。

2）数据准备

新的信息系统投入使用前要进行数据准备。数据准备是从手工处理的数据或老系统中整理出新系统运行所需的基础数据和资料。将手工处理的数据录入到信息系统的外存上是最费时间的转换，数据准备的工作量是相当大的，应提前组织进行，否则将延迟系统转换的进程。将已有信息系统的文件、数据加工成符合新信息系统要求的数据，包括历史数据的整理、数据口径的调整、数据资料的格式化、分类和编码，以及统计口径的变化、个别数据及项目的增删改动等。对已有的信息系统上的文件转换可通过合并和更新来增添和扩展文件。

数据准备的要求是：数据准备严格科学，具体方法程序化、规范化；固定计量工具、计量方法、数据采集渠道，保证目标系统有稳定的数据来源；各类统计和数据采集报表标准化、规范化；按照数据库（文件）结构要求对现存数据进行转换。

5.1.2　信息系统的试运行与转换

1. 信息系统的试运行

一个信息系统开发完以后，先要试运行一段时间，以检测信息系统的实际运行状况，若发现问题，及时修改。试运行实际上是检验信息系统的最好方式，信息系统必须经过试运行的检验，才能正式投入使用。

信息系统试运行的主要工作是对信息系统进行初始化，输入各种原始数据，让系统实际运行；在运行的过程中记录信息系统运行的数据和状况；考察信息系统的输入方便性、效率、安全可靠性、误操作保护及信息系统的响应速度等。信息系统的试运行应在建设单位现有条件下进行，应制订详细的试运行计划，承建单位应进行现场跟踪，修改现实环境运行中发现的问题。

在信息系统试运行过程中，用户会发现信息系统的一些错误和功能的缺陷，此时应以信息系统分析中确定的系统目标来衡量是否要对系统进行修改，对此，无论是用户还是系统开发者都应采取慎重态度。对于系统中的错误和漏洞是必须修改的，其工作量一般也并不大。但若用户提出要补充新的功能，如增加某些新的查询或报表功能，这种要求往往超出了系统目标和系统总体设计方案的范围。如果改动量不太大，则可考虑进行必要的改动，及时满足用户的要求。如果改动工作量很大，甚至要重新从系统分析或设计做起，则最好是把这些要求先记录下来，留待下一周期去扩展。事实上，各种新的要求在系统运行中会不断地提出来，如果每提一个新要求就进行一次修改，新系统将永远无法正式投入运行。在新系统投入运行时，应该理解和允许系统有某些不足，并在运行过程中不断积累经验，发现新的问题，然后再通过系统维护和系统更新来逐步解决这些问题，使系统逐步改善。

2. 信息系统的转换

信息系统转换是指用新的信息系统代替原有信息系统的一系列的过程。系统转换的基本条件是：系统实施前购置、安装、调试完毕；系统转换前配齐并参与各管理岗位工作；系统转换所需各种数据按照要求格式输入到系统之中；用户手册、系统操作规程、系统结构与性能介绍手册齐备。信息系统转有直接转换、并行转换和分段转换三种方式，如图 5-1 所示。

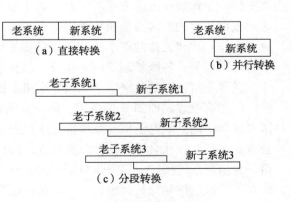

图 5-1　信息系统转换的方式

1）直接转换

直接转换是在原有系统停止运行时，新系统立刻投入运行，中间没有过度阶段的信息系统转换方式，如图 5-1（a）所示。采用这种转换方式时，方法较为简单，人力和费用最为节省，但风险大，万一最后系统运行不起来，就会给业务和管理工作造成混乱。直接转换方式适用于新系统不太复杂且不太重要，或原有系统完全不能使用的情况。

2）并行转换

并行转换就是新系统和原有系统并行工作一段时间，新信息系统经过这段时间的考验后，新信息系统正式替代原有信息系统，如图 5-1（b）所示。采用平行转换的优点是风险较小，在并行工作期间，原有系统和新系统并存，一旦新系统出现问题，可以暂时停止而不会影响原有系统的正常工作；在转换期间还可同时比较新、旧两个系统的性能，让系统操作员和其他有关人员得到全面培训。其缺点是在平行运行期间，要两套系统或两种处理方式同时并存，因而人力和费用消耗较大。在银行、财务和一些企业的核心信息系统中，这是一种经常使用的转换方式。

　　3）分段转换

　　分段转换又称逐步转换、向导转换、试点过渡转换，是采取分期分批逐步转换方式，在新信息系统正式使用之前，一部分一部分地替代原有信息系统，如图5-1（c）所示。分段转换实际上是上述两种转换方式的结合。这种转换方式既能保证系统平稳运行，人力和费用消耗也不太高，但要求子系统之间具有一定的独立性，对信息系统的设计和实现也有较高的要求。一般比较大的系统采用这种转换方式较为适宜。

5.1.3　信息系统的推广应用

　　信息系统的推广应用是指信息系统从小范围试用推广到大范围应用，使信息系统得到充分利用的过程。经过试运行与修改，信息系统达到了系统开发的目标要求后就可以推广应用了。信息系统的推广应用既包括信息系统在宏观中观范围内的推广应用，如一个信息系统在全国、全省、全市或全行业范围内的推广应用，也包括微观范围内的推广应用，如一个信息系统在企业、政府机关的推广应用。无论是哪个层次的信息系统推广应用，都必须做好以下几个方面的工作。

　　1. 成立机构，加强领导

　　信息系统的推广工作是一项复杂的系统工作，涉及工作机构、部门任务、人员配备、经费安排、工作进度等多方面的因素，必须要有一个强有力的领导机构，才能保证其顺利开展，达到预期的目的。实践证明，无论是在健全机构、稳定人员、保证经费等重大问题上，还是分工合作，协调运作的细小环节中，只要领导重视，大家的积极性都会调动起来，一切问题都将迎刃而解。各级管理部门必须成立信息系统推广应用工作领导小组。信息系统推广应用工作领导小组可以是各级信息化领导小组下的一个常设机构，也可以是一个为某一信息系统推广应用而设置的虚拟管理机构。例如，为搞好信息系统在国家、地区范围内的推广应用，国家成立了国务院电子信息系统推广应用办公室，各省市也成立了电子信息系统推广应用办公室。在行业、社会组织的信息系统推广应用中，也应设立相应的信息系统推广应用领导小组，为信息系统推广应用提供组织保障。例如，在全国信访信息系统的应用推广中，吉林省成立了以省信访局局长为组长、4位副局长为副组长、相关处室负责人和各市（州）信访局长为成员的全省信访信息系统推广应用工作领导小组，下设办公室。局党组经常听取信访信息系统推广应用工作情况汇报，多次组织人员研究工作措施。主要领导、分管领导同志随时调度工作进展情况，提出要求，作出指导。各市（州）信访局"一把手"对这项工作亲自部署，亲自协调，亲自调度，并责成一名副局长具体抓落实。省直部门信访工作机构对信访信息系统推广应用工作也明确了专人管，确定了专人抓，落实了具体实施人员。

　　2. 广泛动员，强化培训

　　加强宣传、营造氛围，是确保信息系统顺利推广应用的基础。信息系统推广应用是一项需要全员重视、全员配合、全员参与的工作，为此，信息系统推广应用要广泛动员，深入宣传。在信息系统推广应用之初，可通过召开动员会进行动员。例如，在"全国水库移民后期扶持管理信息系统"硬件建设和软件开发工作已基本完成后，为切实做好信息系统的推广应用工作，充分发挥信息系统在移民管理工作中的作用，水利部水库移民开发局在北京召开信息系统推广应用动员会，参会人员主要包括各省（区、市）及新疆生产建设兵团移民管理机构分管领导和具体负责信息化工作人员及移民信息系统设计、监理等单位的负责人。会议通报信息系统建设情况，研究部署信息系统推广应用工作，研究制订相关省推的广应用试点工作方案。在信息系统推广应用过程中，可以通过宣传资料、新闻舆论、总结表彰等形式，宣传信息系统推广应用的意义、信息系统推广进展情况和信息系统应用经验等，从而促进信息系统的推广应用不断走向广泛和深入。

信息系统推广应用过程中，要扩大培训对象，深化培训内容，坚持集中培训与分散培训相结合、课堂讲授与现场指导相结合、网络视频培训与书面教材辅导相结合、QQ咨询与手机短信咨询相结合，采取多条渠道、多种形式，对信息系统的推广应用工作开展了全面培训。2010年4月22—25日，全国水库移民后期扶持管理信息系统推广应用培训班（江苏、上海班）在南京举办，江苏省有关市、县（市、区）和上海市有关区移民管理机构业务骨干参加了培训。在"全国水库移民后期扶持管理信息系统"推广应用中，按照水利部水库移民开发局的统一安排，河南省政府移民办公室组织召开了全省水库移民后期扶持管理信息系统推广应用培训会，河南省18个省辖市172个县（市、区、工业园）共270人参加了培训，讲授了管理信息系统操作和数据迁移及相关资料采集内容。在吉林省全面实施信访信息系统推广应用工作中，继省信访局举办局机关业务工作人员、省直有关部门和市（州）信访局长、业务骨干、试点地区县级信访工作人员培训班后，又组织有关技术人员分赴各地巡回培训，实地进行督办，现场开展技术服务，并加强组织联动和协调联络，排解技术难题。对重点地区，深入到每一个县级信访部门，开展面对面培训，一对一辅导，通过真实案例，实际演示录入工作，做到操作人员没学会不停课，相关设备没连接不通过，录入工作没进入实质程序不撤离，确保培训一个学会一个，督办一处成功一处。

3. 精心组织、规范管理

做好信息系统的推广应用工作，必须精心组织、周密部署，制订信息系统推广应用方案。在制订系统推广应用方案时，要明确机构设置及职责、人员配备、工作内容及目标、经费来源内容等。要确定每项工作的责任人、起止时间和质量要求等。用表格的形式具体规定：①做什么；②谁做；③进度安排；④质量要求。这样有利于检查对照，防止因工作责任模糊引起互相推诿，使各阶段工作衔接紧凑，如期到位。

在信息系统推广应用过程中，还应制定相应的管理制度和工作规范，下发相关文件，提出相应要求，通过行政手段来保证信息系统推广应用方案的实施。例如，在全国信访信息系统的应用推广中，吉林省信访局下发了《关于推进全国信访信息系统使用试点工作的方案》、《关于依托全省政府系统专网网络平台构建省市县三级信访系统广域网络推进全省信访信息系统建设的通知》和《关于进一步做好群众信访数据采集和信访统计工作的通知》，并按照信访信息系统群众信访登记页面，统一设计制作了《群众来访登记表》。各市州、县（市、区）信访局要对2009年1月1日以来发生的来信来访数据逐一补填到《群众来访登记表》上，并于9月1日前全部录入到信访信息系统中，9月1日以后发生的信访事项，要做到接待一项登记录入一项。

4. 抓好试点，稳步推进

在信息系统推广应用过程中，要坚持"选好试点，示范先行、典型带动、稳步推进"的工作方法。信息系统应用试点单位的选择至关重要。无论是宏观和中观范围内的信息系统推广应用，还是微观范围内的信息系统推广应用，都应选择领导重视、对信息系统需求较大、技术力量较强、有一定应用基础的地区、社会组织或内部机构作为试点。对试点地区、社会组织和内部机构，应加大投入，加强指导，有力督查，形成典型。对试点地区和单位取得的成绩和经验，要及时总结，大力推广，从而发挥出试点地区和单位的示范、带动作用，使信息系统的应用顺利扩展，稳步推进。例如，在全国信访信息系统的应用推广中，除在国家信访局率先使用信访信息系统外，还有 6 个省（市）被作为全国第一批推广应用试点单位。为进一步提高信访信息系统的利用率及普及率，实现信访工作规范化和信息化，吉林省信访局研究确定吉林市、延边州为信访信息系统应用工作试点单位，并于 2009 年 7 月 2 日至 4 日在吉林市举办了信访信息系统推广应用工作会议，对全国信访信息系统推广应用工作进行动员部署，对如何操作全国信访信息系统进行培训。为认真落实全省信访信息系统推广应用工作会议精神，切实抓好信访信息系统应用工作，确保试点地区在 2009 年 7 月底前通过信息系统录入信访数据，8 月底前通过信息系统交办、督办信访事项，2009 年 10 月，省信访局信息中心成立两个督查组，分赴吉林市及所属 9 个县区、延边州及所属 8 个县区信访部门，对信息系统联网、硬件配置及录入、应用情况进行了现场督查。

5.2　信息系统的运行与维护管理

信息系统正式投入使用之后，就需要对其进行管理和维护，信息系统运行管理的好坏，直接影响到系统是否能够正常运转，功能是否能够正常发挥。因此信息系统的运行管理是信息化应用调控的一项重要任务。信息系统运行管理的目标就是对信息系统的运行状态进行监控，记录其运行状况，并对系统的某些部分进行必要的修改与扩充，以便使信息系统真正符合业务工作和组织管理的需要，为业务与管理工作提供支持服务。

5.2.1　信息系统的运行管理

信息系统的运行管理工作主要包括日常运行的管理、运行情况的记录及对系统运行情况的检查和评价。

1. 信息系统的日常运行管理

1）数据的收集

信息的收集是信息系统日常运行管理的核心内容，直接决定着信息系统的质量和成效。数据收集包括内部资料收集和外部资料收集两个方面。

内部资料是指从社会组织内部信息源获取的信息资料。例如，企业内部资料收集应收集财务部的财务报表和有关销售、成本、现金流量的原始数据；生产部门的生产计划、采购和存货情况；销售部门关于中间商、竞争者的分析情报及顾客购买行为和心理特性的数据；售后服务部门有关顾客满意度及维护的统计数字等。美国 F&L 公司就是利用其强大的内部数据系统分析各经营部的日销售业绩，每天，销售经理们通过互联网向设在 Dallas 的总部报告当天的销售情况并召开网上会议，详细分析上一天各品牌商品的销售业绩并提出新的销售方案，利用内部信息系统，F&L 公司人员可以随时随地快速获取公司内部的任何信息，极大地提高了销售人员的工作效率，这也是该公司业绩逐年呈两位数增长的奥秘。

外部资料是指社会组织从外部信息源获取的信息资料。对于企业来说，外部资料是企业根据市场经济环境的变化及实际需要从外部获取商业情报，包括反映市场上商品供求、价格、竞争、风险、管理等状况和趋势的各种消息、数据和资料。这方面信息的收集可以从以下途径来完成。①训练和鼓励公司的销售、服务人员甚至是全体员工发现和报告最新的情报。企业的员工，特别是销售和服务人员处在市场的最前端，如果他们拥有敏锐的信息收集能力，将是企业收集外部信息的最重要的力量。②从专业的管理和信息咨询公司购买商业情报。例如，Nielsen 营销公司就出售多种市场信息，如品牌占有率、零售价格等。③与企业的供应商、经销商和顾客建立良好的合作关系，并从他们那里获得有价值的外部情报。

2）数据的校验

对于任何信息系统来说，最重要的资源是数据，一切硬件、软件及其他资源都是为了保证数据的及时、完整及准确。整个系统的效率或对外的形象都依赖于它所保存的数据。无论多么先进的硬件设备，无论多么完善的加工功能，如果没有及时、完整、准确的数据，都不能发挥实际的效益。

对于信息系统的信息来源，总体来说，从社会组织内部获取信息通常要比由外部来源快，成本也较低，但内部信息的获取也存在一些问题。由于这些信息的制作常常是为本部门所做的，因此信息可能不完整，或者数据形式并不适合决策要求。例如，会计部门的销售和成本数据是用来进行财务分析和编制财务报表的，若要用来评估产品和销售人员的业绩则须加以调整。此外，社会组织从上述各个部门获取的大量的数据资料并不一定都对决策起作用，有些甚至还会起到混淆视听的作用。有资料证明，现代决策者最急迫的需求并不是数据量的不足，而是数据太多太杂，而且缺乏时效性。因此，负责信息系统运行的人员必须对堆积如山的数据加以组织、处理和编制二次数据库，并提供多种检索途径作为查找所需信息的索引，才能使管理人员迅速地找到其要用的信息。从社会组织外部获取的信息有时也存在信用危机，例如，现在以问卷调查为主的市场调研在企业家心目中的地位不断上升，一次问卷调查的统计结果常常成为市场营销决策的主要、甚至是决定性的依据。但是这一过程中不可避免地存在着一些主观性和不可预知性。例如，可口可乐公司 1985 年的配方改进事件，几乎造成了灾难性的后果。在作出用一种口感更柔和、更甜的新可乐配方取代已面市多年的老配方的决策前，可口可乐公司耗资 400 万美元，动用大量人力，做了一系列的口味测试和问卷调查，统计结果显示大多数消费者认为新可乐更易接受，于是可口可乐作出了那个激起了数百万可口可乐爱好者愤怒的决定，使得公司不得不在两个月后重新启用老配方并一再道歉。因此对大量数据的校验工作就显得尤为重要，这也是决策者在信息系统的运行管理中特别要注意的问题。

3）数据的录入

数据录入工作的要求是及时与准确。录入人员的责任在于把经过校验的数据输入信息系统，他们应严格地把收到的数据及时准确地录入信息系统，录入人员并不对数据在逻辑上、具体业务中的含义进行考虑或承担责任，这一责任是由校验人员承担的，只需要保证输入计算机的数据与纸面上的数据严格一致，绝不能由录入人员代替校验人员。

2. 系统运行情况的记录

系统运行情况的记录是对系统管理、评价是十分重要且十分宝贵的资料。而不少单位却缺乏系统运行情况的基本数据，只停留在一般的印象上，无法对系统运行情况进行科学的分析和合理的判断，难以进一步提高信息系统的工作水平。信息系统的主管人员应该从系统运行的一开始就注意积累系统运行情况的详细资料。在信息系统的运行过程中，需要收集和积累的资料包括以下五个方面。

1）工作的数量

例如，开机的时间，每天（周、月）提供的报表的数量、每天（周、月）录入数据的数量、系统中积累的数据量、修改程序的数量、数据使用的频率、满足用户临时要求的数量等反映系统的工作负担、所提供的信息服务的规模及计算机应用系统功能的最基本的数据。

2）工作的效率

即系统为了完成所规定的工作，占用了多少人力、物力及时间。例如，完成一次年度报表的编制，用了多长时间、多少人力。又如，使用者提出一个临时的查询要求，系统花费了多长时间才给出所要的数据。此外，系统在日常运行中，运行的操作所花费的人力是多少，消耗性材料的使用情况如何，等等。任何新技术的采用，都应以经济效益为中心，否则是不可能得到广泛应用的。

3）系统所提供的信息服务质量

信息服务和其他服务一样，应保质保量。如果一个信息系统生成的报表，并不是管理工作所需要的，管理人员使用起来并不方便，那么这样的报表生成得再多再快也毫无意义。同样，使用者对于提供的方式是否满意，所提供信息的精确程度是否符合要求，信息提供得是否及时，临时提出的信息需求能否得到满足，等等，也都在信息服务的质量范围之内。

4）系统的维护修改情况

系统中的数据、软件和硬件都有一定的更新、维护和检修的工作规程。这些工作都要有详细的、及时的记载，包括维护工作的内容、情况、时间、执行人员等。这不仅是为了保证系统的安全和正常运行，而且有利于系统的评价及进一步扩充。

5）系统的故障情况

无论大小故障，都应该及时地记录以下情况：故障的发生时间、故障的现象、故障发生时的工作环境、处理的方法、处理的结果、处理人员、善后措施、原因分析。要注意的是，这里所说的故障不只是指计算机本身的故障，而是对整个信息系统来说的。例如，由于数据收集不及时，使年度报表的生成未能按期完成，这是整个信息系统的故障，但并不是计算机的故障。同样，收集来的原始数据有错，这也不是计算机的故障，然而这些错误的类型、数量等统计数据是非常有用的资料，其中包含了许多有益的信息，对于整个系统的扩充与发展具有重要的意义。

在信息系统发生故障时，人们往往比较重视对有关的情况加以及时记载，而在信息系统正常运行时，则不那么注意，因此，在正常情况下记录运行数据是比较容易被忽视的。事实上，要全面地掌握系统的情况，必须十分重视正常运行时的情况记录。如果缺乏平时的工作记录，就无从了解瞬时情况。如果没有日常的工作记录，表示可靠性程度的平均无故障时间指标就无从计算。

对于信息系统来说，这些信息的记载主要靠手工方式记录。虽然大型信息系统一般都有自动记载自身运行情况的功能，但是也需要有手工记录作为补充手段，因为某些情况是无法只用计算机记录的。例如，使用者的满意程度，所生成的报表的使用频率就都只能用手工方式收集和记录。而且，当信息系统本身发生故障时，是无法详细记录自身的故障情况的。因此，对于任何信息系统，都必须有严格的运行记录制度，并要求有关人员严格遵守和执行。

为了使信息记载得完整准确，一方面要强调在事情发生的当时当地，由当事人记录，绝不能代填或倒填，避免事过境迁而信息记载失真。另一方面，尽量采用固定的表格或本册进行登记，而不使用自然语言含糊地表达。这些表格或登记簿的编制应该使填写者容易填写，节省时间。同时，需要填写的内容应该含义明确，用词确切，并且尽且给予定量的描述。对于不易定量化的内容，则可以采取分类、分级的办法，让填写者选择打钩，等等。总之，要努力通过各种手段，尽且详尽准确地记录系统运行的情况。

对于信息系统来说，各类工作人员都应该担负起记载运行信息的责任。硬件操作人员应该记录硬件的运行及维护情况；软件操作人员应该记录各种程序的运行及维护情况；数据校验的人员应该负责记录数据收集的情况，包括各类错误的数量及分类；录入人员应该记录录入的速度、数量、出错率等。

要通过严格的制度及经常的教育，使所有工作人员都把记录运行情况作为自己的重要任务，社会组织的领导人也应以此作为对信息系统及信息管理部门工作情况进行评价的标准。

3. 对系统运行情况的检查与评价

信息系统在其运行过程中，除了进行大量的管理和维护工作外，还要定期地对系统的运行状况进行审核和评价。这一工作主要由社会组织的决策层直接派系统分析员会同开发人员和各部门负责人共同参与进行。其目的是为了评估系统的技术能力、工作性能和系统的利用率。他不仅对系统当前的性能进行总结和评价，而且为系统的改进和扩展提供依据。系统的评价主要从以下几个方面进行。

1) 系统是否达到预定的目标

信息系统的开发往往是由一些纯软件企业开发的，它们拥有强大的技术研发力量，但是对于管理往往了解不深，特别是对社会组织所处的行业、运行状况和发展战略更是知之甚少，因此，要通过这方面的评价，不断调整和完善信息系统的结构，使之更好地为高层管理决策、中层管理控制和基层作业提供支持服务。

2) 系统的适应性、安全性评价

这是指系统运行是否稳定可靠，系统使用与维护是否方便，运行效率是否能够满足业务的要求等。近年来利用计算机进行犯罪的现象逐年增加，而案件的破获率却很低，给社会组织和国家等带来严重的损失，所以要加强系统的安全性、可靠性保护。

3) 系统的经济效益评价

如前所述，社会组织投入大量的资金进行信息系统的建设，要能通过系统的运行为决策提供服务，进而通过降低运作成本、提高工作效率和服务质量等方面得以体现。

对系统定期进行各方面的审计与评价，实际上是看系统是否仍处于有效适用状态。如果审计结果是系统基本适用但需要做一些改进，则要做好系统的维护工作，一旦审计结果确认系统已经不能够满足各项管理需求和决策需求，不能适应社会组织未来的发展，则说明该信息系统已经走完了它的生命周期，必须提出新的开发需求，开始另外一个新系统的生命周期，整个开发过程又回到系统开发的最初阶段。

5.2.2　信息系统的维护管理

一个信息系统在整个生命周期中，由于外部环境和自身业务的改变，需要对信息系统的硬件和软件进行及时有效的更新。另外，系统在运行过程中不可避免地会产生错误，这时也需要进行系统维护。一般信息系统的使用寿命，短则 4～5 年，长则达到 10 年以上。在系统的整个使用寿命中，都将伴随着系统维护工作的进行。一般而言，用于系统维护的费用远大于建立系统的费用。信息系统维护成本一直呈增加趋势，20 世纪 70 年代维护费用与开发费用之比是 35%～35%，80 年代增长到 40%～60%，90 年代增长到 70%～80%，甚至更多。系统维护的目的是保证管理信息系统正常而可靠地运行，并能使系统不断得到改善和提高，以充分发挥作用。因此，系统维护就是为了保证系统中的各个要素随着环境的变化始终处于最佳的工作状态。

1. 信息系统维护的内容

1）软件维护

软件维护主要是指随着用户需求变化或硬件环境的变化对应用程序进行部分或全部的维护。软件维护是信息系统维护的重点工作，按照软件维护的不同性质和目的，可以划分为下面四种类型。

（1）完善性维护。在信息系统的使用过程中，用户往往要求扩充原有系统的功能，提高其性能，如增加数据输出的图形方式，增加联机在线帮助功能、调整用户界面，等等，尽管这些要求在原来系统开发的需求规格说明书中并没有，但用户要求在原有系统基础上进一步改善和提高，并且随着用户对信息系统的使用和熟悉，这种要求可能不断被提出。为了满足这些要求而进行的信息系统维护工作就是完善性维护。

（2）改正性维护。由于信息系统测试不可能揭露系统存在的所有错误，因此在信息系统投入运行后频繁的实际应用过程中，就有可能暴露出系统内隐藏的错误，诊断和修正信息系统中遗留的错误，就是改正性维护。改正性维护是在信息系统运行中发生异常或故障时进行的，这种错误往往是遇到了从未用过的输入数据组合或是在与其他部分接口处产生的，因此只是在某些特定的情况下发生。有些信息系统运行多年以后才遇到这种情况，暴露出在信息系统开发中遗留的问题，这是不足为奇的。

（3）适应性维护。适应性维护是为了使信息系统适应环境的变化而进行的维护工作。一方面，信息技术迅速发展，硬件的更新周期越来越短，新的操作系统和原有操作系统的新版本不断推出，外部设备和其他系统部件经常有所增加和修改，这就必然要求信息系统能够适应新的软硬件环境，以提高信息系统的性能和运行效率；另一方面，信息系统的使用寿命在延长，超过了最初开发这个系统时应用环境的使用寿命，即应用对象也在不断发生变化，机构的调整、管理体制的改变、数据与信息需求的变更等都将导致信息系统不能适应新的应用环境。如代码改变、数据结构变化、数据格式及输入输出方式的变化、数据存储介质的变化等，都将直接影响信息系统的正常运行。因此有必要对信息系统进行调整，使之适应应用对象的变化，以满足用户的要求。

（4）预防性维护。信息系统维护工作不应总是被动地等待用户提出要求后才进行，应进行主动的预防性维护，即选择那些还有较长使用寿命，目前尚能正常运行，但可能将要发生变化或调整的信息系统进行维护，目的是通过预防性维护为未来的修改与调整奠定更好的基础。例如，将目前尚能应用的报表功能改成通用报表生成功能，以应付今后报表内容和格式可能的变化。

以上各种维护在软件维护中所占的比例有较大的差别。据统计，一般情况下，改正性维护占 21％，适应性维护占 25％，完善性维护达到 50％，而预防性维护及其他类型的维护仅占 4％。可见系统维护工作中，一半以上的工作是完善性维护。

2）数据的维护

业务处理对数据的需求是不断发生变化的，除了系统中主体业务数据的定期正常更新外，还有许多数据需要进行不定期的更新，或随环境或业务的变化而进行调整，以及进行数据内容的增加、数据结构的调整。数据维护工作主要是由数据库管理员来进行的，数据库管理员主要负责数据库的安全性和完整性及进行并发性控制，还要负责维护数据库中的数据，当数据库中的数据类型、长度等发生变化时，或者需要添加某个数据项、数据库时，要负责修改相关的数据库、数据字典，并通知有关人员。另外，数据库管理员还要负责定期出版数据字典文件及一些其他的数据管理文件，以保留系统运行和修改的轨迹。当系统出现硬件故障并得到排除后要负责数据库的恢复工作。

3）代码的维护

随着系统应用范围的扩大、应用环境的变化，系统中的各种代码都需要进行一定程度的增加、修改、删除，以及设置新的代码。代码的维护（如订正、添加、删除甚至重新设计）应由代码管理小组（由业务人员和计算机技术人员组成）进行。变更代码应经过详细讨论，确定之后要用书面形式写清并贯彻。代码维护的困难往往不在于代码本身的变更，而在于新代码的贯彻。为此，除了成立专门的代码管理小组外，各业务部门要指定专人进行代码管理，通过他们贯彻使用新代码，这样做的目的是要明确管理职责，有助于防止和订正错误。

4）设备的维护

硬件维护主要是指对主机及外设的日常维护和管理，主要有两种类型的维护活动：一类是定期的设备保养性维护，保养周期可以是一周或一个月，维护的主要内容是进行例行的设备检查与保养，机器部件的清洗、润滑，设备故障的检修，易耗品的更换与安装等；另一类是突发性的故障维修，即当设备出现突发性故障时，由专职的维修人员或请厂方的技术人员来排除故障。

2. 信息系统维护中常见的问题

一个信息系统的质量高低不仅与系统的分析、设计有很大关系，而且与系统的维护关系密切。信息系统维护工作中常见的绝大多数问题都可归因于软件开发方法有缺点。下面列出信息系统维护工作中常见的问题。

（1）理解别人写的程序通常非常困难，而且困难程度随着软件配置成分的减少而迅速增加。如果仅有程序代码而没有说明文档，则会出现严重的问题。

（2）需要维护的软件往往没有合适的文档，或者文档资料显著不足。认识到软件必须有文档仅仅是第一步，容易理解并且和程序代码完全一致的文档才真正有价值。

（3）当要求对软件进行维护时，不能指望由开发人员来仔细说明软件。由于维护阶段持续的时间很长，因此，当需要解释软件时，往往原来写程序的人已不在附近了。

（4）绝大多数软件在设计时没有考虑将来的修改。除非使用强调模块独立原理的设计方法论，否则修改软件既困难又容易发生差错。使用结构化分析和设计方法进行开发工作可以从根本上提高软件的可维护性。

上述种种问题在现有的未采用结构化分析开发出来的软件中，都或多或少地存在。

3. 信息系统维护工作的管理

信息系统维护的根据是信息系统的文档。在信息系统中，一个程序的改变可能会涉及其他程序或信息系统。因此，信息系统维护要特别谨慎。信息系统维护工作应视维护内容指派专人负责，并通过一定审批手续。对于重大的维护项目要填写申请单，经批复后方可实施。审批人应对信息系统非常熟悉，能够判断维护的必要性和可能性、维护的影响范围、维护的工作量及维护的后果，等等。信息系统维护工作的步骤如下。

（1）提出维护或修改要求。操作人员或业务领导用书面形式向信息系统维护工作的主管人员提出对某项工作的修改要求。这种修改要求一般不能直接向程序人员提出。

（2）领导审查并作出答复，如修改则列入维护计划。信息系统主管人员进行一定的调查后，根据信息系统的情况和工作人员的情况，考虑这种修改是否必要、是否可行，作出是否修改、何时修改的答复。如果需要修改，则根据优先程度的不同列入信息系统维护计划。信息系统维护计划的内容应包括：维护工作的范围、所需资源、确认的需求、维护费用、维修进度安排及验收标准等。

（3）领导分配任务，维护人员执行修改。信息系统主管人员按照计划向有关的维护人员下达任务，说明修改的内容、要求、期限。维护人员在仔细了解原信息系统的设计和开发思路的情况下对信息系统进行修改。

（4）验收维护成果并登记修改信息。信息系统主管人员组织技术人员对修改部分进行测试和验收。验收通过后，将修改的部分嵌入信息系统，取代旧的部分。维护人员登记所做的修改，更新相关的文档，并将新信息系统作为新的版本通报用户和操作人员，指明新的功能和修改的地方。

5.3　信息系统的安全管理

随着信息技术的发展，信息系统在运行操作、管理控制、经营管理计划、战略决策等社会经济活动各个层面的应用范围不断扩大，发挥着越来越大的作用。信息系统中处理和存储的既有日常业务处理信息、技术经济信息，也有涉及企业或政府高层计划、决策的信息，其中相当部分是属于极为重要并有保密要求的。社会信息化的趋势导致了社会的各个方面对信息系统的依赖性越来越强。信息系统的任何破坏或故障都将对用户以至整个社会产生巨大的影响。信息系统的九大特性是系统开放性、资源共享性、介质存储高密性、数据互访性、信息聚生性、保密困难性、介质剩磁效应性、电磁泄漏性、通信网络的脆弱性等。上述特性对信息系统安全构成了潜在的危险。若信息系统的安全性弱点被不法分子利用，则信息系统的资源就将会受到很大损失，甚至关系到社会组织的生死存亡。因此，信息系统的安全日显重要，加强对信息系统的安全管理十分必要。

5.3.1　信息系统安全管理概述

1. 信息系统安全的概念、威胁与要求

信息系统安全是指信息系统资源和信息资源不受自然和人为有害因素的威胁和危害。信息系统安全的内容包括系统安全和信息安全两个部分。系统安全主要指各种网络设备、操作系统、数据库管理系统和应用软件的安全；信息安全主要指信息在存储、传输和使用过程中的安全。

与信息系统安全相关的威胁主要有以下 7 种。①自然及不可抗拒威胁。指地震、火灾、水灾、风暴及社会暴力或战争等，这些因素将直接地危害信息系统实体的安全。②硬件及物理威胁。指信息系统硬件及环境的安全可靠，包括机房设施、计算机主体、存储系统、辅助设备、数据通信设施及信息存储介质的安全性。③电磁波威胁。信息系统及其控制的信息和数据传输通道，在工作过程中都会产生电磁波辐射，在一定地理范围内用无线电接收机很容易检测并接收到，这就有可能造成信息通过电磁辐射而泄漏。另外，空间电磁波也可能对信息系统产生电磁干扰，影响信息系统正常运行。④软件威胁。软件的非法删改、复制与窃取将使信息系统的软件受到损失，并可能造成泄密。计算机病毒也是以软件为手段侵入信息系统进行破坏的。⑤数据威胁。指数据信息在存储和传递过程中的安全性，这是计算机犯罪的主攻核心，是必须加以安全和保密的重点。⑥人为及管理威胁。涉及工作人员的素质、责任心及严密的行政管理制度和法律法规，以防范人为的主动威胁直接对信息系统安全所造成的威胁。⑦其他威胁。指信息系统安全一旦出现问题，能将损失降到最小，把产生的影响限制在许可的范围内，保证迅速有效地恢复信息系统运行的一切因素。

信息系统安全的基本要求可归纳为 5 个方面。①可用性。可用性是指得到授权的实体在需要时可以访问信息或者信息系统，并按其要求运行的特性。破坏信息网络和信息系统的正常运行就属于这种类型的攻击。人们通常采用一些技术措施或网络安全设备来实现这些目标。例如，使用防火墙，把非法攻击者阻挡在网络外部，使他们"进不来"。②机密性。机密性是指将敏感数据的访问权限制在授权的实体上，确保未授权实体无法查看数据。机密性通常采用加密技术来实现。即使攻击者进入系统，也"看不懂"关键信息。例如，甲给乙发送加密文件，只有乙解密后才能读懂其内容，其他人即使窃听了该文件，由于没有解密密钥，只能看到一些乱码，由此实现了信息的机密性。③完整性。完整性是指网络信息未经授权不能进行改变的特性，即信息在存储或传输过程中保持不被偶然或蓄意地删除、修改、伪造、乱序、重放、插入等破坏和丢失的特性。为了确保数据的完整性，数据的接收方必须能够检测出未经授权的数据修改，从而证实数据没有被改动过。④不可抵赖性。不可抵赖性也叫不可否认性，即防止实体否认自身的行为，包括接收者不能否认收到了信息，发送者也不能否认发送过信息。⑤可控性。可控性是指对信息的传播及内容具有控制能力，保证信息和信息系统的授权认证和监控管理，确保某个实体身份的真实性。

2. 信息系统安全管理的原则与策略

信息系统安全管理是指为防范意外或人为地破坏信息系统的运行，或非法使用信息资源，采用技术和非技术的各种手段对信息系统采取的安全保护。信息系统安全管理应遵循一定的原则，采用相应的策略。

1）信息系统安全管理原则

（1）主要领导人负责原则。信息系统安全管理工作事关大局，影响社会组织的全局。社会组织的主要领导人应把信息系统安全列为其最重要的任务之一，并负责提高、加强部门人员的安全意识，组织有效队伍调动并优化配置必要的资源和经费，协调安全管理工作与各部门工作的关系，确保落实。

（2）有效规范定级原则。社会组织根据其信息系统及应用的重要程度、敏感程度及自身资源的客观条件，确定相应的信息系统安全保护等级，在履行相应的审批手续后，切实遵从相应等级的规范要求，制定相应的安全策略并认真实施。

（3）依法行政原则。信息系统安全管理工作主要体现为行政行为，因此，应保证信息系统安全行政主体合法、行政行为合法、行政内容合法、行政程序合法。

（4）以人为本原则。威胁和保障是信息系统安全管理工作的主题。它们在很大程度上受制于人为的因素。加强信息安全教育、培训和管理，强化安全意识和法治观念、提升职业道德、掌握安全技术确保措施落实是做好信息安全管理工作的重要保证。

（5）适度安全原则。信息系统安全需求的不断增加和现买资源的局限性使安全决策处于两难境地，恰当地平衡信息系统安全投入与效果是从全局处置好信息系统安全管理工作的出发点。

（6）全面防范、突出重点原则。全面防范是保障信息系统安全的关键。它需要从人员、管理和技术多方面，在预警、保护、检测、反应、恢复和跟踪等多个环节上采用多种技术实现。同时，又要从组织和机构的实际情况出发，突出自身的安全管理重点。

（7）系统、动态原则。安全管理工作的系统特征突出。要按照系统工程的要求注意各方面、各层次、各时期的相互协调匹配和衔接，以便体现系统集成效果和前期投入的效益。同时，安全又是一种状态和动态反馈过程，随着安全利益和系统脆弱性的时空分布的变化、威胁程度的提高、系统环境的变化及人员对系统安全认识的深化等，应及时地将现有的安全策略、风险接受程度和保护措施进行复查、修改、调整以至提升安全管理等级。

（8）控制社会影响原则。对安全事件的处理应由授权者适时披露与发布准确一致的有关信息，避免带来不良的社会影响。

2）信息系统安全管理策略

（1）分权制衡策略。采取分权制衡的原则减小未授权的修改或滥用系统资源的机会，对特定职能或责任领域的管理执行功能实施分离、独立审计，避免权力过分集中。

（2）最小特权策略。任何实体（如用户管理员、进程、应用或系统）仅享有该实体需要完成其任务所必需的特权，不应享有任何多余特权。

（3）选用成熟技术策略。成熟的技术提供可靠性、稳定性保证，采用新技术时要重视其成熟的程度。如果新技术势在必行，应该首先局部试点，然后逐步推广，减少或避免可能出现的损失。

（4）普遍参与策略。不论信息系统的安全等级如何，要求信息系统所涉及人员普遍参与，并与社会相关方面协同、协调，共同保障信息系统安全。

3. 信息系统安全管理的措施

信息系统的安全管理措施可分为技术性和非技术性两大类。

（1）技术性安全措施。指通过采取与信息系统直接相关的技术手段防止安全事故的发生。

（2）非技术性安全措施。指利用行政管理、法制保证等防止安全事故的发生，它不受信息系统的控制，是施加于信息系统之上的。

从很多社会组织的信息系统安全的各个角度和整个生命周期来考察，现有的信息系统安全管理体系常常过于强调技术，而忽略了体系中最活跃的因素——人的作用。其实，在信息系统的安全保护措施中，技术性安全措施所占的比例很小，而更多则是非技术性安全措施，两者之间是互相补充、彼此促进、相辅相成的关系。人的行为是信息安全保障最主要的方面，尤其是内部员工既可以是对信息系统的最大潜在威胁，也可以是最可靠的安全防线。考察各种信息系统安全事件，不难发现，在信息系统安全事件表象后面，其实都是人的因素在起决定作用。与人相关的安全问题涉及面很广，从国家的角度考虑有法律、法规、政策问题；从组织角度考虑有安全方针政策程序、安全管理、安全教育与培训、组织文化、应急计划和业务持续性管理等问题；从个人角度来看有职业要求、个人隐私、行为学、心理学等问题。因此，为达到保护信息系统安全可靠的目的，应在"以人为本"的基础上，充分利用现有的信息系统管理服务标准与最佳实践，建立起周密的、系统的、适合社会组织自身需求的信息安全管理体系。

5.3.2　信息系统安全管理的技术措施

信息系统安全技术即在信息系统内部采用技术手段，防止对系统资源的非法使用和对信息资源的非法存取操作。信息资源的安全性分为动态和静态两类。动态安全性是指对数据信息进行存取操作过程中的控制措施；静态安全性是指对信息的传输、存储过程中的加密措施。下面分别简要介绍一下有关用户合法身份的确认与检验、网络中的存取控制、数据加密、防火墙等常见的信息系统安全保护技术措施。

1. 数据加密

为了防止存储介质的非法拷贝、被窃，以及信息传输线路被窃听而造成机要数据的泄密，在系统中应对机要数据采取加密存储和加密传输等安全保密技术措施。

数据加密的基本方法是：利用密码学的原理，把机密而敏感的明码信息和数据加以转换，使得信息窃贼无法认识或理解其原意。整个保密系统由编码和解码两部分组成。编码是把信息数据转换成无法辨识和理解的形式；解码是指把经过编码加密的信息、数据还原成原来的可读形式。其工作原理如图 5-2 所示。在系统中的存储介质上和通信信号中，信息是以密文形式存在的，这样即使存储或传递的信号有泄漏，也不会造成机要信息的失密。当然数据存储的加密和数据传输的加密在技术方法上根据各自的特点有所不同，如文件存储加密出错率较低，而数据传输加密的出错率却较高，某些字符在文件存储时可以使用，而在传输时就受到限制。进行数据加密要注意密钥的保护，否则，任何加密都是无意义的。加密技术的方法和算法很多，并且其发展与解密技术是相辅相成的，互相促进的。

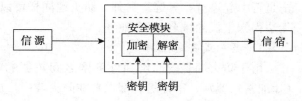

图 5-2　数据加密工作原理

2. 防火墙技术

防火墙是指设置在不同网络或网络安全域（如可信任的内部网和不可信的公共网）之间的一系列软硬件的组合。它是不同网络或网络安全域之间信息的唯一通道，能根据安全策略控制（如允许、拒绝、监测等）进出网络的数据。防火墙本身具有较强的抗攻击能力，能够防止那些不可预测、具有潜在破坏性的入侵。防火墙是实现网络安全最成熟的技术，已经成为世界上使用最为广泛的网络安全产品之一。

防火墙是一种综合性的技术，涉及网络通信、数据加密、安全策略、硬件设计和软件开发等众多方面。防火墙本质上是一种隔离控制技术，在逻辑上，可以看成是一个设置在被保护网络和外部网络之间的一道隔离器，通过分析内部网和外部网之间的通信数据，限制非法数据的流入和流出，从而保证了内部网络的安全，因此，防火墙又是一个分析器和限制器。防火墙作用如图 5-3 所示。

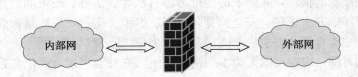

内部网 ⟷ ⟷ 外部网

图 5-3　防火墙作用示意图

防火墙能够提供主机及网络的安全性。它的功能如下。

1）主机访问控制

防火墙可以实现对整个网络的访问控制，通过防火墙可以隔离部分主机，使外部网络无法访问，也可以屏蔽主机的某些服务（如 Telnet、FTP 等），而其他服务可照常使用，这时候，防火墙就是一个隔离器。

2）限制不安全的网络服务

防火墙通过过滤不安全的服务能极大地提高内部网络的安全性，只有那些允许的应用协议才能通过防火墙，从而大大降低了受攻击的风险。最常见的一个应用是通过防火墙禁止不安全的 NFS 协议数据进出内部网，这样外部的攻击者就不能再利用这个脆弱的协议来攻击内部网络。另外，像基于 IP 的源路由攻击和 ICMP 重定向攻击都可以通过防火墙来进行防范。

3）保护私有信息

私有信息对内部网络非常重要，使用防火墙可以屏蔽透漏内部细节如 Finger，DNS 等服务。Finger 显示了主机的所有用户的注册名、最后登录时间和 shell 类型等。攻击者通过截获 Finger 的信息可以非常容易地知道系统的使用频率，是否有用户正在连线等信息及系统对攻击是否引起注意，等等。另外，防火墙同样可以屏蔽内部网络中的 DNS 信息，这样攻击者就无法得知主机的域名和 IP 地址。

4）集中式安全控制

由于防火墙是内部网和外部网之间数据的唯一出入口，因此可以将各种安全控制功能（如加密、鉴别、审计等）都设置在防火墙中，从而形成以防火墙为中心的集中式安全配置方案，这与将网络安全控制分配到各个主机上相比，更加经济并且便于管理。

5）日志统计与监控审计

由于内部网和外部网之间的所有访问都要经过防火墙，因此在防火墙中进行日志记录和审计是再合适不过了。通过记录和统计网络使用情况的数据可以分析网络资源的利用效率，为提高网络资源利用率提供依据，当有异常行为发生时，防火墙能及时进行报警，并提供网络详细信息。

另外，记录网络的使用和误用情况不仅能够分析防火墙抵挡攻击的能力，而且对于分析网络需求和安全状况也具有重要意义。

3. 用户身份验证

用户身份验证是防止非法使用系统资源的主要途径。信息系统管理着系统中的全部资源，特定的用户只能各负其责，使用与自己的业务相关的特定功能模块，非法用户是不能使用信息系统的任何资源的。另外，对于用户超越自己的职权范围，使用其他功能模块，同样视为非法。而通过用户验证，将能够防止未经许可的人员有意或无意地误入到信息系统中去。这是目前各种规范的信息系统普遍采用的安全保护措施。

用户身份验证的基本方法是：先由信息系统管理员根据用户的申请和约定，在信息系统内的用户注册表上登记合法用户的标识符（一般是用户名）、注册账号、密码及信息系统内各种资源的使用权限和优先级等信息，经加密后存入信息系统。当用户要求注册进入信息系统时，由用户以不回显的方式输入有关信息，如标识符、密码等，信息系统将注册表调入内存，与用户的输入进行比较、检验，如全部符合才能确认为合法用户。对于用户注册表，除信息系统管理员有权更改以外，用户也有权随时改变自己的密码。为了提高非法用户侵入信息系统的难度，可以采用多级组合密码，只有当上层密码正确输入以后，才有权输入下层密码。当有三层以上的密码时，企图以试凑的方法进入信息系统的概率已相当低。而且当采用双重密码时，入侵者将更加困难。双重密码指两个人分别各自掌握一个密码，并且可以随时自行变更自己的密码，只有当两个人分别相继输入自己的密码后，信息系统才确认为合法用户。为了防止非法用户的多次试凑，可对更正输入密码的次数予以限制，当超过限制次数后，信息系统将拒绝入侵者继续任何尝试。随着技术水平的提高，鉴别用户合法身份的方法除了输入密码等方式外，还可借助用户所携带的特殊工具，如纸卡、磁卡、钥匙、密钥等，甚至可以用户自身特有的自然性标识，如指纹、签名、语音等特征进行检查。将这些方法组合运用，将有效防止绝大多数非法用户入侵。

4. 网络中的存取控制

即便合法用户进入信息系统后，其所使用的资源及使用程度也应受到一定的限制，以确保共享资源情况下信息的安全可靠。信息系统要通过存取控制来确定什么用户能在什么条件下，可以对什么范围的系统资源进行什么样的操作。通过存取控制，一方面可以给用户提供很多方便，既共享系统资源，又不会因无意的误操作而对职权外的数据产生干扰；同时可以防范人为的非法越权行为。

网络中的存取控制的基本方法是：对特定的用户授予一定的操作权限，即对用户授权。对用户的授权要从两方面进行定义，一方面是用户的可操作对象，即设备、程序、文件、数据等，用户的这些可操作对象可定义到各种资源的最小操作单元，如数据的记录、数据项等。另一方面是用户可进行的操作类型，即对系统资源的使用权、运行权、阅读权、修改权、进入权、清除权，以及是否可以再授权及范围等。将这些授权信息记录存储在信息系统中，当用户进行数据操作时，根据授权信息记录检查用户操作的合法性。用户只能在授权范围内存取和利用特定的系统资源，企图存取和利用授权范围以外的设备、文件和操作均视为非法操作，系统予以拒绝。并且可以通过信息系统的动态监控程序建立操作日志，记录所有非法操作的企图，主要记录下用户标识、进入信息系统的口令（密码）、进行操作的终端物理地址，以及对什么对象企图进行的何种非法操作，从而系统管理员可查出非法存取操作的源头。要注意，在阻止非法存取的同时，不应限制和影响合法用户所进行的合法操作，使存取控制对合法操作具有透明性。另外，对于安全性要求很高的信息系统，应考虑单独开发更为严密可靠的安全保护措施。

5. 虚拟专用网

虚拟专用网指的是建立在实际网路（或称物理网路）基础上的一种功能性网路，或者说是一种创建专用网的网络技术。它向用户提供一般专用网所具有的功能，但本身却不是一个独立的物理网路。之所以称为虚拟，主要是因为它在构成上有别于实在的物理网路，整个虚拟专用网的任意两个节点之间的连接没有传统专用网所需的端到端的物理链路，而是架构在公用网络（如 Internet、ATM、帧中继等）基础之上的逻辑网络，用户数据在逻辑链路中传输，对用户来说，在功能上则与实际的专用网完全相同。所谓专用网络，是指用户可以为自己量身定制一个最符合自己需求的网络。虚拟专用网示意图如图 5-4 所示。

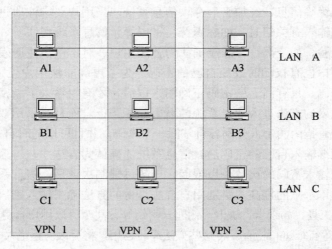

图 5-4　虚拟专用网示意图

在专用网的建设中，往往需要将物理上处于不同地理位置的部门局域网进行互联，传统的方法是租用帧中继或 DDN 专线等公共网络，这样必然导致高额的通信费用和维护成本。另外，对于移动用户和远程个人用户来说，一般通过 Internet 以拨号方式访问局域网，这样将带来安全隐患。

1）虚拟专用网的优势

虚拟专用网就是为解决这些问题应运而生的。通过虚拟专用网技术可以带来许多优势。

（1）保证数据通信安全。通过在虚拟专用网中采用加密、身份鉴别等安全技术，可以大大提高用户的可靠性及数据传输的安全和保密性。

（2）实现更灵活方便的连接。对于合作伙伴的联网要求，无须去租用线路，只需双方进行安全连接配置即可构建成一个虚拟逻辑网。

（3）降低网络复杂度。通过虚拟专用网，可以充分利用 ISP 的设施和服务，同时又拥有对自身网络的完全控制权。VPN 用户的网络地址可由企业内部进行统一分配，VPN 组网的灵活性简化了企业的网络管理。

（4）降低组网及通信成本。虚拟专用网可以实现不同网络组件和资源之间的相互连接，借助公共网络建立虚拟专用网，无须自己去铺设和维护专网，可以大大降低通信费用。有研究表明，企业采用 VPN 替代租用 DDN 专线，其整个网络的成本可节约 21%～45%，若替代拨号连网方式，可节约通信成本 50%～80%。

2）虚拟专用网的类型

（1）按照物理公共网类型划分，目前的虚拟专用网可以分为三类：在电话网上实现的，向用户提供交换连接型电路业务，可用于通话或传送话路数据；在分组交换数据网上实现的，向用户提供连接型虚电路（交换型虚电路或永久虚电路）业务，可用于传送分组数据业务；在数字数据网上实现的，向用户提供固定或半固定（永久或半永久）连接型电路业务，可用于点到点之间传送数据、语音及图像等业务。

（2）按照虚拟专用网的应用方式可分为三大类。①社会组织各部门与远程分支之间的Intranet VPN。社会组织总部网络与分支机构网络间通过公共网络构筑的虚拟专用网。内联网需要严格的数据加密来保护敏感信息，防止社会组织企业的 Intranet 被入侵，同时保证重要数据流经 Internet 时的安全性。②企业网与远程（移动）雇员之间的远程访问（Remote Access）VPN。利用公共网络的拨号及接入网（如 PSTN 和 ISDN），实现虚拟专用网，为社会组织小分支机构、小型 ISP、移动办公人员提供接入服务。用户的身份认证是很重要的一个环节。③社会组织与合作伙伴、客户的 Extranet VPN。社会组织与外部服务商、客户及其他利益相关群体间通过公共网络构建的虚拟专用网。其中重要的因素是流量控制，以消除网络瓶颈，保证关键性数据的快速传输和及时响应。

6. 入侵检测系统

入侵检测技术通过监视分析网络数据流，检测可能的入侵行为，并对入侵采取实时报警、切断连接等措施。由于是被动监听数据，无须过滤数据，因此不会影响正常的网络通信速度，而且由于对所有的数据都进行检测，因此可以很好地防范网络内部的攻击。入侵检测系统与扫描器也不相同。扫描器根据攻击特征数据库扫描系统漏洞，它关注的是系统的漏洞而非当前进出主机的数据流，因此一个安装扫描器的主机，并不能检测到基于网络的攻击行为。入侵监测系统处于防火墙之后，对网络活动进行实时检测，通常可以看做是防火墙的延续。通过结合防火墙技术，可以防止从防火墙外部进入的恶意攻击，实现一个多层次的纵深防御系统。

1）入侵检测系统的基本原理

入侵检测的定义是：识别针对计算机或网络资源的恶意企图和行为，并作出反应的过程。入侵检测是用于检测任何危害或企图危害系统保密性、完整性及可用性的一种网络安全技术。它通过分析被检测系统的审计数据或网络流数据，从中发现网络或系统中违反安全策略或危及系统安全的恶意行为。入侵检测系统的基本原理如图 5-5 所示。

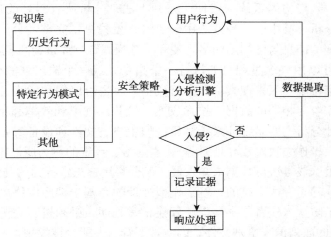

图 5-5　入侵检测系统的基本原理图

入侵检测系统要实现其功能必须解决两个问题：①如何充分并可靠地提取描述行为特征的数据；②如何根据这些行为特征数据，高效并准确地判定行为的性质。

入侵检测融合了数据处理、安全审计、模式匹配及统计等技术，通过软件或硬件来实现一个入侵检测系统。与其他安全技术相比，入侵检测系统需要更多的人工智能，通过分析数据，发现非法的或恶意的系统及网络行为，为防范入侵行为提供支持。一个优秀的入侵检测系统能大大简化管理员的工作，保证网络安全地运行。

2）入侵检测系统的体系结构

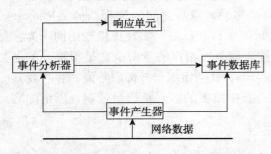

图 5-6 入侵检测系统的体系结构图

由于网络环境和系统安全策略的差异，入侵检测系统在具体实现上也有所不同。IETF 将一个入侵检测系统分为四个部分：事件产生器、事件分析器、响应单元和事件数据库。入侵检测系统的体系结构如图 5-6 所示。

事件产生器负责从整个信息系统及网络中获得事件，并提供给信息系统的其他部件。事件分析器分析获得的数据，并产生相应的结果。响应单元根据事件分析器的分析结果作出相应的反应，如报警或切断连接、改变文件属性等。事件数据库存放各种中间和最终数据，它可以用复杂的数据库实现，也可以是简单的文本文件。

从系统工作过程上看，入侵检测系统主要包括信息收集、入侵分析和响应处理三大部分。

（1）信息收集。信息收集包括收集系统、网络、数据及用户活动的状态和行为。为了尽量扩大检测范围，应该在信息系统中的不同关键点，如不同网段和不同主机上收集信息，同时，也可以通过对来自不同源的信息进行特征比较来发现疑点。入侵检测很大程度上依赖于收集信息的可靠性和正确性，而入侵者常常会通过替换系统程序、文件或修改信息系统参数来破坏信息系统的正常运行。因此，必须保证入侵检测信息系统本身的完整性，防止被篡改而收集到错误的信息。入侵检测的信息源主要来自三个方面：系统和网络日志、异常改变的目录、文件程序执行中的异常。

（2）入侵分析。入侵检测系统一般使用三种方法来分析所收集到的信息，即模式匹配、统计分析和完整性分析。其中前两种方法用于实时入侵检测，完整性分析用于事后分析。模式匹配通过将收集到的信息与已知的网络入侵和系统模式数据库进行比较，来发现入侵行为。一种入侵模式通常可以用一个过程（如执行一条指令）或一个输出（如获得权限）来表示，既可以简单地采用字符串匹配来搜索一个条目或指令，也可以用数学表达式来表示安全状态的变化。该方法只需收集相关的数据，技术成熟，检测准确率和效率都相当高。但是，不能检测未知攻击。统计分析主要是统计系统对象（如用户、文件和设备等）正常使用时的各种属性（如访问次数、操作失败次数和延时等）。当网络、系统的行为属性超出统计正常值范围时，即发出入侵警报。该方法可检测未知入侵，但会将用户正常行为的突然改变也视为入侵，误报、漏报率较高。基于专家系统的、基于模型推理的和基于神经网络的统计分析方法是目前研究的热点。为了防止入侵者用木马程序替换正常程序，必须进行完整性分析。完整性分析通过 HASH 函数的散列值来鉴别文件。因此，不管入侵能否被发现，只要攻击导致了文件或其他对象的任何改变，都能发现。该方法一般用于事后分析，因此实时性不足。

（3）响应处理。当检测到入侵后，必须采取相应的措施。目前，较完善的入侵检测系统具有以下响应功能：切断可疑用户的连接；根据攻击类型自动终止攻击；禁止可疑用户的账号；重新配置防火墙，以防止此类攻击；向管理控制台发出警报指出事件的发生；将攻击事件的原始数据和分析结果存入日志文件；实时跟踪入侵事件的进行；执行一个用户自定义程序，来实现对信息系统的扩展。

5.3.3　信息系统安全管理的人文措施

信息系统安全不是一个纯技术的概念，不能仅靠技术来解决，还和社会道德、行业管理及人们的行为模式密切相关。我们应该从整体、系统的角度来看待安全保障，做到"技防"与"人防"相结合，全面保障信息系统的安全。

1. 加强信息系统安全行政管理

应该制定信息安全管理制度，从信息管理、应用管理、系统管理、网络管理、信息分级、访问授权、运行维护、用户管理、机房管理、项目建设等方面明确信息安全管理的组织架构和内容范围，明确各单位部门在信息安全工作中的分工职责。制订信息安全方案，结合实际情况，贯彻落实各级管理部门的信息安全策略和相关要求，明确信息安全建设和管理的目标内容。制定员工信息安全须知，明确员工使用信息系统应当遵守的规定。制定信息系统关键用户管理办法，加强对关键岗位和关键用户的管理。制定信息系统保密规定，明确信息系统保密的管理措施、技术措施、信息系统涉密人员的权利和义务。制定内控手册、相关的业务流程和控制矩阵，确保信息系统内控工作规范开展，有效降低信息安全风险。通过不断修订和完善相关的制度标准规范，确保信息安全工作有章可循。

2. 建立信息系统安全监察体制

信息系统安全保护存在的问题是：无特定的机构来监督、检查系统的安全情况，只对系统产品安全性能进行评价、认证，对最容易出问题的计算机应用过程的安全管理工作只有要求而无监督。鉴于这一点，原信息产业部在《计算机信息系统安全保护条例》中设置了安全监察专门章节，这一章节对信息系统的安全保护的法律监督作用做了描述。

安全监察分内部主动监察和外部强制监察两种。内部主动监察由信息系统安全负责人、内部审计师、系统分析员、程序员等组成的监察队伍实施，主要职责是根据国家和行业的有关法律、法规和标准规范，制定防止非授权或越权存取数据、使用信息系统的制度和措施，制定安全系统的分析、设计、测试和评价标准和方法，制定计算机设备、程序和数据实体保护措施及各类应急计划等。

外部强制监察是指信息系统安全监察机构根据法律赋予的权力，对信息系统行使安全检查、监督和处罚等功能。主要职责是检查、指导和监督信息系统的实体安全、环境安全、软件安全、网络安全及信息安全，协助制订和实施信息系统的安全计划和安全教育，检查督促落实国家颁布的有关系统设计、机房标准及安全组织建立和安全人员培训，负责处理涉及信息系统安全的事件，协同有关部门侦破计算机犯罪案件。

监察组织特别是信息系统安全监察机构要从防范计算机犯罪的角度出发，采取具体工作措施对已经投入使用的信息系统进行全方位的监察工作。比如，建立信息系统安全登记台账，定期或不定期对信息系统安全情况进行检查和抽查；对有安全隐患的信息系统，要及时发出整改通知，限期改正；对安全问题严重的信息系统，根据有关法律法规实施处罚。

3. 引入信息系统风险评估机制

信息系统安全保护必须树立风险管理的思想，而风险评估是风险管理的基础，因此，对于高级别安全要求的信息系统必须定期进行安全风险评估。风险评估贯穿于等级保护周期的系统定级、安全实施和安全运行维护三个阶段。

1）系统定级阶段

由于信息系统具有自身的行业和业务特点，不同的信息系统所受到的安全威胁均有所不同，因此，可以依据信息系统安全风险评估国家标准对所评估资产的重要性、客观威胁发生的频率及系统自身脆弱性的严重程度进行识别和关联分析，判断信息系统应采取什么强度的安全措施，然后将安全事件一旦发生后可能造成的影响控制在可接受的范围内。即将风险评估的结果作为确定信息系统安全措施的保护级别的一个参考依据。

2）安全实施阶段

安全实施是根据信息安全等级保护国家标准的要求，从管理与技术两个方面选择不同强度的安全措施，来确保建设的安全措施满足相应的等级要求。风险评估在安全实施阶段就可以直接发挥作用，那就是对现有系统进行评估和加固，然后再进行安全设备部署等。在安全实施过程中也会发生事件并可能带来长期的安全隐患，如安全集成过程中设置的超级用户和口令没有完全移交给用户、防火墙部署后长时间保持透明策略等都会带来严重的问题，风险评估能够及早发现并解决这些问题。

3）安全运行维护阶段

安全运行维护是指按照系统等级进行安全实施后开展运行维护的安全工作。安全运行维护包括两方面。①维护现有安全措施等级的有效性。可依据国家有关等级划分准则对信息系统所采取的安全措施是否满足要求进行检验，以保证所采取的安全措施的强度持续有效；②根据客观情况的变化及系统内部建设的实际需要，等级要进行定期调整，以防止过度保护或保护不足。

4. 完善信息系统安全法制建设

1994 年 2 月 18 日，国务院发布了《中华人民共和国计算机信息系统安全保护条例》。2003 年，中共中央办公厅、国务院办公厅转发了《国务院信息化领导小组关于加强信息安全保障的意见》，强调对信息安全进行等级保护。2004 年公安部联合国家保密局、密码局、保密委员会和国务院信息化领导办公室发布《关于信息安全等级保护工作的实施意见》，对信息安全等级保护的基本制度框架进行了规划。2006 年上述四部门发布《信息安全等级保护管理办法（试行）》，开始具体构建信息安全等级保护制度。以上法律文件从信息安全等级保护的提出到其具体制度的制定，构筑了我国信息安全等级保护的基本法律框架。

尽管我国出台了一系列信息安全等级保护的相关政策和法规，构筑了我国信息安全等级保护的基本法律框架，但是，我国的信息安全等级保护立法总体来说还处于起步阶段，存在着很多问题。①立法层次偏低。实际上，我国整个信息安全立法的层次都偏低，信息安全立法主要以行政法规形式存在，而具体到等级保护方面的立法则是主要以部门规章的形式发布，还没有一部高位阶、统领性的信息安全基本法律，因而难以形成科学、合理、专业、有序的法律体系。由于信息安全等级保护制度立法层次低，主要以部门规章出现，囿于部门职权和利益，其制度设计往往存在天然的局限性，缺乏全局的统筹和制度设计；规章的效力和权威性也偏低。而且，我国在信息安全等级保护立法乃至整个信息安全立法中都存在重政策轻法律的问题，习惯于采用规范性文件或者领导批示的方式，布置任务或者贯彻落实文件精神，忽视了法律在预防和处理信息安全问题上应当发挥的作用和效能。由于规范性文件、政策性文件缺乏支配性、强制执行力，往往不能得到有效执行，因而不能转化为现实的有力的调整和指引工具。②未能融入风险管理的理念。进入网络时代以后，安全威胁不断增加，所需的安全成本和资源也成倍增长，在当今复杂的、分布的、异构的信息系统环境下，无论采取多么完善的信息安全手段都难以达到绝对的安全，风险总会存在，因而很难采取风险消除的方法实现安全性，适宜的方法是将基于风险的安全理念引入到保障信息系统信息安全的过程中，对整个信息系统进行风险管理。在信息安全等级保护中乃至整个信息安全保障工作中融入风险管理的理念已经是信息安全保障工作的主流模式。但是令人遗憾的是，我国现行的信息安全等级保护法律框架并没有将风险管理的理念融入其中，而是将信息安全等级保护与作为风险管理代表的信息安全风险评估制度并行分别试点推进。目前，信息安全风险评估还只停留在政策推行阶段。这就造成了等级保护与风险管理或者更具体一点与风险评估的割裂，一方面使信息安全保障工作重复建设，更重要的另一方面是这种割裂导致了信息安全保障工作的不科学，置信息安全于危险的境地。③立法内容不全面。虽然现行的行政法规和部门规章已经为信息安全等级保护构筑了一个基本的法律框架，但是，其立法内容还是很不全面的，还有许多重要的内容有待进一步立法明确，比如信息安全等级测评制度。信息安全等级测评在整个信息安全等级保护中占有重要地位，它不仅是确定系统是否符合预定安全要求的重要依据，还是发现并弥补信息安全漏洞的过程。那么等级测评机构如何组成？如何管理？测评结果的效力如何？测评机构应当承当什么责任？现行法律框架没有给出明确的规定。四是法律责任体系不完善。现行法律框架并没有为推进信息安全等级保护提供强有力的法律责任保障，对于违法行为除了警告或者建议其主管上级处理外别无他法，这样的法律责任体系显然很不完善。从法律责任性质上来讲，缺乏民事责任的规定。信息系统运营、使用人不履行等级保护之法定义务，会将信息系统置于危险状态，信息系统一旦受到破坏，会损害与之相关的他人权益。行政责任单一、软弱，不能起到对于违法行为的惩治和对可能违法的震慑作用，不能起到预防违法的作用。

完善我国的信息安全保护制度，既要立足于信息安全保障的基本规律，充分考虑我国信息网络发展的特殊性，又要吸收和借鉴各国的立法经验，我国的信息安全保护制度可以从以下几个方面进行完善。①加强以等级保护为主要内容的信息安全基本法立法工作。制定一部高效力、高权威的信息安全基本法，有助于科学、合理、专业、有序的信息安全法体系的构建，也有助于推动信息化战略的实施。在信息安全基本法之下，可以克服现行等级保护以部门规章为主体的局限性，可以在更广范围内更科学地分配各部门职责，比如国家标准部门对于信息安全等级保护标准的制定和发展等。制定等级保护制度。同时，高位阶的信息安全基本法可以创设更多法律责任制度，更有利于形成完善的法律责任体系，确保信息安全等级保护制度的强制力和执行力。②建立健全等级测评法律机制。信息系统安全等级测评是一项专业性和专职性很强的工作，并且需要测评机构和测评人具有很高的职业操守，因此，必须设定一定的门槛，实行准入制度。测评人应当进行专业资格考试和考核，以确定其具备相应的专业素质和职业操守，有故意泄露工作秘密或者有犯罪记录的人员不能取得测评人资格。测评机构必须拥有专业化的测评团队、良好的测评手段，具有完备的保密管理、项目管理、质量管理、人员管理和培训教育等安全管理制度，具有一定规模才能取得主体资格。被测评单位应该和测评机构就测评工作签订测评合同，测评机构应当对自身的测评行为负责，对违反法律规定的行为不仅要对被测评单位承担合同责任，而且要承担行政责任，接受行政管理机关对于其违法行为的处罚。对测评人的法律责任主要是行政责任和刑事责任。行政责任是指测评人违反法律法规，发生舞弊或过失行为并给有关方面造成经济等损失后，由政府部门或自律性组织对其追究的具有行政性质的责任，比如剥夺测评人资格等。一般来说，由于测评人在等级测评中是履行职务的行为，所以即使测评人由于过失或欺诈行为而使被测评单位受损，也应当由测评机构对外承担民事责任。③完善信息系统等级保护法律责任体系。可以为信息系统的使用、运营单位创设一定的民事责任从而迫使其积极履行信息安全等级保护义务。可以规定，若信息系统的使用、运营单位对信息系统相关人依约或者依法承担安全保障义务，则使用、运营单位不履行等级保护义务即为其未履行对相关人安全保障义务的明证，应当为相关人因此的损失承担民事责任。另外，在行政责任方面，可以对违反信息安全等级保护相关法律规定的信息系统运营、使用单位给予罚款等行政处罚，促使其履行义务。

本章小结

1. 信息化应用调控是指信息系统建成投入使用后，为保证信息系统和信息资源的充分、有效和安全利用，而对信息系统的使用进行调节和控制。信息化应用调控工作的主要内容包括信息系统的启用与推广、信息系统的运行与维护管理、信息系统的安全管理。

2. 信息系统启用前的准备工作包括信息系统运行制度建设、信息系统使用人员培训和信息系统使用前的资料准备等。信息系统运行制度建设包括机房安全运行管理制度和信息系统的其他管理制度。信息系统使用人员培训的主要内容有信息系统应用意识培养、信息技术知识和技能培训、具体信息系统应用培训、信息管理与利用能力的培训、信息技术与业务管理的整合能力培养。信息系统使用前的资料准备包括系统文档准备和数据准备。

3. 信息系统试运行的主要工作是对信息系统进行初始化，输入各种原始数据，让系统实际运行；在运行的过程中记录信息系统运行的数据和状况；考察信息系统的输入方便性、效率、安全可靠性、误操作保护及信息系统的响应速度等。

4. 信息系统转换是指用新的信息系统代替原有信息系统的一系列的过程。信息系统转换的基本方式有直接转换、并行转换和分段转换三种。直接转换是在原有系统停止运行时，新系统立刻投入运行，中间没有过渡阶段的信息系统转换方式。并行转换就是新系统和原有系统并行工作一段时间，新信息系统经过这段时间的考验后，新信息系统正式替代原有信息系统。分段转换是采取分期分批逐步转换方式，在新信息系统正式使用之前，一部分一部分地替代原有信息系统。

5. 信息系统推广应用是指信息系统从小范围试用推广到大范围应用，使信息系统得到充分利用的过程。必须做好以下几个方面的工作：成立机构，加强领导；广泛动员，强化培训；精心组织、规范管理；抓好试点，稳步推进。

6. 信息系统的运行管理工作主要包括日常运行的管理、运行情况的记录及对系统运行情况的检查和评价。信息系统的日常运行管理包括数据的收集、校验和录入。系统运行情况记录包括工作的数量、工作的效率、系统所提供的信息服务质量、系统的维护修改情况、系统的故障情况等五个方面的记录。对信息系统的检查和评价主要从以下几个方面进行：系统是否达到预定的目标；系统的适应性、安全性评价；系统的经济效益评价。

7. 信息系统维护的目的是保证管理信息系统正常运行，并能使系统不断得到改善和提高，使信息系统中的各个要素随着环境的变化始终处于最佳的工作状态。信息系统的维护包括软件维护、数据维护、代码维护和设备维护。软件维护的是信息系统维护的重点工作，可以划分为完善性维护、改正性维护、适应性维护、预防性维护四种类型。信息系统维护工作的步骤是：提出维护或修改要求；领导审查并作出答复，如修改则列入维护计划；领导分配任务，维护人员执行修改；验收维护成果并登记修改信息。

8. 信息系统安全是指信息系统资源和信息资源不受自然和人为有害因素的威胁和危害。信息系统安全的内容包括系统安全和信息安全两个部分。系统安全主要指各种网络设备、操作系统、数据库管理系统和应用软件的安全；信息安全主要指信息在存储、传输和使用过程中的安全。

9. 与信息系统安全相关的威胁主要有：自然及不可抗拒威胁、硬件及物理威胁、电磁波威胁、软件威胁、数据威胁、人为及管理威胁、其他威胁。信息系统安全的基本要求是：可用性、机密性、完整性、不可抵赖性和可控性。

10. 信息系统安全管理是指为防范意外或人为地破坏信息系统的运行，或非法使用信息资源，采用技术和非技术的各种手段对信息系统采取的安全保护。信息系统安全管理应遵循一定原则，采用相应的策略和措施。信息系统安全管理应遵循的原则是：主要领导人负责原则、有效规范定级原则、依法行政原则、以人为本原则、适度安全原则、全面防范突出重点原则、系统动态原则、控制社会影响原则。信息系统安全管理应采取分权制衡策略、最小特权策略、选用成熟技术策略和普遍参与策略。信息系统的安全管理措施可分为技术性和非技术性两大类，即技术措施和人文措施。

11. 信息系统安全技术措施即在信息系统内部采用技术手段，防止对系统资源非法使用和对信息资源的非法存取操作。常见的信息系统安全保护技术措施包括数据加密技术、防火墙技术、用户身份验证技术、网络中的存取控制技术、虚拟专用网技术、入侵检测技术等。

12. 信息系统安全管理的人文措施包括：加强信息系统安全行政管理、建立信息系统安全监察体制、引入信息系统风险评估机制、完善信息系统安全法制建设。

思　考　题

一、概念

信息化应用调控　信息系统推广应用　信息系统转换　信息系统维护　信息系统安全　信息系统安全管理　虚拟专用网　入侵检测技术

二、选择

1. 信息化应用调控工作的主要内容包括（　　）。

A. 信息系统的启用与推广　　　　　　　B. 信息系统的运行与维护管理

C. 信息系统的安全管理　　　　　　　　D. 信息系统的转换

2. 信息系统启用前的准备工作包括（　　）。

A. 信息系统运行制度建设　　　　　　　B. 信息系统使用人员培训

C. 信息系统使用前的资料准备　　　　　D. 信息系统需求分析

3. 信息系统试运行的主要工作内容是（　　　）。

A. 对信息系统进行初始化，输入各种原始数据，让系统实际运行。

B. 在运行的过程中记录信息系统运行的数据和状况

C. 考察信息系统的输入方便性、效率、安全可靠性、误操作保护及信息系统的响应速度。

D. 打印报表

4. 信息系统转换的基本方式有（　　　）。

A. 直接转换   B. 并行转换

C. 分段转换   D. 串行转换

5. 信息系统推广应用必须做好（　　）等方面的工作。

A. 成立机构，加强领导   B. 广泛动员，强化培训

C. 精心组织，规范管理   D. 抓好试点，稳步推进

6. 对信息系统的检查和评价主要从（　　）等方面进行。

A. 系统是否达到预定的目标   B. 检查系统的适应性、安全性评价

C. 系统的经济效益评价   D. 系统的社会效益评价

7. 信息系统的维护包括（　　　）。

A. 软件维护   B. 数据维护

C. 代码维护和设备维护   D. 工作秩序维护

8. 信息系统安全管理的人文措施包括（　　　）。

A. 加强信息系统安全行政管理   B. 建立信息系统安全监察体制

C. 引入信息系统风险评估机制   D. 完善信息系统安全法制建设

三、辨析

1. 信息系统开发出来以后就可以直接投入使用。（　　　）

2. 信息系统转换是指用新的信息系统代替原有信息系统的过程。其实这个过程比较简单，只需要将原有信息系统停止使用，把新的信息系统直接启用就可以了。（　　　）

3. 信息系统推广应用就是将信息系统的应用从一个社会组织推广到其他社会组织。（　　　）

4. 软件维护的是信息系统维护的重点工作。（　　　）

5. 信息系统是现代信息技术与管理实践相结合的产物，所以在维护信息系统安全的时候，技术手段将起到关键作用，非技术手段起不了什么作用。（　　　）

四、问答

1. 简述信息化应用调控的主要工作内容。

2. 信息系统启用前应做好哪些准备工作？

3. 简述信息系统试运行的工作内容。

4. 什么是信息系统转换？信息系统转换的基本方式有哪些？各适用于什么情况？信息系统转换要做哪些具体工作？

5. 如何做好信息系统的推广应用工作？

6. 简述信息系统运行管理工作的主要内容。

7. 信息系统维护管理的目的与意义是什么？其具体工作内容有哪些？

8. 信息系统安全管理有何重要意义？

9. 简述威胁信息系统安全的主要因素。

10. 简述信息系统安全管理应遵循的原则。

11. 简述信息系统安全管理的技术措施。

12. 简述信息系统安全管理的人文措施。

第6章

信息化管理创新

学习目标 •————————————————————

1. 理解管理理念创新、组织结构变革、业务流程重组的概念；
2. 明确信息化与管理理念创新、组织结构变革和业务流程重组之间的相互关系；
3. 理解基于信息化的新的管理理念；
4. 掌握基于信息化的新组织结构形式；
5. 掌握业务流程重组的方法；
6. 能运用信息化管理创新的基本理论分析管理实践中的相关问题。

20世纪90年代以来，在西方发达资本主义国家兴起了管理变革浪潮，产生了一些新的管理思想、管理模式和管理方法。例如，企业流程再造工程、电子商务、知识管理、学习型组织、虚拟企业等管理思想、模式和方法。管理创新与信息化之间存在着密切的关系，信息技术在管理过程中的广泛应用给组织管理带来了深刻的影响，带动或促进了管理理念的创新，引起了组织结构的变革，促进了业务流程的重组。管理创新反过来又可以促进信息化的进一步发展。在实践过程中，要把信息化与管理创新紧密结合起来，探索两者之间的相互作用规律，最终实现提高信息化管理水平，促进社会经济发展的目的。本章主要阐述基于信息化的管理理念创新、组织结构变革和业务流程重组。

6.1　基于信息化的管理理念创新

6.1.1　管理理念创新概述

1. 管理理念

管理理念是管理者在实施组织管理的过程中所反映的思想和价值观念，是组织管理的指导思想。管理理念对管理行为和组织的发展具有深远的影响，在管理活动中具有十分重要的地位和作用，它与管理活动之间的关系犹如火车头与车身的关系。管理理念指导和影响管理行为，具有先导性；管理行为反映管理理念。管理理念来源于管理者对组织存在的意义、社会使命、发展方向和发展目标的根本性认识和理解；管理理念是一种无形的力量，它有助于增强组织的凝聚力，有助于组织成员自我约束能力的形成，它在组织中营造了一种无声的管理氛围，使所有管理者在管理理念的感召和影响下自发地调节自己的管理心态和管理行为，实现管理目标。

管理理念是管理成败的关键因素，一个好的管理理念应该是适应社会经济发展要求，反映组织高层管理人员的价值观和思想意志，同时又要密切结合员工实际的理念；应该是既通俗易懂，让全体组织成员理解并愿意遵循，又体现组织业务特征的理念。

管理理念的形成有其主客观条件。首先，管理理念的形成与社会经济发展水平密切相关。例如，农业社会、工业社会和信息社会三种社会形态的社会经济发展水平有较大差别，这三种社会形态下的管理理念是不同的。农业社会生产力水平相对较低，其最基本的生产要素是土地和劳动，农业社会管理理念的基本特点是管制（统治者对被统治者的管理）；工业社会的生产力水平得到很大提高，其最基本的生产要素是资本和劳动，工业社会管理理念的基本特征是以物为本，追求生产率；信息社会的社会经济发展进入了一个崭新的阶段，其最基本的生产要素除了工业社会拥有的生产要素之外还有信息（知识），信息资源（知识资源）成为了战略性资源，信息社会管理理念的基本特征是以人为本，追求创新。其次，管理理念的形成与组织高层管理人员的价值观、思想意志有关。一个组织的管理思想、管理模式、管理方法都有高层管理人员的思想和价值观烙印。再次，管理理念的形成和发展还与管理学研究专家的研究、总结、概括和提炼密不可分。管理学专家的研究，使分散在管理实践领域中的新思想、新理念系统化、科学化。

2. 管理理念创新

创新是一个国家、一个民族发展不竭的动力，也是一个组织发展不竭的动力。创新是组织持续发展的秘诀和制胜的法宝。创新就是要产生过去不曾有过的新的成分，并且创新的成果在工作中要能产生实际的效果，创新具有创造性、新颖性和有效性的特点。

所谓管理理念创新就是根据管理实践活动所处的政治、经济、科技及社会文化环境，结合组织的实际情况，特别是组织的业务特征，运用新的思路、新的策略、新的方法和新的形式改变陈旧的思想和价值观念，并形成组织管理所应遵循的新的思想和价值观念的过程。管理理念创新是管理过程中一切创新的先导（如技术创新、制度创新、文化创新、人力资源管理创新等），在管理创新体系中处于先导性的地位。管理理念的创新重在用新思路、新策略、新方法、新形式打破陈旧的思想和价值观念，敢于标新立异，贵在围绕组织绩效，将眼前利益和长远利益相结合，形成自己的管理特色。

管理理念创新有其特定的时代背景，20 世纪 90 年代以来，在发达国家兴起了管理变革浪潮，其中包含了管理理念的创新。这次管理变革浪潮产生了一些诸如重视信息资源管理和知识管理，创建学习型组织，虚拟组织理念等许多新的管理理念。

6.1.2　信息化与管理理念创新的关系

总体上说，信息化与管理理念创新之间存在着互动关系。管理理念的产生总是受当时的政治、经济、科技和文化等因素的影响，管理理念也要反映社会经济的发展对管理的要求。一些新的管理理念的产生是和信息技术的发展、与信息化进程达到一定程度直接相关的。还有一些新的管理理念尽管不是信息化的直接产物，但信息化促进了它们在管理过程中的实现、发展和完善。反过来，管理理念创新也会推动信息化的发展。

1. 信息化带动管理理念创新

信息化带动管理理念创新是指与信息化建设与应用相关的各项活动直接为社会带来了新的管理理念，可以从信息化的发展历程来证明这一观点。

在信息化建设初期，社会正从工业社会向信息社会转变，信息的传递变得更加方便与快捷，加剧了人、财、物的流动性，也增加了事物的多变性，从而加剧了社会的复杂性。作为反映和表述事物运动状态及其规律的信息，自然变得更加复杂，也更加重要。以企业为例，在信息化环境下，市场竞争异常激烈，有价值的信息及知识对于企业的生存发展及竞争力的提高是十分关键的。在这种情况下，将信息作为资源作为组织的战略资源的理念是信息技术发展、信息价值提升的结果，是信息化的直接产物。由此，产生了"信息资源"理念及其他相关理念。

随着信息化建设的不断深入，人们逐渐发现，仅仅对信息进行管理只能解决简单的问题。还要对隐性的、存在于人脑中的知识进行管理，才能解决更为复杂的问题。"知识管理"理念应运而生。知识管理是信息管理的延伸与发展，是信息管理的高级阶段，是指组织对知识资源进行识别、获取、评价和利用，从而充分有效地发挥知识的作用的过程，也就是利用组织智力或知识资产创造价值的过程。

信息化提升了信息和知识的地位和价值，也提升了组织对于学习的重要性的认识，由此产生了"学习型组织"理念。根据这一理念，现代组织应该牢固树立"学习"的思想，积极创建学习型组织，使组织能够像人类一样具有学习能力，能够吸收知识、转化知识、运用知识、创造知识、拥有丰富的知识，从而能够在复杂多变的环境中生存和发展。学习型组织理念产生的另一个主要原因是组织的生存环境变得复杂而多变，而这两条又是与信息化直接相关的。

信息化为这些理念的产生起到了直接拉动的作用，或者说这些新的管理理念是伴随着信息化进程而产生的。正是信息化提升了信息、知识的地位和价值，使各种组织高度重视信息资源、知识管理和创建学习型组织。当然，管理理念创新的成果并不都是信息化直接带来的，与政治、经济的发展和文化的变迁也有重要关系，但是同信息化是紧密相关的，信息化无疑对它们的产生、发展及在管理过程中得以实现起到了积极的作用，为它们的实现和发展创造了条件。

信息化带动了管理理念创新，反过来，管理理念创新对信息化又起到了积极的推动作用。信息化建设要得以顺利开展，需要有与之相适应的管理理念、管理模式、管理制度和组织结构等因素的支持。在这些因素中，管理理念处于先导地位，对其他因素将产生积极的影响。与工业社会相适应的许多管理理念已经不适应信息社会的管理实际，所以，结合时代背景和企业组织特征积极创新管理理念，无疑对信息化的发展将起到积极的推动作用。

2. 信息化促进新的管理理念的实现

有一些新的管理理念，和信息化并没有直接的关系，但是信息化对其有巨大的促进作用。例如，"全球化理念"在20世纪80年代已经产生，但是直到信息化建设开展以后才得到进一步实现和广泛的关注。①人造地球卫星上天为全球信息传输奠定了坚实的基础。通信卫星的应用，使信息传输的范围急剧扩大，三颗同步定点通信卫星就可以使信息传播范围覆盖全球，地球成为了一个"地球村"，从而大大促进了社会的信息化进程。②1993年美国率先提出建设"信息高速公路"计划，之后许多国家纷纷加强信息基础设施建设，使信息的传输空前地快捷和高效。包含计算机技术、通信技术和控制技术在内的信息技术迅速发展并不断渗透到社会、生产和生活的各个领域，发挥出了强大的作用。③信息处理、传输技术的空前发展和广泛使用，为经济全球化和经营国际化提供了技术支撑条件，对全球化理念的发展无疑起到了强有力的促进作用。因为经济全球化和经营国际化对信息的沟通带来了巨大的需求，如果信息沟通不畅、效率不高、不方便，那么经济全球化和国际化是不可能实现的。

3. 管理理念创新推动信息化的发展

信息化的发展离不开科学的管理，而原有的管理方式是和工业社会发展相适应的，不能完全满足信息化发展的需求。因此，要使信息化建设快速、稳定地发展，需要进行管理创新，探索出一套适合信息化社会的管理方式。这就需要进行管理创新，对原有管理理念、管理体制、管理文化、管理模式和方法等内容进行调整，使之适应信息化建设的需求。而在这些内容之中，最具先导作用的是管理理念，只有实现了管理理念的创新，才能顺利进行其他内容的创新。

首先，管理理念创新使人们从科学的视角审视信息化建设的各项活动，并积极对待信息化的建设活动。信息化建设初期，一方面，有人对信息化的发展前景存在诸多疑虑，很难真正投入到信息化建设工作中去；另一方面，还有的人对信息化存在着不现实的期待，在遇到问题时就选择放弃。这些都成为了信息化发展的障碍。管理理念的创新，使得人们用科学的态度来对待信息化，在遇到问题时能够积极、理智地进行处理，使信息化建设顺利进行。

其次，管理理念创新可以激发人们的创造力，探索出与信息化相适应的管理制度、管理技术等内容。管理制度和管理技术等对信息化有着极为重要的影响作用，不适应信息化建设的管理制度和管理技术将严重阻碍信息化的发展。而管理制度和管理技术的创新需要人们发挥出主观能动性，用创造性的思维来解决各种问题。

再次，管理理念创新可以提高人们的管理效率，从而提高信息化建设的效率。信息化建设需要用高效的方法和方式来解决，信息化建设的目的也是高效处理各项事务。管理理念创新提高人们的管理效率及信息化建设的效率，同时，还能突出体现信息化的优势，使各项工作能够更顺利地进行。

6.1.3 基于信息化的管理理念创新的内容

自 20 世纪 90 年代以来，世界企业开始掀起了新一轮的管理变革浪潮，新的经营管理理念和管理学说应运而生。在公共管理领域，20 世纪 70 年代末 80 年代初，在英国、法国、美国等西方发达国家兴起了"新公共管理运动"。世界经济的发展趋势直接或间接地与信息技术的发展紧密相关，经济全球化，企业经营国际化，离不开信息技术所提供的方便、快捷的信息交流条件，虚拟经济的形成与发展更是要依赖于信息网络和信息工具。公共管理领域兴起的"新公共管理运动"也正是为适应经济全球化和社会信息化的趋势而进行的政府改革浪潮。为了适应信息化管理的要求，在社会各领域产生了以下一些与信息化直接或间接相关的管理理念。

1. 信息资源理念

信息无处不在，社会信息也伴随着人类社会的产生而出现，但是在不同的社会发展时期，信息的作用是不一样的。农业社会中，土地和人口是战略性资源；工业社会中，资本和能源是战略性资源；而到了信息社会，信息和知识成为了重要的战略资源，经济和社会的发展越来越依赖于信息资源和知识资源。在推进和实施信息化管理的过程中，必须把信息资源的开发、管理和利用提升到战略地位，牢固树立"信息资源"的理念。

也就是说，到了信息社会，信息资源的作用发生了根本性的变化。这是由信息资源对于企业而言具有以下一些功能所决定的。

（1）开发功能。企业可以通过收集、分析市场信息、消费者需求信息、生产技术信息，来开阔眼界，启发思维，进而促进新工艺、新产品的开发。

（2）增值功能。企业利用信息来及时掌握企业的运行状况，对企业的生产、营销等过程进行及时调控，进而提高效率、节省费用、减少损失、降低消耗，以提高经济效益。

（3）预测功能。预测就是运用科学的方法，通过对预测对象的历史资料和现实资料进行分析，找出其发展变化规律，进而对预测对象将来可能的发展变化前景进行推测和估计的过程。由此可见，企业可以在充分占有信息的基础上，经过周密的分析研究，对企业未来的发展情况、发展规律作出预测，以利于作出科学的决策。

（4）选择功能。企业在产品开发、市场拓展、经营战略等方面可能面临多种选择。及时、全面而又准确的信息可以帮助企业管理人员在进行决策分析时作出正确的选择。

（5）控制功能。任何系统只有通过反馈信息才可能实现有效的控制，即利用反馈实现控制。施控者想要知道受控对象的行为和状态是否偏离目标，就必须要收集反映受控对象的行为和状态的信息，并将此信息回送给施控者，这时，施控者才能了解和把握受控对象的行为和状态，并将受控对象的现状与目标进行比较，从而发出相应的控制指令，来调整受控对象的行为和状态。同样的道理，企业在运行的过程中，许多行为常常会遇到由于内外部因素的影响而偏离预定目标的情况，这时就需要利用反馈信息来实现调整和控制。

信息传递的广泛、方便与快捷，使企业的生存环境发生了巨大变化：竞争范围扩大，竞争更加激烈。基于信息对企业具有上述作用，为了保证企业在激烈的竞争中立于不败之地，就必须及时、敏锐地掌握产品的市场供求信息、原材料的市场供求信息、新的生产工艺和生产技术信息、消费者的需求信息及企业的内部管理控制信息。这样一来，信息的作用加强了，信息的价值得到了空前的提升，信息资源成为了企业的战略性资源，所以必须把信息资源的开发、管理和利用提升到战略地位，树立"信息资源是战略性资源"的管理理念。

2. 精益生产理念

精益生产是一种以最大限度地减少企业生产所占用的资源、降低企业管理和运营成本为主要目标的生产方式，又是一种管理理念、管理文化。实施精益生产就是要追求完美、追求卓越，就是精益求精、尽善尽美。精，即少而精，不投入多余的生产要素，只是在适当的时间生产必要数量的市场急需的产品（或下道工序急需的产品）；益，即所有经营活动都要有益有效，具有经济效益。精益生产的核心是消除一切无效劳动和浪费，它把目标确定在尽善尽美上，通过不断地降低成本、提高质量、增强生产灵活性、实现无废品和零库存等手段确保企业在市场竞争中的优势；同时，精益生产把责任下放到组织结构的各个层次，采用小组工作法，充分调动全体职工的积极性和聪明才智，把缺陷和浪费及时地消除在每一个岗位。精益生产是一种"多品种、小批量、高效益和低消耗"的生产方式。精益生产成功的关键是：通过满足顾客需求提高企业经营利润，把顾客利益和企业利益统一于企业目标；和供货厂商保持紧密协作关系，通过适时供货和系统供货的方式使双方的利益共同增长。

精益生产具有以下特点。

（1）拉动式准时化生产。以最终用户的需求为生产起点，强调物流平衡，追求零库存，要求上一道工序加工完的零件立即可以进入下一道工序。组织生产线依靠一种称为"看板"的形式。即由看板传递下道向上退需求的信息（看板的形式不限，关键在于能够传递信息）。生产中的节拍可由人工干预、控制，但重在保证生产中的物流平衡（对于每一道工序来说，即为保证对后退工序供应的准时化）。由于采用拉动式生产，生产中的计划与调度实质上是由各个生产单元自己完成，在形式上不采用集中计划，但操作过程中生产单元之间的协调则极为必要。

（2）全面质量管理。强调质量是生产出来而非检验出来的，由生产中的质量管理来保证最终质量，生产过程中对质量的检验与控制在每一道工序都进行。重在培养每位员工的质量意识，在每一道工序进行时注意质量的检测与控制，保证及时发现质量问题，如果在生产过程中发现质量问题，根据情况，可以立即停止生产，直至解决问题，从而保证不出现对不合格品的无效加工。对于出现的质量问题，一般是组织相关的技术与生产人员作为一个小组，一起协作，尽快解决。

（3）团队工作法。每位员工在工作中不仅是执行上级的命令，更重要的是积极地参与，起到决策与辅助决策的作用。组织团队的原则并不完全按行政组织来划分，而主要根据业务的关系来划分。团队成员强调一专多能，要求能够比较熟悉团队内其他工作人员的工作，保证工作协调顺利地进行。团队人员工作业绩的评定受团队内部的评价的影响（这与日本独特的人事制度关系较大）。团队工作的基本氛围是信任，以一种长期的监督控制为主，而避免对每一步工作的稽核，提高工作效率。团队的组织是变动的，针对不同的事物，建立不同的团队，同一个人可能属于不同的团队。

（4）并行工程。在产品的设计开发期间，将概念设计、结构设计、工艺设计、最终需求等结合起来，保证以最快的速度按要求的质量完成。各项工作由与此相关的项目小组完成。进程中小组成员各自安排自己的工作，但可以定期或随时反馈信息并对出现的问题协调解决。依据适当的信息系统工具，协调整个项目的进行。利用现代 CIM 技术，在产品的研制与开发期间，辅助项目进程的并行化。

3. "知本管理"理念

我们知道，产品的生产过程主要是在原材料上附加劳动，创造新价值的过程，这是劳动价值论的基本点。但是，资本经营就不同了，资本经营无法像产品经营那样在原材料上附加劳动，资本经营实际上是用知识和智慧发现他人没有发现的现有资源中的或几种资源之间的价值。或许可以说，资本经营的过程是在资源上附加知识，从而创造新价值的过程。如果这种假设成立，新的价值理论就出现了：资本经营可能不属于劳动价值论的范畴，而属于知识价值论的范畴了。资本经营的成功和普及可能是知识经济社会的新现象之一，其可能会改变资本、劳动、知识等企业经营资源之间的力量对比，将"资本雇佣劳动"的格局改变为"知识雇佣资本"的格局。这一研究角度，实际上已经与知识管理的课题有相当密切的联系了。

知本管理是和工业经济时代的资本管理相对的。在以产品经营为核心的工业经济时代，资本被认为是最重要的力量，资本可以雇佣劳动力和其他的劳动要素，创造巨大的经济财富。工业经济时代的历史，就是资本雇佣劳动的历史。尽管人们努力创造各种企业和社会机制，力图改变这种状况——改变劳动与资本的竞争劣势，但基本上都以失败而告终。现在，人们通过对高科技企业成长规律的研究，似乎找到了改变这一状况的新的力量——知识。在一部分走在时代潮头的企业，"知识雇佣资本"的机制正在形成。知识的力量正在超过资本的力量，成为企业竞争力和成长力的核心。这与我们在企业成长理论研究中提出的之所以出现资本经营的趋势是密切相连的。以内部成长为中心的产品经营基本是"资本雇佣劳动"的过程，而以外部成长为中心的资本经营则可以说是在向"知识雇佣资本"的趋势转化。在这种情况下，提出了"知本管理"的理念和方法。

作为一种理念，知本管理是指以知识为基础，以知识的实际应用推动社会和经济的发展；它是一种以人的解放和自由为目的，追求国民幸福与和谐，提倡社会平等合作，鼓动个人积极创造，提倡信息和知识均衡；它以网络等现代化科技手段为媒介，连接社会成员，寻求文明的自我认同，以信息产业和文化产业为支撑，促进社会的整体演变和转型。知本管理时代的生产力是以知识为主，生产工具就是人的大脑和电脑。在经济发达的国家，非物质生产的产值早已超过物质生产，脑力劳动的从业人员早已超过体力劳动。知本的创造者和所有者是人，知本的解放将是人的解放，知本的自由发展将是人的自由发展，知本的自由将是人的自由。资本体现的是物的价值，知本将体现人的价值。现阶段从事电脑工作的人网上娱乐和工作已无法分开，工作的主动性增强就是一种明证。如果说工业社会的生产力是机器，那么电脑及其软件就是软性的机器，而不是一种机器或动力，在知本主义时代，机器将几乎完全被电脑控制，未来控制了电脑就等于控制了世界。

作为一种方法，知本管理有其自身的管理方法，就是知识管理。知识管理产生于 20 世纪 80 年代初期。当时，由于受到日本企业在多个行业的挑战与威胁，美国企业开始进行体制改革，从裁员到流程再造到学习型企业，不断地以满足市场需求为目标调整其生产服务流程与组织结构。随着 20 世纪 90 年代初期互联网的推广应用，美国企业从内部信息与知识共享转变为合作伙伴之间的信息与知识共享。在这十多年的改革过程中，美国企业逐步通过改变信息在企业内部的流通推进到对知识进行开发与利用，最终产生了知识管理理念。知识管理的兴起并成为社会经济管理的热点，说明了社会经济赖以发展的主要动力基础由过去的人的体力、能源、信息转移到了知识上来。

知识管理的基本含义是：知识管理是一个组织对知识资源进行识别、获取、评价和利用，从而充分有效地发挥知识的作用的过程。知识管理也就是利用组织智力或知识资产创造价值的过程。知识管理最普遍的情况是，在组织的雇员、部门之间创造和共享知识价值，甚至是在与其他组织一起努力设计最好方案的过程中创造和共享知识价值。知识管理理论将知识分为隐性知识和显性知识，隐性知识是高度个性化而且难于格式化的知识，主观的理解、直觉和预感都属于这一类。显性知识是能用文字和数字表达出来，容易以硬数据的形式交流和共享，比如编辑整理的程序或者普遍原则。知识管理是信息管理发展的一个更高层次的新阶段。信息管理是知识管理的基础，知识管理是信息管理高水平的延伸和发展，知识管理是对信息管理的批判性继承，知识管理与一个组织的知识交流、共享、创新和应用的全过程相融合，实现业务流程的重组，从而成为知识创新的核心动力。知识管理的理念充分体现了社会经济增长方式从数量速度型向主要依靠科技进步和提高劳动力素质的内涵型转移的趋势。

对于知识管理的内容可以从广义和狭义两个角度来理解。广义的知识管理包括对知识本身、知识设施、知识人员和知识活动等各个要素的管理；而狭义的知识管理则是特指对知识本身的管理。狭义的知识管理包含三个方面的含义：①对显性知识的管理，体现为对客观知识的组织管理活动；②对隐形知识的管理，主要体现为对人的管理；③对显性知识和隐形知识之间相互作用的管理，即对知识变换的管理，体现为知识的应用或创新的过程。

日本知识管理专家野中郁次郎提出了显性知识和隐性知识相互转换的 SECI 模型。①群化，隐性知识转换为隐性知识，即通过共享经验产生新的隐性知识的过程。比如一个新进入的人员通过观察资深同事的工作来学习经验和技巧。比如人们针对共同主题展开的谈话和讨论。在此过程中的主要挑战是：如何识别和组织领域中的专家？如何沟通协作？如何总结和传递经验教训？②外化，隐性知识转换为显性知识，即把隐性知识表达出来成为显性知识的过程。比如将实践工作中的经验教训总结成书面形式。在此过程中的主要挑战是：缺乏自动化的流程来捕捉隐性知识，缺乏贡献隐性知识的激励环境。③融合，显性知识转换为显性知识，即显性知识组合形成更复杂、更系统的显性知识体系的过程。比如从多个来源收集、整理和学习知识，并获得新的发现，得到新的知识。在此过程中的主要挑战是：大量知识被独占或隐藏，存在于不同介质中的知识难于整合，难于搜索。④内化，显性知识转换为隐性知识，即把显性知识转变为隐性知识，成为企业的个人与团体的实际能力的过程。比如通过阅读大量的书籍来丰富自己的知识。在此过程中的主要挑战是：信息量过大，缺乏指导。

知识管理是信息时代、知识经济时代的直接产物。知识管理首先产生于企业管理领域，但它不仅适用于企业，而且还适用于个人，适用于其他社会组织，社会管理的各个层面都可以引进知识管理。

4. 集成管理理念

所谓的集成管理就是一种效率和效果并重的管理模式，它突出了一体化的整合思想，管理对象的重点由传统的人、财、物等资源转变为以科学技术、信息、人才等为主的智力资源，提高企业的知识含量，激发知识的潜在效力成为集成管理的主要任务。集成管理是一种全新的管理理念及方法，其核心就是强调运用集成的思想和理念指导企业的管理行为实践。也就是说传统管理模式是以分工理论为基础，而集成管理则突出了一体化的整合思想，集成并不是一种单个元素的简单相加——"1＋1＝2"。集成与集合的主要区别在于集成中的各个元素互相渗透、互相吸纳而成的一种新的"有机体"。马克思谈到管理时就指出，管理不仅提高了个人能力，而且还通过管理把许多单个独立的劳动整合起来，从而融合成一股新的力量，而且这股新的力量的效力要远远大于元素个体的简单相加，即"1＋1＞2"。

集成管理的特点如下。①综合性。从资源角度看，集成管理将人、财、物、技术、信息等资源作为管理的要素，使管理的范围更加广泛，涵盖所有的软、硬件资源要素，尤其是集成管理强调知识的创造；从管理技术手段和方法角度来看，集成管理不仅涉及管理技术本身的集成，而且涉及管理技术、创造技术、信息技术等的相互融合与综合集成，如 MRP-II，CIMS 等，没有信息技术的支持，MRP-II 等是无法实现的。②复杂性。其一，由于集成管理的要素不仅包含组织内部的各种要素，而且包含组织外部可供选择和集成的资源，因此，构成集成管理体要素间的联系广泛、紧密而复杂；其二，组织集成管理系统具有多层次、多功能的结构，每一层次均成为构筑其上一层次的基础；其三，集成管理系统在其形成与发展过程中又会不断地对其层次与功能结构进行重组和完善；其四，集成管理系统会随环境变化而不断演化；其五，集成管理强调集成者主体行为，集成者智能作用会有突出表现。③协同性。集成管理的目标是通过集成实现系统优势互补、聚合放大、功能倍增，这就要求各集成管理要素必须按照一定的集成方式或模式协调一致，集成管理系统的有序度越大，集成管理系统的整体功能越强。同时，由于集成管理的复杂性和综合性的客观存在，因此各集成要素必须高度协同。④创新性。由于集成管理突出强调人的主体行为，而集成管理的主体行为又突出表现为管理者以一种创造性思维方式和创新性的管理方法，将组织内外资源进行有机整合和重构，从而产生集成前所无法达到的效果。因此，集成管理突出了管理主体行为的创新性。

集成管理运行包括以下几个部分。①战略与超前策划——理念集成。战略是集成管理活动的总纲，按照战略管理论的规定，战略决定功能，功能决定结构。而功能与结构正是一个项目集成体的属性所在。由此，战略是一个系统集成管理的前提与基础。超前策划是一个项目"前馈"性的规划设计管理工作，本质上是一种创造性的思想或理念集成活动，有利于创造良好运行环境，有利于减少经营风险，有利于资源整体利用，特别是智力资源的集成应用。战略与超前策划在集成管理运行本质上是一种理念集成。②组织与界面管理——组织集成。组织是集成管理运作的机制保障，不同的组织结构直接影响着集成管理的效应与水平。随着社会的发展，企业或项目管理组织日益向精益化、智能化、敏捷化、弹性化方向转变。界面是组织间相互联系与作用的一种状态，在集成管理中它是集成要素间的衔接关系，产生于专业分工、目标差异、信息粘滞等复杂因素，是集成管理的重要条件。事实上，集成管理本身就是众多组织的聚集。必然存在不同的组织结构。组织与界面管理的集成运行就是形成一个共同的组织，并有机地协调好组织与组织间的界面状态。因此，组织与界面管理本质上是一种组织集成。③技术与流程重组——过程集成。不同的技术条件有不同的管理方式，同时决定不同的业务流程。对建设项目而言，高新工程技术、信息技术，特别是计算机、通信、网络、人工智能技术等已对项目管理方式与流程产生了革命性的影响。就管理流程本身而言，亚当·斯密的分工论管理模式正在被哈默所提出的企业重建理论所替代，企业重建的基本要素是流程，其核心是对企业传统的经营流程重新审视并进行彻底的重组改造，以求得根本性的成本、质量、服务等绩效的提高。由此，流程重组成为集成管理的重要条件。事实上，把各种技术与业务流程重组为一个新的有机整体本身是集成管理运行的过程集成。④信息与系统控制——方法集成。硬系统方法：1969年，美国系统工程学者霍尔提出了系统工程"三维结构体系"，是解决规模较大、结构复杂、因素众多的大型复杂工程组织与管理问题的思想方法，其核心内容是模型化与最优化。软系统方法：英国学者切克兰德认为有些大型复杂工程与人的因素越来越密切，特别是与社会、政治、经济、生态等因素纠缠在一起，使复杂的非结构性问题，难以用数学模型寻求"最优化"，因此提出了"可行"、"满意"等概念模型，其核心不是最优化，而是"比较"、"学习"后找出的可行或满意结果。韧系统方法：我国学者李宝山等描述为将硬、软系统方法进行有机集成，建立起完整有效、逻辑合理的集成式系统分析方法，即韧系统集成管理方法。主要特点是：定性与定量相结合，前馈与反馈相结合，规范与灵活相结合。

事实上在集成管理实践中，集成活动大都是以信息与系统控制为核心的方法集成。例如，功能集成，就是将办公自动化、管理信息系统和决策支持系统的功能进行系统集成；过程集成，就是运用并行工程原理进行经营过程重构，建立起新的网络集成组织系统，实施动态联盟与供需链管理；技术集成，就是将人工智能技术、数据处理技术、数据库技术、计算机技术、通信技术等与管理科学与方法综合运用，建立起一套全新的集成信息管理系统。

5. 学习型组织理念

"学习型组织"一词来源于人类学习的概念。教育学通常把学习定义为：学习人类后天获得的知识的过程。即学习是人类获得知识的一个过程。在世界上所有生物中，人类是学习能力最强的生物，学习是人类最重要的社会行为。也正是人类有了最强的学习能力，在面对复杂多变的自然环境时，人类才能不断总结经验，运用所获得的知识，判断自然环境的变化，适时调整生存方式，并在一定程度上改造自然以利于人类的生存和发展。正因为人类具有最强的学习能力，才能不断认识自然、改造自然，组成社会，发展社会，对环境具有较强的适应能力，并成为了世界的主宰。

在经济全球化和信息时代背景下，企业组织面临着更加激烈的竞争和更为复杂的生存环境，面临着优胜劣汰的严峻考验。如何适应复杂多变的生存环境，并在激烈的竞争中处于不败之地？此时，人们自然而然地想到了人类的学习能力，也希望企业组织能像人类一样具有学习能力，能够吸收知识，转化知识，创造知识，拥有丰富的知识，从而能够在复杂多变的生存环境中得以生存和发展。

组织学习与个人学习都是获得知识的过程，但两者之间也有明显的区别：个人学习主要是个人行为，而组织学习不仅是个人学习，也是组织行为。组织的学习是通过组织中的个人开展自我学习和参与团体学习来完成的，学习结果存在于个人、组织中的团队和组织结构中。

哈佛大学的爱德蒙·德森认为，组织学习是一个过程，在这个过程中，组织的成员积极主动地应用资料（即与组织相关的信息）来指导组织的行为，以使组织连续提高适应环境能力的过程。那么什么又是学习型组织呢？彼得·圣吉认为，学习型组织是这样的一个组织："在其中，大家得以不断突破自己的能力上限，创造真心向往的结果，培养全新、前瞻而开阔的思维方式，全力实现共同的抱负，以及不断一起学习如何学习。"而加尔文则认为，所谓学习型组织，是指善于获取、创造、转移知识，并以新知识、新见解为指导，勇于修正自己行为的一种组织。

如何构建一个学习型组织？彼得·圣吉认为，学习型组织的构建必须通过组织和个人培养五项基本修炼，组织才能成长为学习型组织。这五项基本修炼是：自我超越、改变心智模式、建立共同愿景、团体学习和系统思考。

（1）自我超越。这项修炼是学习型组织的精神基础。要求组织的每一个成员去认清、加强并努力实现自己最想实现的愿望，并在"愿景"和"实际情景"之间找差距。这项修炼要求集中精力，培养耐性，不断创新，追求卓越。

（2）改变心智模式。心智模式存在于人们的心中，人的心智模式是由他的世界观、价值观、信念、学识、阅历和文化传统决定的。心智模式影响着人们的思维方式和行为模式，尽管这种心智模式不容易被人们所觉察。所以需要根据时代背景，通过坦诚地揭露自己内心深处的思想，找出不合理的地方；在众人之间探讨，通过面对面的互动等方式来修正自己的世界观、价值观和信念，增加学识和阅历，进而来改变心智模式。

（3）建立共同愿景。共同愿景是指能够鼓舞组织成员共同努力的愿望和远景。共同愿景是组织的凝聚力所在，它为组织的学习指明了目标和方向。有了衷心渴望实现的目标，组织成员就会自愿、主动而真诚地努力学习并追求卓越，而不屈从于外力。如果组织的目标和个人目标不统一，产生冲突，就会导致员工产生消极和抵触的情绪。

（4）团体学习。团体学习是发展组织成员相互配合、整体搭配并实现共同目标的能力的有效方法和过程。团体学习必须运用"深度汇报"和"讨论"的方式，在团体互动中开展有组织的学习，才能提升组织的创造力和生命力。

（5）系统思考。系统思考是学习型组织的灵魂，也是五项修炼的核心。系统思考就是要求对整体进行深入的思考，以了解系统的全貌，而不迷失在片段或者是复杂的细节之中。企业组织是一个系统，企业的活动也是一个系统，建构学习型组织的五项修炼仍然是一个系统。所以系统的思考尤为重要。

经济全球化和社会信息化时代的到来，改变了企业的生存竞争环境，要求企业组织具有更强的适应能力。要提高企业的适应能力，就需要组织不断地开展学习；而信息化时代的到来，大大提升了信息、知识的价值，知识又是学习的内容和对象。组织学习和学习型组织理念的产生与信息化管理有密切关系。

6. 全球化理念

信息技术的空前发展和广泛使用，为经济全球化、经营国际化提供了技术条件，对全球化理念的产生和发展起到了强有力的促进作用。

国际货币基金组织在 1997 年把经济全球化概括为：通过贸易、资金流动、技术创新、信息网络和文化交流，使各国经济在世界范围高度融合，各国经济通过不断增长的各类商品和劳务的广泛输送，通过国际基金的流动，通过技术更快更广泛的传播，形成相互依赖关系。实际上，经济全球化是一个伴随着国际分工的不断深化，世界各国经济在全球范围内相互依存整合的历史进程。其主要特征是：世界经济体系迅速扩大，世界多边贸易体制形成；国际分工向深度和广度发展，生产活动全球化；金融和投资活动全球化；经济全球化的载体——跨国公司迅猛发展，在量和质上都发生了巨大的变化；随着知识经济的兴起，知识与人才的国际性流动迅速扩大。经济全球化已经是当今世界经济的主要特点。

经济全球化、经营国际化的发展趋势是与信息技术的发展和广泛运用分不开的，信息技术强有力地推动了经济全球化和经营国际化。国际化的经营意味着公司有可能在世界各地开展生产经营活动，在世界各地设立分支机构，甚至有可能是产品在一个国家开发设计，在另外一个国家生产，而在世界各地销售。为了及时掌握世界市场信息，协调、控制分布在不同国家和地区的分支机构，企业必须依靠先进的信息技术来实现方便快捷地进行信息沟通。例如，美国零售企业沃尔玛公司在世界各地共有2 000多家分支机构，总部可以通过互联网，利用公司的管理信息系统随时了解各分公司的经营状况，并可以在两小时内完成所有分公司的盘点工作。

经济全球化使得企业间的竞争从国内竞争扩大到了国际范围内的竞争，也加剧了市场竞争的激烈程度，这就迫使企业进一步增强竞争实力以求得生存和发展。因此，在信息化的时代背景下，要求企业具有全球化的理念、国际化的视野，放眼全球，将自己置身于世界经济格局之中，了解世界经济发展状况，积极开拓海外市场，参与竞争。

6.2　基于信息化的组织结构变革

组织结构形式不是一成不变的，必须根据社会组织所处的社会环境变化。金字塔型的官僚制组织结构是较为成熟、较有影响、也较为常用的一种管理组织形式。这种组织形式以专业分工为基础，提高了管理工作的专业化水平，但也带来了部门间互相割裂、难以协调的弊端，对外界环境变化反应迟缓，压抑组织成员全面发展。在信息化管理背景下，各项管理活动相互交织及经营环境的日益复杂化，要求组织具有更大的弹性，并向扁平型、柔性化方向转变。当然，还要重视直线职能制、事业部制、矩阵结构等组织结构形式的长处，根据社会组织发展战略、发展阶段、公司形态和规模变化选择合适的组织结构形式。

6.2.1　传统的组织结构及其弊端

按照系统论的观点，可以把组织看做一个系统，所以组织结构就是构成组织的要素之间的关系和组织方式，是要素间相互作用结果的表现。组成系统的要素之间是相互联系、相互作用的，并且以一定的方式组织成系统，所以任何系统都有一定的结构。物质系统的结构按照其存在的方式不同可以分为三种：空间结构、时间结构和时空结构。

1. 传统组织结构的类型

1）直线式组织

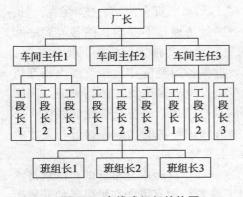

图6-1　直线式组织结构图

最早的组织结构模式是直线式组织。直线式组织模式产生于19世纪末期，其特点是结构简单，职责分明，命令统一，决策指挥迅速及时。它与工业化、规模化、重复性劳动成分较多的生产模式相适应。直线式组织模式从上到下实行垂直管理，上级直接指挥下级，主管领导行使全部管理职能。直线式组织的结构如图6-1所示。

根据上述分析可以看出，这种组织模式的明显不足在于：主管领导的管理任务较重，涉及的具体事务较多，并且要求主管领导具备比较全面的知识和技能；缺乏横向协调渠道，当组织规模扩大或主管人员的能力不足以有效控制时，则难以适应业务发展的要求。在组织内外部环境较为稳定的情况下，对于生产重复性劳动成分较多，而组织规模不大，生产技术简单的企业来说，直线式组织模式具有较高的效率。但对于组织规模较大，生产工艺比较复杂的企业不适用，管理起来比较困难。

2）职能式组织

随着社会的发展，又出现了职能式的组织结构。这种组织结构是为了减轻主管领导的压力，将他们从繁杂的管理事务中解脱出来，以便集中时间和精力主要从事决策和宏观管理，在组织内部划分出诸如生产、销售、研发、财务、人力资源、后勤等职能部门，高层领导通过直接领导各职能部门而进行宏观管理，不必再陷于繁杂的管理事务之中。职能部门按照专业分工，承担起相关的具体的管理业务，并为高层领导的决策起到辅助和参谋的作用。这种组织模式适应了规模扩大、技术发展、管理工作复杂化的要求。职能式组织结构如图 6-2 所示。

这种组织结构存在的不足是职能部门之间的职权划分过细，部门之间协调困难，造成条块分割的局面，各职能部门过于重视本部门利益而不够重视全局利益，职能部门有可能会假借最高管理层的权威对管理对象施加过多、过大的影响。

3）直线职能式组织

为了适应组织规模进一步扩大和生产技术进一步提高的需要，又产生了直线职能式的组织结构，如图 6-3 所示。这种组织结构的主要特点是在组织内部既设置职能部门，又设置中间管理部门，最高管理层（决策层）同时领导职能部门和中间管理层，职能部门指导中间管理层的工作。这种组织结构综合了直线式和职能式两种组织结构的优点，最高管理层可以直接控制中间管理层，保证指令的统一，及时的指挥，同时又可以发挥职能部门分担最高管理层的一部分管理事务，为高层领导的决策起到辅助和参谋的作用，并指导中间管理层的业务工作。直线职能式的组织结构是当今较为常用的组织结构模式，不仅大多数企业采用这种组织模式，而且政府机关、高等院校等其他一些公共事业组织也采用这种组织结构。

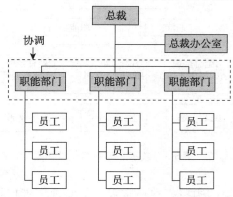

图 6-2　职能式组织结构图

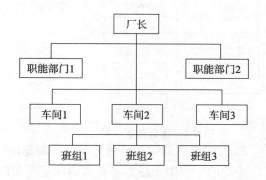

图 6-3　直线职能式组织结构图

直线职能式组织结构的缺点在于：权力过于集中于最高管理层和职能部门，不利于调动和发挥中间管理层的积极性、主动性和创造性；职能部门之间的横向联系和协作较差；由于职能部门的设置，使得行政机构膨胀，增加了管理成本；信息传递路线加长，反馈较慢，对环境变化的应变能力差；职能部门有可能会假借最高管理层的权威对中间管理层施加过多、过大的影响，削弱了中间管理层的作用。

上述三种组织结构模式均属于集权式的组织模式，管理权力主要集中在最高管理层，业务部门的权力较小。随着经济全球化趋势的发展，企业规模的进一步扩大，竞争的进一步加剧，出现了事业部制的组织结构模式，使组织结构模式从集权制向分权制转变。

4）事业部制组织

事业部制的组织结构就是企业按照产品、服务、客户等业务或地区将组织划分为若干个事业部，即在企业总部之下设置若干个事业部，总部授予事业部较大的自主权，可以独立地进行生产和经营，在财务上独立核算，自负盈亏，各个事业部之下又设置若干职能部门。总部则可以集中时间、精力从事企业的长远战略规划和作出重大决策，并对各事业部的经营业绩进行监督。事业部制组织结构图如图6-4所示。这种组织结构模式由于使各个事业部获得了较大的经营管理自主权，因而可以充分发挥事业部的主动性和创造性，有利于组织规模的扩大，增加了整个组织的灵活性和创造性，但却又增加了管理层级，使组织结构显得松散。

5）超事业部制组织

20世纪70年代在西方国家一些规模巨大的企业中出现了超事业部制的组织模式。超事业部制就是在最高管理层和事业部之间设置超事业部，每个超事业部负责管理和协调若干个相关的事业部的经营管理活动，以便加强对事业部的监督、组织和协调，在给事业部授权的基础上，又对事业部的活动进行必要的协调，形成适当的集中。显然，超事业部制的组织模式进一步增加了管理的层级。但由于管理幅度有限，对于规模巨大、产品种类较多、业务范围较广的大型企业，也只有用增加管理层级的办法来实现有效的管理和控制。超事业部制组织结构图如图6-5所示。

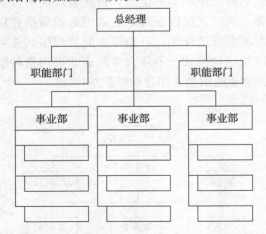

图6-4　事业部制组织结构图　　　　图6-5　超事业部制组织结构图

2. 传统组织结构在信息化条件下的弊端

传统的组织中，尽管事业部制和超事业部制组织结构模式在一定程度上实现了管理权力的下放和分散，属于分权式的组织模式，它们对环境变化也具有了比较强的适应性，但仍然存在管理层级过多的弊端。总结起来，这些类型的组织结构在信息化条件下主要存在以下一些弊端。

1）分工造成组织条块分割，限制了员工的主动性和创造性

传统的组织结构是基于分工思想而建构起来的组织模式，分工提高了效率，这些组织模

式适应了工业社会生产的标准化、规模化、重复化的基本特点。然而，由于分工而组建的职能部门和业务部门，它们有各自的职能和目标，其根本任务就是各自履行职能，各自完成自己的任务，实现自己的目标，而不用作全局的考虑。各个职能部门和业务部门往往较为重视自己的部门目标和部门利益，而对总体目标缺乏足够的关注，甚至为了实现部门利益而损害全局利益。由于各个部门被赋予了特定的职能和目标，导致各部门之间的横向联系积极性不高，沟通和协调困难，随着组织规模的扩大，部门间的协调难度也随着加大。过细、严格的分工，使每个员工只需完成生产过程或管理过程中的特定的一部分工作，而不需要考虑其他业务，工作重复、单调、枯燥，员工被限制在了生产流水线上。总之，分工限制了部门的主动性和创造性，也限制了员工的主动性、积极性和创造性。

2）组织层级过多，造成信息传递困难，信息传递失真

传统的组织结构一般属于"金字塔"型的结构，这种类型的组织结构一般具有较多的管理层级，对于规模较大的组织，管理层级也会较多。管理层级结构的形成是由于有效管理幅度的限制，当组织规模大到一定程度的时候，就必须通过增加管理层次来保证有效的管理和控制。在整个管理体系中，中间管理层的很重要一部分职能就是上传下达信息，将高层的指令传达给基层，而把基层的情况反馈给高层。如果中间层次较多，势必增加信息传递环节，加长信息传递途径，增加了信息传递过程中可能的干扰，也就是增加了信息传递的难度，并且增加了信息失真的可能性。

3）对快速变化的环境的应变能力较差

随着经济全球化和信息技术的发展和广泛应用，市场情况复杂多变，消费者的消费需求日趋多样化和个性化，促使产品的生命周期缩短，同种产品的生产规模缩小，这就要求企业对快速变化的市场环境及时作出反应，具备较强的适应能力。然而，"金字塔"型的组织结构对快速变化的环境的应变能力较差。这是因为"金字塔"型的组织结构造成管理权力过于集中在上层，下级必须按照上级的指令行事，最了解市场变化情况的基层没有决策权，不能及时作出适应情况的决策；过多的层级结构，使信息的上传下达比较困难，信息传递周期长，对市场变化情况较为敏感的基层业务人员将获取到的市场信息报告给其上级，上级管理部门把材料进行整理后再层层往上报告，一直报告到决策层，决策层作出决策，又将指令层层下达直到基层业务人员，这是一个很长的周期。等到决策层的指令传达到基层，或许市场的情况又已经发生了变化。

4）管理权力过于集中，容易引起官本位现象

"金字塔"型的组织结构的管理权力过于集中于高层，强调指令的统一，下级只能按照上级的指令和意图行事，上级对下级具有较大的控制权力，民主化程度较低，因而比较容易形成官本位现象，容易滋生官僚主义。

5）效率低下

由于"金字塔"型的组织结构权力过于集中于高层，管理层级较多，导致信息传递困难，指挥链条过长，管理环节多，管理人员较多，部门之间协调困难，整体效益无法实现最优，最终导致效率低下。

6.2.2 信息化与组织结构变革的关系

组织要更快更好地适应外部环境的变化，就要对自身的组织结构作出相应的变革。组织

结构变革与信息化是互动的，一方面，组织信息化要求组织结构进行变革；另一方面，组织结构变革也需要信息化的支撑。二者的互动促使组织信息化建设不断深化。

1. 信息化促进组织结构变革

与信息化相适应的组织结构应该是分权的、民主的、能够充分调动员工的积极性和创造性的组织结构；应该是高度灵活的、能够对生存竞争环境的变化作出迅速反应的组织结构；应该是高度协同的、高效的组织结构；应该是信息传递和信息反馈迅速的组织结构。而传统的"金字塔"型的集权制组织结构不具备上述特征，所以实施信息化就必然要求变革组织结构。信息化从不同的层面促进组织结构变革。在作为整体的组织层面，信息化可以改进组织对环境的适应能力和应变能力，改进组织的输入、输出方式，缩减中间管理结构，创新产品和创新服务，塑造新型企业文化等途径来影响特定的组织。在组织的单元功能层面，信息技术通过改进传统的业务技术，功能重组和再定义，功能集成和一体化，增进功能组合的灵活性等途径来影响特定的组织。在组织的细胞——组织人员层面，信息技术通过改革雇员的工作方式和性质，雇员角色的变迁，雇员知识结构的调整和观念的转变等途径来影响特定的组织。

2. 组织结构变革需要信息化的支撑

组织结构变革与信息化之间存在着互动关系，信息化要求组织结构变革，而组织结构变革也需要信息化的支撑。将"金字塔"型的集权制组织结构转变为分权、民主的扁平化结构是以信息沟通成本的降低和协调能力的提高为前提条件的，这必然将带来企业对信息技术的应用和对各种管理信息系统的需求。如果没有方便快捷的信息沟通和强有力的关系协调，扁平化结构的组织是难以运行的。特别是网状组织、虚拟组织、战略联盟组织等更离不开信息技术的支撑。

例如，传统的金字塔型的组织结构具有较多的中间层次，中间层次的主要功能是信息的上传下达，这是与信息技术不发达、信息传递不便捷的信息沟通基本状况相适应的。随着信息技术的发展，大大提高了人们的信息沟通能力，在组织管理过程中不再需要那么多的中间管理层次来传递信息，而是由组织高层管理者利用信息技术直接与基层进行沟通。中间管理层存在的必要性大大降低了，部分中间管理层被取消，使组织结构向扁平化方向发展。

3. 组织结构变革进一步推动信息化管理的发展

企业组织结构由集权的垂直化和科层化结构向民主化的扁平化结构转变，这是企业组织和管理结构变革的一个基本趋势。转变之后的组织结构更加需要运用信息技术加强信息沟通和关系协调，需要运用各种信息系统参与管理，进而促进信息化管理的发展，这是需求拉动的一方面；另一方面，对于扁平化的组织结构而言，减少了审批和管制，增加了部门之间的协作，这样的组织结构有利于信息的畅通，有利于发挥信息技术的作用，进而推动信息化管理的发展。

6.2.3 与信息化相适应的组织结构形式

1. 扁平化组织

所谓组织扁平化，就是通过破除公司自上而下的垂直高耸的结构，减少管理层次，增加管理幅度，裁减冗员来建立一种紧凑的横向组织，达到使组织变得灵活，敏捷，富有柔性、创造性的目的。它强调系统、管理层次的简化、管理幅度的增加与分权。

传统的"金字塔"型的组织结构适应了信息传输技术不发达的基本状况。在信息传输技术不发达的情况下，高层和基层之间的信息传输比较困难，对于规模较大的组织而言，这种困难则更大，为了实现高层对基层的有效控制，只能通过增加中间管理层的办法，来实现信息的上传下达，因此中间管理层的主要职能就是把高层的指令向下传达，并监督指令的实施，同时又把基层的情况反馈给高层，作为决策的依据。在信息传输技术不发达的情况下，每一个管理层级的管理幅度也是比较有限的，所以随着组织规模的扩大，只有通过增加中间管理层来实现有效的管理。而在信息化条件下，信息技术比较发达并且广泛应用，组织中的中间管理层对信息的上传下达的职能就可以由信息技术来代替，信息技术的运用，提高了信息处理和传递的效率，因此就可以取消中间管理层，高层和基层之间运用信息技术直接进行信息沟通，使组织向扁平化方向发展。

扁平化组织与传统的科层制组织有许多不同之处。科层制组织模式是建立在以专业分工，经济规模的假设的基础之上的，各功能部门之间界限分明。这样建立起来的组织必然难以适应环境的快速变化。而扁平化组织，需要员工打破原有的部门界限，绕过原来的中间管理层次，直接面对顾客和向公司总体目标负责，从而以群体和协作的优势赢得市场主导地位。扁平化组织有以下特点。①以工作流程为中心而不是部门职能来构建组织结构。公司的结构是围绕有明确目标的几项"核心流程"建立起来的，而不再是围绕职能部门；职能部门的职责也随之逐渐淡化。②纵向管理层次简化，削减中层管理者。组织扁平化要求企业的管理幅度增大，简化烦琐的管理层次，取消一些中层管理者的岗位，使企业指挥链条最短。③企业资源和权力下放于基层，由顾客需求驱动。基层的员工与顾客直接接触，使他们拥有部分决策权能够避免顾客反馈信息向上级传达过程中的失真与滞后，大大改善服务质量，快速地响应市场的变化，真正做到"顾客满意"。④现代网络通信手段。组织内部与组织之间通过使用E-mail、办公自动化系统、管理信息系统等网络信息化工具进行沟通，大大增加管理幅度与效率。⑤实行目标管理。在下放决策权给员工的同时实行目标管理，以团队作为基本的工作单位，员工自主作出自己工作中的决策，并为之负责；这样就把每一个员工都变成了组织的主人。

从辩证的角度看，扁平化组织结构也一定有其弊端或问题：①员工晋升机会减少；②对核心竞争力的形成有促进作用，也有弱化作用；③管理控制难度增大；④对管理者，尤其是高层决策者的要求太高；⑤对通信和电子网络等高技术的过分依赖。

2. 精干化组织

精干化组织是和扁平化组织相对应的，扁平化组织通过减少中间管理层，提高信息沟通的效率。而精干化组织中，不减少中间管理层，而是通过增加部门的管理业务范围、合并或减少组织中的部门，使组织中的各项活动更为高效。典型的例子就是我国政府部门的大部制改革。大部制即为大部门体制，其特点是扩大一个部所管理的业务范围，把多种内容有联系的事务交由一个部管辖，从而最大限度地避免政府职能交叉、政出多门、多头管理，从而提高行政效率，降低行政成本。为推进政府事务综合管理与协调，按政府综合管理职能合并政府部门，组成超级大部的政府组织体制。

3. 矩阵组织

矩阵组织就是一个组织的结构呈现出二维的矩阵性的结构方式，即具有两套纵横交错的管理系统：一套是纵向的职能管理系统，另一套是横向的为了完成某一任务而组建的项目管理系统。矩阵制组织是为了改进直线职能制横向联系差，缺乏弹性的缺点而形成的一种组织形式。它的特点表现在围绕某项专门任务成立跨职能部门的专门机构上，例如，组成一个专门的产品（项目）小组去从事新产品开发工作，在研究、设计、试验、制造各个不同阶段，由有关部门派人参加，力图做到条块结合，以协调有关部门的活动，保证任务的完成。这种组织结构形式是固定的，人员却是变动的，需要谁，谁就来，任务完成后就可以离开。项目小组和负责人也是临时组织和委任的。任务完成后就解散，有关人员回原单位工作。因此，这种组织结构非常适用于横向协作和攻关项目。

矩阵组织的优点在于加强了组织内部的横向联系与协调，由于这种组织模式可以根据临时任务而组建项目管理系统，增加了组织的灵活性和应变能力，在组建项目系统时可以抽调各部门的人员，有利于组成优势互补的强势项目系统。矩阵组织的不足主要在于：由于组织内具有两套管理系统，实行双重管理，在任务艰巨或承担责任时，有可能出现相互推诿的现象，在有利益时，则有可能出现相互争夺的情况；双重管理增加了管理成本，使组织内部关系复杂化，增加了协调难度。

4. 网络型组织

网络化就是以某一个核心组织为主体，通过一定的目标，利用一定的手段，把一些相关的组织联合起来，形成一个合作性的企业组织群体，在这个组织群体中，每个组织都是独立的，通过长期契约和信任，与核心组织联系在一起，优势互补，形成命运共同体，共同发展。

组织网络化在 20 世纪 70 年代末期、80 年代初期就已经在美国和日本出现了，美国的一些企业实行部分业务"外包"，日本企业实行的精益生产方式就是组织网络化的具体体现。在网络型组织中，企业只留下自己擅长的核心业务，而将自己不擅长的、非核心的业务"外包"出去，由其他的企业承担，这些企业之间形成一种优势互补的合作关系，构成一个企业网络。网络型组织适应了信息时代对企业组织的要求，同时网络型组织的形成和巩固离不开信息网络的支持，网络型组织是依靠信息网络、产业供应链和资金市场来维系企业间的合作关系的。网络型组织需要更广泛的、跨组织跨职能的、纵横交错的信息交流与共享，所以信息技术是网络型组织的技术基础，信息系统是网络型组织的神经系统。

网络型组织是目前正在流行的一种新形式的组织设计，它使组织对于新技术或者来自外界的低成本竞争能具有更大的适应性和应变能力。网络型组织是一种很小的中心组织，依靠其他组织，以合同为基础进行制造、分销、营销或其他关键业务的经营活动。在网络型组织结构中，组织的大部分职能从组织外"购买"，这给管理当局提供了高度的灵活性，并使组织集中精力做它们最擅长的事。网络型组织是一种只有精干的中心机构，以契约关系的建立和维持为基础，依靠外部机构进行制造、销售或其他重要业务经营活动的组织结构形式。被联结在这一结构中的各经营单位之间并没有正式的资本所有关系和行政隶属关系，只是通过相对松散的契约（正式的协议契约书）纽带，透过一种互惠互利、相互协作、相互信任和支持的机制来进行密切的合作。

网络型组织通过公司内联网和公司外互联网，创设一个物理和契约"关系"网络，与独立的制造商、销售代理商及其他机构达成长期协作协议，使它们按照契约要求执行相应的生产经营功能。由于网络型企业组织的大部分活动都是外包、外协的，因此，公司的管理机构就只是一个精干的经理班子，负责监管公司内部开展的活动，同时协调和控制与外部协作机构之间的关系。

网络型组织的优点是极大地促进了企业经济效益实现质的飞跃：①降低管理成本；提高

管理效益；②实现了企业全世界范围内供应链与销售环节的整合；③简化了机构和管理层次，实现了企业充分授权式的管理。组织结构具有更大的灵活性和柔性，以项目为中心的合作可以更好地结合市场需求来整合各项资源，而且容易操作，网络中的各个价值链部分也随时可以根据市场需求的变动情况增加、调整或撤并；另外，这种组织结构简单、精练，由于组织中的大多数活动都实现了外包，而这些活动更多地靠电子商务来协调处理，组织结构可以进一步扁平化，效率也更高了。

网络型组织的缺点是可控性太差。这种组织的有效动作是通过与独立的供应商广泛而密切的合作来实现的，由于存在着道德风险和逆向选择性，一旦组织所依存的外部资源出现问题，如质量问题、提价问题、及时交货问题等，组织将陷入非常被动的境地。另外，外部合作组织都是临时的，如果网络中的某一合作单位因故退出且不可替代，组织将面临解体的危险。网络组织还要求建立较高的组织文化以保持组织的凝聚力，然而，由于项目是临时的，员工随时都有被解雇的可能，因而员工对组织的忠诚度也比较低。

5. 虚拟组织

对于虚拟组织，可以作如下定义："虚拟组织是由在地理上分布的企业、机构和个人所组成的一种基于共同目标的协作形式。这些在法律上独立的虚拟组织成员以他们各自的核心竞争力参与横向和纵向的协作，对于第三方而言，他们表现为一个统一的组织，而随着组织目标的完成或中断，整个虚拟组织也不复存在。虚拟组织完全抛弃了传统组织的管理功能集中化，其所需的协调过程主要通过合适的信息/通信技术予以实现。而对于虚拟组织中虚拟的含义，可以理解为是空间虚拟、时间虚拟及结构虚拟的三维叠加。虚拟组织的参与方在空间上往往是分布的，彼此可能距离遥远，并且其地理位置也可以不断移动。参与方之间的组合是临时的，它们的协作在时间上可以灵活安排，可以是同步也可以是异步，而对于全球性的虚拟组织而言甚至可以是全天候的，即所谓的"round-the-clock"。虚拟组织没有固定的组织结构，其组合不存在正式的合同关系，参与方之间的边界是模糊的，其协作是基于信任和资源的共享。

虚拟组织具有以下重要特征。①空间上的分布性和时间上的有限性。虚拟组织的项目参与方通常在地理上是分布的，也就是说可以来自于不同的区域或国家。虚拟组织的存在以确定的工程项目为前提，其参与方的组合具备动态性和临时性。在项目结束之后，虚拟组织也随之暂时解散，但组织成员之间的关系网络仍然可以存在。而一旦有新的市场机会，所有的项目参与方能在关系网络的基础上迅速并且是自发地重新组合。②法律上的独立性和经济上的相关性。虚拟组织的参与方可以是单独的个人（比如经验丰富的项目咨询专家）或大型企业的一部分，但绝大多数是诸多的中小型企业。一方面，所有参与方在法律上独立并且在虚拟组织中是平等的；但另一方面，这些项目参与方在经济上是相关的，也就是说他们有着共同的项目利益。基于信任，这些项目参与方完成它们自身的确定的任务，并且共同促进项目建设的成功。③模糊的组织界限和灵活的组织结构。虚拟组织的边界是模糊的、不确定的。在不同的项目阶段，参与方可以不断变动。但对于外部的最终用户来说，虚拟组织表现为一个类似于传统企业的完整的组织。在虚拟组织的组织结构中，没有层级或纵向的集中，其参与方只是松散地彼此联合。虚拟组织的协作广泛抛弃在传统组织中占绝对优势的、固定的、正式的合同关系，而是采用所谓的"关系合同"，这种形式的合同一般只提供一个行动和关系的框架，可以给予合同双方的真实关系一定的必要的解释空间。当然，这种合同形式的有效应用在很大程度上依赖于合同双方的信任、自觉性和较高的忠诚度。对于为了自身利益而对这种解释空间进行恶意利用的行为，可以通过社会的制裁机制予以局限。虚拟组织结构的灵活性保证了虚拟组织能够按照外界的动态要求和项目的进展情况予以迅速反应。④核心竞争力的互补和资源的共享。对于核心竞争力，可以理解为一个企业所具备的持久的可以转换的因素（比如特定的资源、技能和知识），而这些因素能够为企业带来竞争的优势。在建筑业中，核心竞争力一方面意味着价值链关系，比如设计师事务所当然擅长于设计工作，而承包商显然主要从事施工任务；另一方面，核心竞争力也指特殊的经验和能力，比如某些项目咨询专家精通造价控制，而另一些咨询专家可能对质量控制很有经验。由于工程项目的复杂性，所有参与方在虚拟组织中的协作必须以核心竞争力的互补和资源的共享（比如信息、经验和知识）为必要前提。⑤具有决定意义的信息技术支持。几乎以上所有特征的实现都强烈依赖于信息技术的支持。事实上，信息技术既是虚拟组织产生的前提条件又是虚拟组织赖以存在的技术基础。当然，仅仅具备先进的信息技术并不能构建一个有效的虚拟组织，而是还应该使得信息技术与业务战略和组织目标紧密结合，并且适当考虑组织中人的因素。

6.3　基于信息化的业务流程重组

我们反对用削足适履的方法使管理过程迁就信息系统的某些既定的运用方式，但也不赞成计算机等信息工具与信息系统100％地去按照原来人工操作与管理的方式工作，完全模仿手工作业，这样不能发挥计算机的潜力。我们应该根据经济发展、技术进步对管理提出的改革要求，结合信息技术的潜力，使变革更容易实现，这样一来信息技术也更能做到用得其所。因此推行信息化，不能仅仅与当前的管理模式、管理过程相结合，还需要和管理变革相结合。

6.3.1　业务流程重组概述

1. 业务流程的概念

业务流程就是工作的过程，作业的顺序，是为完成一定的任务，实现一定的目标而开展的一系列逻辑相关的活动的有序集合。企业的业务流程包括生产经营业务流程和管理业务流程。业务流程强调工作是如何按照逻辑顺序进行的。业务流程是由一系列活动按照一定的逻辑顺序组成的，这种逻辑关系是由分工所形成的活动间的内在联系所决定的。活动间的基本逻辑关系有以下四种。

（1）串行关系。即两个活动按先后顺序发生，前一个活动的输出作为后一个活动的输入。串行关系是企业业务流程中最基本的活动之间的关系。

（2）并行关系。即两个活动同时进行，并且彼此独立，两个活动同时影响输出。

（3）分叉关系。即根据某一活动输出结果的不同而有选择地和其后的多个活动中的一个发生联系。

（4）反馈关系。即在一连串的活动中，把某一个后面的活动的输出结果返送回去，作为前面某一个活动的输入，这种活动间的关系就称为反馈关系。这种关系体现的是按照后面活动的结果来决定前面活动的下一步行为。

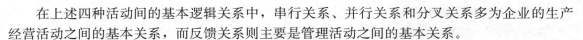

在上述四种活动间的基本逻辑关系中，串行关系、并行关系和分叉关系多为企业的生产经营活动之间的基本关系，而反馈关系则主要是管理活动之间的基本关系。

2. 业务流程的组成要素

业务流程的基本组成要素有活动、活动之间的连接方式、活动的承担者、完成活动的方式四个要素。

在业务流程的基本组成要素中，活动是核心要素，也是社会组织运作的最小单位，没有业务活动就谈不上业务流程。业务活动是根据目标，把生产经营或管理任务按照分工原则分解而成的一系列的活动，活动之间存在内在的逻辑联系。开展活动是完成生产经营（管理）任务，实现生产经营（管理）目标的前提。

形成业务流程的一系列活动之间具有特定的连接方式。也就是说，业务活动之间不是随意组合的，而是按照活动之间的内在逻辑联系、生产工艺和技术条件等因素有机组合在一起的。只有活动之间的连接方式科学、规范，符合规律，才有可能形成科学的业务流程，进而产生较高的效率和效益。活动之间的连接方式主要有串行连接、并行连接、分叉连接和反馈连接四种方式。

活动需要有具体的承担者来实施活动，完成活动任务。在传统的生产、管理方式下，活动的承担者一般是具体的人员和组织，随着生产、管理技术水平的提高，特别是信息化、自动化程度的提高，许多活动都可以由信息工具和自动化设备来完成，信息工具和自动化设备也成为了活动的承担者。

完成活动的方式主要受生产工艺、技术条件和劳动习惯的限制和影响。例如，生产鞋子与生产衣服的工艺是不一样的，完成业务活动的方式也不一样；手工操作与采用信息工具或自动化设备来完成业务活动的方式也是不一样的。

活动的承担者和完成活动的方式发生变化，要求活动之间的连接方式和组合方式也要作出相应的调整。因为不同的活动的承担者完成活动的方式是不一样的，例如，由人按照手工操作的方式来完成活动与由信息工具来完成活动的程序和方法是不一样的。所以，在实施信息化生产经营和信息化管理的时候，需要对业务流程进行重组或再造。

3. 决定业务流程的主要因素

1）技术工艺特征

不同产品的生产工艺往往不同，处于生产力的不同发展阶段，同类产品的生产技术也是不同的。不同的生产工艺、不同的生产技术的条件下所形成的业务流程是不同的。例如，生产简单产品的业务流程就与生产复杂产品的业务流程不同，对于同类产品，随着生产技术的提高和工艺的改进，其生产流程也必须相应地作出调整。

2）组织的理念或价值观

组织的理念或价值观指的是组织在运行的过程中所奉行的基本行为准则以及对社会、对经济的基本价值判断。持有不同的理念或价值观，就可能有不同的工作环节、不同的工作步骤，形成不同的业务流程。对于企业组织是这样，对于政府组织也是这样。例如，如果政府奉行的"官本位"的理念和价值观，就必然会形成方便政府公务员而不一定方便公众的业务流程；如果政府奉行的"以人为本，以服务公众为本"的理念和价值观，政府就会采取方便于公众的业务流程。

3）领导方式与风格

不同的领导方式与风格有可能导致形成不同的业务流程。若以领导者对权力运用的方式为标准，领导方式可以分为三种类型。

（1）专制式领导。即指领导者把一切权力集中于个人，一切由领导者个人决定，下属执行。在专制型的领导方式下，团体的目标和工作方针都由领导者自作主张，具体的工作安排和人员调配也由领导者个人决定。团体成员对团体工作的意见不受欢迎，试图参与团体决策的任何企图都会受到压制。领导者根据个人的了解与判断来监督和控制团体成员的工作。下级只能被动、盲目、消极地遵守制度，执行指令。

（2）放任式领导。即指领导者对下属采取自由放任的态度，下属愿怎样工作就怎样工作，领导不采取任何后续跟进工作。在放任式的领导方式下，权力定位于每一个成员，领导者置身于团体工作之外，只起被动服务的作用。关于团体目标和工作方针缺乏指示，具体工作进程和人员调配不作明确指导。领导者满足于任务布置和物质条件的提供，对团体成员的具体执行情况既不主动协助，也不进行主动的监督和控制，听任团体成员各行其是，对工作成果也不作任何评价和奖惩。

（3）民主式领导。即指领导者鼓励下属参与管理，共同讨论商议，集思广益后作出决策。在民主式的领导方式下，权力定位于全体成员，领导者则起指导者或委员会主席的作用。团体的目标和工作方针尽量公诸于众并求得大家的赞同，具体工作安排和人员调配等经共同协商决定。有关团体工作的各种意见和建议受到鼓励，一切重要决策都经过充分协商讨论后作出。领导者的一项重要职责，是在团体决策过程中及时提供各种可供选择的方案，以促进决策、解决分歧。

4）组织结构模式

集权制组织与分权制组织的业务流程有着较大的区别。集权制组织的业务流程中审批、请示报告、上传下达的成分就会很多，而分权制组织由于高层向基层充分授权，其业务流程中审批、请示报告、上传下达的成分就会较少。

4. 鉴定业务流程有效性的基本标准

1）有利于信息技术发挥作用

在信息化管理条件下，鉴定业务流程是否有效，需要重点考察信息技术对组织的事务处理、信息管理、知识管理、远程工作与协作、决策分析、运行控制、组织扁平化、提高组织的灵活性与应变能力、改变生产工具等方面是否发挥出了明显的作用。

2）能够完成一定的任务，实现一定的目标

业务流程是为完成一定的任务，实现一定的目标而开展的一系列逻辑相关的活动的有序集合。所以，一个有效的业务流程，必须具有一定的功能，即可以完成一定的任务，实现一定的目标。对完成任务、实现目标没有贡献的流程是冗余的流程、无用的流程。

3）有利于分工一体化

业务流程是逻辑相关的一系列活动的集合，具有顺序性、系统性，组成流程的活动之间应该具有协调性，相关流程之间也应该相互协调。业务流程是对经过分工形成的工作环节、工作岗位和工作步骤的一体化集成。有效的业务流程应该符合业务工作的内在逻辑，符合业务运行的规律性，有利于工作环节、工作岗位和工作步骤的一体化集成。

4）有利于鉴定执行者的责任

业务流程在具有系统性、协调性的同时，还应该具有相对独立性，以便于确定流程负责人对任务完成的责任，便于检测任务完成的程度。

5）有明确的时间性与阶段性

具有明确的时间性与阶段性也是业务流程具有相对独立性的表现，明确的时间性与阶段性便于流程运行过程中实现有效的进度控制，以提高工作效率。

5. 业务流程重组的概念

业务流程重组就是指为了完成社会组织的目标或任务，在对社会组织现有业务流程进行调查、分析、诊断的基础上，设计、构建新的业务流程，以求获取生产经营管理的巨大业绩的过程。业务流程重组是 20 世纪 80 年代初源于美国的一种组织变革模式，是美国主要工业企业在全面学习日本制造业全面质量管理、精益生产、及时制造、零缺陷等优秀管理经验的基础上发展起来的一种全面变革企业经营、提高企业整体竞争能力的变革模式。业务流程重组中，根本性、彻底性、戏剧性和业务流程成为备受关注的四个核心内容。

根本性再思考表明业务流程重组所关注的是组织核心问题，如"我们为什么要做现在这项工作"、"我们为什么要采用这种方式来完成这项工作"、"为什么必须由我们而不是别人来做这份工作"，等等。通过对这些组织运营最根本性问题的思考，组织将会发现自己赖以生存或运营的假设是过时的，甚至是错误的。

彻底性再设计表明业务流程重组应对事物进行追根溯源。对已经存在的事物不是进行肤浅的改变或调整性修补完善，而是抛弃所有的陈规陋习，并且不需要考虑一切已规定好的结构与过程，创新完成工作的方法，重新构建组织的业务流程。

戏剧性改善表明业务流程重组追求的不是一般意义上的业绩提升或略有改善、稍有好转等，而是要使社会组织业绩有显著地增长、极大地飞跃和产生戏剧性变化，这也是流程重组工作的特点和取得成功的标志。

业务流程重组关注的要点是社会组织的业务流程，并围绕业务流程展开重组工作，业务流程是指一组共同为顾客创造价值而又相互关联的活动。哈佛商学院的 Michael Porter 教授将企业的业务流程描绘为一个价值链。竞争不是发生在企业与企业之间，而是发生在企业各自的价值链之间，只有对价值链的各个环节——业务流程进行有效管理的企业，才有可能真正获得市场上的竞争优势。

6.3.2 信息化与业务流程重组的关系

业务流程重组是实现信息化的前提条件，也就是说，社会组织欲实施信息化管理，必须首先实施业务流程重组。因为现有业务流程是基于传统管理的分工思想，并以手工方式处理信息而建立起来的业务流程。而在实施信息化管理的过程中，信息的处理方式产生了根本性的变化，采用的是以计算机技术和网络通信技术为代表的现代信息技术来处理、传输信息，呈现出电子化、自动化、网络化和虚拟化的特点。因此，传统的业务流程无法适应信息化管理的需求，必须按照现代化的信息处理、传输特点，对业务流程进行根本的重新设计，使企业的业务流程能够适应信息化管理的要求，从而提高社会组织的运行效率和效益。故可以说，业务流程重组的实质在于根据新技术条件下信息处理的特点，以事物发生、发展的自然过程和基本规律来寻求解决问题的方法和途径。

运用信息技术，实施信息化管理可以在很大程度上促进业务流程重组的实现。业务流程重组并不是对原有业务流程进行简单的调整和改变，而是对原有业务流程进行根本性的思考和彻底的重新设计。业务流程重组是在经济全球化和信息化的背景下提出来并实施的，因此，业务流程重组实际上也是社会组织运用信息技术对组织内部及组织与组织之间的业务流程进行调查、分析和再设计，以减少业务成本，缩短业务时间，提高组织绩效，提升组织竞争力。

在业务流程重组的过程中，伴随着业务流程的再设计和调整，同时也有必要对社会组织的结构进行调整，对社会组织的资源进行必要的重新调配，因此，业务流程重组实际上也是一个管理创新的过程。

业务流程重组是实现信息化管理的前提条件，欲实施信息化管理，就必须对业务流程进行重组。因为在实施信息化管理的过程中，信息的处理方式产生了根本性的变化，采用的是以计算机技术和网络通信技术为代表的现代信息技术来处理信息，基于传统管理的分工思想并以手工方式处理信息而建立起来的业务流程无法适应信息化管理的需求，必须根据新技术（现代信息技术）条件下信息处理的特点，以生产经营业务、管理业务的发生、发展的过程和基本规律来重组业务流程。使组织的业务流程能够适应信息化管理的要求，从而提高组织的运行效率和效益。

根据现代信息技术处理、传输信息的特点，结合业务的技术工艺特点和业务运行的基本规律来对业务流程进行重组，这是信息化管理对业务流程重组的总体要求。除此之外，还要按照鉴定一个业务流程是否有效的基本标准来对业务流程具体地进行重组。

6.3.3　基于信息化的业务流程重组程序与方法

1. 确定业务流程重组的基本目标

业务流程重组的目标与业务流程重组的需求有关。需求是事物目前的状态与想要达到的状态之间的差距，目标的制定往往以这种差距作为依据，消除了这种差距，就意味着实现了目标。目标具有导向作用，进行业务流程重组，首先要确定重组的基本目标。

确定业务流程重组的基本目标就是要根据组织所处的基本环境，依据组织的战略目标，在对组织的业务流程及相关状况进行初步调查的基础上，对业务流程重组进行必要性分析和可行性分析，进而提出业务流程重组的基本目标，为业务流程重组指引方向。

业务流程重组的必要性分析（即需求分析）就是分析是否必要进行业务流程重组，只有具有重组的必要性，那么重组才具有价值。重组的必要性决定于组织对业务流程重组的需求。以企业为例，当企业所处的环境发生了重大变化（如面临经济全球化与社会信息化的时代背景），生产技术与工艺发生变化（如企业积极推进信息化），组织结构模式发生变化（如由集权式的组织模式转变为分权式的组织模式），企业的生产经营理念和管理理念发生变化，此时，原有的业务流程已经不能适应新的环境和条件，于是就产生了重组业务流程的需求。有了重组的需求，也就有了重组的必要性。

在进行需求分析时，不仅要分析现实的需求，而且还应该分析潜在的需求，从而使我们的工作更具有前瞻性。

可行性分析即约束条件分析。组织对业务流程重组产生了需求，就具备了业务流程重组的必要性，具备了重组的必要性，还需要具备重组的条件，即重组的可行性，这样业务流程重组的工作才可以进行。业务流程重组的可行性取决于组织所拥有的资源和条件，例如，领导、管理人员及其他员工对业务流程重组的态度，组织所拥有的技术条件，员工的信息素质，这些都是影响业务流程重组的因素。另外，业务流程重组有可能要更新一些设备，改变工作环境，更新生产技术和生产工艺，这些都涉及投资，组织是否愿意或能够拿出足够的资金也是影响业务流程重组的一个因素。

在对组织的业务流程及相关状况进行初步调查，并对业务流程重组进行必要性分析和可行性分析的基础上，就可以提出业务流程重组的基本目标。目标应定位在满足组织对业务流程重组的基本需求的水平上，即基本消除目前业务流程的状况与想要达到的状况之间的差距。

2. 对原业务流程进行分析

1）业务流程调查

业务流程调查就是对组织原来所有的业务流程及每一个业务流程的工作环节、工作岗位、工作方式和工作步骤进行细致、深入的调查，了解它们的详细状况，为业务流程分析提供材料。

开展业务流程调查时，应该根据活动之间的内在逻辑联系及业务流程相对独立性的原则划分出组织拥有哪些业务流程，其中哪些是核心的业务流程，在此基础上按照各个业务流程的顺序及每个业务流程内部活动的顺序，对业务流程进行详细的调查，调查的具体内容包括每一个业务流程的工作环节、工作岗位、工作方式和工作步骤；各个工作环节上需要处理的具体业务、业务及信息的处理方法、信息来源、信息流向、信息流量；业务流程所涉及的人力、设备、信息系统等因素。

2）业务流程分析

业务流程分析是在业务流程调查的基础上进行的，其根本目的在于了解业务的具体处理过程，发现流程中的错误和疏漏，发现存在的不合理部分，找出与组织运行环境、组织目标不相适应的部分，为优化重组业务流程打下基础。

业务流程的具体分析方法是以业务功能分析为基础，利用业务流程调查所取得的资料，将业务处理过程中的每一个步骤用一个完整的图形连接起来，绘制出业务流程图，在绘制业务流程图的过程中分析流程，发现问题，分析不足，以便优化业务处理过程。

业务流程分析的基本任务是：分析组织系统中各环节的业务活动，理清各业务的内容、作用及信息的输入、输出，数据的处理与存储等，为重组业务流程打下基础。

在进行业务流程分析时，还应该注意问题是出在某个业务流程之内还是出在业务流程之间的关系上，因为组织的各种业务流程之间实际上都存在相互制约、相互联系的关系，所以应该特别注意业务流程之间的作用与匹配，使它们彼此之间的关系处于协调状态。管理流程与生产经营业务流程之间的关系也是一个需要考虑的内容，也应该使它们之间的关系处于协调状态。在业务流程调查、业务流程分析与诊断的基础上，找出需要重组的业务流程。

3. 设计新的业务流程

1）对原有业务流程进行再设计

实施业务流程重组的人员应该拥有一种开阔的眼界，新的管理理念，新的思路，打破陈规，以业务流程重组的目标为导向，以使业务流程在生产效率、产品质量、成本、时间等方面都有较大进步为目的的，根据业务流程分析与诊断过程中所发现的原业务流程的不足和问题，思考如何满足企业的目标要求，如何减少环节与层次，如何提高效率与效益，如何设置工作岗位，如何调整业务顺序与工作步骤，从而设计出新的业务流程。需要特别强调的是，在设计新的业务流程的过程中，必须充分考虑信息化管理对业务流程的要求，同时把信息技术作为一种支持工具，充分发挥信息技术对业务流程重组的促进作用。

作为业务流程重组的具体操作办法，可以是在原有业务流程的基础上开展以下一些工作：①把原有业务流程中冗余的活动删除；②对有用的活动尽可能加以简化或者自动化；③把原有的几道工序依靠信息技术的支持合并给一个人去完成，也可以将完成几道工序的人员组合成小组或团队共同工作；④也可以将顺序的或平行的业务流程改变为同步工程；⑤在对全过程的每一项工作进行再设计之后，还要再把它们组合起来，从整体上加以审查，看它们之间哪些可以集成，以保证它的顺畅性；⑥最后再检查改动后的业务流程是否衔接，从过程总体上还有什么应该安排和改动的地方。

2）构成一个新的业务流程原型

把流程再设计的结果汇总起来，构成一个新的业务流程原型，即形成一个业务流程重组之后的雏形。可以用业务流程图把新的业务流程原型形象地表示出来，以便把握其全貌。

3）对业务流程原型进行修改，得到新的业务流程

得到新的业务流程原型之后，可以将其提供给流程重组项目组成员、领导、相关管理人员和业务人员，征求大家的意见，对业务流程原型进行修改，之后得到新的业务流程。

4）对新的业务流程进行试运行并测试其运行结果

设计出新的业务流程之后，应该先在小范围内进行试运行，听取意见，进一步查找新流程可能存在的问题并加以改进，结合新流程的试运行对员工进行必要的培训，包括业务培训和信息技术培训。这样一来，新的业务流程推行起来就会比较顺利。

新的业务流程全面推行之后，需要对其运行状况及结果进行测试，考察新业务流程的运行是否达到了目标的要求。

本章小结

1. 管理理念是管理者在实施组织管理的过程中所反映的思想和价值观念，是组织管理的指导思想。管理理念对管理行为和组织的发展具有深远的影响。管理理念指导和影响管理行为，具有先导性；管理行为反映管理理念；管理理念是一种无形的力量，它有助于增强组织的凝聚力，有助于组织成员自我约束能力的形成。管理理念的形成有其主客观条件。首先与社会经济发展水平密切相关。其次与组织高层管理人员的价值观、思想意志有关。管理理念的形成和发展还与管理学研究专家的研究、总结、概括和提炼密不可分。

2. 所谓管理理念创新就是根据管理实践活动所处的政治、经济、科技及社会文化环境，结合组织的实际情况，特别是组织的业务特征，运用新的思路、新的策略、新的方法和新的形式改变陈旧的思想和价值观念，并形成组织管理所应遵循的新的思想和价值观念的过程。管理理念创新是管理过程中一切创新的先导，在管理创新体系中处于先导性的地位。

3. 信息化与管理理念创新之间存在着密切的互动关系。具体表现为：信息化可以带动管理理念创新；信息化促进新的管理理念的实现；管理理念创新推动信息化的发展。

4. 与信息化管理有关的管理理念创新的内容主要有：信息资源理念、精益生产理念、"知本管理"理念、集成管理理念、学习型组织理念、全球化理念。

5. 传统的组织结构主要是直线式组织、职能式组织、直线职能式组织、事业部制组织、

超事业部制组织。传统组织结构主要存在以下一些弊端：分工造成组织条块分割，限制了员工的主动性和创造性；组织层级过多，造成信息传递困难，信息传递失真；对快速变化的环境的应变能力较差；管理权力过于集中，容易引起官本位现象；效率低下。

6. 组织结构变革与企业信息化是互动的，一方面企业信息化要求企业组织的变革；另一方面，组织变革也要求信息技术的支撑。组织结构变革进一步推动信息化管理的发展。

7. 与信息化相适应的企业组织结构新形式有扁平化组织、精干化组织、矩阵组织、网络型组织和虚拟组织。

8. 业务流程就是工作的过程，作业的顺序，是为完成一定的任务，实现一定的目标而开展的一系列逻辑相关的活动的有序集合。业务流程重组就是指为了完成社会组织的目标或任务，在对社会组织现有业务流程进行调查、分析、诊断的基础上，设计、构建新的业务流程，以求获取生产经营管理的巨大业绩的过程。

9. 业务流程重组是实现信息化管理的前提条件，社会组织欲实施信息化管理，必须首先实施业务流程重组。业务流程重组的实质在于根据新技术条件下信息处理的特点，以事物发生、发展的自然过程和基本规律来寻求解决问题的方法和途径。运用信息技术，实施信息化管理又可以在很大程度上促进业务流程重组的实现。

10. 业务流程重组的基本程序为：确定业务流程重组的基本目标、对原业务流程进行分析、设计新的业务流程。

思　考　题

一、概念

管理理念　管理理念创新　精益生产　集成管理　知本管理　学习型组织　虚拟组织
业务流程　业务流程分析　业务流程重组

二、选择

1. 一个好的管理理念的衡量标准应该是（　　　）。

A. 适应社会经济发展要求

B. 能够体现组织的业务特征

C. 反映组织高层管理人员的价值观和思想意志，同时又要密切结合员工实际的理念

D. 应该是通俗易懂，让全体组织成员理解并愿意遵循

2. 下列理念中，与信息化管理相适应的管理理念有（　　　）。

A. 精益生产理念　　　　　　　　　　B. 学习型组织理念

C. "知本管理" 理念　　　　　　　　D. 为人民服务理念

3. 传统组织结构在信息化条件下的主要弊端有（　　　）。

A. 组织条块分割，限制了员工的主动性和创造性

B. 对快速变化的环境的应变能力较差

C. 组织层级过多，造成信息传递速度慢、失真严重

D. 管理权力过于集中，容易引起官本位现象

4. 扁平化组织的主要特点是（　　　）。

A. 以工作流程为中心而不是部门职能来构建组织结构

B. 纵向管理层次简化，削减中层管理者

C. 企业资源和权力集中于高层

D. 充分利用现代网络通信手段

5. 网络型组织的主要优点是（　　　）。

A. 降低管理成本，提高管理效益

B. 实现了企业全世界范围内供应链与销售环节的整合

C. 网络型组织的优势不明显

D. 简化了机构和管理层次，实现了企业充分授权式的管理

6. 业务流程的基本组成要素有（　　　）。

A. 活动 　　　　　　　　　　　　　B. 活动之间的连接方式

C. 活动的承担者 　　　　　　　　　D. 完成活动的方式

7. 鉴定业务流程有效性的基本标准是（　　　）。

A. 有利于信息技术发挥作用

B. 能够完成一定的任务，实现一定的目标

C. 有利于分工一体化

D. 有利于鉴定执行者的责任

8. 决定业务流程的主要因素有（　　　）。

A. 技术工艺特征 　　　　　　　　　B. 组织的理念或价值观

C. 领导方式与风格 　　　　　　　　D. 组织结构模式

三、辨析

1. 管理理念的形成只与社会经济发展水平密切相关。（　　　）

2. 管理理念创新是管理过程中一切创新的先导。（　　　）

3. 组织结构具有比较强的稳定性，实施信息化管理对组织结构不会造成什么明显的影响。（　　　）

4. 网络型组织具有良好的可控性。（　　　）

5. 社会组织实施信息化管理，必须进行业务流程重组。（　　　）

四、问答

1. 什么是管理理念？它对管理活动有何作用？

2. 请分析信息化管理与管理理念创新之间的相互关系。

3. 信息化管理需要什么样的管理理念？

4. 试述信息化管理中的"知本管理"理念。

5. 请分析信息化管理与组织结构变革之间的相互关系。

6. 为什么实施信息化管理必须对传统的组织结构进行变革？

7. 与信息化管理相适应的组织结构新形式有哪些，各有何特点？

8. 请分析信息化管理与业务流程重组之间的相互关系。

9. 决定业务流程的主要因素有哪些？

10. 在信息化条件下如何实现业务流程重组？

第7章

信息化绩效评价

学习目标 ●────────────────────

1. 理解绩效、信息化绩效及信息化绩效评价的概念；
2. 掌握信息化绩效评价的基本方法；
3. 掌握建构信息化绩效评价体系应遵循的基本原则；
4. 了解不同组织信息化绩效评价的指标体系；
5. 能够运用信息化绩效评价的基本原理和方法开展信息化绩效评价。

绩效评价的研究与实践已有近百年的历史。绩效评价最早用于投资项目管理方面，后来在企业管理，尤其是人力资源管理方面得到了广泛应用。目前，绩效评价已经被广泛地应用到了诸多领域，成为许多领域的一项重要的管理方法。鉴于信息化发展过程中存在的诸多问题，引起了许多学者和实际工作者的思考，他们认为信息化绩效评价的缺失是造成诸多信息化问题的一个重要原因。因此，信息化绩效评价引起了许多学者和实际工作者的重视，并逐渐将信息化绩效评价作为优化信息化战略、提高信息化管理水平、促进信息化发展的重要措施。信息化绩效评价是信息化管理的一项必不可少的重要职能。本章主要阐述信息化绩效评价的概念、意义、方法及指标体系。

7.1　信息化绩效评价概述

7.1.1　信息化绩效评价的概念

1. 绩效

对于绩效的概念，可以有多种不同的理解。从字面上看，绩效包含有成绩和效益的意思；从管理学的角度看，绩效是组织期望的结果，是组织为实现其目标而展现在不同层面上的有效输出，它包括个人绩效和组织绩效两个方面；从经济管理的角度看，绩效是指社会经济管理活动的结果和成效。除此之外，学术界对绩效的内涵还普遍存在着两种基本观点，一种观点认为"绩效是活动的结果"，另一种观点认为"绩效是行为的表现"。

英国学者柏拉丁（Bernardin）将绩效定义为："在特定的时间内，由特定的工作职能或活动产生的产出记录，工作绩效的总和相当于关键和必要工作职能中绩效的总和（或平均值）"。这种定义将绩效同任务完成情况、产出和结果等同起来。这种观点是"绩效是活动的结果"的典型代表。但是将绩效定义为结果存在着许多不足。①将注意力集中在结果上会忽视一些对组织非常重要的过程因素和情景因素（如奉献精神、人际关系、团队精神等），而这些因素有可能对提高工作效率有重要意义。②绩效并不一定是员工的行为导致的，有可能是由许多其他因素起作用，而这些因素往往又是个人自身难以控制的。③将绩效仅仅定义为行为的结果，会产生一种导向作用，那就有可能导致员工为了追求组织所要求的结果而不择手段，忽视工作过程和人际关系。在竞争条件下员工为了追求自己的工作结果，有可能采取损人利己、单打独斗的做法，这样反而会降低整个组织的绩效。

现在，一些学者对绩效是结果的观点提出了质疑，而主张绩效是行为的观点。美国学者墨菲（Murphy）对绩效的定义是："绩效是与一个人在其工作组织或组织单元的目标有关的一组行为"。坎贝尔等人的绩效理论认为，绩效不是活动的结果，而是活动本身，是人们实际做的、与组织目标有关的，并且可以观察到的行为或行动，而这些行为完全可以由个人自身控制。并且坎贝尔等人把工作绩效定义为：员工所控制的与组织目标有关的行为。将绩效定义为行为的好处在于：重视活动的过程因素和情景因素，有利于员工发扬奉献精神、团队精神，重视人际关系，不至于为了追求结果而不择手段。

英国学者布伦布拉赫又把绩效定义为："绩效指行为和结果。行为由从事工作的人表现出来，将工作任务付诸实施。（行为）不仅仅是结果的工具，行为本身也是结果，是为完成工作任务所付出的脑力和体力的结果，并且能与结果分开进行判断"。该定义对绩效这一概念的理解较为宽泛。我们赞成"绩效是行为和结果"，即绩效是在工作过程中的行为表现及工作的成绩和效果。行为是达到结果的基本条件。

基于布伦布拉赫关于绩效的定义，范柏乃在其著作《政府绩效评估与管理》中对绩效的特征进行了归纳。

（1）绩效是人们行为的后果，是目标的完成程度，是客观存在的，而不是观念中的东西。

（2）绩效必须具有实际的效果，无效劳动的结果不能称之为绩效。

（3）绩效是一定的主体作用于一定的客体所表现出来的效用，即它是在工作过程中产生的。

（4）绩效应当体现投入与产出的对比关系。

（5）绩效应当有一定的可度量性。

2. 信息化绩效

信息化的绩效问题一直就是国内外有关专家、学者所关注的一个重点话题，他们倾注了大量的心血进行了深入的研究。对信息化绩效的研究最早起源于 1987 年 Roach Stephen 的一篇文章《美国的技术困境：信息经济的剖析》。Roach Stephen 在文章中提出了"IT 生产率悖论"的问题。国内对信息化绩效方面较早的比较正式的研究成果是我国信息产业部公布的《国家信息化指标构成方案》，该方案的研究历时 8 年，最终于 2001 年公布。除此之外，我国关于信息化绩效评价方面的研究主要集中在信息化绩效评价的内容、信息化绩效评价的方法、信息化绩效评价的指标体系等几个方面。

1）信息化绩效的概念

信息化绩效是信息化业务价值的综合体现。基于对绩效概念的辨析，结合信息化的特点，可以把信息化绩效理解为：信息化绩效是一定范围内信息化运行过程的状况及运行结果。信息化运行过程是指组织通过有效配置信息技术、信息设备、信息资源及有效开发和利用信息资源以促进组织目标实现的过程；信息化运行结果是指信息化的实施对组织目标实现的贡献程度。由此可以看出，信息化绩效不仅仅是一种信息化建设的结果性反应，而且包含着信息化进程中战略实施、管理控制、项目管理的综合情况。

2）信息化绩效的基本特征

由于组织中 IT 的应用是宽泛的，可以用在生产上，也可以用在销售上或管理的过程中，因此不能指望对所有的 IT 投资都有一样的测度，它的产出通常是"看不到，摸不着"的，它对组织的价值回报以和它结合的业务价值的形式表现出来，然后转变为战略价值或资本回报。因此，不能直接采用传统的财务指标评价方法来评价 IT 的绩效。信息化建设集中体现在信息技术的应用及信息资源的开发与利用。信息技术具有强大的渗透力，可以渗透到劳动者、劳动对象和劳动工具之中，因而使信息技术在组织发展过程中表现出强劲的牵引力和增值力，从而使信息技术成为了组织业务发展、获取竞争优势的有力武器。同时信息技术也具有投资复杂性、高风险性和收益的无形性等特点，导致信息化绩效具有间接性、长期性和互补性的特征。

（1）信息化绩效的间接性。信息化投资是复杂的，信息化投资的收益往往又是无形的，所以信息化投资的收益是间接性的收益，而并非像有形资产的投资（如实物、货币、厂房等）

那样容易检测，并且项目的成果主要表现为有形资产的直接产出。信息化项目的收益往往是看不见摸不着的，很少能在财务报表中得到直接体现。

（2）信息化绩效的长期性。信息化建设项目的实施，将对组织的业务流程、组织机构、组织文化带来深刻的影响，这种影响是缓慢的、长期的。另外，信息化具有很强的渗透性，可以渗透到劳动者、劳动对象和劳动工具三个劳动的基本要素之中，通过劳动者素质的提高、劳动工具的改进及对劳动对象认识的加深，即劳动要素的改变而影响组织绩效，所以，信息化绩效具有长期性的特征。

（3）信息化绩效的互补性。信息化建设项目的推进，往往伴随着组织管理和业务的变革；在信息化过程中信息技术和信息资源常常也不是单独发挥作用的，而是先渗透到生产的各个要素之中，并随之要求组织的各个方面，如业务流程、组织结构、管理模式、管理方法等组织的许多方面发生变革。因此，很难区分哪些效益是由信息化直接产生的，哪些效益又是由于组织管理的变革带来的。所以只能把信息化绩效看成是信息化与组织管理的变革两个方面互补作用的结果。

3. 信息化绩效评价

评价是按照预先制定的目标，以科学的评价指标体系为依据，运用科学的方法，按照一定的程序和制度对评价对象在一定时期内的过程表现及行为结果进行正确评判的过程。信息化绩效评价是指采用一定的方法对信息化建设与应用的成绩和所产生的效果进行评价。或者说，信息化绩效评价是对照统一的标准，建立特定的指标体系，运用数理统计、运筹学等方法，按照一定的程序，通过定性与定量的对比分析，对一定时期内的信息化建设水平和信息化应用效果作出客观、公正和准确的综合评判的过程。

根据评价范围和层次的不同，可以把信息化绩效评价划分为宏观评价和微观评价两大类型。宏观层面的信息化绩效评价是对一定区域或行业信息化绩效的评价。微观层面的信息化绩效评价是对企业或其他社会组织的信息化绩效进行评价。

7.1.2 信息化绩效评价的意义

在信息化实施过程中，存在着"IT 生产率悖论"与"IT 增值论"的纷争。"IT 生产率悖论"的观点主要基于许多公司呈现出的对计算机的大量投资却没有提升生产率的现象，以及政府公布的劳动生产率统计数据也没有稳定增长的迹象。1987 年，诺贝尔经济学奖得主罗伯特·索洛说："你可以在世界任何角落和生活的各个领域看到'计算机时代'的影子，但是在经济统计年鉴上除外。"对信息技术的大规模投资没能提升生产力水平——这个质疑后来逐渐演变为著名的"生产力悖论"。"IT 增值论"的观点指的是，据美国 Interactive Week 杂志和 MIT 的电子商务研究中心合作连续三年（1999，2000，2001）对美国的电子商务排名 500 强的企业调查研究发现，电子商务收入前十名的企业都是传统企业。在对这些企业的调查中发现，电子商务战略的财务收入仅仅是它们追求目标的一部分，以 IBM 和 Intel 为代表的厂商已经用新标准来测量电子商务投入回报。他们从供应链、客户、资源利用等角度进行分析，充分利用了一些在传统观念上被视为"企业外部"的因素来思考问题。比如，现在 Intel 的订单处理的总量中，有 30% 是公司下班以后自动进行的，虽然企业没有增加收入，但是方便了上下游企业和客户。这种情况财务报表没有反应，但是这种"外部性"无疑增加了企业的竞争力。除了"IT 生产率悖论"与"IT 增值论"的纷争之外，信息化实施过程中还存在着信

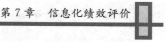

息化与管理脱节的现象，IT 投资与企业战略不匹配，很多信息资源被错误地配置；存在着大量企业热衷于开发管理信息系统、争相上 ERP 项目，却陷入屡遭失败境地的现象。上述现象的存在，跟信息化绩效评价不足有着密切的关系。开展信息化绩效评价，可以在一定程度上有效克服上述困境，因此信息化绩效评价具有重要的现实意义，具体表现在以下几个方面。

1. 提高信息化管理水平，推动信息化进程

信息化发展到今天，信息技术已经不是决定信息化应用效果的关键因素，而信息化管理水平的高低已成为实现 IT 价值的关键因素。提高信息化管理水平的措施是多方面的，其中，开展信息化绩效评价是一个重要手段。信息化绩效评价对信息化项目建设具有导向和调控的作用。信息化绩效评价是对信息化建设项目进行从过程表现到项目结果的深入剖析，找出存在的问题及产生这些问题的可能原因。通过评价，可以获得相关反馈信息，以这些反馈信息为依据，对信息化项目的设计和实施的各个环节进行改善和控制。信息化绩效评价也可以对信息化项目最终实现目标的程度作出客观的评定。

2. 促进信息化战略的制定和实施

开发和利用信息系统是组织信息化的重要体现，然而，在不同时期信息系统所发挥的作用是不同的：20 世纪六七十年代，信息系统发挥的主要作用是提高效率、提高准确性及降低生产、管理成本；80 年代，信息系统发挥的主要作用是改善服务、共享信息资源；到了 90年代，信息系统除了可以发挥上述作用外，还可以使组织业务突破时空的限制，可以增加组织的记忆，有效开展供应链管理和客户关系管理，并促进企业流程变革。总而言之，信息系统的作用已经从单一功能的自动化、电子化发展到整个组织层次整合于一体的多功能的集成化和协同化，信息系统已经用于改善和转变组织的业务流程，甚至直接关系到组织的战略。众多企业希望通过对信息化的大量投资而获取竞争优势。因此，IT 评价也开始倾向于从战略高度对系统进行整体规划，并遵照业务绩效准则进行系统的评价，而不是系统本身质量方面的评价。

3. 规范信息化管理控制

目前，企业在信息化过程中对信息化项目盲目投资、监管缺乏、控制不力、运营不善从而导致信息化效果不佳的现象依然广泛存在。上述现象存在的根源在于缺乏有效的管理控制。信息化评价体系（包括评价原则、评价方法和评价指标体系）可以为企业管理者提供管理调控信息化项目的工具，对企业的运营行为进行有效的引导和规范。信息化绩效评价指标体系就是信息化项目实施者的行为参照体系。

信息技术必须与管理行为有机融合，才能对企业核心竞争力的形成作出贡献。因此，对IT 管理的关注点也已经从关注硬件转移到关注软件和技术管理，乃至转移到关注 IT 收益管理和服务管理方面上来。信息化绩效评价体系正好可以为 IT 服务管理和收益管理提供一套有效的度量体系。

7.2 信息化绩效评价的方法

信息化绩效评价是一项十分复杂的工作，需要采用科学有效的评价方法，才有可能取得满意的评价效果、达到评价目的。从目前评价科学的发展趋势来看，普遍采用多指标的综合评价方法，如层次分析法、模糊综合评价法、主成分分析法及数据包络分析法等。

7.2.1 层次分析法

层次分析法（AHP）是美国匹兹堡大学教授萨泰（A. L. Saaty）于 20 世纪 70 年代提出的一种系统分析方法。它是一种能将定性分析与定量分析相结合的系统分析方法，是解决多目标、多准则的复杂系统问题的有力工具。

1. 层次分析法的基本原理

层次分析法解决系统问题的基本原理如下。

（1）把要解决的系统问题分层系列化。即根据问题的性质和要达到的目标，将问题分解成不同的组成因素，按照因素之间的相互影响和隶属关系将其分层聚类组合，建构一个递阶的、有序的层次结构模型。

（2）依据专家对客观事物的判断，对模型中每一层次因素的相对重要性给予定量表示，再利用数学方法确定每层次中全部因素相对重要性的次序权值。

（3）通过综合计算各层次因素的相对重要性权值，得到最底层相对于最高层的相对重要性次序的组合权值，并以此结果作为评价或选择方案的依据。

（4）检验判断的逻辑一致性。即对判断矩阵进行一致性检验，只有判断矩阵具有满意的一致性，运用 AHP 得出的结论才具有合理性。

上述原理中，各因素相对重要性的次序权值用相应判断矩阵的正规化特征向量的各个分量表示。即通过

$$AW = \lambda_{max} W$$

求出正规化特征向量 $W = [W_1, W_2, \cdots, W_n]$，求出 λ_{max}，用判断矩阵的正规化特征向量的各个分量 $W_1, W_2, \cdots, W_n$ 表示各因素相对重要性的次序权值，将 λ_{max} 的值代入式子 $CI = (\lambda_{max} - n) / (n-1)$，计算判断矩阵的一致性指标，进而进行一致性检验。

上述式子中，A 为判断矩阵，W 为判断矩阵的特征向量，λ_{max} 为判断矩阵的最大特征根，n 为判断矩阵的阶数。

2. 层次分析法的步骤

1）建立层次结构模型

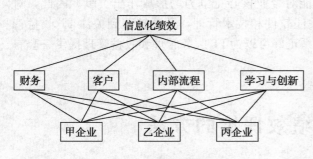

图 7-1　层次结构模型图

将要解决的系统问题分解成不同的组成因素，按照因素之间的相互影响和隶属关系将其分层聚类组合，按照最高层、若干中间层和最低层的顺序排列起来，用连线把上下层之间有联系的因素连接起来，构成一个递阶的、有序的层次结构模型（见图 7-1）。模型中，最高层表示解决系统问题所要达到的目标；中间层表示采用某种措施和方法来实现预定目标所涉及的中间环节；最低层表示解决问题的具体方案。下面以运用层次分析法分析企业信息化绩效评价问题为例加以

阐释。

2）建立判断矩阵

对层次结构模型中每一层次的各因素的相对重要性作出判断，并用数值表示判断结果，然后把这些数值写成矩阵形式，就形成了判断矩阵。

判断矩阵表示针对上一层次而言，本层次与之有关的各因素之间的相对重要性。假设 A 层中的某一因素 A_K 与下一层次中的因素 B_1，B_2，$\cdots$，B_n 有关系，则判断矩阵如表 7-1 所示。

表 7-1　判断矩阵

A_K	B_1	B_2	$\cdots$	B_j
B_1	b_{11}	b_{12}		b_{1j}
B_2	b_{21}	b_{22}		b_{2j}
$\cdots$	$\cdots$	$\cdots$	$\cdots$	$\cdots$
B_i	b_{i1}	b_{i2}	$\cdots$	b_{ij}

表中，b_{ij} 表示对于因素 A_K 而言，下一层中的因素 B_i 对 B_j 的相对重要性的数值表示。b_{ij} 的取值为 1，3，5，7，9 或者它们的倒数，它们的含义分别是：

$b_{ij}=1$，表示 B_i 与 B_j 同样重要；

$b_{ij}=3$，表示 B_i 比 B_j 稍微重要；

$b_{ij}=5$，表示 B_i 比 B_j 明显重要；

$b_{ij}=7$，表示 B_i 比 B_j 重要得多；

$b_{ij}=9$，表示 B_i 比 B_j 极端重要。

3）层次单排序

层次单排序就是根据判断矩阵计算对于上一层某因素而言，本层次与之有联系的因素的相对重要性次序权值。层次单排序也就是计算判断矩阵的最大特征根和正规化特征向量，即计算满足 $AW=\lambda_{\max}W$ 的最大特征根 $\lambda_{\max}$ 和正规化特征向量 $W=[W_1, W_2, \cdots, W_n]$，用 W 的各个分量表示相应因素的单排序权值。

4）层次总排序

层次总排序就是利用同一层次中所有单排序的结果，计算针对上一层次而言本层次中各个因素相对重要性的权值。

层次总排序需要按照从上到下的顺序逐层进行。对于层次结构模型中的第二层而言，其层次单排序的结果也就是层次总排序的结果，因为其上一个层次（即层次结构模型中的第一层）只有一个因素。

假设上一层次所包含的因素为 A_1，A_2，$\cdots$，A_m，其总排序已经完成，得到的相对重要性权值分别为 a_1，a_2，$\cdots$，a_m，并且与 a_i 对应的本层次因素 B_1，B_2，$\cdots$，B_n，单排序的结果为 b_{i1}，b_{i2}，$\cdots$，b_{in}，层次总排序的结果如表 7-2 所示。

表 7-2　层次总排序

层次	A_1	A_2	...	A_m	B 层次的总排序
	a_1	a_2	...	a_m	
B_1	b_{11}	b_{21}	...	b_{m1}	$\sum a_i b_{i1}$
B_2	b_{12}	b_{22}	...	b_{m2}	$\sum a_i b_{i2}$
...	...	...	...	...	...
B_n	b_{1n}	b_{2n}	...	b_{mn}	$\sum a_i b_{in}$

5）一致性检验

为了检验判断矩阵是否具有满意的一致性，在进行层次单排序时，需要进行一致性检验，为了评价层次总排序的计算结果是否具有满意的一致性，也需要进行一致性检验。具体方法为：

判断矩阵的一致性检验即计算判断矩阵的随机一致性比例 CR，

CR＝CI/RI

其中，判断矩阵的一致性指标 $CI=(\lambda_{\max}-n)/(n-1)$。

平均随机一致性指标 RI 与矩阵的阶数有关，可由查表得到。对于 $1\sim9$ 阶的矩阵，RI 的值如表 7-3 所示。

表 7-3　$1\sim9$ 阶的矩阵平均随机一致性指标

阶数	1	2	3	4	5	6	7	8	9
RI	0.00	0.00	0.58	0.90	1.12	1.24	1.32	1.41	1.45

若 CR＝CI/RI＜0.01，则判断矩阵具有满意的一致性。

层次总排序的计算结果的一致性检验的方法为：

$CR_{总}=CI_{总}/RI_{总}$，

式中：$CI_{总}$——层次总排序一致性指标，并且 $CI_{总}=\sum a_i CI_i$；

　　　$RI_{总}$——层次总排序平均随机一致性指标，并且 $RI_{总}=\sum a_i RI_i$。

当 $CR_{总}<0.01$ 时，层次总排序的计算结果具有满意的一致性。

3. 层次分析法应用实例

假设有甲乙丙三家企业实施了信息化建设项目，现运用层次分析法评价这三家企业的信息化绩效。

1）建立层次结构模型

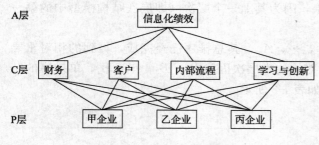

图 7-2　层次结构模型图

以企业信息化战略实施为基础的信息化绩效评价，其层次结构模型如图 7-2 所示。

模型中，最高层（A 层）表示解决系统问题所要达到的目标，即对甲、乙、丙三家企业的信息化绩效的高低进行评价；中间层（C 层）表示采用某种措施和方法来实现预定目标所涉及的中间环

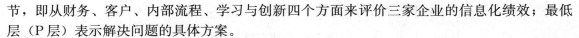

节，即从财务、客户、内部流程、学习与创新四个方面来评价三家企业的信息化绩效；最低层（P 层）表示解决问题的具体方案。

2）建立判断矩阵并进行层次单排序

对层次结构模型中每一层次的各因素的相对重要性作出判断，并用数值表示判断结果，然后把这些数值写成矩阵形式，就形成了判断矩阵。判断矩阵表示针对上一层次而言，本层次与之有关的各因素之间的相对重要性。层次单排序就是根据判断矩阵计算对于上一层某因素而言，本层次与之有联系的因素的相对重要性次序权值。相对重要性次序权值通过计算判断矩阵的最大特征根和正规化特征向量而得。

相对于目标层（顶层）而言，中间层与之相关的各因素之间的相对重要性如表 7-4 的判断矩阵所示。

表 7-4　A-C 矩阵

A-C	C_1	C_2	C_3	C_4	W_i'
C_1	1	2	3	2	0.383
C_2	1/2	1	1/5	1/3	0.098
C_3	1/3	5	1	5	0.356
C_4	1/2	3	1/5	1	0.163

将判断矩阵中每一个系数除以每列之和，得到新的矩阵，如下表所示。

A-C	C_1	C_2	C_3	C_4
C_1	0.429	0.182	0.682	0.240
C_2	0.215	0.091	0.045	0.040
C_3	0.142	0.455	0.227	0.600
C_4	0.215	0.273	0.045	0.120

对每行求和，得到判断矩阵的特征向量 W

$W = [W_1, W_2, W_3, W_4] = [1.533, 0.391, 1.424, 0.653]$

进行归一化处理，得到正规化特征向量 W^T

$W^T = [W_1', W_2', W_3', W_4'] = [0.383, 0.098, 0.356, 0.163]$

一致性检验 CR<0.1，表明判断矩阵 A-C 具有满意的一致性。

同理，分别对中间层的每一个因素而言，最低层分别与之相关的因素的判断矩阵及层次单排列的结果如表 7-5 至表 7-8 所示。

表 7-5　C_1-P 矩阵

C_1-P	P_1	P_2	P_3	W_i'
P_1	1	2	1/3	0.290
P_2	1/2	1	5	0.407
P_3	3	1/5	1	0.303

一致性检验 $CR_1 < 0.1$，表明判断矩阵 C_1-P 具有满意的一致性。

表 7-6　C₂-P 矩阵

C_2-P	P_1	P_2	P_3	W_i'
P_1	1	1/2	1/3	0.153
P_2	2	1	1/5	0.206
P_3	3	5	1	0.641

一致性检验 $CR_2 < 0.1$，表明判断矩阵 C_2-P 具有满意的一致性。

表 7-7　C₃-P 矩阵

C_3-P	P_1	P_2	P_3	W_i'
P_1	1	2	3	0.598
P_2	1/2	1	1/5	0.120
P_3	1/3	5	1	0.282

一致性检验 $CR_3 < 0.1$，表明判断矩阵 C_3-P 具有满意的一致性。

表 7-8　C₄-P 矩阵

C_4-P	P_1	P_2	P_3	W_i'
P_1	1	3	1/5	0.302
P_2	1/3	1	7	0.383
P_3	5	1/7	1	0.315

一致性检验 $CR_4 < 0.1$，表明判断矩阵 C_4-P 具有满意的一致性。

3）层次总排序

层次总排序就是利用同一层次中所有单排序的结果，计算针对上一层次而言本层次中各个因素相对重要性的权值。

层次总排序需要按照从上到下的顺序逐层进行。对于层次结构模型中的第二层而言，其层次单排序的结果也就是层次总排序的结果，因为其上一个层次（即层次结构模型中的第一层）只有一个因素。

最低层中各个因素相对于第一层的相对重要性的权值，即第三层的层次总排序结构如表 7-9 所示。

表 7-9　层次总排序

层　次	A_1	A_2	A_3	A_4	B 层次的总排序
	0.383	0.098	0.356	0.163	
P_1	0.290	0.153	0.598	0.302	0.175
P_2	0.407	0.206	0.120	0.383	0.238
P_3	0.303	0.641	0.282	0.315	0.230

一致性检验 $CR_{总}<0.1$，表明评价层次总排序的计算结果具有满意的一致性。

4）结论

从层次总排序的结果（见表7-9）中可以看出，甲、乙、丙企业的信息化绩效的相对得分分别为 0.175、0.238、0.230，表明乙企业的信息化绩效最好，丙企业的次之，甲企业的最差。

7.2.2 模糊综合评价法

在信息化绩效评价的过程中，将涉及多个评价因素，如果只考虑主要因素，则会丢失一些重要信息，难以全面反映评价对象的真实状况，使得评价结果偏差较大。为了尽量全面地考虑评价因素，可以采用模糊综合评价法。

模糊综合评价法的基本原理是：利用模糊集和隶属度函数等概念，应用模糊变换原理，采用定性与定量相结合的方法，从多个方面对事物隶属等级状况进行整体的评价。

1. 信息化绩效模糊综合评价的数学模型

假设运用模糊综合评价法对某企业的信息化绩效进行评价，则评价的步骤和数学模型如下。

1）确定模糊的评价因素集

设对某企业的信息化绩效进行评价的指标因素为 n 个，分别记作 u_1，u_2，u_3，$\cdots$，u_n，则这 n 个评价指标因素就构成一个评价因素集合 U：

$U=\{u_1，u_2，u_3，\cdots，u_n\}$

例如，对某企业的信息化战略实施绩效进行评价，可以从 IT 价值贡献（u_1），IT 用户满意度（u_2），IT 的内部过程（u_3），IT 的学习与革新（u_4）等四个方面（因素）进行评价，则评价因素集合为：

$U=\{$IT 价值贡献，IT 用户满意度，IT 的内部过程，IT 的学习与革新$\}$

2）确定评价等级集合

若根据评价的需要，将评价等级划分为 m 个等级（如高、中、低；很好、好、一般、差），分别记作 v_1，v_2，v_3，$\cdots$，v_m，则 m 个评语等级就构成一个评价等级集合 V

$V=\{v_1，v_2，v_3，\cdots，v_m\}$

3）确定权重系数集合

确定权重系数在模糊综合评价中是一件十分重要的工作，根据各评价指标因素在整个评价指标体系中的相对重要性来确定权重系数。确定权重系数的方法可以采用评价专家共同讨论确定，两两比较法，层次分析法（AHP）等。确定了各评价指标因素的权重系数后，就可以得到权重集合：

$A=\{a_1，a_2，a_3，\cdots，a_n\}$，$a_i\in[0,1]$ 并且满足 $\sum a_i=1$。

4）填写评价因素判断表，统计专家评价结果

聘请若干名专家对各评价对象相对于各评价因素所属等级作出判断（评价因素判断表如表7-10所示），然后统计专家评价结果，统计的具体方法是：在同一因素中，把选择相同等级的人数相加，再除以专家的总人数，就可以得到各因素隶属于各等级的隶属度。

表 7-10　评价因素判断表

	U_1			U_2			...			U_m		
	1	2	i	1	2	i	1	2	i	1	2	i
1												
2												
n												

注：表中 $\{x_1, x_2, \cdots, x_n\}$ 为评级对象集合，$\{u_1, u_2, \cdots, u_m\}$ 为评价因素集合，$\{v_1, v_2, \cdots, v_i\}$ 为评价等级集合。

5) 建立模糊关系矩阵

根据各因素隶属于各等级的隶属度，建立各因素与各等级之间的模糊关系矩阵

$$\mathbf{R} = \begin{bmatrix} r_{11} & r_{12} & \cdots & r_{1m} \\ r_{21} & r_{22} & \cdots & r_{2m} \\ \vdots & & & \vdots \\ r_{n1} & r_{n2} & \cdots & r_{nm} \end{bmatrix}$$

6) 建立综合模糊评价模型

根据前面所述的模糊集合和模糊矩阵，可以建立如下的综合模糊评价模型

$$\mathbf{B} = \mathbf{A} \cdot \mathbf{R} = [b_1, b_2, \cdots, b_m]$$

式中：$b_1, b_2, \cdots, b_m$ 为对评价因素的综合评价结果。

2. 信息化绩效模糊综合评价模型的应用

假设有三家同类企业（x_1, x_2, x_3）实施了信息化建设项目，一段时间后，需要对其信息化绩效进行评价，并选出信息化绩效最优的企业。现在选择"以企业信息化战略实施为基础"的信息化绩效评价为例，说明信息化绩效模糊综合评价模型的应用。

1) 确定评价因素集合

对企业的信息化战略实施绩效进行评价，可以从 IT 价值贡献（u_1），IT 用户满意度（u_2），IT 的内部过程（u_3），IT 的学习与革新（u_4）等四个方面（因素）进行评价，则评价指标因素集合为：

$U = \{$IT 价值贡献，IT 用户满意度，IT 的内部过程，IT 的学习与革新$\}$

评价指标因素是指人们评价问题时的着眼点，选择评价因素的基本原则是以实现评价目标为目的，以较少的评价因素来较全面地概括和描述问题，进而对评价对象作出较为科学合理的评价。

2) 确定模糊的评价等级集合

根据评价的需要，可以将评价等级划分为 3 个等级（如高、中、低；大、中、小等），则评语等级就构成一个评价等级集合 V

$V = \{$高，中，低$\}$ 或 $\{$大，中，小$\}$

3) 确定权重集合

各评价指标因素在整个评价指标体系中的重要性是各不相同的，指标权重系数取决于指

标所反映的评价内容的重要性和指标本身信息的可信赖程度。确定权重系数的方法由评价专家共同讨论确定，有两两比较法或层次分析法（AHP）。确定了各评价指标因素的权重系数后，就可以得到权重集合。设权重集合为

$$A = \{0.40, 0.25, 0.20, 0.15\}$$

4）专家评价

聘请若干名专家组成评价专家组，对各个评价对象的每一个评价指标因素都作出等级评价，然后评价组织者对评价结果进行统计，将结果填入表7-11。

表 7-11　专家评价结果统计表

评价	价值贡献			用户满意度			内部过程					
	大	中	小	高	中	低	好	中	差	强	中	若
企业甲	0.6	0.3	0.1	0.7	0.2	0.1	0.5	0.3	0.2	0.4	0.3	0.3
企业乙	0.5	0.4	0.1	0.6	0.3	0.1	0.7	0.2	0.1	0.6	0.3	0.1
企业丙	0.2	0.5	0.3	0.8	0.1	0.1	0.4	0.4	0.2	0.5	0.3	0.2

上表中数字的含义是：赞成某种评价的专家人数占专家总人数的比值。例如，对于甲企业信息化的价值贡献，60%的专家认为价值贡献大，30%的专家认为价值贡献为中等，10%的专家认为价值贡献小。

5）建立模糊关系矩阵

即建立各因素与各等级之间的模糊关系矩阵。

对于甲企业：

$$R_{甲} = \begin{pmatrix} 0.6 & 0.3 & 0.1 \\ 0.7 & 0.2 & 0.1 \\ 0.5 & 0.3 & 0.2 \\ 0.4 & 0.3 & 0.3 \end{pmatrix}$$

对于乙企业：

$$R_{乙} = \begin{pmatrix} 0.5 & 0.4 & 0.1 \\ 0.6 & 0.3 & 0.1 \\ 0.7 & 0.2 & 0.1 \\ 0.6 & 0.3 & 0.1 \end{pmatrix}$$

对于丙企业：

$$R_{丙} = \begin{pmatrix} 0.2 & 0.5 & 0.3 \\ 0.8 & 0.1 & 0.1 \\ 0.4 & 0.4 & 0.2 \\ 0.5 & 0.3 & 0.2 \end{pmatrix}$$

6）综合评价

对于评价对象，模糊综合评价结果为 $B = A \cdot R$。则有：甲企业信息化绩效的模糊综合评价结果为

$$\boldsymbol{B}_{甲} = \boldsymbol{A} \cdot \boldsymbol{R}_{甲} = [0.40, 0.25, 0.20, 0.15] \begin{bmatrix} 0.6 & 0.3 & 0.1 \\ 0.7 & 0.2 & 0.1 \\ 0.5 & 0.3 & 0.2 \\ 0.4 & 0.3 & 0.3 \end{bmatrix}$$

经计算，得 $\boldsymbol{B}_{甲} = [0.575, 0.275, 0.145]$

同理可得

$\boldsymbol{B}_{乙} = \boldsymbol{A} \cdot \boldsymbol{R}_{乙} = [0.580, 0.320, 0.100]$

$\boldsymbol{B}_{丙} = \boldsymbol{A} \cdot \boldsymbol{R}_{丙} = [0.435, 0.350, 0.215]$

7）对结果进行归一化处理

对上一步骤的计算结果进行归一化处理，得出具有可比性的综合评价结果。

$\boldsymbol{B}_{甲} = [0.578, 0.276, 0.146]$

$\boldsymbol{B}_{乙} = [0.580, 0.320, 0.100]$

$\boldsymbol{B}_{丙} = [0.435, 0.350, 0.215]$

按照最大隶属原则，可以得出各企业信息化绩效的评价等级：甲、乙、丙三家企业的信息化绩效的评价等级都为高等。从结果中可以作出判断，乙企业的信息化绩效为最优。

8）对综合评价结果作进一步处理

第 7 步骤得出的综合评价结果是一个集合，若用最大隶属原则无法判断各评价对象的最终评价结果的等级，应该对综合评价结果进行进一步的处理，将结果转化为一个数值，以方便于比较。具体方法为：

给每一个评价等级赋予一个数值，例如，令高＝3，中＝2，低＝1，然后用各评价等级的赋值分别乘以综合评价结果中对应的实际得分，再求和。即

$E_{甲} = 3 \times 0.578 + 2 \times 0.276 + 1 \times 0.146 = 2.432$

$E_{乙} = 3 \times 0.580 + 2 \times 0.320 + 1 \times 0.100 = 2.480$

$E_{丙} = 3 \times 0.435 + 2 \times 0.350 + 1 \times 0.215 = 2.220$

$E_{乙} > E_{甲} > E_{丙}$，由此可以得出结论，乙企业的信息化绩效为最优，甲企业的次之，丙企业的较差。

7.2.3 主成分分析法

1. 主成分分析法概述

在评价的过程中，为了能够全面反映评价对象的真实情况，人们总是希望选取的评价指标越多越好，但是过多的评价指标不仅会增加评价工作量，而且会因为评价指标间的相互关系而造成评价信息相互重叠和干扰，从而难以客观地反映被评价对象的相对地位。为了用少数几个彼此不相关的新指标代替原来为数较多且彼此有一定关联的指标，同时又尽可能多地反映原来的信息，因此，引入了主成分分析法。

主成分分析也称主分量分析，旨在利用降维的思想，把多指标转化为少数几个综合指标。在实证问题研究中，为了全面、系统地分析问题，必须考虑众多影响因素。这些涉及的因素一般称为指标，在多元统计分析中也称为变量。因为每个变量都在不同程度上反映了所研究问题的某些信息，并且指标之间彼此有一定的相关性，因而所得的统计

数据反映的信息在一定程度上有重叠。在用统计方法研究多变量问题时，变量太多会增加计算量和增加分析问题的复杂性，人们希望在进行定量分析的过程中，涉及的变量较少，得到的信息量较多。主成分分析正是适应这一要求产生的，是解决这类问题的理想工具。

主成分分析法是一种数学变换的方法，它把给定的一组相关变量通过线性变换转成另一组不相关的变量，这些新的变量按照方差依次递减的顺序排列。在数学变换中保持变量的总方差不变，使第一变量具有最大的方差，称为第一主成分，第二变量的方差次大，并且和第一变量不相关，称为第二主成分。依次类推，I 个变量就有 I 个主成分。

这种方法避免了在综合评分等方法中权重确定的主观性和随意性，评价结果比较符合实际情况；同时，主成分分量表现为原变量的线性组合，如果最后综合指标包括所有分量，则可以得到精确的结果，百分之百地保留原变量提供的变差信息，即使舍弃若干分量，也可以保证将 85% 以上的变差信息体现在综合评分中，使评价结果真实可靠。由于第一主成分在所有的主成分中包含信息量最大，很多学者在研究综合评价问题时常采用第一主成分来比较不同实体间的差别。除此之外，运用主成分分析法开展评价工作还有以下优点。

（1）可以消除评价指标之间的相关影响。因为主成分分析在指标变量进行变换后形成了彼此相互独立的主成分，而且实践证明指标间相关程度越高，主成分分析效果越好。

（2）可以减少指标选择的工作量。对于其他评价方法，由于难以消除评价指标间的相关影响，致使选择指标要花费许多精力，而主成分分析则可以消除这种相关影响，因此在指标选择上显得相对容易些。

（3）主成分分析中各主成分是按照方差的大小依次排列顺序的，在分析问题时，可以舍弃一部分主成分，只取前后方差较大的几个主成分来代表原变量，从而减少了计算工作量。

2. 主成分分析法的主要作用

概括起来说，主成分分析法主要有以下几个方面的作用。

（1）主成分分析能降低所研究的数据空间的维数。即用研究 m 维的 Y 空间代替 p 维的 X 空间（$m < p$），而低维的 Y 空间代替高维的 X 空间所损失的信息很少。即使只有一个主成分 Y_l（即 $m = 1$）时，这个 Y_l 仍是使用全部 X 变量（p 个）得到的。例如，要计算 Y_l 的均值也得使用全部 X 的均值。在所选的前 m 个主成分中，如果某个 X_i 的系数全部近似于零，就可以把这个 X_i 删除，这也是一种删除多余变量的方法。

（2）有时可通过因子负荷 a_{ij} 的结论，弄清 X 变量间的某些关系。

（3）多维数据的一种图形表示方法。当维数大于 3 时便不能画出几何图形，多元统计研究的问题大多数都多于 3 个变量。要把研究的问题用图形表示出来是不可能的。然而，经过主成分分析后，可以选取前两个主成分或其中某两个主成分，根据主成分的得分，画出 n 个样品在二维平面上的分布情况，由图形可直观地看出各样品在主分量中的地位，进而还可以对样本进行分类处理，可以由图形发现远离大多数样本点的离群点。

（4）由主成分分析法构造回归模型。即把各主成分作为新自变量代替原来自变量 X 作回归分析。

信息化管理理论与实践

（5）用主成分分析筛选回归变量。回归变量的选择有着重要的实际意义，为了使模型本身易于作结构分析、控制和预报，好从原始变量所构成的子集合中选择最佳变量构成最佳变量集合，用主成分分析筛选变量，可以用较少的计算量来选择变量，达到获得选择最佳变量子集合的效果。

3. 主成分分析法的计算步骤

1）原始指标数据的标准化

采集 p 维随机向量 $x=[x_1, x_2, \cdots, x_p]^T$，$n$ 个样品 $x_i=[x_{i1}, x_{i2}, \cdots, x_{ip}]^T$，$i=1, 2, \cdots, n$，$n>p$，构造样本阵，对样本阵元进行如下标准化变换：

$$Z_{ij}=\frac{x_{ij}-\overline{x}_j}{s_j}, \ i=1, 2, \cdots, n; \ j=1, 2, \cdots, p$$

其中 $\overline{x}_j=\frac{\sum_{i=1}^n x_{ij}}{n}, s_j^2=\frac{\sum_{i=1}^n[x_{ij}-\overline{x}_j]^2}{n-1}$，得标准化阵 Z。

2）对标准化阵 Z 求相关系数矩阵

$$R=[r_{ij}]_p x_p=\frac{Z^T Z}{n-1}$$

其中，$r_{ij}=\frac{\sum z_{kj}z_{kj}}{n-1}, i,j=1,2,\cdots,p$。

3）解样本相关矩阵 R 的特征方程 $|R-\lambda I_p|=0$，得 p 个特征根，确定主成分按 $\frac{\sum_{j=1}^m \lambda_j}{\sum_{j=1}^p \lambda_j} \geqslant 0.85$ 确定 m 值，使信息的利用率达 85% 以上，对每个 $\lambda_j, j=1,2,\cdots,m$，解方程组

$$Rb=\lambda_j b$$

得单位特征向量 b_j^0。

4）将标准化后的指标变量转换为主成分

$$U_{ij}=z_i^T b_j^0, \ j=1, 2, \cdots, m$$

U_1 称为第一主成分，U_2 称为第二主成分，$\cdots$，U_p 称为第 p 主成分。

5）对 m 个主成分进行综合评价

对 m 个主成分进行加权求和，即得最终评价值，权数为每个主成分的方差贡献率。

4. 主成分分析法应用实例

主成分分析法的计算方法包括以下四个步骤：①利用 SPSS 统计软件的因子分析法来处理数据；②通过因子分析法中的主成分分析，取累计贡献率达到一定值以上的所有特征根，确定主成分，即提取出几个新的综合变量，使得这些较少的变量既尽可能地反映原来变量的统计特性，又在新变量之间保持相互的独立性；③根据每个观测量在新变量上的得分及每个新变量所对应的贡献率计算出观测量的最终得分；④对计算得分结果进行排序，以确定国家或地区的信息化水平的排序。

主成分—费雪双边比较法就是利用主成分测算基国和对应国的权数，并分别用拉氏和派氏法计算比较双方的相对信息化指数，最后用费雪公式测算对应国相对基国的信息化水平。根据主成分—费雪双边比较法测算的结果，建立回归方程，可得到相对于其他国家（或地区）的信息化指数。表7-12就是通过运用主成分分析法测算出的在一定时期中、美两国的相对信息化指数。

表 7-12　1990～1996 年中国相对美国的信息化指数

年份	信息化指数 （1990—1996 年中国相对美国各年）	信息化指数 （以美国 1990 年为准）
1990	0.024	0.024
1991	0.0239	0.0277
1992	0.0249	0.0383
1993	0.02	0.0417
1994	0.0408	0.07
1995	0.06	0.0803
1996	0.0724	0.0959

7.2.4　数据包络分析法

1. 数据包络分析概述

数据包络分析法是美国著名运筹学家查恩斯（A. Charnes）、库伯（W. W. Cooper）和罗兹（E. Rhodes）于 1978 年首先提出的一种多目标决策方法，其主要采用数学规划方法，利用观察到的有效样本数据，对决策单元进行生产有效性评价并处理其他多目标决策问题，它可用于评价单位（部门或企业）内部各个运作单位的相对效率。数据包络分析法基本原理就是通过保持决策单元的输入或输出不变，借助于数学规划将决策单元投影到 DEA 前沿面上，并通过比较决策单元偏离数据包络分析前沿面的程度来评价它们的相对有效性。数据包络分析法有效避开了计算每项服务的标准成本，因为它可以把多种投入和多种产出转化为效率比率的分子和分母，而不需要转换成相同的货币单位。因此，用数据包络分析法衡量绩效可以清晰地说明投入和产出的组合。

数据包络分析法在避免主观因素影响、简化算法、减少误差等方面有着不可低估的优越性。数据包络分析法一出现就以其独有的特点和优势受到人们的关注，不论在理论研究还是在实际应用方面都得到迅速发展，并取得多方面的成果，现已成为管理科学、系统工程和决策分析、评价技术等领域中一种常用而且重要的分析工具和研究手段。

2. 数据包络分析法的优点

（1）各输入、输出向量对应的权重是通过对效率指数进行优化来决定的，从最有利于决策单元的角度进行评价，从而避免了确定各指标在优先意义下的权重。

（2）假定每个输入都关联一个或多个输出，而且输入输出之间确实存在某种关系，使用数据包络分析法则不用确定这种关系的显式表达式。这有利于处理在输入、输出之间权重信息不清楚的问题，另外也排除了许多主观因素，因而具有很强的客观性。

（3）数据包络分析法常用在被评价决策单元群体条件下的有效生产前沿分析，而不是像一般传统的统计模型那样将有效的和非有效的决策单元混在一起进行分析，着眼于平均状态的描述，从而使研究结果更具理想性。

（4）数据包络分析法致力于每个决策单元的优化。通过多次优化运算得到每个 DMU 的优化解，而不是对 DMU 的整体进行单一优化，从而得到更切合实际的评价值。

（5）数据包络分析法可以直接采用统计数据进行运算，具有简明性和易操作性。

(6) 数据包络分析法通过最佳 DMU 子集的选择，可以为决策者提供众多有效的管理信息，从而为决策和控制提供依据。

3. 数据包络分析法的缺点

任何方法都不可能尽善尽美，DEA 也具有其局限性。

(1) 受评价的对象之间要求同质性较高，否则评价效果不佳。

(2) 由于是非随机方式，为考虑随机误差，所有投入、产出的资料都必须尽量精确，资料错误将导致评价结果的正确性，效率值也将受到影响。

(3) 数据包络分析对评价单位的投入和产出要素变动具有敏感性，变量的选择将会影响评价的结果；如果有极端值出现，则数据包络分析的分析结果将因此有显著改变。

(4) 数据包络分析只能评价效率的相对性，即相对有效率或相对无效率，而并不是绝对的效率评价。

数据包络分析法作为一种有效的系统决策分析方法被广泛地应用到了技术创新、资源配置、金融投资、绩效评价等多个领域，成为评价多输入多输出问题及多输入多输出情况下的决策问题的新方法、新手段。

4. 数据包络分析的基本模型——C²R 模型

假设有 n 个生产决策单元 DMU_j $[j=1, 2, \cdots, n]$，每个 DMU 都有 m 项投入 $\boldsymbol{X}_j=[x_{1j}, x_{2j}, \cdots, x_{mj}]^{\mathrm{T}}$，$s$ 项输出 $\boldsymbol{Y}_j=[y_{1j}, y_{2j}, \cdots, y_{sj}]^{\mathrm{T}}$，$\boldsymbol{X}_j$，$\boldsymbol{Y}_j$ 分别表示该部门的输入及输出。如表 7-13 所示。

表 7-13　数据包络分析评价的基本列表

	评价单元		1	2	j	n
	输入序号	输入类型权重				
m 种 IS 输入（m 个指标）	1	V_1	x_{11}	x_{12}	x_{1j}	x_{1n}
	2	V_2	x_{21}	x_{22}	x_{2j}	x_{2n}
	I	V_i	x_{i1}	x_{i2}	x_{ij}	x_{in}
	m	v_m	x_{m1}	x_{m2}	x_{mj}	x_{mn}
	输出序号	输出类型权重				
s 种 IS 输出（s 个指标）	1	U_1	y_{11}	y_{12}	y_{1j}	y_{1n}
	2	U_2	y_{21}	y_{22}	y_{2j}	y_{2n}
	R	U_r	x_{r1}	x_{r2}	y_{rj}	y_{rn}
	s	U_s	y_{s1}	x_{s2}	y_{sj}	y_{sn}

设：

x_{ij} 为第 j 个决策单元对第 i 种类型输入的投入总量，$x_{ij}>0$；

y_{rj} 为第 j 个决策单元对第 i 种类型输入的产出总量，$y_{rj}>0$；

V_i 为对第 i 种类型输入的一种度量（输入类型权重），$V_i>0$；

U_r 为对第 r 种类型输出的一种度量（输出类型权重），$U_r>0$；

其中，$i=1, 2, \cdots, m$；$r=1, 2, \cdots, s$；$j=1, 2, \cdots, n$。

x_{ij} 和 y_{rj} 为已知的数据，它可以根据历史的资料或者预测的数据得到，V_i 与 U_r 为权重变量。

令 $\boldsymbol{x}_j = [x_{1j}, x_{2j}, \cdots, x_{mj}]^{\mathrm{T}}$；$\boldsymbol{y}_j = [y_{1j}, y_{2j}, \cdots, y_{sj}]$；$j=1, 2, \cdots, n$

则可用 $[x_j, y_j]$ 表示第 j 个决策单元 DMU_j，对应于权重系数 $\boldsymbol{V} = [V_1, V_2, \cdots, V_m]^{\mathrm{T}}$；$\boldsymbol{U} = [U_1, U_2, \cdots, U_s]^{\mathrm{T}}$，每个决策单元都有相应的效率评价系数

$$h_1 = \frac{\boldsymbol{U}^{\mathrm{T}} \boldsymbol{Y}_j}{\boldsymbol{V}^{\mathrm{T}} \boldsymbol{X}_j} \quad j=1, 2, \cdots, n$$

适当选取系数 $\boldsymbol{U}$ 和 $\boldsymbol{V}$，使其满足

$$h_j \leqslant 1, \quad j=1, 2, \cdots, n$$

现对第 j_0 个决策单元进行效率评价（$0 \leqslant j_0 \leqslant 1$），以权重系数 $\boldsymbol{V}$ 和 $\boldsymbol{U}$ 为变量，以第 j_0 个决策单元的效率指数为目标，以所有决策单元（包括第 j_0 个决策单元）的效率指数 $h_j \leqslant 1$，$j=1, 2, \cdots, n$ 为约束，构成如下最优化模型，即 $\mathrm{C}^2\mathrm{R}$ 模型：

$$(P) \begin{cases} \max \dfrac{\boldsymbol{U}' \boldsymbol{Y}_0}{\boldsymbol{V}^{\mathrm{T}} \boldsymbol{X}_0} = \boldsymbol{V}_P \\[2mm] \dfrac{\boldsymbol{Y}^{\mathrm{T}} \boldsymbol{Y}_j}{\boldsymbol{V}^{\mathrm{T}} \boldsymbol{X}_j} \leqslant 1 \\[2mm] \boldsymbol{U} \geqslant 0 \\[2mm] \boldsymbol{V} \geqslant 0 \end{cases}$$

(P) 的对偶规划问题为（加入松弛变量 S^+ 及 S^-）：

$$(D) \begin{cases} \min \theta \\[2mm] \displaystyle\sum_{j=1}^{n} \boldsymbol{X}_j \lambda_j + S^{--} = \theta \boldsymbol{X}_0 \\[2mm] \displaystyle\sum_{j=1}^{n} \boldsymbol{Y}_j \lambda_j - S^{+-} = \boldsymbol{Y}_0 \\[2mm] \lambda_j \geqslant 0, \quad j=1, 2, \cdots, n \\[2mm] S^{+-}, \ S^{--} \geqslant 0 \end{cases}$$

通过对偶问题 (D) 计算出第 j_0 个决策单元是否为数据包络分析有效，是数据包络分析方法的重要内容。为了进一步分析计算结果，必须给出在 $\mathrm{C}^2\mathrm{R}$ 模型下求得第 j_0 个决策单元为 DEA 有效的经济含义，如果利用 $\mathrm{C}^2\mathrm{R}$ 模型评价的第 j_0 个决策单元是数据包络分析有效的，则表明第 j_0 个决策单元不仅是技术有效的，而且是规模有效的。技术有效是指 j_0 个决策单元在现有技术水平和生产规模下，综合的产出投入比相对达到的最优状态；规模有效是指第 j_0 个决策单元在现有规模下处于最优收益状态。

7.3　信息化绩效评价指标体系

7.3.1　信息化绩效评价指标体系的概念

1. 评价指标

评价指标就是计划中或预期打算达到的指数、规格和标准，它是用来衡量（检测）评价

对象实现（达到）目标要求的程度的工具。评价指标可以分为一级指标（大类指标）、二级指标、三级指标等若干级别。二级指标从一级指标中派生出来，三级指标又从二级指标中派生出来。最低层次的指标称为单项指标。

2. 评价指标体系

评价指标体系是由若干个单项评价指标组成的整体，它一般包含若干个层次，是评价某一对象的成体系的工具。对指标体系的基本要求是：应该符合评价对象的客观实际，具有系统性、完整性和科学性，能够反映所要解决问题的各项目标要求，并能够让有关部门和人员接受。

3. 信息化绩效评价指标体系

信息化绩效评价指标体系是信息化建设的指南。建立信息化绩效评价指标体系，是为了正确和客观地评价信息化绩效和水平，引导信息化建设始终在有效益、务实、统筹规划的基础上进行。也就是说，信息化绩效评价指标体系既可以用来衡量和检测信息化建设的成绩和效果，又可以对信息化建设起到引导作用。

7.3.2 建构信息化绩效评价指标体系应遵循的原则

1. 建构评价指标体系的一般原则

1）科学性原则

评价指标体系的科学性是保证评价结果科学性的一个重要前提，所以必须要保证评价指标体系的科学性。信息化绩效评价指标体系应该能够反映出信息化管理的内涵与规律。为了保证评价指标体系的科学性，在建构评价指标体系时，必须保持客观公正的态度，防止主观倾向性；评价指标体系所包含的各单项指标要能够涵盖评价对象所涉及的问题；指标范围和指标数量恰当，一般情况下，指标范围较宽，指标数量较多，则较容易检测出评价对象的特征，比较有利于判断和评价，但指标的大类和各指标权重的确定比较困难；各评价指标之间要尽量保持相互独立，互不重复，若出现重复性指标，则意味着增加了某方面的权重；各个单项指标的相对重要性权值（权重）确定要科学合理。

2）有效性原则

有效性原则指的是评价指标体系应能有效地检测出评价对象的实际状况，并能对评价对象作出合理的价值判断和等级评定，达到评价目标的要求。

3）系统性原则

系统性原则指的是评价指标体系要具有系统性，即根据评价目标的要求，评价指标体系所包含的单项指标要能够涵盖评价对象所涉及的各个方面，二级指标必须是由相应的一级指标派生出来，三级指标由相应的二级指标派生出来，各单项指标组成一个完整的、有机的评价指标体系。

4）可操作性原则

设计的评价指标体系要具有实施的可能性，即要具有可行性和可操作性。指标体系的设置应尽量避免形成庞大的指标群和层次复杂的指标树，指标的数据应该容易采集，计算公式科学合理，评价过程简单，易于掌握和操作。没有可操作性的评价指标体系是没有价值的。

5）简洁性原则

简洁性原则包含了两层意思。一是要求各级指标的数量适中，抓住评价对象的主要特征，在实现评价目标的前提下，指标数量越少越好。若指标数量少，则方便操作，方便计算；若

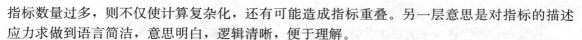

指标数量过多，则不仅使计算复杂化，还有可能造成指标重叠。另一层意思是对指标的描述应力求做到语言简洁，意思明白，逻辑清晰，便于理解。

6）导向性原则

所有评价都具有导向性，在实施中任何一种指标的设置都将起到引导和导向作用，信息化绩效评价也是如此，所以建构信息化绩效评价指标体系也应遵循导向性原则。建立信息化绩效评价指标体系的目的就是对企业信息化管理工作进行规范，从而对这项工作起到引导和监控的作用。

7）可比性原则

即设计的评价指标体系要能够进行横向、纵向的比较，以便于通过比较发现信息化方案的优劣，进而对方案作出改进。

2. 建构信息化绩效评价指标体系的特殊原则

信息化绩效具有间接性、长期性、互补性等特点。在建构信息化绩效评价指标体系时，除了遵循上述一般原则之外，还应遵循一些特殊的原则。

1）应能反映信息化整体和运营情况

信息化绩效评价指标体系应能有效地反映出信息化的全貌，以及实施信息化之后的运行状况，具有系统性和有效性。只有这样，才能比较全面地检测出信息化绩效的实际状况，并能对信息化绩效作出合理的价值判断和等级评定，进而对信息化工作起到引导作用。

2）应能反映业务流程的绩效

信息化建设的过程必然会伴随着业务流程的重组，甚至组织结构的变革，从而给业务流程带来深刻的变化。信息化管理要求重组业务流程，随着信息化管理的推进，原有"金字塔"型的组织结构将为扁平化的动态网络结构所取代，原来在组织结构中起着上传下达信息的中间管理层为信息系统所取代，信息传递和交流的速度大大提高，业务流程经重组后形成了能够适应信息化管理的流程。总之，在信息化建设的过程中，业务流程是影响较大的一个方面，业务流程绩效应该是信息化绩效中的重要组成部分，所以信息化绩效评价指标体系应能充分反映业务流程的绩效。

3）应采用实时性、动态性指标

在以往的信息化绩效评价过程中，过于重视财务绩效指标，而对非财务指标不够重视。诚然，财务绩效指标是衡量信息化绩效的核心指标，但传统的财务绩效指标存在诸多不足。第一，传统的财务绩效指标与发展战略存在非相关性，管理者无法通过财务报表来掌握发展的方向，了解战略的实施情况，因而也就无法及时修正发展战略。第二，传统的财务绩效指标具有滞后性，无法通过财务报表及时了解战略实施过程中存在的问题。财务绩效指标是战略实施一段时间后才能统计出来的，它反映的是过去的经营效果，无法反映现在和将来。实际上传统的财务绩效指标是一个事后的、静态的指标，难以满足信息化绩效评价的需要。因此，还应采用实时性、动态性的指标。

4）平衡长期目标和短期目标

在建构信息化绩效评价指标体系时，应兼顾长期目标和短期目标，也就是说，评价指标应既能反映出长期目标，也能反映出短期目标。传统的业绩考核体系仅仅关注财务方面的指标，而财务指标只反映结果，不反映过程，具有短期性。评价的导向性原则，要求在建构信息化绩效评价指标体系时，要平衡长期目标和短期目标。

5）定量指标与定性指标相结合

定量指标的优势在于数量化、确定性、易于处理、说服力强。但是，由于信息化具有较强的牵引力、渗透力、增值力的特性，信息化投资具有复杂性、高风险、收益无形性等特点，所以信息化绩效呈现出收益间接性、长期性和互补性的特点。信息化绩效评价是一项十分复杂的工作，在评价的过程中必然会遇到许多非结构化的、难以量化的问题，所以必须运用定量与定性相结合的方法进行评价。在建构信息化绩效评价指标体系时，根据实际情况，既要设计定量指标，也要设计定性指标。

6）考虑信息化利益相关者的目标

实施信息化应该为利益相关者带来好处。例如，在实施企业信息化的过程中，各利益相关者所关注的目标有所不同：股东希望增加收益，及时获得企业运行的相关信息；客户希望享受到优质的产品与服务；经营者希望通过信息化建设来强化管理，提高绩效；员工希望获得信息共享和自我发展；而供应商则希望通过信息化手段实现相互协作和有效沟通。所以在建构信息化绩效评价指标体系时，应根据信息化利益相关者所追求的目标，设计相关评价指标。

7.3.3 信息化绩效评价指标体系的建构

评价指标体系的建构是信息化绩效评价过程中至关重要的一项工作，是评价过程中难度最大的工作，也是影响评价结果是否具有科学性的最重要的因素，所以应该给予高度重视。我们应该充分借鉴国内外关于信息化绩效评价的经验和方法，结合信息化管理的实际，深入研究信息化的客观规律和信息化绩效的基本特征，探询信息化绩效评价的科学方法，进而建构科学、有效的信息化绩效评价指标体系。结合我国企业信息化实际，国家信息产业部公布了《国家信息化指标构成方案》，国家信息化测评中心推出了中国第一个面向效益的信息化指标体系——《企业信息化测评指标体系》，一些专家学者也在自己研究的基础上提出信息化绩效评价指标体系。下面分别作简单介绍。

1. 国家信息化指标构成方案

《国家信息化指标构成方案》作为国内对信息化绩效方面较早的研究成果，是我国信息产业部历时 8 年的研究得出的，最终于 2001 年公布，如表 7-14 所示。

表 7-14　国家信息化指标构成方案

	指标名称	指标解释	单　位	指标出处
1	每千人广播电视播出时间	目前，传统声、视信息资源仍占较大比重，用此指标测度传统声、视频信息资源	小时/千人（总人口）	根据广电总局资料统计
2	人均带宽拥有量	带宽是光缆长度基础上通信基础设施实际通信能力的体现，用此指标测度通信能力	千比特/人（总人口）	根据信息产业总资料统计
3	人均电话通话次数	语音业务是信息服务的一部分，通过这个指标测度电话主线使用率，反映信息应用程度	通话总次数/人（总人口）	根据信息产业部、统计局资料统计

续表

	指标名称	指标解释	单　位	指标出处
4	长途光缆长度	用来测度光缆长度，是通信基础设施规模最通常使用的指标	芯长公里	根据信息产业部、统计局资料统计
5	微波占有信道数	目前微波通信已经呈明显下降趋势，用这个指标反映传统通信资源	波道公里	根据信息产业部、统计局资料统计
6	卫星站点数	由于我国幅员广阔，卫星通信占有一定地位	卫星地点	根据广电总局、信息产业部、统计局资料统计
7	每百人拥有电话主线数	目前，固定通信网络规模决定了语音业务规模，用这个指标反映主线普及率（含移动电话数）	主线总数/百人（总人口）	根据广电总局、信息产业部、统计局资料统计
8	每千人有线电视用户数	有线电视网络可以用作综合信息传输，用这个指标测试有线电视的普及率	有线电视用户数/千人（总人口）	根据广电总局、统计局资料统计
9	每百万人互联网用户数	用来测度互联网的使用人数，反映互联网的发展状况	互联网用户人数/百万人（总人口）	根据 CNNIC、统计局资料统计
10	每千人拥有计算机数	反映计算机普及程度，计算机指全社会拥有的全部计算机，包括单位和个人拥有的大型机、中型机、小型机、PC	计算机拥有数/千人（总人口）	根据统计局住户抽样数据资料统计
11	每百户拥有电视机数	包括彩色电视和黑白电视，反映传统信息设施状况	电视机数/百户（总家庭数）	根据统计局住户抽样资料统计
12	网络资源数据库总容量	各地区网络数据库总量及总记录数、各类内容（学科）网络数据库及总记录数构成，反映信息资源状况	吉字节（GB）	在线填报
13	电子商务交易额	指通过计算机网络所进行的所有交易活动（包括企业对企业、企业对个人、企业对政府等交易）的总成交额，反映信息技术应用水平	亿元	抽样调查
14	企业信息技术类固定投资占同期固定资产投资的比重	企业信息技术类投资指企业软件、硬件、网络建设、维护与升级及其他相关投资，反映信息技术应用水平	百分比	抽样调查
15	信息产业增加值占 GDP 比重	信息产业增加值主要指电子、邮电、广电、信息服务业等产业的增加值，反映信息产业的地位和作用	百分比	根据统计局资料统计
16	信息产业对 GDP 增长的直接贡献率	该指标的计算为：信息产业增加值中，当年新增部分与 GDP 中当年新增部分之比，反映信息产业对国家整体经济的贡献	百分比	根据统计局资料统计

	指标名称	指标解释	单 位	指标出处
17	信息产业研究与开发经费支出占全国研究与开发经费支出总额的比重	全国基础设施投资指能源、交通、邮电、水利等国家基础设施的全部投资,从国家对信息产业基础设施建设投资的支持程度反映国家发展信息产业的政策力度	百分比	根据信息产业部、广电总局、统计局资料统计
18	信息产业基础设施建设投资占全国基础设施建设投资比重	全国基础设施投资指能源、交通、邮电、水平等国家基础设施的全部投资,从国家对信息产业基础设施建设投资的支持程序反映国家发展信息产业的政策力度	百分比	根据信息产业部、广电总局、统计局资料统计
19	每千人中大学毕业生比重	反映信息主体水平	拥有大专毕业文凭数/千人(总人口)	根据统计局资料统计
20	信息指数	指个人消费中除去衣食住外信息产品消费的水平	百分比	根据统计局资料

2. 中国企业信息化测评基本指标

国家信息化测评中心于 2003 年正式推出了中国第一个面向效益的信息化指标体系——《企业信息化测评指标体系》,以全面评价中国境内各企业的信息化发展和应用水平。该体系中的基本指标(见表7-15)能够比较客观地反映出企业信息化的状况,用于统计调查和政府监测。该基本指标从 21 个方面对企业信息化状况进行了客观描述,主要用于社会统计调查和政府监测。至于情况是好是坏,投入是浪费还是不浪费,基本指标不作评价。基本指标不独立用于对企业信息化水平的全面评价和认证,得分不向社会公示。

表 7-15 中国企业信息化测评基本指标

序号	一级指标	二级指标	指标解释	指标数据构成
1	战略地位	信息化重视度/分	反映企业对信息化的重视程度和信息化战略落实情况	企业信息化工作最高领导者的地位;首席信息官(CIO)职位的级别设置;信息化规划和预算的制定情况
2		信息化投入总额占固定资产投资比重/%	反映企业对信息化的投入力度	软件、硬件、网络、信息化人力资源、通信设备等投入
3	基础建设	每百人计算机拥有量/台	反映信息化基础设施状况	大、中、小型机;服务器;工作站;PC
4		网络性能水平/分	反映信息化基础设施状况	企业网络的出口带宽
5		计算机联网率/%	反映信息化协同应用的条件	接入企业内部网的计算机的比例

序号	一级指标	二级指标	指标解释	指标数据构成
6	应用状况	信息采集的信息化手段覆盖率/%	反映企业有效获取外部信息的能力	采集政策法规、市场、销售、技术、管理、人力资源信息时信息化手段的应用状况
7		办公自动化系统应用程度/分	反映企业在网络应用基础上办公自动化状况	是否实现了日程安排、发文管理、会议管理、信息发布、业务讨论、电子邮件、信息流程的跟踪与监控等
8		决策信息化水平/分	信息技术对重大决策的支持水平	是否有数据分析处理系统、方案优选系统、人工智能专家系统等
9		核心业务流程信息化水平	核心业务流程信息化的深广度	主要业务流程的覆盖面及质量水平
10		企业门户网站建设水平/分	反映企业资源整合状况	服务对象覆盖的范围；可提供的服务内容
11		网络营销应用率/%	反映企业经营信息化水平	网上采购率；网上销售率
12		管理信息化的应用水平/分	反映信息资源的管理与利用状况	管理信息化应用覆盖率及数据整合水平
13	人力资源	人力资源指数/分	反映企业实现信息化的总体人力资源条件	大专学历以上的员工占员工总数的比例
14		信息化技能普及率/分	反映人力资源的信息化应用能力	掌握专业 IT 应用技术的员工的比例；非专业 IT 人员的信息化培训覆盖率
15		学习的电子化水平/分	反映企业的学习能力和文化的转变	电子化学习的员工覆盖率；电子化学习中可供选择的学习领域
16	安全	用于信息安全的费用占全部信息化投入的比例/%	反映企业信息化安全水平	用于信息安全的费用包含软件、硬件、培训、人力资源支出
17		信息化安全措施应用率/%	反映企业信息化安全水平	信息备份、防非法侵入、防病毒、信息安全制度与安全意识培养等措施的应用状况
18	效益指数	库存资金占用率/%	反映企业信息化效益状况	库存平均占用的资金与全部流动资金的比例
19		资金运转效率/(次/年)	反映企业信息化效益状况	企业流动资金每年的周转次数
20		企业财务决算速度/日	反映企业信息化响应水平	从决算指令的发出到完成一次完整的企业决算所需的最短时间
21		增长指数	反映企业绩效	销售收入增长率、利润增长率

3. 以企业信息化战略实施为基础的绩效评价指标体系的建构

郝晓玲、孙强在其著作《信息化绩效评价——框架、实施与案例分析》一书中认为：企业信息化在实施的过程中往往分成几个不同的层次：战略层、控制层和执行层，分别对应于企业的战略管理层、信息部门和具体的项目组。因此，企业信息化绩效的评价也可以根据不同管理层所关注的重点不同，划分为三类，即分别从战略层面（以信息化战略实施为基础）、管理控制层面（以信息化管理控制为基础）和项目层面（以信息化项目管理为基础）对企业信息化过程的绩效进行评价，形成一套完整的信息化绩效管理评价体系。下面介绍以企业信息化战略实施为基础的绩效评价指标体系的建构。

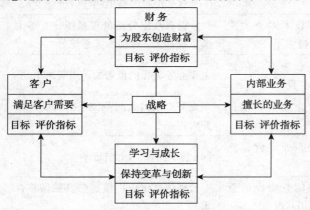

图7-3 平衡计分卡的基本分析框架图

以平衡记分卡为分析工具，建构以企业信息化战略实施为基础的绩效评价指标体系。平衡记分卡是一个衡量、评价企业的综合记分指标体系，是一系列财务绩效衡量指标与非财务绩效衡量指标的综合体；它也是一种管理方法，其注意力主要放在企业组织战略目标的实现方面。

平衡记分卡的基本分析框架如图7-3所示。

根据分析框架，建立企业信息化绩效评价指标体系，从财务、客户、内部业务流程、学习和创新四个方面综合评价企业信息化绩效。实现企业长期目标与短期目标、内部客户衡量与外部客户衡量、领先指标与滞后指标、成果与成果动因之间的平衡。财务绩效指标是企业的终极目标，是衡量企业信息化绩效的核心指标，是企业经营能力的最终体现，内部业务流程是基础，客户是关键，学习与创新是核心。由此而构建的以企业信息化战略实施为基础的绩效评价指标体系如表7-16所示。

表7-16 以企业信息化战略实施为基础的绩效评价指标体系

一级指标	二级指标	三级指标
IT价值贡献	企业使命目标	使命改善的百分数（成本、时间、质量、数量）
		对IT解决方案与服务的贡献
		IT收益实现情况与预期的比较
	组合分析与管理	IT投资举措评审与采纳的比例
		旧IT应用淘汰率
		应用淘汰计划达到的百分数
		核心应用模块的可重用性
		新IT投资占IT总投资的百分比
	财务与投资绩效	内部提供的服务成本与行业标准的百分数
		IT目标预算占运营预算的比例
		净现值、内部收益率、投资回报、净资产回收等

续表

一级指标	二级指标	三级指标
	IT 资源的使用	跨组织资源的使用比例
		跨部门共享数据库与应用的百分比
		具备互操作能力的软硬件百分比
IT 用户满意度	客户参与度	使用整合的项目团队的项目比例
		联合 IT 客户与供应商的服务水平协议的比例
	客户满意度	客户对产品交付的满意比例
		客户对问题解决的满意比例
		客户对 IT 管理与支持的比例
		客户对 IT 培训的支持比例
		及时启动的产品比例
		满足服务级别协议的比例
	业务支持过程	IT 解决方案支持过程改进计划的比例
		通过培训使用新的 IT 解决方案的比例
		新用户在经过初步培训后能够使用 IT 应用的比例
IT 内部过程	应用开发与维护	每人每小时交付的功能点数
		在用户接受的每百个功能点中的缺陷数
		每百个功能点中的关键失败数
		解决关键缺陷的平均时间
		开发周期
	项目绩效	项目按时按目标完成的百分数
		满足功能需要的项目比例
		使用标准方法论开发的项目比例
		分析与设计
	基础设施可用性	计算可用的百分比
		通信可用的百分比
		应用可用的百分比
		联机系统可用的百分比
	企业基础设施的标准化成程度	每年被审计查出与标准偏差的数目
		系统中使用的基础设施的增加数
		相关标准培训比例

续表

一级指标	二级指标	三级指标
IT学习与创新	工作队伍能力与开发	在使用新技术中受到培训的员工比例
		专业人员的比例
		IT人员进行管理培训的比例
		IT预算是否有培训和发展员工的比例
	先进技术的使用	对先进技术掌握熟练的员工比例
		用于支持先进技术经验的资金数
	方法论的同步性	应用方法是否新颖
		熟悉先进应用开发技术的员工比例
		使用认可的方法与工具的项目比例
	客户满意度与保留	员工对现存技术与操作环境支持使命表示满意的比例
		员工的交易额

4. 政府信息化绩效评价指标体系的建构

从技术角度看，企业信息化与政府信息化区别不大，而从价值导向上看，则有较大的差别。企业信息化的最终目的是实现更多的盈利，而政府信息化的最终目的则在于更好维护和实现公共利益。因此，政府信息化绩效评价指标将与企业信息化绩效评价指标有明显的不同。根据对政府信息化实践的考察，并借鉴相关研究成果，我们提出了政府信息化绩效评价的指标体系，如表7-17所示。

表7-17 政府信息化绩效评价指标体系

一级指标	二级指标
基础设施	信息化投入占行政支出的比重
	每百人计算机拥有量
	计算机联网率
	人均宽带拥有量
	政府门户网站建设水平
信息化管理手段应用状况	信息采集的信息化手段覆盖率
	电子政务系统应用程度
	决策信息化水平
	核心业务流程信息化水平
	公务员网上办公实现程度
	公众网上办事实现程度

续表

一级指标	二级指标
公众满意度	办事流程规范程度
	办事效率提高程度
	腐败现象减少程度
	公共服务提供的改善程度
行政职能的改善程度	公文流转速度提高程度
	政府资源共享程度
	各政府机构之间的协调程度
	公众参与网络、参与决策的程度
	决策的科学化程度
行政成本降低程度	办公耗材减少程度
	会议、公文减少程度
	机构精简程度
	办公经费的节约程度
	政府开支占 GDP 比重
	公务员在总人口中的比重
政务公开程度	政务过程公开程度
	政务结果公开程度
	关联群体了解信息的人数
	信息基础数据完善程度
	信息发散系数
	公开透明指数
信息化潜在效益	对创新型政府建设促进程度
	对建设服务型政府的促进程度
	对政府形象的改善程度
安全性	用于信息安全的费用占全部信息化投入的比例
	信息化安全措施应用率

本章小结

1. 对绩效的理解有多种，一种观点认为"绩效是行为活动的过程"，一种观点认为"绩效是行为活动的结果"。我们赞成"绩效是行为和结果"，即绩效是在工作过程中的行为表现及工作的成绩和效果。行为是达到结果的基本条件。

2. 信息化绩效是一定范围内信息化运行过程的状况及运行结果。信息化运行过程是指组织通过有效配置信息技术、信息设备、信息资源及有效开发和利用信息资源以促进组织目标实现的过程；信息化运行结果是指信息化的实施对组织目标实现的贡献程度。信息化绩效具有间接性、长期性和互补性的特点。

3. 信息化绩效评价是指采用一定的方法对信息化建设与应用的成绩和所产生的效果进行评价。或者说，信息化绩效评价是对照统一的标准，建立特定的指标体系，运用数理统计、运筹学等方法，按照一定的程序，通过定性与定量的对比分析，对一定时期内的信息化建设水平和信息化应用效果作出客观、公正和准确的综合评判的过程。

4. 信息化绩效评价的意义在于提高信息化管理水平，推动信息化进程；促进信息化战略的制定和实施；规范信息化管理控制。

5. 信息化绩效评价的主要方法有层次分析法、模糊综合评价法、主成分分析法和数据包络分析法。

6. 层次分析法是一种能将定性分析与定量分析相结合的系统分析法，是解决多目标、多准则的复杂系统问题的有力工具。其具体步骤包括：建立层次结构模型、建立判断矩阵、层次单排序、层次总排序、一致性检验。

7. 模糊综合评价法的基本原理是：利用模糊集和隶属度函数等概念，应用模糊变换原理，采用定性与定量相结合的方法，从多个方面对事物隶属等级状况进行整体的评价。其步骤包括：确定模糊的评价因素集合、确定评价等级集合、确定权重系数集合、填写评价因素判断表，统计专家评价结果、建立模糊关系矩阵、建立综合模糊评价模型。

8. 主成分分析法的目的在于利用少数几个彼此不相关的新指标代替原来为数较多且彼此有一定关联的指标，同时又尽可能多地反映原来的信息。其步骤包括：原始指标数据的标准化、对标准化阵 Z 求相关系数矩阵、解样本相关矩阵 R 的特征方程、将标准化后的指标变量转换为主成分、对 m 个主成分进行综合评价。

9. 数据包络分析法基本原理就是通过保持决策单元的输入或输出不变，借助于数学规划将决策单元投影到 DEA 前沿面上，并通过比较决策单元偏离数据包络分析前沿面的程度来评价它们的相对有效性。

10. 建构信息化绩效评价指标体系应该遵循的一般原则有：科学性原则、有效性原则、系统性原则、可操作性原则、简洁性原则、导向性原则、可比性原则；还应遵循以下特殊原则：应能反映信息化整体和运营情况，应能反映业务流程的绩效，应采用实时性、动态性指标，平衡长期目标和短期目标，定量指标与定性指标相结合，考虑信息化利益相关者的目标。

11. 我国于 2001 年公布《国家信息化指标构成方案》，包括每千人广播电视播出时间、人均带宽拥有量、人均电话通话次数、长途光缆长度、微波占有信道数、卫星站点数、每百人拥有电话主线数、每千人有线电视用户数、每百万人互联网用户数、每千人拥有计算机数、每百户拥有电视机数、网络资源数据库总容量、电子商务交易额、企业信息技术类固定投资占同期固定资产投资的比重、信息产业增加值占 GDP 比重、信息产业对 GDP 增长的直接贡献率、信息产业研究与开发经费支出占全国研究与开发经费支出总额的比重、信息产业基础设施建设投资占全国基础设施建设投资比重、每千人中大学毕业生比重、信息指数等 20 个指标。

12. 国家信息化测评中心于 2003 年推出的《企业信息化测评指标体系》，包括战略地位、基础建设、应用状况、人力资源、信息安全、效益指数六大指标，共 21 个具体指标。

13. 平衡记分卡是一个衡量、评价企业的综合记分指标体系，是一系列财务绩效衡量指标与非财务绩效衡量指标的综合体；它也是一种管理方法，其注意力主要放在企业组织战略目标的实现方面。借鉴平衡记分卡的基本分析框架，构建的以企业信息化战略实施为基础的绩效评价指标体系从财务绩效、客户绩效、内部业务流程绩效、学习和创新绩效四个方面综合评价企业信息化绩效。

14. 政府信息化绩效评价指标体系包括基础设施、信息化管理手段应用状况、公众满意度、行政职能的改善程度、行政成本降低程度、政务公开程度、信息化潜在效益、安全性等8 个一级指标和 37 个二级指标。

思 考 题

一、概念

信息化绩效　信息化绩效评价　层次分析法　模糊综合评价法　数据包络法　主成分分析法　评价指标体系

二、选择

1. 关于绩效，下列叙述中正确的是（　　）。

A. 绩效是在工作过程中的行为表现及工作的成绩和效果

B. 绩效必须具有实际的效果，无效劳动的结果不能称之为绩效

C. 绩效是人们行为的后果，是目标的完成程度，是客观存在的，而不是观念中的东西

D. 绩效不可度量

2. 信息化绩效的基本特征有（　　）。

A. 信息化绩效具有间接性

B. 信息化绩效具有长期性

C. 信息化绩效具有互补性

D. 可以直接采用传统的财务指标评价方法来评价信息化绩效

3. 根据评价范围和层次的不同，可以把信息化绩效评价划分为（　　）。

A. 宏观评价和微观评价两大类型　　　　　B. 形成性评价和总结性评价两大类型

C. 宏观评价和中观评价两大类型　　　　　D. 中观评价和微观评价两大类型

4. 我国于 2001 年公布《国家信息化指标构成方案》包括（　　）个评价指标。

A. 15　　　　　　　　　　　　　　　　　B. 20

C. 21　　　　　　　　　　　　　　　　　D. 37

5.《企业信息化测评指标体系》中包括战略地位、人力资源、效益指数（　　）等六大指标。

A. 基础建设　　　　　　　　　　　　　　B. 应用状况

C. 信息产业　　　　　　　　　　　　　　D. 信息安全

三、辨析

1. 信息化绩效评价是关于信息化建设成绩和水平的评价。（　　）

2. 信息化绩效"看不见，摸不着"，所以开展信息化绩效评价意义不大。（　　）

3. 层次分析法能降低所研究的数据空间的维数。（　　）

4. 数据包络分析法衡量绩效可以清晰地说明投入和产出的组合。（　　　）

5. 以企业信息化战略实施为基础的绩效评价指标体系主要从财务、客户、内部业务三个方面综合评价企业信息化绩效。（　　　）

四、问答

1. 如何正确理解绩效、信息化绩效的含义？

2. 开展信息化绩效评价的目的和意义是什么？

3. 信息化绩效评价的主要方法有哪些？各有什么特点？

4. 试述模糊综合评价法的基本原理和步骤。

5. 试述主成分分析法用于信息化绩效评价的优点和步骤。

6. 建构信息化绩效评价指标体系应遵循哪些基本原则和特殊原则？

7. 谈谈你对《国家信息化指标构成方案》的看法。

8. 试比较《企业信息化测评指标体系》与以企业信息化战略实施为基础的绩效评价指标体系的异同。

9. 如何合理地评价政府信息化绩效？

10. 试构建一个区域信息化绩效评价指标体系。

第8章

信息化管理体制

学习目标 •————————————

1. 理解信息化管理体制的概念和功能，信息化管理
   机构的类型和职能；
2. 正确认识CIO的地位、职责和素质要求；
3. 了解美国、英国、日本等国家的宏观信息化管理
   体制；
4. 深入了解我国国家、地区、行业等宏、中观信
   息化管理体制及政府机关、企业和高校等微
   观信息化管理体制的现状与改革趋势；
5. 掌握社会组织信息化管理体制的建立机制与
   模式。

完善的信息化管理体制是有效的信息化管理的保证。为了稳步推动国民经济和社会信息化，各国都建立了与之相适应的信息化管理体制来规划、监督和指导本国的信息化建设与应用。很多地区、行业和社会组织为了提高信息化管理的效率，也十分重视信息化管理体制的改革。本章在阐述信息化管理体制的概念与功能、信息化管理机构的类型及其职能、信息化领导制度的基础上，从国家、地方和行业三个方面分析国内外宏观和中观信息化管理体制；在阐述社会组织信息化管理机构设置模式与领导体制类型及完善社会组织信息化管理体制应考虑的因素的基础上，分析我国政府机关、企业和高校信息化管理体制的现状与趋势。

8.1　信息化管理体制概述

8.1.1　信息化管理体制的概念与功能

1. 信息化管理体制的含义

按照《辞海》的解释，体制是指国家机关、企事业单位在机构设置、领导隶属关系和管理权限等方面的体系、制度、方法、形式等的总和。有学者认为，体制是国家机关、企事业单位的机构设置、隶属关系和权利划分等方面的具体体系和组织制度的总称。

信息化管理体制是指在一定范围内对信息化管理活动进行管理的管理机构设置、领导隶属关系和管理权限配置及保证信息化管理顺利进行而建立的一切规章制度的总称。信息化管理体制的含义包括以下几个要点。

（1）信息化管理机构是信息化管理体制的载体或组织形式。如果没有一定的信息化管理机构，信息化管理人员就无法施行信息化管理职权，信息化管理职能就不能发挥作用，信息化管理体制也就失去了存在的形式。因此，信息化管理体制的建立、改革和完善，总是伴随着信息化管理机构的建立、改革和完善而进行的。

（2）信息化管理体制的核心是各级信息化管理机构的权力和职责的划分。任何信息化管理体制的建立、改革与完善，都是围绕着信息化管理机构职权的划分或分配进行的。所以，信息化管理职权是构成信息化管理体制的基本要素，信息化管理职权的划分或分配在信息化管理体制中占有重要地位。

（3）一定的规章制度是信息化管理体制不可缺少的组成部分。没有一定的规章制度，信息管理职权就不能很好地行使，信息化管理机构就不能很好地运行，信息化管理体制也就失去了意义。因此，建立必要的规章制度是完善信息化管理体制不可缺少的一环。

2. 信息化管理体制的层次

信息化管理体制可分为宏观、中观和微观三个层次：第一个层次是宏观信息化管理体制，一般是指一个国家的信息化管理体制；第二个层次是中观信息化管理体制，包括地方信息化管理体制和行业信息化管理体制；第三个层次是微观信息化管理体制，指一个社会组织的信息化管理体制，如政府机构的信息化管理体制、企业信息化管理体制等。

3. 信息化管理体制的功能

（1）领导和指挥功能。通过管理体制，参与信息化管理的人员往往要代表国家行使权力，对信息化活动进行领导。

（2）权力分配功能。通过适当的管理体制，参与信息化管理的各方按一定规则办事，明确各自的权利与义务，以此保证信息化活动的顺利进行。

（3）分工协作功能，管理体制既是各种力量在信息化管理中发挥其作用的外在表现形式，也是彼此间分工协作的一种表现。

（4）提高效率功能。讲究效率是衡量任何组织结构的基础，离开了效率，信息化管理体制的改革就变得毫无意义。

8.1.2　信息化管理机构的类型及其职能

设置专门的信息化管理机构是信息化管理体制建设的重要内容。信息化管理机构有四种类型，不同的信息化管理机构有不同的功能。

1. 信息化管理决策机构

信息化管理决策机构是从事信息化管理的最高领导机构。其职能主要是负责解决、协调信息化建设中的重大问题，从信息化战略目标出发，进行信息化战略规划，通过分析，作出正确的决策；在信息化战略指导下，设计信息化建设方案和信息化管理制度，整合社会信息资源；督促检查工作，并建立科学的审议和评估机制。我国的国家信息化领导小组就是我国信息化宏观管理的最高领导机构。

2. 信息化管理执行机构

信息化管理执行机构是从事信息化管理的中层领导机构，是负责组织和管理信息化建设中某一专门事务的常设职能机构。其主要职能是在信息化管理决策机构的领导下将决策变为指令性信息，发布管理命令、指示，作出指令性计划。例如，我国的国务院信息化工作办公室是国家信息化领导小组的办事机构，是典型的信息化管理执行机构，具体承担国家信息化领导小组的日常管理工作。

3. 信息化管理咨询机构

政府部门不可能解决社会信息化建设中的所有问题，因而需要建立信息化管理咨询机构。信息化管理咨询机构的职能主要是为信息化管理决策机构提供各种建议。信息化专家委员会、信息化咨询委员会等都可以看做信息化管理咨询机构。例如，新加坡政府建立了电子政务咨询委员会，委员会由行政事务主管负责，成员来自国内各主要民间和公共机构，该委员会有两项职责：①从全球发展趋势及对新加坡的影响角度向政府提供建议；②对电子政务工程实施的效果进行反馈并提出建议。

4. 信息化管理监督机构

信息化管理监督机构是对各种信息化管理机构及其管理活动进行监督检查的职能机构，如信息化法制委员会。信息化管理监督机构是建立健全信息化管理体制制衡机制的重要组成部分，是促使信息化管理机关及其工作人员依法管理、忠于职守的重要保障。例如，美国政府信息化的高层管理体系主要是美国总统管理委员会和管理与预算办公室。其中，管理与预算办公室的职责就是负责控制和监督总统管理委员会信息化管理的过程，并与各机构一起为电子政务工程准备充分的资金。

8.1.3　信息化领导职位——CIO

1. CIO 的定义

CIO 是 "Chief Information Officer" 的英文缩写，直译为首席信息官，国内一般翻译成首席信息主管、信息主管、总信息师或信息总监。社会各界对 CIO 的定义众说纷纭，比较有影响的定义有以下几种。1981 年，辛诺（William R. Synnott）和戈拉伯（William H. Grube）二人在著作《信息资源管理：80 年代的机会和战略》中首次给 CIO 下了定义："CIO 是负责制定组织的信息政策、标准、程序，并对组织的信息资源进行管理和控制的高级行政管理人员。"美国权威的《CIO》杂志对 CIO 下的定义是：CIO 是负责一个公司信息技术和系统的所有领域的高级官员。他们通过指导对信息技术的利用来支持公司的目标。他们具备技术和业务过程两方面的知识，具有多功能的概念，常常是将组织的技术调配战略与业务战略紧密结合在一起的最佳人选。我国《互联网周刊》对 CIO 的定义是：负责信息化战略规划及 IT 设备选型采购的各类企业和各相关政府部门的要员。

综上所述，可以认为，CIO 是负责一定范围内信息化制度和战略规划制定与实施、参与重大信息化项目高层决策、协调信息化项目建设、推进信息化应用的高级管理人员。

2. CIO 的地位

从 CIO 角色演变来看，CIO 经历了从数据处理部门经理、计算中心主任、信息系统主任到 CIO 的发展过程。以前，数据处理部门经理、信息系统主任主要是负责技术和技术管理的中低层管理者，常常是纯粹的技术人才。而 CIO 不仅是一个主管技术的角色，并且进入管理层和决策层，担任行政业务和信息技术应用之间总协调的角色。CIO 的地位在企业相当于副总裁，在政府部门相当于副部长或部长助理。CIO 最核心的和最本质的角色定位为：信息功能的领导者；战略信息资源的管理者；信息技术的战略规划者；电子政务或电子商务的推动者、组织者和实施者。

3. CIO 的职责

CIO 的地位决定了 CIO 所担负的职责。《信息资源管理：80 年代的机会和战略》一书中指出，CIO 的职责是负责组织的信息政策、管理、控制和标准，并且给出 5 项基本功能：参与组织的政策规划；负责信息系统规划；制定组织的信息政策；管理组织的信息资源；研发新的信息系统。可以认为，CIO 的基本职责是负责一定范围内信息化的领导和管理工作，通过对包括信息设备、技术、人员、资金和信息本身在内的所有信息资源的科学管理，充分挖掘和有效利用信息资源来促进组织机构和业务流程的重组或调整。CIO 的具体职责主要有以下几项。

1）参与高层决策，制定信息化战略

CIO 的一项重要职责就是利用自己的知识和经验，总结和梳理信息化需求，提出国家、地区、行业或社会组织的信息化发展设想，制定信息化发展战略。并在此基础上制定信息化规划和实施计划，提出信息化建设投资建议，参与信息化投资决策。

2）主持或参与制定信息化政策和信息化制度

信息化政策和制度是引导信息化发展、规范信息化管理的重要手段。宏观信息化管理和中观信息化管理中的 CIO 要参与国家和地区信息化发展政策的制定，并在其中起主要作用。微观信息化管理中的 CIO 要主持制定本单位信息化建设和运行制度，并推进信息化制度的执行。

3）负责信息化项目的建设和协调

CIO 要运用一切可能的方法，实施有效的信息化项目管理，监控信息化项目的实施，协调信息化建设与应用中各方面的关系，评估信息化项目的绩效，并向领导汇报信息化发展进程。

4）管理信息化团队，提升团队信息化管理和应用能力

信息化除了软硬件的建设以外，还需要建立多层次的信息化管理团队，以保证系统稳定地运行。在这个过程中，CIO 负责信息技术人才招聘、使用、评价，并作为信息化团队的领导和管理者，采取一系列措施，调动团队中每个人的积极性，有计划、有步骤、有策略地开展工作，完成既定工作目标。

4. CIO 的素质要求

CIO 集战术管理和战略管理于一身，是高层决策者和信息化管理层的纽带。CIO 的职责决定了对其素质的要求是多方面的。在美国的《信息技术管理改革法》中，美国政府详细规定了首席信息官应当具备的一些核心能力，如政府首席信息官必须具备卓越的领导能力、沟通能力、人际交流技能；在复杂的合作和协作环境中游刃有余地发挥作用的能力；敏感、诚实、聪明、判断力强、战略思维结合务实作风并为同事所信任、建立联盟的能力等。国外企业对应聘 CIO 者提出了技术能力、商业头脑、管理技能和从业经验等多方面的要求。尤其强调担任 CIO 的人员应具有较丰富的工作经验，通常企业要求应聘 CIO 者应具有 6～10 年以上工作经验，其中包括两年从事互联网和电子商务的经验。归纳起来，CIO 应具备以下素质。

1）广博的、多学科的知识和技能

首先，信息技术是 CIO 必备的基本知识，CIO 必须要懂得如何将最合适的信息技术运用于本区域、本系统或本单位，除了信息技术的基本知识以外，CIO 还必须要跟踪信息技术的发展前沿，全面系统地了解信息技术的前沿知识，只有这样，CIO 才能提供信息化的战略性规划。其次，CIO 应具备丰富的现代管理知识，信息资源管理不仅仅需要系统运行平台、软件开发平台等，更重要的是与社会经济发展和组织管理结合起来。因此，CIO 必须具备战略管理、项目管理、价值管理、电子商务或电子政务等现代管理知识。

2）团结合作、开拓创新的精神

信息化建设与应用是一种集体行为，只有精诚合作，才能顺利完成工作。对上级，CIO 应正确处理好与 CEO（首席执行官或行政总裁）的关系，能准确地理解 CEO 的战略意图，并积极加以贯彻执行。对同级，CIO 应能够与 CFO（首席财政官或财务总监）、CTO（首席技术官或技术总监）等积极配合，在充分尊重各部门意见的基础上，善于协调各层次、各部门、各环节的关系，调动各方面的力量参与信息化建设。对下属，CIO 应能充分调动每个人的工作积极性，形成一个既有分工又有协作的工作团队。CIO 不可避免地要与软硬件供应商、系统集成商、系统开发商及其他协作伙伴打交道，要善于与他们对话和沟通。信息技术是发展很快的技术，其应用也日新月异，所以，CIO 必须要有开拓创新、不断进取的精神。这里的创新包括信息技术创新和管理创新。CIO 应该在严谨求实的基础上，面向未来，加强创新。

3）战略思维与综合分析和解决问题的能力

CIO 是一个部门的高级管理人员，其宏观管理能力和战略思维能力至关重要。在了解信息技术及其发展趋势的同时，CIO 更应是一位行政专家和决策者，只有具备了这样的双重背

景，才有可能站在发展战略的高度上做好信息化发展的规划和决策，从而通过信息技术有力推进信息化建设和应用目标的实现。在规划信息化战略方案过程中，CIO 必须具备综合分析问题和解决问题的能力，要能够用发展的眼光来看待信息化问题。规划一个地区、行业或单位的信息化，不仅要充分注意到该地区、行业或单位的当前状况，更重要的是要看到信息化与其他事物的联系。信息化规划、实施和运行管理本身也是一项系统工程，制定规划、需求分析、目标量化、项目管理、项目评价等环环紧扣，要求 CIO 从总体角度进行分析综合，全面把握。

4）丰富的工作经验

由于目前 CIO 的作用越来越重要，因而对 CIO 的要求也越来越高，CIO 既是信息专家，又是职业经理人。国外的实践表明，CIO 至少需要 5～8 年的管理经验积累，才能很好地运用信息技术优势，有效地参与组织的重大决策，帮助组织制定发展战略。

5. CIO 的起源与发展

CIO 作为一个具体的职位出现于 20 世纪 80 年代中期的美国政府部门。1980 年，美国政府为了确保联邦政府信息资源的收集、维护、使用和传播费用减至最低，使收集到的信息得到最充分的利用，颁布了《文书削减法》，确定在美国政府部门及机构设置"高级文书削减和信息管理官员"，这一职位已具备了 CIO 的某些特性。同年，罗纳德·里根总统任命了一个专家委员会——格雷斯委员会，目的是对联邦政府各部门及机构的信息资源管理情况进行调查，该委员会于 1984 年向总统提交了最终的调查报告，其中第 7 卷《联邦政府中的信息差距》对联邦政府信息资源管理和利用的情况进行了分析，发现一种被称为"结构真空"的现象，即政府中无人协调和管理信息的选择与流通，以至于"政府拥有太多的错误信息，太少的正确信息"。针对政府信息管理中出现的问题，该委员会提出在政府每个机构中设立一名主管信息资源的高级官员即 CIO 职位，并委派副部长和部长助理级官员来担任此职，全面负责本部门的信息资源管理、开发和利用，直接参与高层决策。20 世纪 90 年代，美国克林顿政府大力推动政府部门和企业部门设立 CIO 职位。1995 年美国国会通过了《信息技术管理改革法》，明确授权在政府部门设立负责信息技术的 CIO。1995 年美国航空航天局 NASA 分别在其地球科学、航天科学、航空和宇宙飞船等部门设立了 CIO 职位。1996 年 11 月，美国国家科学基金会 NSP 设立了 CIO。1997 年 2 月美国核规划委员会 NRC 设立了 CIO。

政府 CIO 卓有成效的工作立刻引起了一些大公司的注意。1986 年美国商界的主要媒体《商业周报》发表了一篇题为《管理领域的新星：迎接 CIO》的文章，引起了企业界对信息资源管理问题的高度重视。为了提高企业的信息资源管理水平，一些公司便将这一新职位连同名称与职能一起引入自身的信息资源管理中，企业 CIO 应运而生。企业 CIO 虽然源于政府部门，但在数量、职能、活动范围、知名度等各方面都超越了政府 CIO。究其原因，企业 CIO 发展的动力是企业信息化管理的需要，因为企业只有从战略高度开发信息资源，科学合理地管理信息资源，充分有效地利用信息资源，才能在竞争中取胜。能否真正把信息看做企业的宝贵战略资源并有效地加以开发利用，是企业决策者所面临的新挑战。正是为了迎接这一挑战，CIO 才脱颖而出，被推上信息资源管理新主角的地位。CIO 在美国的一些大公司和企业集团里工作成绩显著，这使得其他公司、企业也竞相效仿，很快在美国、日本、西欧等发达国家或地区的企业中普及开来。安德逊公司 20 世纪 80 年代中期对美国 500 家最大公司进行调查表明，这 500 家大公司中，当时已有 40％的大公司设立了 CIO 职位。在 1987 年举行的美国第 19 届信息产业协会年会上，CIO 成了会议的热点之一。1987 年《CIO》杂志创刊，标志着 CIO 的研究和发展进入了一个新的阶段。到 1988 年度，排名世界前 500 家的最大企业中，80％以上实行了 CIO 体制。

随着高校信息化发展，CIO 体制也在教育领域出现。美国早在 20 世纪 80 年代中期就在大学推行了 CIO 体制。据统计，美国在 80 年代末就有将近 200 所大学设立了 CIO 职位。1988 年，匹兹堡大学的 Anne Woodsworth 的博士论文《CIO 在美国研究型大学的作用》对美国研究图书馆协会的 91 所大学在 1986－1987 年的 CIO 情况进行调查，以研究 CIO 在美国研究型大学中的作用。此次调查表明：32 所大学（35.2％）设立了 CIO 职位，10 所大学（11.0％）正在考虑或正在设立 CIO 职位。在设有 CIO 职位的大学中，CIO 的头衔各不相同。11 所大学（34.4％）是副校长；9 所大学（28.1％）兼任副校长；4 所大学（12.5％）是教务主任；3 所大学（9.4％）兼教务主任；3 所大学（9.4％）是副校长助理；2 所大学（6.2％）是副教务主任。32 所设立 CIO 职位的学校中有 29 所确定了 CIO 的职责。CIO 职责主要有以下方面。①学校信息化（89.3％）；②管理信息系统（71.4％）；③通信技术（78.4％）；④图书馆（14.3％）；⑤媒体服务（14.3％）。半数以上 CIO（60.7％）都是从本校提拔上来的，都拥有高学历：82.1％是博士；其余 17.9％都是硕士。36％的 CIO 的专业是计算机科学、工程和物理，另外还有些专业是高等教育、公共管理、经济管理、数学、图书馆学、统计学、经济学及社会学等。

20 世纪 90 年代，CIO 体制开始在我国的一些企业出现。1996 年 5 月，我国第一次召开了由各大部委高级信息主管参加的"CIO 国际研讨会"。1998 年 12 月在上海召开了由信息产业部、科技部批准的"CIO'98 专业信息主管商业会议"。2001 年 9 月，在上海召开了由国家信息中心主办的"2001 年中国 CIO/信息主管高峰会议"。2002 年 3 月在南京举行"中国·南京第一届信息主管（CIO）年会"。2002 年 8 月由《IT 经理世界》杂志社和 IDC 国际数据公司主办了首届"中国优秀 CIO"评选活动，评选出 50 位优秀 CIO 及 5 位杰出 CIO。2002 年 6 月在北京召开的由中国信息协会、国家信息中心等单位举办的首届"中国 CIO 发展论坛"，探讨并推动了 CIO 在我国的发展。2002 年 11 月成立了中国信息协会 CIO 分会。

8.2　信息化宏观管理体制

世界各国国家信息化管理机构在中央政府一级至少包括两个层次，即决策层和执行层。决策层是指内阁一级的，由相关部长或副部长组成的国家或政府信息化委员会。由于信息化建设的战略性地位，这个委员会的主席一般由总统、副总统或总理兼任。执行层是指政府信息资源管理的执行和操作机构，同时，这个执行机构也是国家或政府信息化委员会的执行机构和秘书处。由于这个执行机构需要对政府各部门的信息资源管理进行监督和指导，因此它必须是一个与政府各部门大致平级的机构，而且，设于政府的综合管理部门之下。此外，由于大多数政府成员可能并非是信息技术或信息系统方面的专家，国家或政府信息化委员会可能会在决策时遇到技术上的困难。因此，很多国家还组织了国家或政府信息化委员会的顾问委员会，以便向信息化委员会提供咨询、顾问和建议服务。CIO 制度也在国家信息化管理体制中得到了广泛的应用。

8.2.1 外国国家信息化管理体制

1. 美国政府信息化管理体制

1）美国政府的首席信息官（CIO）制度

美国政府 CIO 产生的源头可追溯到 1984 年。1984 年，格雷斯委员会在调查的基础上建议在不同级别的政府部门包括总统办公室设立 CIO 职位。1995 年美国国会通过的《信息技术管理改革法》明确授权在政府部门设立负责信息技术的 CIO。授权在联邦管理与预算办公室（OMB）下设立一个美国 CIO 办公室，由总统任命的 CIO 出任办公室首脑，并且提议联邦机构设立 CIO，其主要职责包括提供信息政策方面的建议、制定信息资源管理规划、评测信息技术采办计划等。1996 年的《信息技术管理改革法》修订案，明确规定每个联邦政府都要设立 CIO 职位，并规定 CIO 的地位，即 CIO 是一个高层官员。CIO 必须具备经确认的、能有效地履行其职责的、具有在管理及信息资源管理方面的知识、技能和经验。其任职资格应从与信息资源管理有关的教育、工作经验及专业活动等多方面考虑。美国 CIO 为美国 CIO 办公室的负责人，由联邦管理与预算办公室主任直接领导，是该办公室有关政府信息资源管理的首席顾问。其权责由联邦管理与预算办公室主任决定、指导和控制。CIO 对联邦政府各部门实施各个方面的信息资源管理，包括评审和审批各部门的信息系统计划。根据 CIO 的要求，联邦政府各部门应在可能范围内向 CIO 办公室提供人员、服务及设备以协助 CIO 履行其职责。

《信息技术管理改革法》还规定，在联邦政府各部门内均应设立 CIO 制度。CIO 一般由该部门第一副手担任，并由该部门行政首长任命。部门 CIO 负责本部门的政府信息资源的管理。例如，美国农业部下设的 CIO 办公室，与首席财务官办公室、首席监察官办公室等并列，标志着信息化管理与财务管理、监察工作处于同样重要的位置，在部门内部均实行综合管理。美国农业部 CIO 办公室的主要职能包括：监督农业部信息技术资源的管理；按照有关法律、法规、行政规章的规定制订长期计划性指南，审查重大技术投资，协调跨部门信息资源管理项目，促进信息交流和技术共享；负责管理农业部电子政府工作，包括协调农业部内外部电子政府职责与预算；负责信息收集及其管理工作；为农业部及其他联邦机构提供自动化数据处理服务；制定农业部电脑安全政策、标准、方式、程序等，负责农业部信息技术资源安全保护。农业部农场管理局、自然资源保护局、乡村发展局联合开展的服务中心现代化行动，是要建立一个面向农场主的全天候"一站式"信息和服务的统一界面，其信息技术投资由农业部首席信息官办公室负责。

美国总统奥巴马就职不到 50 天，就任命 Vivek Kundra 担任美国史上第一位联邦政府CIO，掌管美国 IT 政策方向，领导各州政府的 CIO。联邦 CIO 取代了联邦管理与预算办公室副主任的角色，联邦 CIO 同样向联邦管理与预算办公室主任汇报，但他是专任职务，既管理电子政府和信息科技办公室，同时也是 CIO 联席会的主席。奥巴马直接授权新任的联邦 CIO负责改善美国政府效能，以及降低政府运营的支出，并且要确保政府的安全性、开放性和有效运作。对美国政府而言，联邦 CIO 不单单只是全国最高层级的政府 IT 主管，他拥有极大的管理责任，负责监督所有政府机构的运作效率和 710 亿美元科技预算的执行。

2）美国首席信息官委员会（The CIO Council）制度

美国 CIO 委员会根据 13011 号行政命令建立，后经《2002 年电子政务法》在法律上予以确认。CIO 委员会成员包括：美国联邦管理与预算办公室负责管理的副主任和负责电子政务与信息技术的主管，信息与规章事务办公室主管，第 31 条 901（b）款规定的联邦机构的 CIO、一名副首席信息执行官和首席技术主管，情报机构的 CIO、一名副首席信息执行官和首席技术主管，国土安全部的 CIO、一名副首席信息执行官和首席技术主管，陆军部、海军部、空军部的 CIO、一名副首席信息执行官和首席技术主管。

美国联邦管理与预算办公室负责管理的副主任为 CIO 委员会主席，副主席从其成员中选举产生。副主席必须是行政部门的首席执行官，任期两年，可连选连任。CIO 委员会主席负责确定发布委员会决定和决议的程序。由副主席领导的、由委员会下设的常务委员会的负责人、OMB 的代表和美国总务管理部的行政秘书处组成的执行委员会定期召开会议，明确委员会议题和议程。CIO 委员会有权根据需要成立信息技术优化业务委员会、信息技术人力资源委员会、联邦行业体系结构委员会等常务委员会和工作小组。美国总务管理部行政主管负责为委员会管理提供人力支持和其他支持，必要时 OMB 和副主席也会为委员会提供人力支持。美国总务管理部负责建立 CIO 委员会的全部备忘录、文件和人员的官方档案。

美国 CIO 委员会是一个跨部门研究如何围绕 2002 年电子政府法案、政府纸质文书削除法案、纸质文书减少法案、政府绩效法案、1996 年信息技术管理改革法案等规定的信息资源管理目标，提高联邦机构信息技术管理水平的专门机构。其主要任务包括：向联邦管理与预算办公室提出改进联邦政府信息资源管理政策建议及要求；交流信息资源管理经验、思路、成功做法和创新举措；在跨部门项目和应用信息技术以提高政府效能的创新行动的确认、扩展和协调方面，对联邦管理与预算办公室的电子政务与信息技术办公室的主管予以协助；促进政府机构信息资源管理一般工作指标的完善和应用；和国家标准与技术协会、联邦管理与预算办公室的电子政务和信息技术办公室主管一起研究提出关于信息技术标准的建议，最大限度地应用商业标准，包括互连互通的标准和指南、联邦政府电子信息分类标准和指南、与联邦政府计算机系统效率和安全相关的标准和指南；与人事管理办公室合作，分析和解决与信息资源管理有关的雇佣、培训、分类和职业开发需求问题；与联邦档案局合作，分析政府信息管理活动怎样有效满足联邦档案法案的要求；搜集自己关心的事项上，首席财务管理委员会、联邦采购委员会、首席人力资本官委员会、预算官咨询委员会和其他至关重要的联邦管理和项目官员团体及产业界、学术界、各级政府的观点。

3）美国的"联邦信息委员会"制度

根据《信息技术管理改革法》的规定，美国在联邦政府设立"联邦信息委员会（Federal Information Council)"作为联邦政府的最高政府信息管理机构。联邦信息委员会的主管部门是联邦管理与预算办公室，该委员会由联邦政府各部门的 CIO 组成。联邦管理与预算办公室主任为联邦信息委员会主席。美国 CIO 为委员会执行主任，并向委员会提供行政和其他必要的支持。联邦信息委员会的主要职责如下：听取联邦和地方政府及企业关于信息资源、信息资源管理，以及信息技术的建议和意见；向联邦管理与预算办公室主任提出与联邦信息资源管理有关的政策与实践的建议；决定政府信息基础设施的战略方向和优先领域；协助美国 CIO 制订和执行政府战略信息资源管理的有关计划；协调联邦政府及跨部门的信息系统工程计划和项目；协调政府部门共用信息基础设施的计划和实施，如通信、政府电子邮件、电子支付、电子商务及数据共享等；在各政府部门着手重大信息系统工程项目之前，评估该部门现有的业务流程及行政管理过程，并辨识改进和优化政府业务流程的机会和可能性；对各政府部门信息资源管理的实际情况进行监督和指导；就各政府部门信息资源管理的情况和问题向美国 CIO 提出改进意见和开展试点项目的建议；就联邦和地方政府各部门共享信息资源问题进行研究并提出建议；在与信息有关的国际活动中确保美国的利益，包括协调美国参加国际信息组织的活动。

在联邦信息委员会下设立"联邦软件评审委员会（Federal Software Review Council）"。此外，还可根据情况设立跨部门的功能小组。

4）美国"政府信息技术推动小组"制度

美国联邦政府设立政府技术推动小组作为推动政府信息化的技术管理机构，负责政府信息化涉及的各种日常事务，包括技术推进、法规政策建议、管理投资、改善服务、业务评估等工作。其成员包括政府信息化促进协会联盟、IT 产业顾问协会、政府信息技术服务小组、州级信息主管联盟、国家电信信息管理办公室、国家政府官员协会、政府评估组及首席信息化小组等。这个技术推动小组目前主要是一个政策制定者，具体的电子政务项目实施则依赖于外部力量。

2. 英国国家信息化管理体制

英国的信息化管理工作由电子大臣和电子专员共同负责。电子大臣由首相任命，全面领导和协调国家信息化工作，从政治上领导和协调政府各部门。联邦政府各部门都相应地设立部门电子大臣一职，其职责是：领导本部门的信息化工作并负责日常信息化事务；协助电子大臣制定并执行有关信息化政策；加强与其他部门电子大臣的合作与交流，推动政府服务的集成化。电子专员设在内阁办公室，其主要职责是：专职负责国家信息化推进工作，领导"英国在线战略"的实施，确保国家、公众和企业能够最大限度地从知识经济中获益；支持财政大臣和电子大臣对电子政务跨部门项目经费预算进行评估；与电子大臣一起向首相提交英国在线月度和年度报告。在内阁办公室设立电子专员办公室，由电子专员领导，专职负责国家信息化建设的推进工作。电子专员办公室下设政策组、执行组和协调服务组，其中政策组又分成电子政务、电子商务和电子交流三个小组。电子大臣和电子专员都向首相汇报工作，并共同向首相提交信息化进展月度和年度报告（即英国在线月度和年度报告）。

由主要联邦政府部门的电子大臣组成电子大臣委员会，电子大臣担任该委员会主席。成员单位包括：内阁办公室、文化媒体与运动部、教育与就业部、环境食品与乡村事务部、卫生部、国际发展部、交通部、地方政府与地区部、贸工部、工作与退休事务部、外交和英联邦办公室、财政部、内务部、大法官事务部、国防部、枢密院、北爱尔兰事务部、苏格兰事务部及威尔士事务部。其主要职责是：确保政府各部门的信息化项目能够在综合、集成的前提下开展；为电子大臣提供决策支持。

英国还成立了国家信息化协调委员会来负责监督英国在线战略的实施，并协助电子大臣和电子专员开展有关国家信息化建设的协调工作，其成员由联邦政府部门、授权的行政机构和地方政府指定的高级官员组成。国家信息化协调委员会下设执行委员会、电子政务组、电子商务组和电子交流组，电子政务、电子商务和电子交流三个小组分别负责监督英国在线战略中的电子政务、电子商务和电子沟通交流方面的情况，并向执行委员会汇报工作。国家信息化协调委员会的日常管理工作由电子专员办公室协调服务组负责。

2005 年，英国就在首相直属的内阁办公室下，设立了政府 CIO（Government CIO）的职位，来领导电子政府办公室，推动英国政府的转型。

3. 日本国家信息化管理体制

从 2001 年开始推动电子化政府后，日本政府在首相官邸（等同于总统府）下设立 IT 战略本部，负责全国的信息化管理工作。日本 IT 战略本部是日本信息化管理的最高决策机构，其主要职责包括：负责制定信息化发展战略及实施计划，审议并决定有关信息化建设的方针和政策，对提交国会审议的有关信息化问题的法律草案、预算草案做出决定，并负责信息化相关政策及措施的综合推进。IT 战略本部部长由首相担任，副部长由 IT 担当大臣、内阁官房长官、总务大臣和经济产业大臣担任，其他成员包括法务大臣、财务大臣、文部科学大臣、农林水产大臣、国土交通大臣、环境大臣、国家公安委员会委员长、防卫厅长官、金融担当大臣等政府官员，以及富士通株式会社社长、索尼株式会社社长、KDDI 株式会社社长等企业界人士和专家学者。其日常工作由内阁官房副长官助理具体负责。各部大臣及社会各界专家都可就信息化方面的问题做出本部门的意见案提交 IT 战略本部审议。此外，内阁官房副长官、综合规制改革会议主席及公正商务委员会委员长都有资格参加 IT 战略本部的会议。

IT 担当大臣在 IT 战略本部中担任副部长，协助部长（首相）行使决策权，其职责包括：协调各省厅开展信息化建设，确保日本信息化建设的整体推进；确保 IT 战略本部制定的政策能够顺利实施；负责纠正各地方政府在电子政务建设过程中出现的偏差。

日本总务省在信息化建设方面主要负责：开放 NTT 局，建设 DSL 服务设施，制定光纤网络服务规则，促进各地区建立良好的互联网接入环境；建设全国规模的光纤网络，促进高速通信网络的建设；开放管路、线路，以保证光纤等网络的正常进行，并加以有效利用；采取相应措施（包括向国会提出制定相应法律议案），以实现引进非对称规则（垄断企业）、促进私营光纤网公平利用的目的，创造公平竞争所需的必要条件；建立有利于方便、快捷使用 CS 数字播放、CATV 等硬件的制度，必要时可向国会提出制定相关法律的建议案，以建立通信、播放相结合的体制；推动研究开发工作的开展，保证建设高速互联网所需的技术条件；加速实现播放媒体的数字化，推进播放事业的数字化发展；对阻碍电子商务发展的各种行为和规则进行研究，并制定相应对策；向国会提出制定个人信息保护基本法的提案，建立个人信息保护基本法则；制定地方信息化的方针政策，推进地方信息化建设；实现政府物资调拨的电子化，以达到节约成本、提高行政透明度等目的；通过开发、认证用于移动通信的 IPv6 技术及与 ITS 相关的信息通信技术，建设拥有最尖端网络技术的信息高速公路系统；建立相应的标准、认证制度，以推进国际间合作；尽快建立电子签名认证机关的确认制度及知识产权保护等方面相关制度，使之与国际接轨；推进适合老年人使用的信息通信设备的开发和研制工作，建立无障碍的信息通信环境。

总务省在全国设有 10 个分支机构，包括北海道、东北、关东、信越、北陆、东海、近畿、四国、九州综合通信局和冲绳综合通信事务所。总务省各地方支局的主要职责是：在日本各地区推进信息通信政策、措施的实施并推广相关技术；对无线通信台的经营许可等问题进行审查和检查；保护电波利用环境；对从事通信事业及播放事业的企业实施监督；对地区信息化相关通信基础设施建设予以支援；负责综合无线监理系统的建设及管理。

对于各府、省等地方性信息政策，则由各省府 CIO 所组成的 CIO 联络会议共同决定，CIO 联络会议议长则由内阁官房副长官助理兼任。

日本原制定的 2010 年 IT 发展目标，希望保持这个管理架构，用 IT 打造日本的信息竞争力，让日本成为世界级的信息供应者。但是 2008 年金融危机所造成的经济衰退，打乱了日本政府的脚步。看到英、美、韩等各国纷纷调整 IT 政策，深化 IT 应用来挽救经济衰退，日本也决定用 IT 来解决金融海啸带来的问题。但是，日本现行的两层式集体管理架构，应变速度缓慢，中央与地方沟通协调不易，人力和资源无法充分发挥效用，政策无法落实。为了尽快从经济衰退中恢复，日本政府认为，信息管理架构的变革势在必行。2009 年 4 月 9 日，日本 IT 战略本部先通过了 3 年期的 IT 紧急应变计划。在 3 年紧急计划中，日本政府宣布要设立国家级 CIO，暂定职位是"政府 CIO"，采取专人专任制。随后又在 2009 年 7 月 6 日通过了中长期计划"i-Japan 战略 2015"。该战略是日本继"e-Japan"、"u-Japan"之后提出的更新版本的国家信息化战略，其要点是大力发展电子政府和电子地方自治体，推动医疗、健康和教育的电子化。该战略明确规定，在日本政府层面设立副首相级的 CIO 职位来负责监督日本信息技术战略的执行，提高各级领导和具体执行人员对于在行政、医疗和教育的电子化上的认识，推进以国民利用信息技术的便利性为首要战略的新的信息技术计划的落实。日本政府打算通过修法的方式，建立国家级 CIO 制度的法源，成立一个国家级的专任 CIO 职务，成立专责的辅助办公室，让国家级 CIO 拥有充分授权和人力资源，统管由各地方省府 CIO 所组成的"CIO 联络会议"，取代了过去由内阁官房副长官助理兼任统管的方式。日本政府希望通过制度化的国家级 CIO 角色，打破各级政府的行政本位主义，建立一个整合中央政府和地方政府的信息化管理架构，由中央统筹各级政府 IT 人力和资源的运用来提高政府行政运作效率。另一方面，也希望藉由国家级 CIO 在中央政府的决策影响力连带强化各省级 CIO 在其所属政府机关中的权限，让信息技术在政府机关中能够发挥更大的影响力。

4. 俄罗斯国家信息化管理体制

2002 年 1 月，俄罗斯正式出台了《2002—2010 年俄罗斯信息化建设目标纲要》（以下简称"纲要"）。为了保障《纲要》确定的 68 个信息化建设项目都能够得到全面的实施，根据《纲要》的有关规定，通信和信息化部，经济发展和贸易部，工业、科学和技术部，教育部，控制系统局，航空航天局，以及直属于总统的联邦政府通信和信息总署 7 个部门被指定为《纲要》项目的发包人，由它们负责具体项目的实施。同时，《纲要》还规定，信息化项目建设将通过招标的形式选择承包人，由发包人与承包人签订项目合同，以合同的方式完成项目建设。还专门成立了参与信息通信技术研发及应用计划建设的跨部门委员会和《纲要》管理委员会，共同负责俄罗斯信息化建设的组织领导和协调工作。

国家信息化委员会作为一个非常设性机构（其主席由通信和信息化部部长担任），其主要任务是就国家信息化发展的优先领域、信息化建设的法律标准保障等问题进行讨论，针对那些关系到国家信息化建设全局的问题提出一些建设性意见，并对信息化建设过程中出现的一些问题进行协调。

除此之外，俄罗斯还指定联邦委员会和国家杜马中的信息政策委员会负责有关信息化建设政策和法规的讨论、修改和审议工作，以及部分信息化政策和信息化立法的起草工作，为信息化建设创造良好的政策法律环境。

5. 瑞典国家信息化管理体制

瑞典是君主宪政国家，国民议会是最高权力机关，实行中央（国家）、区域（省）、地方（市）三级政府管理体制。中央政府（内阁总理和部长）由政治家组成，负责外交、军事和立法建议等重大事务，区域（省）政府（21 个）负责交通和社会保障医疗，其他事务由地方（市）政府（290 个）负责，三级政府有工作联系，但没有隶属关系，彼此独立，只对本级议会负责。各级议会决定"做什么"，政府部门决定"怎么做"。在这种体制下，瑞典各级政府虽然都肩负了信息化和电子政务工作的职责，而且大都设有信息化管理部门，但并没有建立自上而下统一的信息化管理和咨询体系，国家和地方信息化的重大决策都是由议会和政府集体按照程序作出的。

在中央政府层面，在1994年，瑞典成立了全国信息技术委员会。该委员会由来自信息技术、学术界的专家组成，主要目的是受政府委托，研究并向政府提出促进信息技术在瑞典的发展和应用，增强瑞典信息技术国际竞争力等方面的政策建议。1995年政府又任命了新的信息技术委员会，赋予该委员会更加广泛的任务，其中包括向政府提供信息技术业发展的战略咨询、向公众传播信息技术知识等。2003年，成立了信息技术政策战略小组，在为政府提供信息化战略咨询的同时，在贯彻落实信息化战略任务中扮演了更加积极主动的角色，并与其他政府部门和社会力量合作，努力保证瑞典在信息化方面的国际领先地位。2004年战略小组组成了4个项目组，在医疗卫生、教育、基础设施和宽带、信息技术和电信4个领域向国家提出信息化政策建议。这些信息化政策和战略咨询机构在提供重要信息化战略研究咨询、制定信息化和技术应用政策、标准和法规、促进协调等方面发挥了重要作用。

2006年1月，瑞典新一届政府在财政部下成立了行政事业发展委员会，负责协调中央政府各部门和有关地方行政事业的发展，与信息化相关的职能主要包括：促进国家电子政务的发展，负责电子政务有关规划、法规标准的论证与制定，负责在信息化应用方面的政府采购、加强政府部门之间的协调，制定政府互操作系统标准和指南，负责促进和协调电子商务的使用和发展。

瑞典工业、就业和通信部下属的国家邮政电信局是主管信息产业发展和制定相关政策的机构。其使命是保证瑞典的每一个公民都能够享受到高效、支付得起和安全的通信服务。

政府对各个部门信息化工作的推动是通过整体目标管理方式进行的，要求不断提高行政效率，从经费控制方面加以体现，逐步减少行政经费，而并没有提出专门针对各个部门的信息化要求。政府各个部门分别负责各自领域的电子政务和信息化工作，可以根据工作的实际需要开展信息化和电子政务工作。为了提高工作效率，各个部门都把信息化作为提高工作效率、完成工作任务的必要手段，努力推进电子政务，如隶属于外交部负责对外宣传的瑞典对外文化交流委员会结合自身的工作，于2007年2月在"瑞典网站"建立了世界上第一个网上虚拟瑞典大使馆，给访问者提供办理护照和签证的有关信息服务。中央政府建立了监督评测体系，每年通过民意调查等手段评价政府各个部门信息化工作的水平和公众满意度。公众认为目前税务系统电子政务做得比较好，实现了直接通过信息系统告知公民需要纳税的金额，并采取措施鼓励通过信息化手段纳税；比较而言，警察系统电子政务相对比较差，没有什么突出的具体措施。

在区域（省）和地方（市）政府层面，信息化管理机构设立不尽相同，一般设立信息技术部，并任命一名首席信息官负责工作，主要职责是建设和维护政府网站、制作信息交流资料、联系媒体、接待参观访问、对外宣传。同时，地方政府还拥有控股公司，联合有关企业事业单位参加，共同承担有关信息化项目的建设和管理工作，以降低政府工作成本，提高效率。

8.2.2 我国国家信息化管理体制

1. 我国的国家信息化领导小组及其办公室制度

我国国家信息化管理体制主要是采用国家信息化领导小组及其办公室制度。即由中央政府的主要领导和权威部门组成信息化领导小组，统一领导和协调国家各部门和各地方信息化的全面推进及网络信息安全工作。同时在政府首脑机关设置政府信息化领导小组办公室，作为国家信息化领导小组的日常办事机构。为加强对国家信息化的领导和管理，我国的这一宏观信息化管理体制进行了一系列调整。

1984 年，国务院批准国家计委成立了信息管理办公室，负责推动国务院有关部委的信息系统建设工作。1986 年，国务院批准成立了国家经济信息系统领导小组和国家信息中心，负责国家经济信息系统的规划和建设。1993 年 12 月，国家成立了以邹家华副总理为主席的国家经济信息化联席会议，一些省市也成立了相应的组织。联席会议成立后做了大量的统筹协调工作，对我国信息化建设的起步和推进起到了重要作用，但联席会议这种组织形式不能适应信息化发展的需要。

为加强对全国信息化建设的统一领导，全面推进信息化建设，1996 年 1 月，国务院第 42 次常务会议决定成立国务院信息化工作领导小组。国务院信息化工作领导小组由国务院副总理邹家华任组长，由 20 多个部委领导组成，统一领导和组织协调全国的信息化工作。领导小组是议事协调机构，比联席会议进了一大步。领导小组成立以来，做了大量卓有成效的工作：制定了国家信息化发展规划，提出了国家信息化建设的指导方针、原则、奋斗目标和主要任务，加强了计算机信息网络国际联网管理，组织了首次全国信息化工作会议，协调了信息化重大工程建设，对地方信息化工作进行了指导，使我国信息化工作走上了有领导、有组织、有计划的轨道。部门和地方也成立了相应的机构，这些机构为推进本地、本部门的信息化发挥了重要的组织作用。但信息化工作领导小组只是一个议事协调机构，领导小组的工作"不能代替各职能部门的工作"，主要是"搞好组织协调，发挥各部门的积极性"，其办公室的基本工作方式为"组织、协调、监督、检查"，缺少强有力的协调手段，无力从根本上克服多头管理、政出多门的弊端。

1998 年 3 月，第九届全国人民代表大会批准了国务院机构改革方案，撤销了邮电部、电子部和广电部，组建了信息产业部，将原国务院信息化工作领导小组办公室并入新组建的信息产业部，负责推进国民经济和社会服务信息化工作。在信息产业部内部机构设置上，设立了信息化推进司（国家信息化办公室）。

1999 年 12 月，根据国务院关于恢复国务院信息化工作领导小组的批示，为了加强国家信息化工作的领导，决定成立由国务院副总理吴邦国任组长的国家信息化工作领导小组，并将国家信息化办公室改名为国家信息化推进工作办公室。国务院信息化工作领导小组的主要职责是：组织协调国家计算机网络与信息安全管理方面的重大问题；组织协调跨部门、跨行业的重大信息技术开发和信息化工程的有关问题；组织协调解决计算机 2000 年问题，负责组织拟定并在必要时组织实施计算机 2000 年问题应急方案；承办国务院交办的其他事项。领导小组不单设办事机构，具体工作由信息产业部承担。领导小组有关工作机构设置如下：计算机网络与信息安全管理工作办公室（设在已经成立的国家计算机网络与信息安全管理中心，同时撤销计算机网络与信息安全管理部际协调小组）、国家信息化推进工作办公室（设在信息产业部信息化推进司，同时撤销国家信息化办公室）、计算机 2000 年问题应急工作办公室（设在信息产业部电子信息产品管理司，该办公室在完成解决计算机 2000 年问题的任务后，自行撤销）、国家信息化专家咨询组（负责就我国信息化工作中的重大问题向领导小组提出建议）。

　　2001 年 8 月，中共中央、国务院作出了重新组建国家信息化领导小组及日常工作机构的重大决策，朱镕基总理亲自担任国家信息化领导小组组长，成立胡锦涛、李岚清、丁关根、吴邦国、曾培炎为成员的国家信息化领导小组，这样高规格的领导机构，充分反映出党中央、国务院加强中国信息化建设的决心和力度。同时国家信息化领导小组的办事机构——国务院信息化工作办公室也正式成立，由国家发展计划委员会主任、国家信息化领导小组副组长曾培炎兼任国务院信息化工作办公室主任。将原由信息产业部承担的国家信息化工作推进办公室的职能、国家计算机网络与信息安全管理工作办公室的职能，一并转入国务院信息化工作办公室。国务院信息化工作办公室的主要职责是：组织贯彻落实党中央、国务院关于信息化工作的方针政策，开展对涉及政治、经济、文化及军事等领域的信息化和信息安全等重大问题的调查研究，并向国家信息化领导小组提出政策建议；督促检查并协调推进国家信息化领导小组决议的执行，研究国家信息化的协调机制；组织有关部门研究我国信息化发展战略、规划，协调推进国家信息化建设和计算机网络与信息安全管理工作中的法规、标准及相关政策的起草工作；组织协调国家信息安全保障体系的建立；参与涉及全局的重大信息化项目的协调与审议；组织规划政府网，推进电子政务建设；协调国家重要信息资源的开发利用与共享，促进跨行业、跨部门面向社会服务网的互联互通；协调信息网络规划和实施中的问题，防止重复建设，促进电信网络、广播电视网络和计算机网络的融合；协调完善与信息化相关的统计调查制度，推进信息化的宣传普及与教育培训；参与信息化相关的重要国际合作与交流；承办国家信息化领导小组交办的其他工作。现在，中共中央政治局常委、国务院总理温家宝任国家信息化领导小组组长，中共中央政治局常委、国务院副总理李克强，中共中央政治局委员、中央书记处书记、中宣部部长刘云山，中共中央政治局委员、国务院副总理张德江，中共中央政治局委员、中央军委副主席郭伯雄，国务委员兼公安部部长孟建柱任国家信息化领导小组副组长。领导小组成员包括中央、国务院和军队有关部门的主要负责人。

　　2008 年 3 月，国务院机构改革方案出台，决定将原国务院信息化工作办公室的职责划给工业和信息化部，不再保留国务院信息化工作办公室。工业和信息化部在信息化管理方面的职责是：统筹推进国家信息化工作，组织制定相关政策并协调信息化建设中的重大问题，促进电信、广播电视和计算机网络融合，指导协调电子政务发展，推动跨行业、跨部门的互联互通和重要信息资源的开发利用、共享；统筹规划公用通信网、互联网、专用通信网，依法监督管理电信与信息服务市场，会同有关部门制定电信业务资费政策和标准并监督实施，负责通信资源的分配管理及国际协调，推进电信普遍服务，保障重要通信；统一配置和管理无线电频谱资源，依法监督管理无线电台（站），负责卫星轨道位置的协调和管理，协调处理军地间无线电管理相关事宜，负责无线电监测、检测、干扰查处，协调处理电磁干扰事宜，维护空中电波秩序，依法组织实施无线电管制；承担通信网络安全及相关信息安全管理的责任，负责协调维护国家信息安全和国家信息安全保障体系建设，指导监督政府部门、重点行业的重要信息系统与基础信息网络的安全保障工作，协调处理网络与信息安全的重大事件；开展信息化的对外合作与交流，代表国家参加相关国际组织。工业和信息化部与信息化有关的机构及其职能如下。①电子信息司。承担电子信息产品制造的行业管理工作；组织协调重大系统装备、微电子等基础产品的开发与生产，组织协调国家有关重大工程项目所需配套装备、元器件、仪器和材料的国产化；促进电子信息技术推广应用。②软件服务业司。指导软件业发展；拟订并组织实施软件、系统集成及服务的技术规范和标准；推动软件公共服务体系建设；推进软件服务外包；指导、协调信息安全技术开发。③通信发展司。协调公用通信网、互联网、专用通信网的建设，促进网络资源共享；拟订网络技术发展政策；负责重要通信设施建设管理；监督管理通信建设市场；会同有关方面拟订电信业务资费政策和标准并监督实施。④电信管理局。依法对电信与信息服务实行监管，提出市场监管和开放政策；负责市场准入管理，监管服务质量；保障普遍服务，维护国家和用户利益；拟订电信网间互联互通与结算办法并监督执行；负责通信网码号、互联网域名、地址等资源的管理及国际协调；承担管理国家通信出入口局的工作；指挥协调救灾应急通信及其他重要通信，承担战备通信相关工作。⑤通信保障局。组织研究国家通信网络及相关信息安全问题并提出政策措施；协调管理电信网、互联网网络信息安全平台；组织开展网络环境和信息治理，配合处理网上有害信息；拟订电信网络安全防护政策并组织实施；负责网络安全应急管理和处置；负责特殊通信管理，拟订通信管制和网络管制政策措施；管理党政专用通信工作。⑥无线电管理局（国家无线电办公室）。编制无线电频谱规划；负责无线电频率的划分、分配与指配；依法监督管理无线电台（站）；负责卫星轨道位置协调和管理；协调处理军地间无线电管理相关事宜；负责无线电监测、检测、干扰查处，协调处理电磁干扰事宜，维护空中电波秩序；依法组织实施无线电管制；负责涉外无线电管理工作。⑦信息化推进司。指导推进信息化工作，协调信息化建设中的重大问题，协助推进重大信息化工程；指导协调电子政务和电子商务发展，协调推动跨行业、跨部门的互联互通；推动重要信息资源的开发利用、共享；促进电信、广播电视和计算机网络融合；承办国家信息化领导小组的具体工作。⑧信息安全协调司。协调国家信息安全保障体系建设；协调推进信息安全等级保护等基础性工作；指导监督政府部门、重点行业的重要信息系统与基础信息网络的安全保障工作；承担信息安全应急协调工作，协调处理重大事件。

2. 我国的国家信息化专家委员会制度

2001 年 8 月，中共中央、国务院批准成立国家信息化领导小组国家信息化专家咨询委员会。国家信息化专家咨询委员会是国家信息化领导小组的决策咨询机构，其宗旨是增进国家信息化战略决策的科学化和民主化，积极有效地推动国家信息化发展进程。国家信息化专家咨询委员会的职责是按照国家信息化领导小组要求，就提交国家信息化领导小组审议的重要文件进行会前咨询评议；负责组织有关专家，接受国家信息化领导小组的咨询，就我国信息化发展中的重大问题提出建议；根据国务院信息化工作办公室委托，对国家信息化发展战略、政策和规划提出意见和建议；对国内国际信息化问题进行跟踪和超前性研究；积极促进中外专家和咨询机构间的交流，开展信息化国际合作研究。国家信息化专家咨询委员会委员由来自经济、技术、公共管理、法律等领域的专家组成。如第四届国家信息化专家咨询委员会聘请了来自各方面，专业覆盖经济、技术、公共管理、法律等领域的 61 名委员和 5 名特邀委员，奚国华任专家委员会主任，周宏仁担任常务副主任，吴敬琏、邬贺铨、何德全和杨国勋任副主任。国家信息化专家咨询委员会内设四个专业委员会：政策规划与电子政务专业委员会、两化融合与信息化推进专业委员会、信息技术与新兴产业专业委员会、网络与信息安全专业委员会。

8.3 中观信息化管理体制

8.3.1 地方信息化管理体制

1. 我国地方信息化管理体制的现状

目前我国大部分地方信息化管理体制还是沿用国家的信息化管理体制，即实行"信息化工作领导小组＋信息化工作办公室"体制。我国各级地方政府都建立了由政府主要领导挂帅和党政各大系统、相关部门负责人共同参与、协调一致的信息化领导体制——信息化领导小组，统领各地区信息化建设工作。同时，在政府首脑机关设置了信息化办公室，作为各地方政府信息化领导小组的日常办事机构，已初步形成了统一、精干、高效的信息化管理体制的格局。

上海市的信息化管理体制建设具体典型性。2000 年，经中共中央、国务院批准，上海市信息化办公室正式成立，为常设机构，公务员编制增至 128 人。上海市信息化办公室是市政府主管全市信息化工作的直属机构，同时又是信息化领导小组的办事机构，负责组织、协调和推进信息产品制造业、软件业、信息服务业和通信业的发展及信息基础设施建设、信息网络安全工作。2001 年，区县设立信息化委员会。上海市信息化办公室通过各区、县信息化委员会对全市信息化工作实行统一规划、统一领导、统一管理。上海市信息化办公室设综合处、政策研究室、发展规划处、政策法规处、人事处（组织干部处）、信息安全处（加挂市信息网络安全协调办公室、市计算机病毒防范工作办公室牌子）、科技处、信息产业管理处（信息服务管理处）、网络管理处、无线电管理处、政务信息化处（区县信息化工作处）、社会信息化处（加挂市金卡工程办公室牌子）、市民信息系统建设处、市民信息系统管理处、党群工作处（党委办公室、组织处、宣传处、办直属机关党委、系统工会、系统共青团）、纪检监察室等16 个职能处室。下属 9 个事业单位是：市信息化办公室技术中心、市社会保障卡服务中心、市计算机病毒防范中心、《现代信息技术》杂志社、市信息安全测评认证中心、市信息化办公室机关服务中心、市 IDC 数据中心、市互联网络交换中心等。

2005 年 7 月 25 日湖北省人民政府常务会议审议通过、自 2005 年 10 月 1 日起施行的《湖北省信息化建设与管理办法》规定，省人民政府信息化行政主管部门负责本省信息化建设的统筹规划、组织协调和监督管理。其主要职责是：贯彻执行信息化建设的法律、法规和规章；拟订本省信息化建设的有关技术标准；对本省计算机信息网络、信息安全及重要信息资源开发利用中出现的重大问题进行综合协调，促进跨地区、跨行业、跨部门社会服务网络的互联互通；配合各应用部门搞好信息应用系统建设，利用电子信息技术改造传统产业；有计划、有步骤地开展信息化知识的普及、宣传和教育；负责本省行政区域内信息化指标的收集、整理和汇总工作；完成国家信息化管理机构交办的其他工作。县级以上人民政府的发展和改革、建设、公安、国家安全、保密、通信、广播电视等部门，应当依据法定的职责做好信息化建设管理工作。市（州）、直管市、县（市）人民政府信息化行政主管部门负责本行政区域内信息化建设的管理、协调与监督工作。省人民政府信息化行政主管部门应当会同有关部门编制全省信息化发展规划，报省人民政府批准后组织实施。省人民政府各有关部门应在全省信息化发展规划的指导下，编制本部门信息化发展专项规划，并报省人民政府信息化行政主管部门备案。各市、州、直管市人民政府信息化行政主管部门应当会同同级有关部门编制本行政区域的信息化发展规划，报本级人民政府批准后实施，并报省人民政府信息化行政主管部门备案。2009 年 7 月 31 日湖北省第十一届人民代表大会常务委员会第十一次会议通过、2009年 10 月 1 日实施的《湖北省信息化条例》规定，县级以上人民政府应当加强对信息化工作的领导，将信息化发展纳入国民经济和社会发展规划，建立健全信息化工作领导协调机制，推动信息技术创新和应用，加强信息化人才的培养和引进，开展信息化知识的宣传、普及，促进信息化发展。县级以上人民政府信息化主管部门负责本行政区域内信息化发展的统一规划、组织协调和监督管理等工作。主要职责是：贯彻执行国家和省有关信息化的法律、法规和规章；指导和组织编制信息化发展规划；指导和统筹本行政区域内的信息化发展工作，促进公共信息网络、信息应用系统之间的互联互通、资源共享；引导信息资源的开发利用，促进信息技术的推广应用；组织开展信息化知识和技能的宣传、普及，提高信息化技术的应用能力；对本行政区域内信息化发展中出现的重大问题进行综合协调；负责本行政区域内信息化指标的收集、整理和汇总工作。县级以上人民政府应当建立信息化专家咨询制度。信息化的规划编制、标准制定、重要决策和重大项目建设，应当经过专家论证，听取专家意见。

我国地方政府的信息化管理体制还没有完全理顺。虽然近年来各级地方政府大多逐步组建了信息化领导小组，但在实际工作中，地方信息化领导小组主要由各级政府的"一把手"或主管副职领导组成，因为多是兼职挂名，其对信息化工作的指导事实上非常有限；组织领导信息化建设的重任实际落在"信息化工作办公室"肩上。信息化工作办公室只是作为政府诸多部门中的一个，甚至是虚设的，没有对其他部门和对社会的有效管理手段，在规划和指导这一层面上缺乏足够的权威性。各省/自治区信息化领导小组办公室主任一般由信息产业厅厅长兼任，信息产业厅与建设厅、科技厅等其他厅级单位是平级的，对其他厅的协调能力有限。各市/县信息化办公室主任有的由市/县政府副秘书长兼任，有的由信息中心主任兼任，有的由改革和发展委员会副主任兼任，有的由市/县政府办公室主任兼任，还有的由信息产业局局长兼任。市/县政府副秘书长、市/县政府办公室主任行政权力有限，对各个局、委、办的协调能力很有限。信息中心一般设在发展和改革委员会下面，信息中心主任与其他局局长甚至不是平级而是低一级的，信息化建设协调工作很难开展。

2. 我国地方信息化管理体制的优化

地方政府在国家行政管理体制中处于承上启下的地位，具有两重性，既是地方最高一级的行政领导，又是国务院统一领导下的地方行政机关。这种两重性决定了地方政府行使职能具有如下特点：一方面要贯彻执行中央的决策；另一方面又要根据本地的实际情况，在符合中央政令的前提下，制定适合本地实际情况的方针政策。出于中央政府向地方政府分权的考虑，地方政府在信息化管理工作中实际具有很大的自治权。地方信息化管理部门应做好以下三个方面的工作。一是加强信息化的宏观管理。要负责制定地方信息发展规划，监督规划的实施。通过宏观管理，可以保证本地区信息化建设的有序健康发展，最大限度地降低重复建设。二是搞好信息化的微观指导。信息化的管理部门不仅要牵头抓总，注重宏观管理，也要搞好具体的微观指导工作。比如企业在信息系统的建立和信息安全的实施过程中，就需要信息化管理部门组织专家对信息系统和信息安全方面做可行性研究，做到投资小效果好，解决企业在人才方面匮乏和不了解行业发展的难题，规避一些不应出现的风险。微观指导可具体到信息化规划、管理制度的制定，信息化项目的评估等。三是抓好信息化的服务对接。在地方信息化建设过程中，服务对接是一项十分重要的工作。因为地方受资金、人才的困扰，影响推进信息化的进程，而通信和 IT 企业具备这样的优势，双方合作就可以产生共赢。事实上，有很多地区在信息化建设过程中已经尝试了这种多渠道的投资模式。

地方政府一级的信息化管理体制优化应从两个方面入手。一是强化地方信息化领导小组及其办公室的功能，使地方信息化领导小组及其办公室的领导、管理和协调工作落到实处。信息化领导小组组长应由各级政府一把手兼任，各级信息化办公室应该是各级政府办公厅（室）领导兼任其主任，这样责权才能与现在面临的信息资源整合，与为社会提供各类服务相对应。因其行政范围涉及一级政府的各项政务，也可以使技术与政务有效地结合。二是在我国地方信息化管理中引入以 CIO 为核心的地方信息化管理体制，即在全国各省、市（区县一级暂没有必要设立）设立地方 CIO。地方 CIO 的权限与职责是：负责本地区的信息化发展的近期、中期和长期规划，同时制定相应的信息技术战略；负责本地区电子商务、电子政务等的应用及实施；负责本地区信息化预算和资源调配；负责本地区信息系统的流程设计、业务沟通，甄别社会上信息业合作伙伴，负责工程监理和效果评估。

8.3.2 行业信息化管理体制

1. 我国行业信息化管理体制的现状

我国行业信息化管理体制也是沿袭国家信息化管理体制，即"行业信息化领导小组＋信息化工作办公室"的体制。这一管理体制实际上是在国家级行业主管部门、省级（直辖市、自治区）行业主管部门、市（州）级行业主管部门甚至县级行业主管部门分别设立信息化领导小组和信息化工作办公室，并加强垂直联系而形成的信息化管理和领导体系。

国家工商行政管理总局成立了信息化领导小组和信息化办公室后，2002 年 3 月，广东省工商行政管理局制定发布了《广东省工商行政管理系统信息化建设组织管理制度》，要求省、市、县三级工商行政管理局分别成立信息化工作领导小组，领导小组由局长任组长，副局长任副组长，各部门主要负责人为小组成员；领导小组下设信息化办公室，信息化办公室由分管信息化工作的局领导担任主任，局办公室主任和信息中心主任为信息化办公室副主任，信息中心工作人员为信息化办公室工作人员。省局信息化工作领导小组负责全省工商行政管理信息化工作。各级工商行政管理局信息化工作领导小组负责本局及下属单位信息化建设的指导、规划、协调和组织实施；各级信息化办公室负责实施规划的工程项目、综合配置利用信息资源、开展本局及下属单位内各部门信息化技术服务等；各级工商行政管理局业务部门是信息化工作的主体，在信息化工作领导小组和信息化办公室的统筹下，开展本部门的信息化工作。各级工商行政管理局信息化工作领导小组对本局及下属单位信息化工作的程度、进度、质量及保障负领导责任；领导小组各成员对其所在业务部门的信息化工作负直接责任；信息化办公室对整体信息化水平负综合责任。

2003 年发布并施行的《全国烟草行业信息化工作管理办法》规定，国家烟草专卖局信息化工作领导小组对烟草行业信息化工作实行统一领导，其主要工作职责是：按照国家信息化工作的方针、政策，对烟草行业信息化工作进行统一领导和管理；审议烟草行业信息化工作的发展规划和规章制度；审查烟草行业信息化重大工程项目；审议国家烟草专卖局信息化工作领导小组办公室的工作报告。国家烟草专卖局信息化工作领导小组办公室设在国家烟草专卖局烟草经济信息中心，承担国家烟草专卖局信息化工作领导小组的日常工作，其主要工作职责是：组织贯彻国家和烟草行业信息化工作方针政策，执行领导小组决议，对行业信息化工作进行监督检查和业务指导；起草烟草行业信息化发展规划和规章制度；审查烟草行业各省级烟草专卖局（公司）、各省级工业公司信息化发展规划和实施计划；配合有关主管部门进行烟草行业信息化工程项目的立项、验收和信息化成果的鉴定、技术推广、标准规范工作；指导、协调各省级烟草专卖局（公司）、工业公司信息化工作领导小组办公室、信息中心工作；办理领导小组交办的其他事宜。烟草行业各省级烟草专卖局（公司）、工业公司及所属单位应成立信息化工作领导机构和设立工作部门，具体负责本地区、本单位的信息化管理和建设工作，并接受上一级信息化工作领导机构的管理。

2008年5月，中国证券期货业信息化工作领导小组成立。中国证监会决定，在原证券期货业网络与信息安全保障协调小组的基础上，成立证券期货业信息化工作领导小组及其办公室和专家委员会。证券期货业信息化工作领导小组及其办公室、专家委员会、证监会信息中心和相关部门、证监会派出机构、各证券期货交易所、证券登记结算公司、期货保证金监控中心、投资者保护基金公司、证券业、期货业协会、全国金融标准化技术委员会证券分技术委员会进一步明确职责分工，加强组织协调，形成市场各方积极参与、分工合理，决策科学、高效规范、合力监管的长效机制。

2. 我国行业信息化管理体制的优化

按照统一领导与分工负责相结合的原则，具体到行业的信息化工作由各行业自行管理。行业信息化是包括信息业本身在内的一切行业推广和应用信息技术、开发和利用信息资源的过程。行业信息化管理体制的优化也可从两个方面入手。①应完善目前的"行业信息化领导小组＋信息化工作办公室"的体制，在每个行业中建立自上至下的多级信息化领导小组和相应的信息化工作办公室，加强不同层级的信息化领导小组之间、信息化工作办公室之间的联系与沟通，同时，加强与同级政府综合信息化领导小组、信息化工作办公室的联系。②引入行业CIO制度，设立不同级别的行业CIO，充分发挥CIO在行业信息化管理中的作用。

8.4 微观信息化管理体制

8.4.1 社会组织信息化管理机构设置模式与领导体制类型

1. 社会组织信息化管理机构设置模式

社会组织信息化管理机构就是对社会组织内部的信息化建设与应用进行管理的机构。社会组织信息化管理机构设置的基本模式可从三个方面进行分析。

1）社会组织信息化管理机构的级别模式

探讨社会组织信息化管理机构的设置模式首先要确定社会组织信息化管理机构的行政级别，即明确这一信息化管理机构在社会组织内属于哪一层级机构。一般而言，有作为社会组织二级机构设立和作为社会组织三级机构设立两种模式。

（1）二级机构式。二级机构式是在社会组织内部设立一个信息化管理办公室，该办公室作为主管本单位信息化工作的综合性职能部门，直接隶属于该社会组织，与其他二级机构平级。由于信息化工作的战略性地位，主管社会组织信息化建设与应用的机构必须具有一定的行政级别。作为二级机构设立的信息化管理机构在社会组织中的行政级别较高，便于对本单位的信息化建设与应用进行统筹安排、集中领导和组织协调。但是，在社会组织中增设这样一个综合性职能部门对于社会组织的管理体制变动较大，同时需要一个既懂管理又懂技术的综合型、专业型人才担任这一机构的负责人，因而这一模式的建立对各方面的要求较高，适用于机构较为庞大、结构较为复杂、综合性较强的社会组织。

（2）三级机构式。有一些社会组织把信息化管理的职能归入社会组织内相关业务机构中，也就是说在社会组织二级机构中设立信息化管理机构。例如，许多社会组织将信息化工作的推进、管理职能放在计划部门或科技部门之下，也有的社会组织将此职能放在该社会组织的办公室之下。与前一种模式相比，这一模式对于社会组织的管理体制变动不大。信息化管理工作是一项涉及技术、管理、行政等多个层面的系统工程，将信息化管理机构设置在某个二级部门之下，而不触及其他业务部门和机构，不利于整合社会组织内部的各种资源，不能体现信息化管理的真正内涵，因而只能成为一种过渡模式。对于行政级别较低、管理权限较小的社会组织来说，其信息化建设与应用工作较为简单，可考虑采取这一模式。

2）社会组织内、外信息化管理机构的分合模式

在一个国家的信息化发展进程中，政府信息化与企业信息化、社会信息化的进程相互促进、密不可分。有些社会组织是国民经济和社会生活的领导者和组织者，不但需要管理好其内部信息化建设与应用工作，同时还肩负着对整个社会或一定范围内信息化管理的重任，这样就出现了社会组织对内部、外部信息化管理的机构是否统一的问题，也就是说，对社会组织内部进行信息化管理的机构与对外部信息化管理的机构是分是合的问题。具体来说，有以下两种模式。

（1）分设式。分设式是指将社会组织内部信息化管理机构和外部信息化管理机构分开设立的模式。例如，从中央政府机关到地方政府机关，从领导机关到职能机关，各种类型的政府机关有着不同的管理职能，虽然政府机关内部信息化管理工作大同小异，但是政府机关外部的信息化管理工作却有很大差异。位于"金字塔"上层的政府机关负责管理下一级的政府机构，这样上层的政府机关就多了一项外部的信息化管理职能，它要负责规划和管理下级机构的信息化工作。此外，专司信息化建设与应用的政府机关不仅要负责本系统内的信息化工作，还要负责整个社会的信息化建设与应用，因而其信息化管理的范围要大于其他类型的政府机关。设立内、外部信息化管理机构必须考虑政府机关自身管理职能的大小，对于外部信息化管理面较广、管理工作较多、且与内部信息化管理差别较大的政府机关，可采用分设式。当然，这两个信息化管理机构的行政级别可以不同。

（2）合一式。合一式是指将社会组织内部信息化管理机构和外部信息化管理机构合二为一的模式。由于信息化管理工作的共性很大，无论对象是政府机关，还是企业或其他社会组织、家庭，其基本原理和要求都是大同小异的，执行的都是信息化管理的职能，从理论上分析，将对社会组织内、外部进行信息化管理的机构设置在一起是可行的，实际情况也是如此。例如，某些低层级的政府机关自身的管理权限小，对机关外部的辐射力不大，外部信息化管理职能不多，没必要再单独分设外部的信息化管理机构。还有些政府机关的内、外部信息化

管理工作较为类似，放在一起管理更加方便和高效。

3）社会组织信息化管理机构与信息中心的隶属模式

社会组织的信息中心是社会组织信息化中一个重要的技术部门和业务部门。我国许多社会组织都设立了本单位的信息中心或计算机中心，其主要任务是承担信息化基础设施建设，为社会组织履行宏观调控职责，为日常行政管理提供信息技术保障和信息咨询服务。从本质上看，社会组织信息化管理机构与信息中心是管理机构与执行机构的关系，信息化管理机构是社会组织信息化的主要领导机构，重点负责制度、计划的制定，而信息中心则是主要的技术实施机构，负责具体的技术服务和实施。在实际运作中，社会组织信息化管理机构与信息中心的关系有两种处理模式。

（1）一体式。一体式就是社会组织信息化管理机构与信息中心合为一体的模式。不同社会组织的信息中心成立背景不一样、职能范围不一样、工作思路不一样，所属系统的信息化水平差异也很大，这些因素必然会影响到信息中心的建制。有的信息中心在成立之初就承担了本系统的部分信息化管理工作，如我国劳动和社会保障部信息中心的职责就包括，承担部分信息化领导小组办公室的工作，承担劳动保障领域国家重大信息工程的组织工作，对地方劳动保障部门信息系统建设提供技术指导等。对于这类职能范围较广，并且承担了部分信息化管理工作的信息中心来说，可以采取信息化管理机构与信息中心"一套班子，两块牌子"的一体化模式。信息化管理机构与信息中心的一体化模式能够充分利用信息中心的技术优势，提高信息化管理机构的管理水平。但是，这一模式不利于明确信息中心与信息化管理机构各自的职能划分，影响管理效率的提高。

（2）直属式。直属式就是社会组织的信息中心直接隶属于社会组织信息化管理机构的模式。如前文所述，信息化管理机构与信息中心是管理机构与执行机构的关系，如果从这一角度来进行定位，社会组织信息中心宜作为社会组织内信息化管理机构的一个下属分支机构来设置。这样一来，宏观上的管理工作由信息化管理机构来负责，而具体的实施工作则由信息中心来承担，两者分工明确，可以充分发挥各自的优势，提高管理效率。

2. 社会组织信息化管理领导体制的类型

社会组织信息化管理的领导体制主要解决社会组织信息化管理的职权划分问题。社会组织信息化管理机构一般设主任一名，副主任 1～3 名。根据信息化管理机构主任与上一级领导的职权关系不同，社会组织信息化管理领导体制有以下三种类型。

1）高层领导副职或 CIO 负责制

这一领导体制是由社会组织高层领导中的某一副职或 CIO 兼任该社会组织信息化管理机构主任，即由社会组织的高层决策者担任信息化管理机构的负责人。由于信息化管理机构主任的双重身份，可以同时兼顾信息化工作的全局性与专业性，因而这种制度安排有利于社会组织信息化管理部门与其他部门之间的协调，避免出现对信息化工作的多头管理。但是，这一双重身份也会分散其作为信息化管理机构负责人的精力，影响他在指导信息化管理机构工作方面作用的发挥。

高层领导副职负责制是由社会组织中的高层领导副职，特别是分管信息化工作的副职领导来担任信息化管理的最高决策者。高层领导副职有相当程度的自主决策权，又专司信息化管理工作，从职位上完全能够领导信息化建设与应用这一系统工程。当然，社会组织中高层领导副职的业务素质不一定符合信息化管理机构主任的要求，兼任信息化管理机构主任的高层副职应加强其作为信息主管的素质修养。

设立 CIO 一职来负责信息化工作管理的方式正风靡全球各大企业和政府，其优势是不言而喻的。CIO 是司职信息化建设与应用的专业人才，是既懂技术又懂管理的复合型人才。CIO 的提出，就是要解决整个信息化进程中，在资源整合、应用实施中遇到的问题。CIO 可在前期决策、期间监控、后期技术、方案、应用等方面发挥重要作用。CIO 是一个战略管理者，毫无疑问是社会组织信息化工作的领导者。在社会组织所有的管理者中，CIO 作为信息主管的专业素质最高，但是为了处理好 CIO 与其他管理者的关系，必须进一步明确 CIO 的职权范围和行政级别。

2）高层领导领导下的信息化管理机构主任负责制

与前者不同的是，这是一种专兼职相结合的管理体制。信息化管理机构主任作为信息化管理工作的专职领导来具体管理信息化工作，而社会组织高层领导是作为最高决策者来对信息化工作进行统筹安排的兼职领导。这种体制明确了社会组织信息化的最高决策者与信息化管理机构主任之间的关系，社会组织信息化的具体管理工作由信息化管理机构主任负责，而有关的重要决策由社会组织的高层领导作出。社会组织的信息化管理机构由专人负责，专业性更强。需要注意的是，必须区分高层领导和信息化管理机构主任的管理权限，以免造成信息化工作的多头领导。高层领导领导下的信息化管理机构主任负责制有"一把手"领导、高层领导副职领导和 CIO 领导三种形式。

（1）"一把手"领导下的信息化管理机构主任负责制。"一把手"是推进信息化的开路先锋，社会组织中"一把手"的直接领导非常有利于信息化工作的统筹规划和统一管理。但"一把手"不可能只关心信息化工作，更不可能投身于信息化建设与应用的具体工作中去。"一把手"只作为信息化管理的最高决策者，而由信息化管理机构主任来专职管理信息化的建设与应用，这一安排既赋予了信息化管理机构更大的管理权限，又能保证信息化管理机构主任的领导下独立地开展工作，是目前国内社会组织采用较多的一种领导体制。不过，"一把手"不是针对信息化工作配备的专门人才，他在专业性上难免有些缺陷，需要"一把手"多加强自身信息素质的培养。

（2）高层领导副职领导下的信息化管理机构主任负责制。高层领导副职领导下的信息化管理机构主任负责制与前一种负责制极为类似，只是由高层领导副职取代了"一把手"的位置。高层领导副职虽然从行政级别上略低于"一把手"，但是仍然有相当的决策自主权，而且其工作内容更为具体，对于信息化工作更为了解，可以为信息化管理机构主任提供更为具体的指导和帮助。

（3）CIO 领导下的信息化管理机构主任负责制。这是一种以 CIO 为领导，由信息化管理机构主任来负责管理和实施的社会组织信息化管理体系。由 CIO 来担任社会组织信息化管理的最高领导，可以充分发挥 CIO 的专业优势，为社会组织的信息化工作提供更多的专业意见。但是，CIO 在行政级别上低于"一把手"，一般也略低于高层领导副职。

3）信息化管理委员会领导下的信息化管理机构主任负责制

信息化管理委员会大多由社会组织的正、副职领导负责，成员主要是社会组织信息化的相关管理人员，如社会组织的主要行政领导、技术专家、管理专家，甚至社会组织以外的专业人士也可以参与进来。这种集体领导的模式便于集思广益，充分发挥集体智慧来共同领导信息化这一系统工程，是所有领导体制中最为完善的类型。但是相对个人领导体制而言，信息化管理委员会的集体领导体制在决策中需要征求所有委员的意见，信息化工程项目审批的周期被拖长，有可能错过社会组织信息化建设与应用的最佳时机，造成不必要的损失。

8.4.2 完善社会组织信息化管理体制应考虑的因素

1. 社会组织的性质与职能

社会组织有企业组织、政府组织、事业组织之分。不同性质的社会组织具有不同的社会职能和社会责任，其活动性质、竞争态势也不同，从而导致其信息化需求不同，信息化管理的任务与目标也有较大差异。企业是生产经营性的营利性组织，其活动是生产经营产品和服务，面对激烈的市场竞争，因而其信息化内容较复杂，不同行业企业信息化建设与应用差别较大，但大多数企业的信息化管理只是企业自身的信息化管理，而很少涉及企业外部的信息化管理。政府机关是非营利性组织，主要职能是社会管理和社会服务，其信息化内容较简单，不同政府机关信息化建设与应用的差别不大，但某些政府机关不仅要对本机关的信息化进行管理，还要对社会信息化进行管理。因此，企业信息化管理体制与政府机关信息化管理体制有较大差别。此外，同是政府机关，但不同的政府机关有着不同的业务分工，不同的业务分工对信息化工作的要求差异很大，从而影响到信息化管理体制。如前文所述，某些行业（如海关、税务、工商行政管理、土地资源管理等）的政府机关对信息化管理的要求较高，这些政府机关宜在政府机关的二级部门（或一级部门）设立信息化管理机构，采用信息化管理委员会领导下的信息化管理机构主任负责的领导体制，机关内、外部的信息化管理机构分设。

2. 社会组织的级别

一些社会组织有级别高低之分，如政府机关之间有明显的上下级关系，企业中的总公司与分公司也是上下级关系。我国的政府行政管理体制是一种自上而下的集中式纵向管理体制，按照级别高低进行分层管理，因而呈现出一种金字塔型机构。对于靠近塔尖、级别较高的政府机关，可在政府机关的二级部门（或一级部门）设立信息化管理机构，实行高层领导或信息化管理委员会领导下的信息化管理机构主任负责制，机关内、外部的信息化管理机构往往是分立的，而信息中心多隶属于信息化管理机构。对于靠近塔底、级别较低的政府机关，可在政府机关的三级部门设立信息化管理机构，采取高层领导副职或 CIO 负责的领导体制，机关内、外部的信息化管理机构往往是合一的，而信息中心和信息化管理机构多为一体式。同样，在有上下级关系的企业中，总公司可在二级部门设立信息化管理机构，采用高层领导或信息化管理委员会领导下的信息化管理机构主任负责制，信息中心多隶属于信息化管理机构；分公司可在三级部门设立信息化管理机构，采用高层领导副职或 CIO 负责的领导体制，将信息中心和信息化管理机构可融为一体。

3. 社会组织的规模

社会组织有规模大小之分。不同规模的组织由于其内部结构、资源条件、规模效益不同，信息需求与信息能力也不同，其信息化需求也有较大的差别，信息化管理的难易程度不同，从而决定了信息化管理体制的差异。一般说来，大型社会组织信息化建设与应用内容丰富，信息化管理难度较大，宜将信息化管理机构作为二级部门，采用 CIO 负责制或"一把手"领导下的信息化管理机构主任负责制，信息中心隶属于信息化管理机构。中小型社会组织信息化建设与应用内容不太丰富，信息化管理难度不大，可将信息化管理机构作为三级机构，即在社会组织的二级机构中设立信息化管理机构，采用高层领导副职负责制或高层领导副职领

导下的信息化管理机构主任负责制，将信息化管理机构与信息中心融为一体。

4. 社会组织信息化的目标

需要建成怎样的信息化管理体制首先是由信息化管理的目标决定的，它是信息化管理体制构思的起点，也是信息化管理体制实施的终点。信息化管理的目标主要涉及全面性、高水平、高速度、低成本等方面。在信息化建设的不同阶段，社会组织信息化管理的目标是有差别的。简单来说，信息化管理的目标有初级目标和高级目标之分，前者对于全面性、高水平、高速度、低成本等方面的要求不如后者高。在实现信息化管理的初级目标阶段，可考虑在社会组织的三级部门设立专门的信息化管理机构，然后逐步向二级机构这一更优的模式过渡。而到了实现信息化管理的高级目标阶段，一般采取在社会组织二级部门设立专门的信息化管理机构的模式。

5. 社会组织信息化的实施阶段

信息化管理体制是由信息化工作的实施阶段决定的。社会组织信息化工作可概括为信息化建设与信息化应用两大阶段。在不同的发展阶段，信息化工作的主要内容及其对管理体制的要求是不完全相同的。在信息化建设阶段，信息化的工作重点是信息化建设的整体规划、建设资金的落实、建设方案的设计，以及信息化的工程建设，既涉及技术部门的工作，又涉及部门间的合作，因而对管理体制的要求较高。而到了信息化应用阶段，信息化的工作重点转为信息技术在各个部门的应用，技术部门只需要做好技术保障和服务工作，涉及面不如信息化建设阶段广，复杂程度也远不及信息化建设阶段，这些变化自然会在社会组织信息化管理体制中体现出来。针对信息化建设阶段的特点，社会组织宜采取在二级部门设立信息化管理机构的模式，信息化管理委员会领导下的信息化管理机构主任负责的领导体制。由于信息化建设阶段的工作比较复杂，涉及面广，信息化管理机构需要联合信息中心的优势才能更好地开展工作，所以在处理二者的关系时，往往采取一体式模式。而在信息化应用阶段，可在社会组织的三级部门设立信息化管理机构，也可以在二级部门设立信息化管理机构，领导体制适宜选择高层领导领导下的信息化管理机构主任负责制。在这一阶段，可考虑将信息中心直接隶属于信息化管理机构之下，使信息中心的职能侧重于技术支持和技术服务方面，不再涉及机关内部的信息化管理。

8.4.3 社会组织信息化管理体制的实践

1. 政府机关信息化管理体制

我国现阶段政府机关信息化管理体制主要是"信息化领导小组＋信息化职能部门"的结构，但信息化职能部门有多种形式，从而形成了以下几种体制。①"信息化办公室＋信息中心"结构型。这种结构下的政府信息化工作主要由信息化领导小组及信息化办公室组成，信息化办公室下设信息中心。②"信息化办公室"主导型。这种结构下的政府信息化工作主要由信息化领导小组及信息化办公室组成，信息化办公室下不设信息中心。③"信息中心"主导型。这种结构下的政府信息化工作主要由信息化领导小组及信息中心组成，不设信息化办公室，或信息化办公室挂靠在信息中心。如我国国土资源部信息化领导小组下设信息化办公室（对外称国土资源部信息化工作办公室），办公室挂靠在国土资源部信息中心。④"职能处室"主导型。这种结构下的政府信息化工作主要由信息化领导小组及相关职能处室组成，没有信息化办公室和信息中心。分两种情况：一种是以科技处为代表的职能处室主导型，一种是以办公室或秘书处为代表的职能处室主导型。形成以科技处为代表的职能处室主导型的主要原因，是由于某些单位以前的业务中涉及专业技术的应用，职能部门中有技术处这一部门，因此，就将与信息技术有关的管理工作全部放在科技处下。典型的是公检法单位。以办公室或秘书处为代表的职能处室主导型则由办公室或秘书处中的某一个人来承担信息化的工作，这种类型的单位一般是信息化程度比较低，应用相对简单。不需要专门的部门和专门的人员来进行管理。

经过比较分析可以看出，设置了信息化办公室的政府机关，其职能维度、项目维度的结果相对较好，这是因为信息化办公室的设立对于信息化的推进、信息化项目的支持、领导的参与程度等都要好于没有设立信息化办公室的政府机关。但其对专业人员的需求和素质要求较高，对原业务的冲击也比较大；另外，设立了"信息中心"的政府机关，其项目维度相对较好，因为信息中心本身作为信息化的实际实施者和参与者，能够充分说明业务需求，与承建单位密切配合。由"职能部门"主导信息化工作的政府部门，其信息化管理能力相对较差，信息化项目建设与应用的难度也较大。

结合我国政府信息化的发展阶段，并借鉴国外政府信息化管理体制的经验，我国政府机关信息化管理体制应向CIO管理体制转变。政府CIO与企业CIO有所不同。企业CIO的主要任务是实现信息技术战略与业务战略的整合，而政府CIO的主要职责则是实现信息技术战略与管理过程的整合。一个政府CIO应该是熟悉业务的业务专家，又是精通IT技术的技术专家，还应是懂得管理的管理专家。他们处在决策层，直接向"一把手"负责。他们在政府信息化中的作用主要包括以下几个方面。①提出信息化发展的设想，制定信息化发展战略，参与制定机构的总体发展战略；②制定信息化规划和实施计划；③了解业务需求，提出业务流程再造方案；④提出信息化建设投资建议，参与投资决策，负责信息系统采购；⑤负责信息技术体系结构和信息系统的建设；⑥负责信息与知识的管理；⑦负责信息技术人才招聘和全员信息技术培训；⑧建立多层次的信息化管理团队和信息技术支撑体系。

2. 企业信息化管理体制

目前，我国企业大多是采用"信息化领导小组＋信息化办公室"的信息化管理体制。例如，中国铁道建筑总公司于2007年成立了总公司信息化工作领导小组。总公司信息化工作领导小组由总公司总经理任组长，总公司副总经理、总公司党委副书记、总公司总会计师等任副组长，成员包括董事会办公室主任、办公厅主任、经营计划部部长、工程管理部部长、科技设计部部长、企业管理部部长、财务部部长、人事部部长、劳动保障部部长、党委办公室主任、党委宣传部部长、生产综合部部长等。总公司信息化工作领导小组的主要工作职责是贯彻落实国务院国有资产管理委员会、国务院信息化工作办公室《关于加强中央企业信息化工作的指导意见》，负责信息化工作的统一领导，负责编制总公司信息化工作总体规划和集成项目实施计划，负责重大信息化建设项目的组织协调。总公司信息化工作领导小组下设办公室，由科技设计部部长担任办公室主任，由科技设计部信息化建设处承办领导小组及办公室的具体工作。

我国也有企业采用"推进管理信息化工作委员＋管理信息化业务组"的信息化管理体制。例如，烟台万华集团信息化制定的集团信息化管理制度规定：万华集团信息化管理机构包括集团推进管理信息化工作委员会、管理信息化业务组、集团公司战略发展部和各权属公司的信息化主管部门。推进管理信息化工作委员会为集团信息化的领导机构，由集团公司总裁任主任，集团公司信息化分管副总裁任副主任，集团公司其余各副总裁、各权属公司董事长和总经理、集团公司部门经理任委员。集团推进管理信息化工作委员会主要职责是：制定集团信息化总体目标和方向；审批有关集团信息化管理的政策、制度、规定等，确定编制原则、标准和程序；负责组织、指导、协调和推动集团公司和各权属公司信息化建设各项工作；审核集团信息化规划，审议权属公司信息化规划；审批集团信息化招标计划、招标书和议标结果；在集团公司董事会授权范围内审批集团公司信息化采购方案，在授权范围内签订采购合同；审议权属公司采购方案；审批集团公司信息化实施方案，审议权属公司信息化实施方案。集团推进管理信息化工作委员会下设管理信息化业务组，管理信息化业务组为集团信息化的执行和管理机构，为非常设机构，由集团公司信息化分管副总裁任组长，各权属公司分管信息化副总经理任副组长，成员包括集团公司各职能部门经理、战略发展部计算机技术及管理人员，各权属公司信息化部门负责人，集团公司职能部门经理及核心业务人员。管理信息化业务组在推进管理信息化工作委员会领导下，主要职责是：组织拟订集团信息化规划方案和集团年度信息化计划；审议权属公司信息化规划方案和权属公司年度信息化计划；组织拟订集团信息化招标计划和招标书；组织集团信息化招标、评标和议标活动，拟订议标结果；组织拟订集团信息化采购方案；组织拟订集团公司信息化实施方案；审议权属公司信息化实施方案。

　　企业 CIO 体制也开始在我国受到重视。2009 年，国务院国有资产监督管理委员会公布了《关于进一步推进中央企业信息化工作的意见》，明确提出建立 CIO 制度，设立信息化专职管理部门。CIO 的主要职责是：挖掘企业信息资源、制定企业信息化战略、为企业信息化布局、评估信息化价值；负责信息流、物流、资金流的整合，完成信息系统的选型实施；收集研究企业内外部的信息，为决策提供依据；协助完成企业业务流程重组、运用信息管理技术重建企业的决策体系和执行体系；安排企业信息化方面的培训，发现信息应用的瓶颈、观察研究企业运作中的信息流及其作用。各企业应赋予 CIO 相应的决策权和审批权，有关重大决策应听取 CIO 的意见。条件暂不成熟的企业，可先由现任信息化主管领导兼任 CIO。

3. 高校信息化管理体制

　　目前，我国高校信息化主管部门一般是学校信息化领导小组或信息化管理委员会等，学校信息化领导小组或信息化管理委员会下设信息化办公室，信息化办公室下属机构一般是网络中心、信息中心、计算中心等几个实体机构，如图 8-1 所示。也有些高校在上述管理体制的基础上，加设了信息化咨询委员会，如图 8-2 所示。

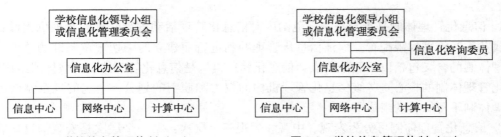

　　图 8-1　学校信息管理体制（一）　　　　图 8-2　学校信息管理体制（二）

　　学校信息化领导小组，一般由校长或副校长担任组长，副组长由信息办主任担任，其他组成人员由校长办公室、科技处、社科处、教务处、人事处、研究生院、财务处、学生处、设备处、后勤管理处、档案馆、图书馆等部门负责人担任。领导小组的职责在于确定学校信息化的战略目标及愿景规划，指导并监督学校信息化建设工作。信息化办公室是作为学校信息化领导小组的常设机构，对信息化领导小组负责，主要负责学校信息化工作的规划、实施、协调和管理。如上海交通大学信息化办公室的职责是：负责研究数字大学建设的发展方向，制定数字大学建设的总体规划、规章制度和信息标准规范；负责数字大学建设资源的统一调配与管理；负责数字大学建设具体方案的组织协调与实施推进。信息化办公室的下属机构各个学校不同，例如，上海交通大学信息化办公室管辖网络中心和信息中心两个部门，复旦大学信息化办公室设网络中心、信息中心和培训中心三个部门，北京大学的信息化办公室下设计算中心，管理信息中心和网络中心。一般来说，网络中心主要负责信息化基础设施建设、校园网等；信息中心负责信息化应用系统开发和数据维护等。

中国高等教育学会管理信息系统专业委员会一直在呼吁和推动高校建立 CIO 体制。在 2000 年 6 月中国高等教育学会管理信息系统专业委员会第二届理事会第四次会议中提出建立 CIO 体系，并指出 CIO 体系是指各学校对 CIO 的确认、信息员的培养和信息队伍的建设。会议指出为了保证信息系统的正常运行，保证网上信息的及时性、准确性、可用性，必须建立一支稳定的信息队伍。而且部分高校的实践证明，学校设立 CIO、各职能部门及院系单位设立信息员是行之有效的。2001 年 12 月第二届理事会第六次会议建议各高校建立、健全 CIO 体系，在 CIO 体系中要坚持"一把手"的原则，坚持行政驱动和技术支持相结合的原则，坚持建立和稳定自己的技术队伍的原则。2002 年 7 月第六届学术年会会议为了响应国家信息化的号召，推动高校信息化建设，提出迫切需要设置校级 CIO，并规定了 CIO 职责是组织制定学校的信息化建设规划、规章制度和信息标准规范，统筹有关部门具体实施。

清华大学计算机与信息管理中心前任主任沈陪华教授积极撰文呼吁设立大学 CIO 体制。她认为 CIO 应该是校级领导，直接参与高校的领导决策，是高校进行数字化校园建设的强力支撑，全面负责高校信息化推进的计划和规划。高校 CIO 不仅是信息技术管理者和组织者，还要领导跨机构的协作；通过开发信息资源，提高教学、科研和管理的效率，去除多余的工作流程和行政机构。其主要任务包括：①建立校园信息化愿景规划；②以最有效的方式管理基本的信息化应用和服务；③领导信息化基础设施的建设；④协调各个部门的信息化建设；⑤阐述学校全局范围的信息化策略。

本章小结

1. 信息化管理体制是指与在一定范围内对信息化管理活动进行管理的管理机构设置、领导隶属关系和管理权限配置及保证信息化管理顺利进行而建立的一切规章制度的总称。信息化管理体制的含义包括以下几个要点：信息化管理机构是信息化管理体制的载体或组织形式；信息化管理体制的核心是各级信息化管理机构的权力和职责的划分；一定的规章制度是信息化管理体制不可缺少的组成部分。

2. 信息化管理体制可分为宏观、中观和微观三个层次：第一个层次是宏观信息化管理体制，一般是指一个国家的信息化管理体制；第二层次是中观信息化管理体制，包括地方信息化管理体制和行业信息化管理体制；第三个层次是微观信息化管理体制，指一个社会组织的信息化管理体制，主要包括政府机关的信息化管理体制、企业信息化管理体制、高校信息化管理体制等。

3. 信息化管理体制的功能包括以下四个方面：一是领导和指挥的功能；二是权力分配的功能；三是分工协作的功能；四是提高效率的功能。

4. 信息化管理机构有四种类型，即信息化管理的决策机构，信息化管理的执行机构，信息化管理的咨询机构，信息化管理的监督机构。

5. CIO 是负责一定范围内信息化制度和战略规划制定与实施、参与重大信息化项目高层决策、协调信息化项目建设、推进信息化应用的高级管理人员。CIO 最核心的和最本质的角色定位为：信息功能的领导者；战略信息资源的管理者；信息技术的战略规划者；电子政务或电子商务的推动者、组织者和实施者。CIO 的具体职责主要有以下几项：参与高层决策，制定信息化战略；主持或参与制定信息化政策和信息化制度；负责信息化项目的建设和协调；管理信息化团队，提升团队信息化管理和应用能力。CIO 应具备以下素质：广博的、多学科的知识和技能；团结合作、开拓创新的精神；战略思维与综合分析和解决问题的能力；丰富的工作经验。

6. 美国的信息化管理体制包括：美国政府的首席信息官制度；美国首席信息官委员会制度；美国的"联邦信息委员会"制度；美国"政府信息技术推动小组"制度。

7. 英国的信息化管理工作由电子大臣和电子专员共同负责。电子大臣由首相任命，全面领导和协调国家信息化工作，从政治上领导和协调政府各部门。联邦政府各部门都相应地设立部门电子大臣一职，电子专员设在内阁办公室。英国还成立了国家信息化协调委员会来负责监督英国在线战略的实施，并协助电子大臣和电子专员开展有关国家信息化建设的协调工作。

8. 日本政府在首相官邸（等同于总统府）下设立 IT 战略本部，负责全国的信息化管理工作，是日本信息化管理的最高决策机构。日本政府打算通过修法的方式，建立国家级 CIO 制度的法源，成立一个国家级的专任 CIO 职务，成立专责的辅助办公室，让国家级 CIO 拥有充分授权和人力资源，统管由各地方省府 CIO 所组成的"CIO 联络会议"，取代了过去由内阁官房副长官助理兼任统管的方式。

9. 我国国家信息化管理体制主要是采用国家信息化领导小组及其办公室制度。即由中央政府的主要领导和权威部门组成信息化领导小组，统一领导和协调国家各部门和各地方信息化的全面推进及网络信息安全工作。同时在政府首脑机关设置政府信息化领导小组办公室，作为国家信息化领导小组的日常办事机构。我国国家信息化专家咨询委员会是国家信息化领导小组的决策咨询机构，其宗旨是增进国家信息化战略决策的科学化和民主化，积极有效地推动国家信息化发展进程。

10. 目前我国大部分地方信息化管理体制和行业信息化管理体制还是沿用国家的信息化管理体制，即实行"信息化工作领导小组＋信息化工作办公室"体制。

11. 社会组织信息化管理机构就是对社会组织内部的信息化建设与应用进行管理的机构。社会组织信息化管理机构设置的基本模式可从三个方面进行分析：从社会组织信息化管理机构的级别来看，有作为社会组织二级机构设立和作为社会组织三级机构设立两种模式；从社会组织内、外信息化管理机构的分合情况来看，有内、外信息化管理机构分设式；有内、外信息化管理机构合一式；从社会组织信息化管理机构与信息中心的隶属关系来看，有信息化管理机构与信息中心一体式；信息中心直接隶属于社会组织信息化管理机构的直属式。

12. 社会组织信息化管理领导体制有以下三种类型：一是高层领导副职或 CIO 负责制；二是高层领导领导下的信息化管理机构主任负责制；三是信息化管理委员会领导下的信息化管理机构主任负责制。

13. 完善社会组织信息化管理体制应考虑以下几个方面的问题：社会组织的性质与职能，社会组织的级别，社会组织的规模，社会组织信息化的目标，社会组织信息化的实施阶段。

14. 目前，我国政府机关、企业和高等学校大多是采用"信息化领导小组＋信息化办公室"的信息化管理体制。今后，我国微观信息化管理体制应向 CIO 体制发展。

思 考 题

一、概念

信息化管理体制　信息化管理执行机构　CIO　信息化领导小组

二、选择

1. 信息化管理体制的功能包括（　　）。

A. 领导和指挥功能　　　　　　　　　　B. 权力分配功能

C. 分工协作功能　　　　　　　　　　　D. 提高效率功能

2. 我国信息化宏观管理的最高领导机构是（　　）。

A. 国家信息化领导小组　　　　　　　　B. 国务院信息化工作办公室

C. 电子政务咨询委员会　　　　　　　　D. 信息化专家委员会

3. 我国国家信息化管理体制主要是采用（　　）。

A. 国家信息化领导小组及其办公室制度　　B. 首席政府信息官（CIO）制度

C. 电子大臣委员会制度　　　　　　　　D. IT 战略本部制度

4. 完善社会组织信息化管理体制应考虑的因素包括（　　）等。

A. 社会组织的性质与职能　　　　　　　B. 社会组织的级别

C. 社会组织的规模　　　　　　　　　　D. 社会组织信息化的目标

5. 社会组织信息化管理机构的级别模式包括（　　）。

A. 二级机构式　　　　　　　　　　　　B. 三级机构式

C. 分设式　　　　　　　　　　　　　　D. 合一式

三、辨析

1. 信息化管理体制的核心是各级信息化管理机构的权力和职责的划分。（　　）

2. 我国的国家信息化领导小组就是我国信息化管理执行机构。（　　）

3. CIO 体制目前只在政府机构和企业中出现。（　　）

4. 我国信息化工作领导小组缺少强有力的协调手段，无力从根本上克服多头管理、政出多门的弊端。（　　）

5. 我国地方政府的信息化管理体制还没有完全理顺。（　　）

四、简答

1. 简述信息化管理体制的含义和层次。

2. 简述信息化管理体制在促进信息化发展中的作用。

3. 不同类型信息化管理机构之间如何进行协调，以便更好地发挥信息化管理体制的作用？

4. 简述 CIO 的角色定位和职能。

5. 谈谈 CIO 应具备的素质及其培养方法。

6. 简述美国的信息化管理体制。

7. 试评析英国和日本的信息化管理体制。

8. 谈谈我国国家信息化管理体制的不足及改进措施。

9. 举例说明我国地方及行业信息化管理体制的建设现状，并谈谈改进措施。

10. 简述社会组织信息化管理机构设置的基本模式。

11. 简述社会组织完善信息化管理体制应该考虑的因素。

12. 谈谈你对建立校园 CIO 制度的看法。

参考文献

[1] 杨善林. 信息管理学 [M]. 北京：高等教育出版社，2003.

[2] 娄策群. 信息管理学基础 [M]. 北京：科学出版社，2009.

[3] 潘明惠. 信息化工程原理与应用 [M]. 北京：清华大学出版社，2004.

[4] 吕新奎. 中国信息化 [M]. 北京：电子工业出版社，2002.

[5] 周宏仁. 信息化论 [M]. 北京：人民出版社，2008.

[6] 靖继鹏，张海涛. 企业信息化规划与管理 [M]. 北京：机械工业出版社，2006.

[7] 欧阳峰，傅湘玲. 企业信息化管理导论 [M]. 北京：北京交通大学出版社，2006.

[8] 中国工程院信息与电子工程学部. 中国信息化持续发展战略研究 [M]. 北京：科学技术文献出版社，2007.

[9] 游五洋，陶青. 信息化与未来中国 [M]. 北京：中国社会科学出版社，2003.

[10] 韦沛文，陈婉玲. 企业信息化教程 [M]. 北京：清华大学出版社，2006.

[11] 刘宏志，葛逎康. 信息化工程监理 [M]. 北京：中国电力出版社，2009.

[12] 柳纯录. 信息系统监理师教程 [M]. 北京：清华大学出版社，2005.

[13] 王长永，李树枫. 工程建设监理概论 [M]. 北京：科学出版社，2001.

[14] 王众托. 企业信息化与管理变革 [M]. 北京：中国人民大学出版社，2001.

[15] 金锡万. 管理创新与应用 [M]. 北京：经济管理出版社，2003.

[16] 高闯等. 管理学前沿理论 [M]. 沈阳：辽宁大学出版社，2002.

[17] 杨治华，钱军. 知识管理 [M]. 南京：东南大学出版社，2002.

[18] 冯周卓. 走向柔性管理 [M]. 北京：中国社会科学出版社，2003.

[19] 常青. 理念管理 [M]. 北京：中国华侨出版社，2005.

[20] 陈振明. 公共管理学 [M]. 北京：中国人民大学出版社，2005.

[21] 李伟，陈雄鹰. 企业 IT 战略与决策 [M]. 北京：机械工业出版社，2005.

[22] 余伟萍. 组织变革：战略性 ERP 价值实现的保障 [M]. 北京：清华大学出版社，2004.

[23] 薛华成. 管理信息系统 [M]. 北京：清华大学出版社，1999.

[24] 谭力文. 管理学 [M]. 武汉：武汉大学出版社，2007.

[25] 郝晓玲，孙强. 信息化绩效评价：框架、实施与案例分析 [M]. 北京：清华大学出版社，2005.

[26] 范柏乃. 政府绩效评估与管理 [M]. 上海：复旦大学出版社，2007.

[27] 谭跃进. 定量分析方法 [M]. 北京：中国人民大学出版社，2006.

[28] 陈国青，李一军. 管理信息系统 [M]. 北京：高等教育出版社，2006.

[29] 霍国庆. 企业战略信息管理 [M]. 北京：科学出版社，2001.

[30] 杜栋. 企业信息资源管理 [M]. 北京：北京交通大学出版社，2006.

[31] 左美云，邝孔武. 信息系统的开发与管理教程 [M]. 北京：清华大学出版社，2001.

[32] 龚炳铮. 信息化的含义与分类的探讨 [J]. 中国信息界，2005 (10)：11—15.

[33] 彭赓，霍国庆. 企业信息系统进化中的信息集成轨迹 [J]. 信息管理，2004 (1)：15—20.

[34] 龚炳铮. 企业信息化发展模式初探 [J]. 微型机与应用，2001 (10)：7—9.

[35] 刘英姿，吴昊，林伟. 企业信息化阶段的发展模式及阶段特征分析 [J]. 科技管理研究，2004 (4)：101—103.

[36] 娄策群，刘晓科. 企业信息化建设管理的内容与方法 [J]. 情报理论与实践，2006 (3)：289—291，300.

[37] 欧阳奕孺. 浅谈战略规划研究中的主要内容与方法精要 [J]. 航天工业管理，2010 (6)：11—15.

［38］于景元，涂元季．从定性到定量综合集成方法：案例研究［J］．系统工程理论与实践，2002（5）：1—7.

［39］乔昆．应用服务提供商（ASP）的理论、实践和趋势［J］．未来与发展，2008（4）：31—36.

［40］高原．招标管理初探［J］．工程建设与设计，2009（11）：148—154.

［41］刘云峰．高校招标管理工作浅议［J］．实验室科学，2008（1）：171—172，175.

［42］刘泽潮．浅谈设备的验收管理［J］．医疗装备，2006（1）：29—30.

［43］孙文德．公安信息化应用管理体系及与其相适应的公安工作机制探讨［J］．公安研究，2005（4）：26—30.

［44］顾潇华，徐杰．关于营销信息系统运行管理的思考［J］．商业研究，2006（8）：75—78.

［45］荣华．加强教育信息化应用管理，提高教师信息素质［J］．教育探索，2008（1）：132—133.

［46］陈欣然．数字化卫生检验信息系统应用管理探讨［J］．中国卫生检验杂志，2006（9）：1129—1130.

［47］唐建湘，谭希培．税务信息系统运行管理制度及标准规范建设［J］．南华大学学报：社会科学版，2008（6）：44—46.

［48］孙友仓．对信息系统安全管理的探讨［J］．现代信息技术，2004（5）：77—79.

［49］刘加铁．货币金银管理信息系统推广应用的问题及建议［J］．华南金融电脑，2009（11）：71.

［50］傅林，王磊．论管理信息系统 MIS 的应用与推广［J］．求是学刊，1996（6）：49—51.

［51］张成福，唐钧．电子政务绩效评估：模式比较与实质分析［J］．中国行政管理，2004（5）：21—23.

［52］程扬，张洁，瞿兆荣．企业信息化绩效评估体系及其评价方法［J］．计算机工程，2007（2）：270—273.

［53］杨道玲．电子政务绩效评估制度体系研究［J］．图书馆理论与实践，2010（3）：20—23.

［54］马连杰，胡新丽．论我国电子政务绩效评估体系的构建［J］．湖北社会科学，2005（11）：38—40.

［55］周亮，张少彤．2008 年中国政府网站绩效评估指标体系设计说明［J］．电子政务，2008（12）：51—54.

［56］朱虹，娄策群．论我国的信息化管理体制［J］．情报资料工作，2007（4）：14—17.

［57］娄策群，朱虹，吴扬．论政府机关的信息化管理体制［J］．情报科学，2006（4）：496—500.

［58］WARREN M J，BATTEN L M. Security management：an information systems setting［J］. Lecture Notes in Computer Science，2002（2384）：53—74.

［59］TRAUTH E M. The evolution of information resource management［J］. Information & Management，1989，16（5）：257—268.

［60］NEVO D，CHAN Y E. A Delphi study of knowledge management systems：scope and requirements［J］. Information & Management，2007（97）：583—597.

［61］邱艳娟．中小企业信息化框架及实施路径研究［D］．北京：北京邮电大学，2007.

［62］刘奇昌．巴陵石化公司信息化战略规划与实施研究［D］．长沙：湖南大学，2009.

［63］朱星星．电子政务绩效评估技术指标体系的建构及应用研究［D］．湘潭：湘潭大学，2008.

［64］孙彬．电子政务绩效评估体系研究［D］．武汉：华中师范大学，2008.

［65］陈爱琴．大学 CIO 体制建立与发展研究［D］．上海：上海师范大学，2005.

［66］"十二五"信息化规划任务与重点前瞻研究［EB/OL］．［2010—7—15］. http：//www. cnii. com. cn/xxs/content/2010—05/27/content_768507. htm.

［67］地区信息化规划参考模板［EB/OL］．［2010—7—20］. http：//www. ciiame. org. cn/huiyihuodong/06xinxihuamoban/wenji/moban. doc.

［68］解析四大 IT 强国信息化战略［EB/OL］．［2010—8—25］. http：//cio. chinabyte. com/331/11403331. shtml.

［69］信息产业部．信息系统工程监理暂行规定［EB/OL］．［2002—11—28］. http：//www. 51jianli. cn/files/570. doc.

［70］全省信访信息系统推广应用试点工作进展顺利［EB/OL］．［2010—7—20］. http：//www. jl. gov. cn/zt/msyxf/ztkd/200910/t20091027_644275. html.

［71］美国政府首席信息官［EB/OL］．［2010—4—24］. http：//baike. baidu. com/view/3145635. htm.